KB267828

문화와 사회의 공진화

왜 지금 문화정책의 철학을 다시 세워야 하는가

문화와 사회의 공진화
왜 지금 문화정책의 철학을 다시 세워야 하는가

초판 인쇄 2026년 2월 5일
초판 발행 2026년 2월 10일

지은이 | 이흥재
교정교열 | 정난진
펴낸이 | 이찬규
펴낸곳 | 북코리아
등록번호 | 제03-01240호
주소 | 13209 경기도 성남시 중원구 사기막골로45번길 14
　　　 우림2차 A동 1007호
전화 | 02-704-7840
팩스 | 02-704-7848
이메일 | ibookorea@naver.com
홈페이지 | www.북코리아.kr
ISBN | 979-11-94299-85-1 (93300)

값 24,000원

문화와 사회의 공진화

왜 지금
문화정책의 철학을
다시 세워야 하는가

이흥재 지음

북코리아

오늘날 우리 사회는 순한 바람처럼 지나가지 않고, 휘몰아치며 요동치고 있다. 문화와 제도, 기술, 감정을 뒤섞으며 거대한 회오리로 사회 전반을 흔든다. 팬데믹 이후의 혼돈, 디지털 전환의 가속, 인구 감소와 지역소멸의 그림자, 그리고 가치체계의 해체는 우리에게 심각한 물음을 던진다.

지속가능한 사회는 '가능'한가? 어떤 정책으로 그 길을 걸을 수 있을까?

이 책은 이 질문에서부터 출발한다. 사회문화적 변화의 소용돌이 속에서 우리는 다시 '문화'라는 백미러·현미경·망원경으로 사회의 구조와 감정, 제도와 관계를 재조명해야 한다. 문화는 예술과 여가의 영역에 그치지 않는다. 시민의 감정과 공동체의 상상력이 만나는 지점에 있는 사회 회복력의 근본이다. 이제 문화정책은 단순한 행정이나 공공경영이 아니라, 공동체적 삶을 어떻게 조율하고 공진화할 것인가를 실천적으로 묻는 공공철학이어야 한다.

역사는 늘 제자리를 다듬는 과정에서 발전했다. 산업화는 효율과 속도의 가치를, 정보화는 연결과 확산의 가치를 높였다. 그런데 오늘날 맞고 있는 전환기는 그 두 축이 남긴 부작용이라고 볼 수 있는 불평등, 과잉, 피로, 단절, 소멸이 발목을 붙잡고 있다. 우리는 다시 균형과 공존·공생·공진화의 길을 깔아야 한다.

이 책에서 제시하는 공진화 관점은 바로 그 회복의 철학에서 시작한다. 공진화는 경쟁이나 대립의 논리를 넘어, 서로 다른 존재가 관계 속에서 함께 진화하는 아름다운 방식이다. 사회와 문화, 기술과 인간, 지역과 세계가 서로를 비추며 함께 나아가자는 것이다.

정책의 원초적 모습은 예견이 아니라 반응이다. 하지만 이제는 단순한 대응을 넘어, 예감하고 상상하는 '창발 정책'이 필요하다. 성숙한 문화정책으로 가려고 사회의 감정기후를 읽고, 그 변화의 흐름 속에서 새로운 질서를 설계하는 창발적 행위를 기대하기 때문이다. 오늘날의 문화정책은 더 이상 기존의 정책수단인 지원, 육성, 보호, 조성, 규제(탈규제)에 한정될 수 없다. 감히 말하건대, 사회시스템의 구조를 바꾸는 철학적 개입이며, 시민의 삶 속에서 새로운 활력을 만드는 일이다.

지속가능성과 소멸의 경계에 선 지금, 우리 정책은 단순히 성장 논리를 재현하거나 되돌리려 해서는 안 된다. 소멸을 '늦추는' 정책이 아니라, 소멸을 품어 새로운 '공진화를 준비'하는 것이어야 한다. 사회문화는 사라지는 것이 아니라 변주되며, 소멸이 아니라 전환되는 과정으로 이어진다. 그러므로 공공정책의 새로운 역할은 단순한 문제해결이 아니라, 사회적 상상력을 자극하고 공동의 회복을 가능하게 하는 '열린 거버넌스'를 구축하는 일이다.

새 문화정책은 정책 언어를 다시 골라내고, 제도의 틀을 다시 짜며, 사회의 감정기후를 새롭게 읽는 일이 지금까지와 다른 점이다. 그것은 바로 문화와 사회의 공진화를 향한 첫걸음이다.

 문화와 사회의 공진화: 왜 지금 문화정책의 철학을 다시 세워야 하는가

문화정책은 행정 기술이 아니라 '관계의 예술'이라고 압축해서 말하고 싶다. 지속가능한 사회는 시스템이 아니라 감수성으로 만들어진다. 전환기에 이르러 그 감수성이 깨어나는 순간, 우리는 비로소 '문화와 사회의 공진화'를 시작할 수 있다.

공진화는 단순히 '함께 변화'한다기보다 훨씬 깊은 의미를 품는다. 그것은 각기 다른 존재들이 서로의 차이를 존중하면서도 그 차이를 매개로 더 높은 단계의 질서를 만들어가는 과정이다. 자연생태계에서 여러 종(種)이 서로의 생존 조건을 조정하며 공존하듯, 사회와 문화 역시 충돌과 조율을 거쳐 스스로의 방향을 새롭게 그려간다. '휘몰이 충격'은 우리가 공진화의 문턱에 서 있으니 묻고, 생각하고, 움직이라는 엄숙한 징후로 나타난 것이다.

제 몫을 다한다면, 사회문화정책이 바로 이 문턱을 넘도록 도와줄 수 있겠다. 이 책에서는 통제와 효율의 문화정책이 아닌 '관계와 순환'의 공진화 문화정책을 지향한다. 이제 더 이상 예산분배나 사업 설계에만 몰두하지 말고, 사회적 감수성을 회복시키고, 공동체적 상상력을 재구성하며, 지속가능한 사회적 리듬을 조율해야 한다.

이번에 '공진화 거버넌스'라는 말을 썼는데 권력의 집중 아닌 협력의 확장을, 효율이 아니라 참여의 열린 거버넌스를 중시하자는 것이다. 아울러 각 정책 주체가 다른 가치로 공명하는 공간을 지향하자는 의미다. 예술가의 상상력, 시민의 실천, 행정가의 제도 감각을 서로 이어서 '공진화'의 리듬을 갖춘 사회로 나아가자는 뜻이다.

이 책 1부는 '휘몰이 충격'이라는 키워드로 오늘의 전환기를 분석한다. 문화가치의 위기와 정책의 침묵을 비판적으로 살피며, 왜 지금 문화정책의 철학을 다시 세워야 하는가를 묻는다. 2부는 사회시스템 속에서 정책의 구조를 탐구한다. 복잡계 사회에서의 정책공동체, 관계가치의 재구성, 공진화를 위한 시스템 정책의 모색이 중심 주제다. 3부에서는 '공진화 문화생태계'라는 새로운 패러다임을 제시한다. 문화예술에서 사회문화로의 확장, 자기진화에서 공진화로의 전환, 융합을 넘어 융화로, 창조와 더불어 창발로, 소멸위기를 넘어 공진화로 나아가는 전략을 탐색한다. 마지막 4부에서는 지속가능한 공진화의 실천적 방향을 모색한다. 성숙으로의 전환, 조화로운 생태문화, 협력 기반의 글로벌 공진화 네트워크를 통해 균형 잡힌 미래의 좌표를 제시한다.

이 책은 『문화예술정책론』을 처음 낸 뒤 『문화정책』, 『문화정책론』, 『제2판 문화정책론』에 이르기까지 20년간 써온 책의 마무리이다. 이 분야의 전문가와 대학원생을 염두에 두고 문화정책의 철학적 기반과 실천적 도구를 함께 사유하는 교재로 기획되었다. '질문의 시대'에 맞게 절이 끝날 때마다 '더 생각할 점'을 던졌고, 장이 끝날 때마다 참고문헌 대신 '더 읽어볼 책'을 제시했으며, 본문 가운데서 생각나는 질문을 툭 던지고 짧게 답을 주는 '툭Q & 숏A'를 넣었다.

이 책은 강의실의 텍스트이자 현장의 실천서로 기획되었다. 읽는 분들이 이 책을 디딤돌 삼아 새로운 담론의 지도를 그리고, 각자의 자리에서 '공진화적 사고'를 현실의 언어로 전환할 수 있기를 기대한다. 정책이 철학을 품을 때, 행정은 더 이상 절차가 아니라 문명이 된다. 결국, 문화와 사회의 공진화는 인간과 제도, 감성과 시스템이 하나의 유기체로 작동하도록 만드는 일이다. 이 책의 모든 장은 그 생명적 질서를 회복하기 위한 실험을 제안했으며, 동시에 정책과 철학, 실천과 사유를 잇는 다리를 놓았다.

공진화 사회라는 다소 거창한 물음 앞에서 멈추지 말고 생각하고, 다시 움직이자. 그것이 바로 공진화의 시작이자, 휘몰이 충격의 시대를 통과

하는 새로운 문화정책의 길이다.

　　이 어지러운 글들을 책으로 엮어내주신 도서출판 북코리아의 이찬규 사장님께 깊이 감사드린다.

이흥재 씀

CONTENTS

문화와 사회의 공진화: 왜 지금 문화정책의 철학을 다시 세워야 하는가

1부

휘몰이 충격, 문화가치의 위기를 묻다

요즘 세상은 왜 이리도 복잡한가?

어디로 가는지 미처 생각해볼 겨를도 없이 그냥 떠밀려가는 건 아닐까?

지금 우리가 마주하고 있는 이 사회문화적 충격들은 단순히 시대적 소음일까, 아니면 우리가 무시해온 구조적 병리의 폭발일까?

어쩌면 둘 다 아닐 수도 있고… 새로운 변화의 신호일 수도 있지 않을까?

변화인 것은 분명한데, 아무도 책임지지 않는 혼돈의 시대인 것도 사실이다. 정치는 침묵하고, 정책은 반응하지 않으며, 사회문화는 뒷전에서 꿈틀거릴 뿐이다. 회복 움직임은 말뿐이고, 우리에게는 과거의 가치도 미래의 철학도 더는 보이지 않는다.

무엇이 잘못되었는가를 묻고, 무엇을 새롭게 상상할 수 있는가를 또 물어야 한다. 오늘 우리는 단순한 이론이 아니라, 이 휘몰이 충격 속에서 살아남기 위해 지성을 실험해야 할 때다.

변화의 파도가 몰고 온 사회문화적 쓰나미에 우리 사회는 맞부딪치고 있다. 이것들이 다면적으로 밀려와 충격을 주고 있다. 이런 모습을 이 책에서는 '휘몰이 충격'이라고 표현하겠다. 그 가운데서도 기후재난, 디지털 기술, 인구 감소, 사회적 의료체계, 지역 무기력, 정치 불신, 팬데믹, 전쟁 등이 사회문화적으로 크게 영향을 미친다.

이런 문제는 충격을 주지만, 문화정책의 재정립을 위한 시론적 성찰 기회로 작용할 수도 있다. 기존 문화정책 틀의 무력화를 불러와 성장 중심, 산업 중심, 도시 중심의 기존 정책들에 물타기 영향을 미치고 있다. 이런 일에 부딪칠 때마다 우리는 '충격 이후'를 상상하여 문화정책으로 재디자인할 것을 실험한다. 그러나 결정적인 시스템으로 만들어내는 성과를 내지는 못하고 있다.

근본적으로 전환을 가져올 전제는 무엇인가를 먼저 검토해야 할 것이다. 다시 말하면, 정당성의 변화, 담론의 교체, 정책의 사회적 실험에 이르는 과정에서 멈칫거리거나, 지속 추진하지 못하고 중단해버리지 않는가. 그렇다면, 우리가 일관되게 지녀야 할 핵심 키워드인 복합 위기, 정책 패러다임 붕괴, 전환의 논리를 검토해봐야 한다.

1장
휘청이는
문화가치

1. 휘몰이 충격의 전환기

1) 전통과 잉태

우리 사회가 최근에 마주하고 있는 문제들은 매우 복합적이다. 그뿐만 아니라 다층적인 충격이며, 사회문화에 휘몰이 장단으로 영향을 미친다. 충격이 사회문화와 정책에 미치는 영향은 기본석으로 혼란을 일으키는 충격이며, 사회문화 변화의 상호작용이다. 그리고 기존의 사회문화 구조뿐 아니라 정책들을 붕괴시키고, 공공정책의 작동방식 자체를 근본적으로 뒤흔들고 있다. 이러한 충격은 독립적으로 작용하는 것이 아니라 상호 중첩되어 복합 위기를 유발하며, 문화적 안정성마저 붕괴시켜 예측 가능한 정책 설계에 걸림돌이 된다는 점을 명확히 이해해야 한다. 이런 충격에 대해 우리는 문화정책으로 치유 가능하다는 낙관으로 다음과 같은 충격에 주목한다.

지역공동체를 뒤흔드는 문제들

우리 사회는 전반적으로 공동체 해체와 문화적 유산 소실의 사회문화적인 문제들이 심각하다. 이는 단순히 홍수나 태풍 같은 물리적 피해, 환경 문제를 넘어서 생존 기반의 재편에 영향을 미친다. 장기적인 가뭄과 홍수, 폭염으로 주거, 식량, 에너지 같은 생활기반을 위협받고 있다. 또한, 지역 간 불균형 심화로 새로운 사회적 갈등과 이주 패턴이 생기고 있다. 전통적인 농경 중심 지역문화는 생태적 지속가능성을 잃고 있으며, 문화정체성과 공동체 기반의 와해로까지 이어진다. 이는 자연환경의 부분적 파괴를 넘어 인류 생존 조건 자체를 재조정하도록 만든다. 이는 문명사적으로 산업혁명 이후 전개된 화석연료 기반의 성장 체제가 더 이상 지속가능하지 않음을 명백히 드러낸 것이다. 아울러 탄소 중심의 에너지 질서를 생태적 순환과 균형 중심의 질서로 전환해야 함을 시사하고 있다.

이런 상황에서 인간과 자연의 관계에 대한 인식은 마침내 근본적으로 재편되고 있으며, 이는 윤리, 문화, 경제 같은 모든 사회 영역에서 패러다임을 '생태문명'으로 전환토록 촉구하고 있다. 기존 질서의 붕괴가 아니라 새로운 문명의 밑그림을 그려야 하는 시점이다. 기존의 정책은 급변하는 환경변화 현실을 수용하지 못한 채 후속 대응에 머물러 있어 선제적이고 적응적인 정책 전환이 요구된다. 구체적인 문화정책 대응 조치로 재난 회복형 문화 프로그램(예: 마을 기록 아카이빙, 재난 이후 스토리텔링 워크숍)을 만들자는 논의와 더불어 지역문화 기반의 복원(지역축제, 전통의례 재생)이 필요하다.

디지털 전환

오늘날 우리 삶의 모든 영역에 스며든 디지털은 사회문화의 양상과 인간관계를 구조적으로 바꾸고 있다. 비대면 중심의 커뮤니케이션, 알고리즘 기반의 정보 소비, 인공지능에 의한 노동 재편이 이뤄지면서 개인의 인식, 관계, 정체성 형성 방식까지 재검토해야 할 상황이다. 이는 단순한 기술혁신을 넘어 인간 주체성과 사회 조직의 원리를 재정의할 수준이다. 인공지능, 빅데이터, 블록체인 같은 첨단기술은 기존의 계층적·중앙집중적 체계가 아니라 분산적이고 탈중앙화된 네트워크 사회로의 전환을 촉진하고 있다. 이는 지식 생산과 소비, 권력 분포, 사회적 관계성의 재구성을 함께 가져온다. 아울러 기존의 근대적 국가, 제도, 교육 체계는 유연성과 자율성을 강조하는 새로운 구조로 이행하지 않으면 안 되게 되었다.

디지털 사회는 단순한 기술 변화가 아니라 인간의 인식, 노동, 정체성마저 재구성하는 새로운 문명 질서를 창출하고 있다. 더구나 디지털 리터러시의 격차는 새로운 사회적 불평등으로 이어진다. 이에 따라 전통적 공공 서비스와 정책 전달 체계 또한 효율성과 형평성 사이의 균형을 잡아야 할 상황에 이르렀다. 또한, 지방이나 고령층 같은 이른바 디지털 취약계층은 디지털 접근성과 활용 능력에서 배제되기 쉬워 정책의 포용성 차원에서 전면적인 재검토가 필요하다.

인구구조의 급격한 변화

우리 사회의 인구문제는 연령 구조 변화와 저출산·고령화가 동시에 진행되는 패턴으로 나타나고 있다. 이는 사회복지, 노동시장, 교육, 주거 문제 같은 기존 정책의 설계 전제를 붕괴시킨다. 청년층의 축소와 생산가능인구의 감소로 경제적 역동성이 약화됐고, 노년층 비중의 급증으로 복지 재정의 지속가능성이 위협받는다. 이 과정에서 가족주의 기반의 아름답던 돌봄 문화는 해체되고 있으며, 공공이 감당해야 할 역할은 더욱 커지고 있다.

그런데 기존 정책은 여전히 과거 인구구조를 전제로 하고 있어 제도의 실효성과 수용성이 떨어지는 문제가 생겨났다. 이제 인구구조의 변화도 문명 전환의 관점에서 다시 이해할 필요가 있다. 전통적인 의미의 가족, 공동체, 노동 분업 구조는 고령화, 저출산, 이주 흐름에 따라 구조적으로 해체되고 있다. 결국, 복지, 교육, 주거 같은 정책 전반의 재설계를 요구하는 동시에 새로운 사회 연대의 형태를 모색하게 한다. 특히, 세대 간 관계가 수직적 의존에서 수평적 상호 돌봄으로 재편되고 있다. 이 과정에서 사회적·문화적 진화가 일어나고, 돌봄의 윤리와 생애주기 기반의 정책 구조가 강화되는 계기가 생겼다. 이제는 인간 중심주의에서 생애 중심주의로, 개별 권리에서 관계적 책임으로 이어지는 문명사적 전환이 불가피하다.

사회적 의료체계

코로나19 팬데믹 때 우리 사회는 물리적 이동 제한과 사회적 거리두기로 일상과 공동체 경험을 극적으로 재편했다. 특히 의료, 교육, 노동에 이르는 거의 모든 사회문화 영역에서 디지털 기반의 대체 수단을 가속화했다. 더구나 짧은 기간 안에 그간의 운영방식을 폐기하고 새로운 표준을 출현시켜 놀라운 변화를 경험했다. 팬데믹으로 불평등을 더욱 심화시키면서 연대와 돌봄의 가치를 재조명하게 되었다. 그러나 일시적 위기 대응에 머물렀던 많은 정책은 그 뒤 장기적 회복과 구조적 전환을 제대로 준비하지 못하고 있으며, 제도의 회복탄력성을 높이기 위한 재설계가 절실하다.

한편, 팬데믹은 인간사회의 전 지구적 상호의존성을 극적으로 드러냈다. 그러면서도 동시에 기존의 경제주의적 통합의 한계를 여실히 노출했다. 글로벌 공급망의 붕괴, 국가 간 경계의 재설정, 공공의료의 위상 존중으로 경제 중심의 문명 질서에 대한 전면적 반성을 촉발했다. 동시에 비대면, 재택근무, 온라인 교육의 일상화는 인간 활동의 디지털 전환을 가속화했다. 그 덕분에 우리는 공동체와 접촉 기반 사회의 가치를 재조명하게 되었다. 이러한 변화는 '경제성장 중심 문명'에서 '삶의 질 중심 문명'으로의 이행을 위한 문제 제기로 볼 수도 있다. 복지국가, 기본소득, 공공의료 확대 같은 새로운 정책 담론이 이를 뒷받침하고 있다.

지역소멸

지역소멸 문제는 앞에서 언급한 여러 지역공동체적인 요인이 복합적으로 작용하여 나타난 결과이자 새로운 위협이다. 인구의 수도권 집중, 지방의 경제 기반 붕괴, 문화 기반의 약화는 지역공동체의 지속가능성을 뿌리째 흔든다. 이는 지역문화의 고유성과 정체성을 상실케 하는 한편, 사회 전체의 다양성과 회복력도 저하시킨다. 국가 정책은 지역균형발전을 명목으로 많은 대책을 제시해왔다. 그렇지만 안타깝게도 거시적 경제 논리에 기반한 접근이 미시적 지역 특성을 반영하지 못하면서 실질적 효과를 거두지는 못했다고 본다.

이런 현상들은 지역문제는 단순한 공간의 축소가 아니라, 중앙집중적 산업사회 질서가 한계에 도달했음을 보여주는 신호탄이다. 지역은 더 이상 국가 중심 발전 전략의 수혜자가 아니라 자율성과 회복탄력성을 기반으로 하는 새로운 문명적 실험의 터전이 되고 있다. 농촌 기반의 재생에너지 모델, 지역 순환경제, 공동체 기반 복지 실험으로 탈성장사회의 새로운 거버 넌스 형태를 제시하고 있다. 이는 대도시 중심의 문명에서 벗어나 '다핵 분 산형' 문명으로 이행 중임을 뜻한다.

기후와 자연환경의 위협

전에 없던 극단적인 날씨 변화, 여기서 생기는 스트레스로 삶의 질은 균형을 잃고 불편할 뿐만 아니라 정체성 붕괴마저 불러일으킨다. 이처럼 환경파괴가 단순한 경관 변화를 넘어 지역주민의 존재감과 정체성을 침해 하는 것을 솔라스타지아(solastazia)라고도 한다. 이 때문에 경관 회복 기반 문 화경관 보존 정책, 환경 감수성 증진 문화예술 사업(예: 사진전, 자연기억 아카이 빙, 세대 간 자연기억 교육)에 대한 수요가 생겨나고 있다. 나아가 생태적 슬픔, 기 후 불안까지 새롭게 보편적으로 등장하고 있다. 이로써 기후위기로 인한 정신건강 문제는 개인의 내면 문제만이 아니라, 세대 간 가치 갈등과 생태 윤리 상실의 표현에까지 이르는 심각성에도 주목해야 한다. 이에 대해 청 년 대상 생태문화예술 참여 플랫폼, 기후예술·생태연극 등 대안 감성 공간 의 조성, 생태치유 기반 공동체 예술 프로젝트 지원 수요가 등장하고 있다.

좀 더 넓게 보면, 이러한 문제는 환경인종주의와 문화 불평등으로 확 대될 수 있다. 이제는 오염되고 열악한 환경이 계층과 인종을 기반으로 고 착되며 문화적 자존감마저 훼손한다. 이에 따라 소외지역 문화 인프라 균 형 배치, 환경정의 예술교육(주민참여형 벽화, 다큐멘터리, 미디어 워크숍) 고려, 토착 민·이주민의 문화표현권 보장을 위한 수요가 늘어나게 된다. 이런 맥락에 서 문화환경을 파괴하는 전쟁·군사 갈등 문제도 함께 거론해야 한다. 무력 분쟁은 물리적 피해를 넘어 문화유산·기억·관계망을 단절시키는 큰 충격이다. 전쟁기억 기반 평화문화 아카이빙, 난민·피해지역 대상 공동창작 문화지원, 전후 복원형 문화교류 프로그램(트라우마 극복 문화예술 치유)를 생각해야 한다.

　이러한 문제들은 문화정책만으로는 한계가 큼에도 왜 굳이 문화정책이 필요한가? 사실 그전의 복구 정책은 인프라·경제 중심이었으며, 결국 사람의 기억, 감성, 정체성은 복구되지 않은 채 외면받았다. 그런데 문화는 공동체적 회복과 미래 세대 전승의 기반이 된다. 그러므로 심리·사회적 회복탄력성(resilience)은 문화 없이는 완성되지 못한다. 예전에는 이런 이슈들에 대해 직접적인 문화정책 대상 키워드를 명확히 하지 못한 채 두루뭉술하게 접근하는 경우가 많았다. 그러다 보니 야무지게 끝을 내고 사회실험을 거쳐 완결짓지 못한 채 이런 일들이 반복되면 또다시 허둥대곤 한다.

　결국, 사회문화 환경 충격은 단순한 재난이 아니라 기억, 정체성, 공동체 감각의 붕괴 문제에까지 이른다. 이에 따라 문화정책은 심층적이고 지속가능한 복구 수단으로 기능할 수 있다. 특히 지역주민의 참여를 기반으로 한 문화예술 정책은 물리적 복원 이상의 존엄 회복과 미래 세대 문화유산 복원을 가능하게 만든다.

2) 문명전환의 서사

　앞으로 우리 사회에는 또 어떤 일이 발생하며, 충격은 어떻게 바뀌고, 이를 잘 활용하면 어떤 기회가 생길까? 먼저 문화적 충격의 형상화로 붕괴된 일상, 흔들리는 가치가 크게 작용할 것이다. 아울러 기후위기, 전염병, 전쟁, 기술충격이 중첩되는 복합사회 속에서 개인과 공동체는 정서적·제도적 충격에 노출된다. 마침내 이러한 휘몰이 충격은 단순한 위기를 넘어, 기존 질서를 통째로 바꾸는 문명전환의 계기로 작동한다고 본다.

이처럼 복합적인 위기는 단순한 부정적 충격이나 파괴로 환원될 수 없다. 그것은 근대 이후 지속되어온 물질주의, 성장주의, 인간중심주의 문명의 경로에 대해 구조적으로 성찰할 기회이다. 또한, 사회문화적 상상력을 확장하면서 새로운 질서 형성의 동인이 무엇인가를 고찰할 계기가 된다. 위기 이후의 세계는 과거로의 회귀가 아닌, 전환된 가치체계를 바탕으로 문명을 다시 세우는 과정이어야 한다. 그리고 이는 '지속가능성', '포용성', '회복력'이라는 새로운 문명 키워드를 바탕으로 구체화될 수 있다.

결과적으로, 이러한 혼란유발 충격들은 단순히 외부적인 위협이 아니라, 사회문화적 구조와 가치체계 내부에 존재하는 취약성과 비효율을 드러내는 거울 같은 역할을 한다. 이 변화는 기존의 정책 체계를 구조적으로 무력화시키며, 위기 시대 이후의 공공정책은 보다 유연하고 다차원적인 접근으로 나아가야 함을 보여준다. 통합적이고 회복탄력적인 정책 설계, 지역 맥락을 고려한 분권적 대응, 디지털 포용성과 기후적응을 아우르는 다중 정책 프레임워크가 필요하다. 무엇보다 이러한 충격을 단절로만 보고 넘기지 않고, 새로운 사회문화적 전환의 계기로 인식할 수 있는 '전환 담론'이 되어야 한다. 단순한 위기관리가 아닌 새로운 문화정책 '사유의 틀'을 짜는 계기로 삼아야 한다. 이는 새로운 문명의 서막으로 받아들일 수 있으며, 철학적 상상력과 윤리적 책임감을 함께하는 새로운 언어로 만들어야 한다.

이러한 복합적 충격이 단순한 위기를 넘어 문명전환의 계기로 작동한다는 것을 긍정적으로 받아들인다면 단절이 아닌 문명전환과 도약의 가능성으로 나아간다고 볼 수 있다.

사회문화가 직면한 이런 위기들은 과거의 순환적 위기 패턴이나 단일 요인 중심의 재난과는 본질적으로 다른 성격을 지닌다. 기후위기, 디지털 기술의 급진적 전개, 인구구조의 불균형, 팬데믹 같은 복합적 충격은 단순히 기존 질서를 일시적으로 마비시키는 위기를 넘어, 인류 문명의 근본 구조와 가치체계 자체에 대한 재정립을 요구하는 전환의 계기로 작동하고 있다. 이러한 변화는 기존의 안정 질서가 무너지는 과정이자, 새로운 문명 양식으로의 이행이 본격화되는 과도기적 징후라 볼 수 있다.

이런 점에서 볼 때, 앞에서 살펴본 복합적 위기들은 단절의 서사가 아니라 문명전환의 서사다. 그것은 기존 체제의 붕괴가 아니라 새로운 사회적·기술적·윤리적 질서를 구성해나가기 위한 창조적 해체 과정이다. 따라서 오늘날의 사회문화정책은 단기적 회복을 벗어나 '문명을 다시 설계하는 작업'으로 이해되고 추진되어야 할 것이다.

💡 더 생각할 점

- 기후위기와 인구구조 변화가 정책 설계에 미치는 장기적 영향은?
- 디지털 전환이 공동체 문화를 어떻게 재편하는가?
- 지역소멸 대응을 위한 혁신적 정책 모델은 무엇인가?
- 팬데믹 이후 사회는 어떻게 새롭게 조직될 수 있는가?
- 생태문명은 기존 산업문명과 어떤 점에서 대립되는가?

2. 정책은 침묵

　　이러한 휘몰이 충격 속에서도 왜 문화정책은 '침묵'하는가? 먼저 생각할 점은 정치·경제 우선순위에서 밀린다는 것이다. 충격 상황에서는 보건, 경제, 국방 등 '필수 생존' 부문이 정책 우선순위로 떠오른다. 문화는 여전히 부가적이고 사치스러운 것이라는 인식이 강해 긴급한 예산과 자원이 배분되지 않는다.

　　그리고 문화정책의 구조적 파편성을 지적한다. 문화정책은 부처 간, 중앙과 지방 간 중복 및 역할 불명확성으로 통합적 대응력이 부족하다. 특히 위기대응 메커니즘이 보건, 산업에는 있지만 문화에는 전무한 경우가 많다. 아울러 정량화 어려움과 정책 설득력 부족의 문제이다. 문화의 효과는 장기적이고 비가시적이기 때문에 위기 시점에서 정책 우선순위를 설득할 수 있는 정량적 근거가 부족하다.

　　이런 충격 속에서 문화정책이 침묵하는 이유는 무엇일까? 팬데믹, 경제위기, 사회적 충격에서 보았듯이 외부 요인이 몰고 온 충격 상황에서 문화정책이 적극 대응하지 못하는 구조적 원인이 있는데, 이를 탐구하는 것이 중요하다. 이는 단순한 정책 실패가 아니라 제도적 한계, 문화 개념의 후순위화, 정치경제적 맥락과 깊이 연관되어 있기 때문이다.

　　더구나 그동안의 문화정책이 중앙집중-단기사업 위주로 이뤄졌고, 충격 발생에 직접 타격을 받을 수밖에 없는 실패 구조가 되어 내려왔다. 기존 문화정책은 단기성과 중심, 중앙집중형 구조로 인해 이러한 충격을 예상하거나 대응하지 못했다. 직접적인 예를 들면, 예술의 공공성과 자율성 사이의 균형을 잃었고, 지역성과 실험성이 억압되어 현장 기반의 창의적 복원력이 약화되고 있다.

대응 과정에 부딪치는 한계나 실패는 구조적으로 걸림돌이 되는 부분이 가로막고 있었다. 우선 제도적 경직성으로 유연한 예산 조정이나 신속 대응 체계가 없고, 대부분 중장기 계획 중심으로 설계돼 단기적 위기에 대응이 가능하지 않다는 점이다. 지속가능성 기반이 미약한 것도 원인의 하나인데, 문화예술인의 노동권, 사회보장 체계가 취약해 위기 시 즉각 피해가 누적된 것이다. 코로나19 팬데믹 때도 데이터 기반이 약해서 정책 근거로 작동할 수 있는 문화소비·산업·심리 관련해서 빠른 분석 및 대응 전략이 뒤따르지 못했다. 무엇보다 전문가 참여 부족의 문제인데, 문화정책 결정 구조가 관료 중심이라 위기대응에 필요한 외부 전문가, 시민사회 참여가 신속히 이뤄지지 못했기 때문이다.

이러한 사회실험 과정에서 얻는 시사점은 무엇보다 문화정책이 '비긴급'으로 간주되면서 위기 상황에서 쉽게 후순위로 밀리는 인식의 문제부터 개선해야 할 것이라는 점이다. 문화가 사회심리적 회복력과 공동체 유대에 핵심적임에도 이를 정책 설계에 반영하는 체계가 없다는 것이다. 아울러 위기대응 문화정책의 '기본권적 접근'이 필요하므로 문화 접근권은 생존만큼이나 중요한 사회적 복원력의 축으로 활용되어야 한다.

결국, 문화정책이 위기 속에서 침묵하지 않고 적극 대응하고 효과적으로 작동하기 위해서는 위기대응 프레임 내에 문화의 가치와 기능을 재정의하고, 제도·예산·데이터 기반을 정비하는 근본적 개혁이 필요하다.

💡 더 생각할 점

- 문화정책은 위기 상황에서 어떤 방식으로 복원력을 지원할 수 있는가?
- 디지털 전환에 효과적으로 대응한 문화정책 사례는?
- 문화예술인의 사회보장 제도는 왜 부실하게 작동하는가?

3. 문화가치의 위기

휘몰이 충격은 기존의 사회문화 질서를 흔들고, 사회 각 부문의 방향성과 정체성에 큰 영향을 미친다. 원래 문화정책은 그 사회의 가치관, 정체성, 사회통합을 직접적으로 반영하며 형성하는 것인데, 휘몰이 충격이 미치는 여파는 전보다 더 크고 복합적이다.

우선, 휘몰이 충격은 문화정책의 방향성에 있어 불확실성을 키우고, 단기적 시급한 대안을 기대하게 만들며, 충격에서 헤어나기 위한 반응 중심의 기조를 만든다. 예를 들면, 디지털 전환, 세계화, 팬데믹 같은 시급한 사태가 생기면, 정부는 일차적으로 사회 안정과 효율성 확보에 중점을 두게 된다. 정책의 시야조차 장기적 가치 형성보다 단기적 성과 위주의 대응책이 우선한다. 디지털 플랫폼 기반의 콘텐츠 지원, 비대면 문화 활성화 방향 전환이 대표적인 사례다. 물론 이러한 정책은 사회적 필요에 즉각적으로 부응할 수 있는 장점이 있으나, 문제는 그 방향성이 일관되지 못하고, 사회문화적 가치보다 기술적 효율성과 경제 논리에 휩쓸릴 위험이 있다는 점이다.

또한, 휘몰이 충격은 문화의 정체성을 뒤흔드는 요인으로 작용한다. 문화정책은 특정 사회의 역사, 전통, 언어, 예술 양식처럼 정체성을 구성하는 핵심 요소들을 보호하고 계승하는 역할을 해야 한다. 그렇지만 세계화와 디지털 기술의 융합 속에서 전통문화는 종종 '비경제적'이라는 이유로 배제되거나, '콘텐츠화'라는 이름 아래 변형되어 소비된다. 이는 문화의 고유성 훼손과 지역 정체성 약화로 이어진다. 예를 들면, 전통 예술이 대중성을 위해 현대적 포맷으로 재구성될 때, 그 본래의 맥락과 정신은 종종 희석되기 마련이며, 이는 장기적으로 정체성의 해체를 초래할 수도 있다.

특히, 이러한 정체성 흔들림은 문화정책의 사회적 신뢰도와 정당성에도 영향을 미친다. 문화정책이 일관성과 철학 없이 변화무쌍하게 조정될 경우, 정책 수혜자와 시민은 정책의 방향성과 목적에 대해 혼란을 느끼게 된다. 이는 문화정책의 공공성 약화로 직결되며, 문화 참여의 위축과 문화 불평등의 심화로 이어질 수 있다. 결국 휘몰이 충격에 대응하면서도 정체성과 일관성을 유지하는 '균형 잡힌 문화정책'이 요구되는 이유다.

이제 휘몰이 충격 속에서도 문화정책은 단기적 대응과 장기적 철학 사이의 균형을 꾀해야 하며, 문화의 다양성과 정체성을 보호하는 데 중점을 두어야 한다. 기술적 진보와 경제적 실리를 수용하되, 그 안에 내재된 사회적 가치와 문화적 의미를 간과하지 않는 통합적 시각이 필요하다. 이는 단순히 과거를 보존하는 차원을 넘어, 변화 속에서도 공동체의 연속성과 자긍심을 유지하는 핵심 전략으로 자리 잡아야 한다.

1) 기존 가치기반 해체

이러한 충격은 문화정책, 그중에서도 전통문화에 관련된 정책에 심대한 영향을 미친다. 전통문화에 관련된 정책은 단순한 유산 보존을 넘어 정체성, 공동체 의식, 사회적 지속가능성의 기반을 구성하는 핵심 영역이다. 그러나 휘몰이 충격 상황에서 이 정책들은 종종 그 근본적 가치기반이 해제되고, 이에 대한 정책적 대응도 구조적으로 실패하는 경향을 보인다.

우선, 휘몰이 충격은 기존 문화정책의 가치기반 자체를 흔든다. 문화정책의 핵심 가치는 역사성, 지역성, 공동체성, 공공성을 포함하고 있다. 그러나 경제적 위기나 기술혁명, 감염병 같은 돌발변수에 직면하면 정책당국은 신속성과 효율성을 우선시하게 된다. 이 과정에서 기존 문화는 보존보다 활용으로, 계승보다 상품화의 대상으로 전락한다. 결국, 문화의 내재적 가치보다 외형적 효과가 강조되는 경향이 짙어진다. 특히 디지털화의 가속은 전통문화를 가상화하거나 콘텐츠화하는 과정에서 맥락을 희석하여 정체성 기반을 약화시키는 구조적 위험을 내포한다.

실제로 휘몰이 충격 기간에 나타난 대응 전략은 문화정책의 실패 요인을 복합적으로 드러낸다. 우선, 정책의 우선순위 전환에 따라 전통문화 관련 예산은 타 분야에 비해 축소되기 쉬우며, 이는 제도적 기반의 불안정성을 초래한다. 또한, 전통문화에 대한 정책적 이해와 전문성 부족은 비일관적인 사업 추진과 단기성과 중심의 행정으로 귀결된다. 예를 들어, 전통예술을 온라인 공연으로 전환하거나 아카이빙하는 사업이 확대되었으나, 정작 해당 콘텐츠의 맥락적 보존이나 전승 구조에 대한 고민은 부족했다. 이는 단순히 기록의 양적 확대에 그칠 뿐, 전통문화의 실질적 재생산과 전수라는 질적 목적을 달성하지 못하는 결과를 낳았다.

휘몰이 충격기에는 문화정책 수립과 집행 과정에서 지역공동체나 실천 주체들의 참여가 누락 또는 배제되거나 형식적으로만 반영되기 쉽다. 이는 당연히 문화 주권과 자율성을 약화시키게 된다. 그 결과 전통문화정책이 현장성과 현실성을 잃고 '하향식'으로 고립되게 만들며, 궁극적으로는 정책의 지속성과 수용성을 훼손한다. 또한 전통문화는 복잡한 심미적·사회적 맥락을 포함하므로 단순히 디지털 기술로 전환한다고 해도 그 의미와 기능이 보존되기 어렵다. 이를 간과한 정책은 오히려 문화의 해체와 왜곡을 초래하게 된다.

이러한 문제들은 구조적 분석을 통해 보다 명확히 드러난다. 문화정책이 휘몰이 충격에 효과적으로 대응하기 위해서는 가치기반을 정렬하고 복원력 있는 거버넌스로 운영해야 한다. 다시 말하면, 전통문화가 지닌 역사적 정당성과 사회적 기능을 정책의 출발점으로 삼고, 변화에 유연하게 적응하되 본질은 지키도록 해야 한다. 이를 위해서는 정책형성 과정에서 문화 주체 참여폭 확대, 장기적 시야를 갖고 정책설계, 정체성 중심의 디지털 활용 기준 마련, 위기 때도 유지될 수 있는 최소 문화안전망 구축이 필요하다. 이러한 복합적 대응이 안 될 때는 휘몰이 충격이 단순한 외부적 위기가 아니라 문화적 기반 해체를 촉발하는 내부적 위기로 전환된다.

생각해보면, 휘몰이 충격 때는 위기 속에서도 정책의 근간인 가치체계와 정체성을 유지하며, 동시에 변화에 적응 가능한 유연성과 통합성을 갖춘 문화정책 모델을 찾아내야 한다. 그렇지 않으면 기존의 문화는 위기를 견디는 것이 아니라, 점진적으로 그 존재 이유를 상실하는 출구로 빠질 수 있다.

2) 문화가치의 위기 구조

정책의 침묵은 문화가치가 뒤흔들리는 위기를 불러오고 있다. 기존의 생각들은 문화가 정책을 통해 그 고유가치, 소통가치, 이미지가치, 부가가치, 인본주의가치를 높이는 데 기여한다는 것이었나(이흥재, 2005, 2006, 2014, 2024). 그런데 이러한 충격으로 문화정책의 방향 상실과 정체성이 크게 흔들리면서 이 같은 가치 실현 역할을 하기는 어렵게 된다. 그런 차원에서 5대 문화가치의 균열과 그 붕괴 구조를 다시금 생각해보지 않을 수 없다. 문화정책의 가치기반 해체와 대응 실패에 따라 이 다섯 가지 핵심 가치는 파편화된 사회적 감정기후와 기술사회 환경에서 기능을 상실하고 있다. 기존의 가치 틀로는 새 시대의 혼란을 감당하기 어려운 국면에 진입하고 있다는 뜻이다.

우선 단기간에 발생하는 급격한 환경 변화는 사회 각 분야의 구조적 균열을 촉발한다. 특히 기존 문화정책은 정체성과 공동체 연속성에 기반한 정책 영역으로, 위기 상황에서 본연의 가치체계를 유지하기가 어렵다. 이러한 정책 기반의 해제는 궁극적으로 다섯 가지 주요 문화가치 해체로 이어지는 복합적 구조를 형성한다. 그뿐만 아니라 5대 가치가 붕괴되는 현상은 단순한 일시적 충격이 아닌 구조적 해체로까지 이어질 수도 있다. 따라서 이에 대한 복원은 단기적 대응을 넘어선 장기적·체계적 재구성이 필요하다.

고유가치의 균열

문화의 고유가치는 한 공동체의 정체성, 역사성, 전통성에서 비롯된다. 이는 특정 문화가 시간 속에서 자연스럽게 형성해온 의미망과 실천 방식의 총합이라 할 수 있다. 그러나 휘몰이 충격 속에서 문화정책은 전통문화의 맥락적 의미를 경시하고, 재현 가능한 형태나 데이터 중심으로 단순화하는 경향을 보인다. 예를 들면, 디지털 아카이빙이나 콘텐츠화 작업은 고유문화의 표층적 재현에 치중하며, 그것이 형성된 맥락(의례, 장소, 공동체 기억)을 배제하기 쉽다. 이 때문에 문화는 존재의 본질이 아닌 단순 소비상품이 되며, 고유가치에는 틈새가 생긴다.

그렇다면, 이런 상태에서 고유가치를 어떻게 복원할 수 있을까? 한마디로 '맥락적 재현'과 '전승공동체 강화'에서 찾아야 한다. 여기서 전승 시스템 확립이라는 실천성을 기반으로 해야 하므로 기존 문화를 기록 차원에서 벗어나 실천 차원으로 되살리는 것이다. 다시 말하면, 전문가 중심의 계승이 아니라, 지역공동체의 일상 속 실천을 제도적으로 지원해야 한다는 뜻이다. 나아가 의례·공간·주체를 통합적으로 보존해야 한다. 문화유산의 물질적 보존뿐 아니라, 그것이 발생한 맥락까지 통합 관리하는 접근이 필요하다.

이미지가치의 변질

이미지가치는 문화가 외부 세계에 비치는 상징성과 브랜딩이다. 이는 관광자원화, 문화마케팅, 국가 이미지 구성에 영향을 미치므로 전략적으로 활용된다. 그러나 전통문화가 휘몰이 충격을 맞아 상업적 콘텐츠로 재구성되면, 이미지가치는 고정된 전형이나 스테레오타입으로 수렴되어버리기 쉽다. 결과적으로 문화의 다층성과 변별성은 상실되고, 특정 이미지로 축소·고정된다. 그렇게 되면, 외부 수요에 맞춰서 왜곡되고 표준화된 정체성을 대량생산하게 된다. 이런 구조는 결국 문화의 정체성 자체를 피상적 상징으로 전락시키고 만다.

그렇다면 이미지가치는 어떻게 복원 가능한가? 우선, 정체성 기반 브랜딩 구축에 나서야 한다. 그리고 문화다양성을 기반으로 이미지를 재설계해야 하지 않을까? 표준화된 관광 이미지가 아닌, 지역 고유의 문화적 표상과 내러티브를 이미지 자산으로 구축해야 할 것이다. 만일 내부 관점 중심의 리브랜딩을 꿈꾼다면, 외부 소비자 관점이 아닌 문화 생산자와 실천자 입장에서 이미지가치를 재구성하게 된다. 그렇게 된다면 결국 왜곡을 방지할 수는 있다.

소통가치의 약화

소통가치는 문화가 시대적 맥락에서 사람들 간 의미를 연결하고 공동체를 구성하는 기능이다. 전통문화는 본래 지역공동체의 일상적 실천과 상호작용 속에서 그 생명력을 유지한다. 그러나 디지털 전환, 거리두기 같은 휘몰이 충격의 조건에서는 문화 향유 방식이 개인화·비대면화되며, 물리적·정서적 상호작용 기반이 약화된다. 이는 문화가 갖는 공동체 회복력의 매개 구조를 붕괴시키며, 전통문화는 더 이상 사람들 사이의 삶이 아닌 '디지털 전시물'로 기능하게 된다.

소통가치 복원은 참여 기반의 문화생태계 조성으로 검토해볼 만하다. 비대면 시대에도 공동체적 소통을 복원하려면, 물리적 교류와 디지털 상호작용 병행, 아날로그와 디지털이 결합된 하이브리드 문화 플랫폼이 필요했다. 또한, 전통문화가 청년 세대와 단절되지 않도록 세대 간 전통문화 커뮤니케이션 강화를 위해 교육, 스토리텔링, 공동 창작 기반의 소통 프로그램을 설계해야 한다.

부가가치의 단편화

문화는 문화경제 시대에서 중요한 부가가치의 원천이 된다. 하지만 휘몰이 충격은 전통문화의 경제적 활용방식을 단편적이고 일회성 사업 중심으로 전환시킨다. 지역축제의 중단, 예술가의 생계 위협, 문화산업의 구조조정으로 문화의 지속적 재생산 기반이 약해진다. 특히 전통문화는 산업화가 쉽지 않은 영역이므로 정책적 보호 없이 시장논리에 방임되면 부가가치 창출 능력도 점차 소멸된다. 이는 전통문화의 '경제적 무력화'로 이어지며, 문화의 존속 자체를 위협한다.

부가가치를 복원하려면 먼저 지속가능한 문화경제 모델을 구축해야한다. 단기 소비형 콘텐츠가 아니라, 지속가능한 가치사슬(value chain)을 구축할 수 있는 문화경제 전략으로서 장기적 수익구조 기반 문화산업화가 필요하다. 아울러 전통문화 생산자들이 직접 이익을 창출할 수 있는 공정 유통망 구축, 지역 중심 사업모델 도입으로 지역 기반 공정 문화경제 활성화를 이뤄야 한다.

인본가치의 해체

문화는 인간 존엄과 연대, 자아실현의 수단이라는 인본주의적 가치를 내포한다. 그러나 위기 상황에서 이러한 가치는 우선순위에서 밀려나며, 문화정책은 재난 대응이나 생존 중심 정책에 종속된다. 예술 치유, 정체성 교육, 사회통합 같은 문화의 인간 중심 기능은 축소되거나 비본질적 기능으로 취급된다. 이로 인해 문화는 인간 삶의 내면을 풍요롭게 하는 존재론적 기능을 잃고, 단순한 외적 장식이나 정책 수단으로 전락하게 된다.

이제 인본가치 복원을 위해 '인간 중심 문화정책' 정립으로 돌아가야 한다. 전통문화는 관람 대상이 아닌 치유·연대·자아실현의 수단으로 제도화되어야 하며, 문화복지로서의 접근이 필요하다. 유아부터 고령층까지 생애 전반에 걸쳐 문화 향유와 실천이 가능하도록 인프라와 프로그램을 설계하여 문화의 생애주기 접근에 관련된 정책이 필요하다.

휘몰이 충격은 이처럼 문화의 가치 구조 자체를 재편하거나 해체하는 내적 변수를 지닌다. 특히 전통문화정책이 이러한 변화에 적절히 대응하지 못할 경우, 문화는 표면적으로 존속되더라도 내재된 가치체계는 점진적으로 무력화된다. 이 때문에라도 문화정책은 단기 대응이 아니라 가치기반의 복원정책으로 접근해야 한다. 이런 관점에서 정책철학과 가치를 통합하는 전략을 검토해야 한다. 우선, 가치기반 문화정책 프레임워크를 개발하여 정책의 평가기준을 경제효율이 아닌 '가치회복지수'로 전환할 필요가 있다. 전통문화 영역에도 재난 대응 및 회복 시스템을 제도화하여 위기 이후 신속한 복원이 가능하도록 위기대응 문화안전망을 제도화하는 것도 중요하다(5장 3절 참조).

위기는 전통문화의 가치체계 붕괴로 사회의 정체성, 연대, 미래 가능성을 저해한다. 이를 복원하기 위해 문화정책의 패러다임 자체를 전환하고, 공동체 중심의 가치회복 전략을 수립해야 한다. 기술과 시장의 논리를 수용하되, 인간성과 맥락성, 정체성을 중심에 두는 복원적 접근이야말로 휘몰이 충격 시대의 지속가능한 문화정책의 해답이라고 볼 수 있다.

💡 더 생각할 점

- 문화정책의 일관성과 유연성은 어떻게 조화를 이룰 수 있을까?
- 디지털 기술은 전통문화의 본질 보존에 어떤 영향을 미치는가?
- 휘몰이 충격 이후 문화의 가치체계를 복원하는 방법은?
- 문화의 인본가치를 유지하기 위한 정책 조건은 무엇인가?
- 현대 도시에서 전통문화의 실천 기반을 재구성하는 방법은 무엇인가?

더 읽어볼 책

그레이엄 머독(2011), 임동욱·정수영·김승수 역, 『디지털 시대와 미디어 공공성: 미디어 문화 경제』, 나남.

김환석(2024), 『코로나 팬데믹과 문명의 전환: 근대 문명에서 생태 문명으로』, 세창출판사.

이동수(2014), 『시민사회 파트너십과 공공성』, 인간사랑.

이흥재(2005), 『문화예술정책론』, 박영사; 이흥재(2006), 『문화정책』, 논형; 이흥재(2014), 『문화정책론』, 박영사; 이흥재·김영주(2024), 『제2판 문화정책론』, 박영사.

제임스 커런, 내털리 펜튼, 데스 프리드먼(2017), 박성우·김예란 역, 『인터넷, 신화를 넘어 공공성으로』, 컬처룩.

천은영(2025), 『인간행동과 사회환경』, 동문사.

필립 클레이튼, 앤드류 슈워츠(2023), 이동우 역, 『미래는 생태문명: 파국을 넘는 문명 전환의 지도 그리기』, 산현재.

北村英哉, 大坪庸介(2012). 『進化と感情で明らかにする社会心理学』, 有斐閣.

小松正(2019), 『社會はヒトの感情で進化する: 人間行動進化學と行動デザインで社會を變える』, フォレスト出版.

2장
묻고 또 묻는
질문 10가지

휘몰이 충격을 맞는 전환기에는 공동체와 그 구성원의 감각과 상식, 문화적 자존감이 많이 흔들린다. 그 가운데서 문화정책은 여전히 '문화예술진흥', '향유 기회 확대', '문화복지' 같은 말만 반복한다. 문화발전계획이나 프로그램 기획안은 여전히 감성적인 미사여구로 포장되어 있다. 더구나 우리가 왜, 무엇을 위해 문화정책을 하는지에 대한 근본 질문은 정작 실종된 지 오래되었다. 지금 문화정책은 마치 지붕이 무너지는 집에서 페인트칠이나 새로 하는 꼴이다. 지금 우리가 누리고 있는 문화라는 것이 글로벌 알고리즘이 골라준 콘텐츠 조각들을 소비하면서도 그것을 우리의 취향, 우리의 가치라고 착각하고 있는 건 아닐까.

우리는 다음 세대를 위해 문화정책을 어떻게 다시 설계해야 할까? 아니, 그전에 우리는 정말 '문화'가 무엇인지, 왜 그것이 사회실험과 철학의 문제인지 제대로 점검해야 한다. 여기서는 매우 기본적인 문제 10가지를 선정하여 다시 묻고 검토하려 한다. 왜냐하면 전환기를 건너려면 그동안 축적된 것들을 창고에서 찾아내어 점검해야 하기 때문이다. 그리고 나서야 비로소 그동안의 문화정책을 근본적으로 재검토하는 강력한 출발점으로 삼을 수 있다고 본다. 재검토하려는 것은 바로 문화정책의 철학적 기반을 재정의하고, 전환 시대의 문화 충격에 대응하는 정책 논의의 발판으로 삼기 위해서다.

1. 담론

문화정책은 늘 "필요하다"는 말로 이어간다. 그다음에는 "중요하다"는 말이 따라붙고, "~해야 한다"는 말로 끝낸다. 그리고 대부분 거기서 그냥 끝난다. 그 뒤에 오는 행정 문서들은 너무 많고, 말은 번듯하지만 현실은 안타깝게도 너무 느리다. 우리는 그 간극에서 살아왔다. 그 틈을 이제는 그냥 지나치면 안 된다.

'전환'은 문화정책 담론에서 자주 호출되는 단어 중 하나지만, 그것이 실제로 무엇을 전환시켰는지는 잘 보이지 않는다. 반복되는 표현과 포맷, 되풀이되는 공모 방식, 그리고 줄지 않는 현장의 피로감. 우리는 지금 정책 언어의 피로 속에서 창작과 향유, 공공성과 자율, 권리와 책임의 개념이 조금씩 탈색되는 상황을 마주하고 있다.

여기에서는 정책이론을 이해하려는 것이 아니다. 그렇다고 정책 실무를 위한 가이드를 제시하는 것도 아니다. 정책의 철학적 관점을 다시 묻고, 검토하려는 것이다. 그 뒤에는 그 철학이 실제로 제도 안에서 어떤 모습으로 작동하고 있는지를 성찰하려고 한다. 단순한 정책의제 해설이나 요약이 아니라, 정책을 직접 만드는 사람으로 전환되기 위한 연습에 가깝다. 정책은 문서로 존재하지만, 정책의 철학은 결국 관계, 권한, 말할 수 있는 자격 안에 존재하기 때문이다.

1) 왜 문화정책은 늘 '전환' 중인가

정책을 전환하는 데는 그 나름대로 일정한 논리가 깔려있어야 설득력이 있다. 정책 전환의 논리란 단순한 행정의 수정이나 대체가 아니다. 사회적 전환의 조건과 역사적 맥락, 정치적 균열, 그리고 지식과 담론의 이동을 함께 고려해야 하는 복합적 사고의 틀이다. 여기에서는 휘몰이 충격의 문화정책 이슈 드라이브 맥락에 맞춰 휘몰이 충격의 전환기라는 역사사회적 조건과 문화정책 특화 관점에서 정책 전환의 논리를 재구성하기로 한다.

휘몰이 충격의 전환기에서 문화정책 전환의 논리란 무엇을 말하는가? 충격이 미치는 파급이 크기 때문에 우선 기반이 되는 문제를 재구성해야 전환 논리가 받아들여질 수 있다. 기존 정책이 실패하거나 시대의 변화로 '문제' 자체가 새롭게 정의될 때 비로소 전환이 시작된다. 이를 토대로 정책 문제를 재구성(problem reframing)하게 된다. 예를 들면, 환경 문제는 그동안 '공공위생 문제'로 봐왔으며 나름대로 논리 타당성을 지니고 있었다. 그러나 이제부터는 '지속가능성 위기'로 재구성해야 한다. 좀 더 진행하면, 휘몰이 충격은 기존 문화정책의 틀(성장주의, 예술 중심성, 산업적 효율성)을 무력화시켰다. 기존에 문화는 자율적 예술지원 혹은 산업 성장의 수단 정도로 인식되었으나 이제 문화란 위기 극복의 공공 회복 자산이며, 공동체 지속의 사회적 면역체계라고 재구성한다.

전환의 논리에는 '문화정책적 정당성'을 재구성하는 이른바 정당성의 이동(legitimation shift) 같은 문제도 등장한다. 그 결과 전환은 단순한 효과성 문제가 아니라 정당성의 계층을 변화시키는 문제로 본다. 예를 들면, 경제성 중심 정책에서 사회적 형평성 중심으로 문화 정당성의 축이 이동한다. 이때는 문화의 정당성 기준도 바뀐다. 예를 들면, 전통적인 정당성을 전환기적 정당성으로 바꾸거나, 문화의 자율성을 문화의 공공적 책무로 바꿔 생각하는 것이다. 그동안 예술성에 대한 생각은 생활문화의 회복탄력성 쪽으로 바꾸고, 수출 가능한 콘텐츠에 대한 생각도 지역공동체 회복의 감성적 기반으로 전환한다. 왜냐하면 전환기에서 문화라고 하는 것은 소비 대상이라기보다 '생존의 감각' 성향이 더 강하기 때문이다.

정책 전환에서는 문화행위자 연합의 재편성(actor coalition reconfiguration)이 등장한다. 이는 정책을 관료집단적 행동으로 보지 않고, 이해관계자와 담론의 결합 속에서 재편된다고 보기 때문이다. 예를 들면, 새로운 정책연합체로 시민운동, 전문가 집단, 국제기구, 산업체를 생각하면 된다. 아울러 문화정책의 주체는 확장되어야 한다. 기존에는 활동과 정책 주체를 문화부처, 예술가, 문화재단 중심으로 보는 데 무리가 없었다. 그러나 '생명공동체'로 간주하는 전환기를 맞아서 재편되고 새로 등장하는 주체는 환경운동가, 지역돌봄단체, 청년기획자, 시니어공동체, AI윤리기획자 같은 생활문제에 연결된 문화 주체가 등장하기 때문이다. 그러면서 문화정책은 자연스럽게 다른 부문의 정책과 접속하는 연결장치가 된다.

회복이나 지속가능성을 중심으로 하는 담론의 지배 구조 변화(discursive hegemony shift)도 나타난다. 정책은 언어와 상징을 통해 의미를 구성하며, 전환은 지배적 담론의 교체에서 비롯되기 때문이다. 예를 들면, 성장 중심에서 회복력과 돌봄 중심으로 바뀌므로 기존 담론은 문화산업 성장, 한류 수출이 주류였다면 바뀐 담론에서는 감성안전망, 지역정체성 회복으로 바뀐다. 이런 맥락에서 예술 창조성 담론은 치유, 돌봄, 생애 리듬 담론이 중심에 자연스럽게 자리한다. 그래서 '산업혁신+테크융합'의 담론은 '지역기반+공진화 생태계'로 바뀌는 것이 오히려 자연스럽다. 왜냐하면, 전환기에 당면한 문화정책은 감성-생태-공진화를 연결하는 새로운 서사를 만들어야 하기 때문이다.

이러한 정책 담론의 재구성에는 정책학에서 강조하는 제도실험과 공공 파일럿이 뒤따른다. 이는 제도적 기반의 구조를 벗어내고 재구조화로 나아가는 것이다. 전환이라는 것은 기존 제도의 붕괴 → 실험적 정책 → 제도적 안정 순으로 나아가며, 종종 위기와 불확실성을 동반한다. 정책 실험과 파일럿 프로그램은 전환을 거쳐 건너가는 다리 역할을 하기 때문이다. 아울러 휘몰이 충격기에는 기존 제도가 불안정해지므로 문화정책도 유연한 실험성과 임시 제도를 수용해야 한다. 실제 정책 현장에서 논의할 수 있는 것은 지역감성 레지던시(기후·고령화·소멸지역 연계형 문화거점 실험), AI와 예술

정책을 전환하려고 할 때 어떤 요인이 결정에 영향을 미칠까? 대개, 경제·사회 기타 요인들을 생각한다. 경제적 변수로는 경제위기, 산업구조 재편에 따른 전환인데, 예를 들면 글로벌 금융위기 후 복지 강화를 위한 정책 전환이 있었다. 그리고 폭넓게 나타나는 사회문화적 변수로는 사회문제 인식 변화이다. 그리고 시민 요구에 따라 나타나는 것을 예로 든다면 페미니즘, 환경운동의 확산 같은 경우이다. 정치적 변수로는 정권교체, 권력구조의 변화에 따른 것으로 정권교체 후 탈탄소 정책 강화로 전환하는 경우다. 최근에는 기술-환경적 변수가 미치는 영향이 큰데, AI 같은 신기술 등장, 기후재난 발생 같은 사례가 있다. 끝으로 국제적 변수로 글로벌 규범이 변하여 ESG나 지속가능발전목표(SDGs)가 강조되는 경우가 있다.

공공윤리 플랫폼(디지털 충격과 문화표현의 상생 설계), 돌봄문화예산제(복지예산과 통합 설계한 문화참여 예산)를 생각할 수 있다. 휘몰이 전환기에는 문화 실험이 정치를 이끌며 나아가기도 한다.

정책 전환은 기본적으로 몇 가지 단계를 따르며 진행된다. 우선 위기 또는 문제화 단계에서 기존 정책 체계에 대한 신뢰가 붕괴되며, 사회적 긴장이 고조된다. 문화정책의 경우에는 기존 정책 패러다임이 무기력해지며(예: 팬데믹, 인공지능 창작 대체), 마침내 예술인의 불안정성, 지역문화의 붕괴 같은 문제가 정책의제로 떠오른다.

이어서 정책 담론이 등장하는데, 주로 지식공동체나 시민사회에서 대안적 사고 틀로 등장한다. 문화정책의 경우는 '문화경제에서 문화회복으로', '콘텐츠 수출에서 생활감성으로' 틀이 바뀌게 된다.

그리고 대응책으로 정책실험을 시도하여 소규모 시범 사업이나 민간 주도 프로그램에서 적용해본다. 휘몰이 충격의 경우에는 지역 문화랩, AI윤리 예술제, 생애문화 패키지 같은 실험을 할 수 있다.

이런 변화 뒤에 어떤 문제가 마침내 본격적으로 정책 주류로 자리 잡아 제도적 통합과 예산 배정을 하는 실질적 전환 단계로 넘어간다. 예를 들면, 문화와 복지, 기술, 기후 분야와 융합되어 실질 문제로 넘어가게 된다. 그리고 시간이 경과하면서 제도화를 이루고 마침내 전환된 정책이 일상적 상식으로 자리를 잡기에 이른다.

이런 과정에 비춰보면 휘몰이 충격 기간에 문화정책의 전환은 휘몰이 충격이 만든 '생존의 경로 위에서' 감성의 길을 트는 과정으로 진행되었다. 그것은 예술의 논리가 아니라 공존의 미학, 효율의 정치가 아니라 공진화의 실천, 성장의 담론이 아니라 회복의 문화철학이다.

그동안 현실 문화정책에서 '전환'이라는 말을 자주 쓰면서 관심을 끌었다. 아마도 실질적인 변화보다 변하고 있다는 인상을 주기 위한 정치 레토릭 전략으로 써왔는지도 모른다. 문화정책이 새로운 국면으로 진입하고 있다는 메시지를 전달하지만, 실제로는 기존 정책의 틀을 그대로 유지하거나 재포장하는 데 그치는 경우가 많았다. 그렇지만 변화와 혁신에 대한 사회적 기대, 정치적 정당성 확보의 필요성, 행정조직의 관성 등과 맞물려 지속적으로 나타났다.

이 같은 전환 담론은 누구를 설득하려는 것이었을까? 주로 대중, 정치권, 언론, 그리고 공공 행정조직을 설득하기 위한 상징적 장치로 사용되었을 것으로 본다. 정책 수립자는 이 담론을 통해 자신들의 정책이 시대적 흐름에 부응하고 있음을 보여주고, 정치적 명분과 행정적 정당성을 확보하려 했다. 그러나 이 담론은 문화예술 현장의 실제 요구와는 다소 괴리된 경우가 많았다. 결국 현장에서는 '전환'이라는 말에 점점 무감각해지는 '정책 피로' 현상이 퍼지게 되었다.

실제로 변화는 일어난 것인가, 아니면 변화하고 있다는 인상을 주려는 것인가? 정권 때마다 '전환'이라는 말을 내세웠지만, 실제 정책의 구조나 철학이 근본적으로 달라졌다고 보기는 어렵다. 예를 들어, 2000년 무렵의 '문화산업 진흥' 정책, 2008년 이후의 '창의와 융합' 담론, 2017년 이후의 '문화권리 보장', 그리고 2020년대의 '디지털 전환'까지 참 많이도 바뀌었다. 이 모두 변화와 혁신을 표방했지만, 실제로는 기존 정책언어만 바뀌었을 뿐 구조적 개편은 제한적이었다.

그뿐만 아니라, 정책 담론과 실제 정책 사이에는 불일치가 많았다. 예를 들어, "문화권리 보장"이라는 슬로건은 포용적이고 진보적인 인상을 주지만, 실질적으로는 기존 문화예산을 재분배하는 수준에 머문 경우가 많았다. '디지털 전환' 역시 포스트 코로나 시대의 대응 전략처럼 보였지만, 일

    1부. 휘몰이 충격, 문화가치의 위기를 묻다

회성 지원에 그쳤고 지속가능한 인프라 구축에는 미치지 못했다. 심지어 문화예산 몇 %라는 수치를 채우려고 어떤 항목을 넣거나 빼는 일들조차 저질렀다.

정권이 바뀔 때마다 문화예술의 '새로움'을 기대한다. 이러한 기대 때문에 그때그때 새로운 슬로건을 내세우고 변하는 모습을 연출한다. 이는 실질 정책효과가 없더라도 문화가 사회 전반의 변화에 민감하게 반응해야 한다는 상징성 때문이다. 그러다 보니 '새로움의 연출'은 문화정책에서 통과의례처럼 인식하고 넘어가곤 했다.

이런 방식으로 정책이 변하면 문화예술 현장에 남는 것은 혼란과 피로감뿐이다. 예술가와 기획자, 단체들은 새로운 언어와 틀에 맞춰 사업을 계속 수정해야 한다. 당연히 행정업무 증가, 공모 시스템이나 평가지표 변경으로 그동안 축적했던 정책 노하우가 무력해진다. 결국, 현장에서는 정책에 순응하고 수용하기보다 새 기준으로 해석하고 활용하려는 데 열중하게 된다. 이러한 반복은 정책에 대한 신뢰를 떨어뜨리고, 문화예술 생태계의 안정성과 지속가능성에도 부정적인 영향을 끼치고 만다.

결국 문화정책에서 전환이라고 하는 것은 실질적인 변화보다 정치적 수사와 상징적 표현의 영역에 가까운 경우가 많았다. 이를 바뀐 정책의 정당성을 확보하고 사회적 주목을 끌기 위한 전략으로 이해할 수도 있다. 이 때문에 문화정책은 다른 분야 정책보나 사볍게 다뤄지고 있다고 보며, 정책 피로를 가중시키고, 문화예술 생태계의 신뢰 기반이 늘 흔들렸다.

2) 문화는 누구의 것인가: 국가, 시장, 시민 사이

사회문화는 창조적 활동 결과의 총합 이상으로 공동체가 공유하는 가치체계, 삶의 방식, 정체성 형성의 핵심이다. 그러다 보니 현대사회에서 문화의 주체성과 소유권을 둘러싼 논쟁이 새삼 등장하고 있다. 주로 논의되는 것은 기존처럼 국가, 시장에만 그치지 않고, 시민을 포함하는 세 가지 축을 중심으로 복잡하게 전개된다. 이들 각각은 문화에 대해 상이한 이해관계와 목적을 가지고 있으며, 그에 따른 문화정책, 생산과 유통의 구조, 시민의 참여 방식 역시 뚜렷이 구분된다.

국가는 그동안 문화활동이나 성과의 보존자이자 규제자로서 역할을 맡아왔다. 문화재 보호, 언어 정책, 공공미술 지원 같은 문화 행정은 문화의 지속가능성과 정체성 유지에 기여했다. 특히 국민국가 형성기에는 문화가 국민통합과 정체성 구축의 수단으로 동원되었고, 근대 이후에는 문화산업 육성과 국가브랜드 전략으로 확장되었다. 그러나 이러한 국가 중심 문화정책은 문화의 다양성과 자율성을 훼손할 위험이 있다. 문화의 질서와 기준을 국가가 설정하는 과정에서 비주류 문화나 소수 집단의 표현은 배제되기 쉽고, 특정한 이념이나 정치적 목적에 문화가 예속되는 '문화의 정치화' 문제도 제기된다.

그러나 기본적으로 시장은 문화를 상품화하고, 문화의 가치를 수익성과 교환 가능성으로 환원한다. 여기에서 오늘날 활발해진 콘텐츠 산업, 엔터테인먼트, 플랫폼 기반 문화 유통 구조는 이윤 추구를 기반으로 움직인다. 그뿐만 아니라 문화소비자 대중의 선호와 트렌드에 민감하게 반응한다. 이 때문에 창작자에게는 지속가능한 수익 구조와 자율성을 부여할 수 있게 되었다. 그러나 문화는 상업적 기준에 따라 재편되고, 자극성과 획일화가 심화되는 경향을 보인다. 이는 문화의 본질적 가치인 비판, 반성, 공동체 형성의 힘을 약화시킨다. 또한, 시장이 주도하는 문화는 소비자 중심주의에 갇혀 새로운 문화의 실험성과 다원화 기회를 억누르게 된다.

이런 상황에서 전략적으로 주체 사이의 관계에서 생겨나는 긴장과 새로운 협력 가능성을 점검해야 한다. 전환기를 거치면서 문화활동의 진정한 주체는 시민이며, 이런 관점이 곧 문화민주주의의 핵심으로 자리 잡고 있다. 여기서 시민은 단순 소비자라기보다 문화의 창작자이자 해석자, 비평자로서의 지위를 기대한다. 이때 문화는 비로소 상향식으로 형성되는 자율적이고 역동적인 영역이 된다. 그러나 실제로 시민 참여는 형식적 수준에 머무르며, 문화기획이나 정책 수립 과정에서 시민은 '참여자'라기보다 '관객'으로 자리매김되는 경우가 적지 않다. 예를 들면, 공공예술이나 지역축제에서의 시민 참여는 종종 단순한 동원 방식이나 이벤트 중심의 형식으로 나타나며, 구조적 결정권이나 지속적 영향력은 없는 편이다.

국가, 시장, 시민은 서로 배타적이지 않으며, 문화정책 현실에서는 복합적 상호작용을 이룬다. 국가는 공공성의 이름으로 시장의 과도한 상업화 경향을 견제하며, 시민의 표현권과 접근성을 보장하는 규제 틀을 마련할 수 있다. 시장은 기술적 진보와 자본의 흐름을 통해 문화적 확산을 가속화하고, 개인 창작자에게 플랫폼을 제공한다. 그럼으로써 새로운 문화생태계를 가능하게 한다. 시민은 누 숙을 건세·감시하며, 대안적 문화 실천을 통해 문화의 민주성과 다양성을 확장할 수 있는 입장이다. 그러나 이 같은 협력은 각 주체의 권력 불균형, 참여의 비대칭성, 문화자원의 집중 문제를 해결하지 않고서는 실현되기 어렵다.

문화민주주의의 실현을 위해서는 시민이 문화 생산의 주체로 실질적으로 개입할 수 있는 구조가 필요하다. 단순한 설문조사나 공청회 수준을 넘어, 문화정책 수립 과정에서 시민 공론장의 형성, 지역문화 거버넌스의 확대, 창작자와 공동체 간의 거버넌스 메커니즘이 구축되어야 한다. 이는 문화의 수평적 분산과 권력구조 재편성을 포함하며, 문화에 대한 국가의 과도한 관리 또는 시장의 독점적 영향력을 재조정하는 방식이 되어야 한다.

국가의 규범성과 시장의 수익 논리는 문화의 기능을 제한하기도 하지만, 시민의 자율적 참여가 실질화되지 않는 한 문화는 여전히 타자의 논리에 따라 조율된다. 진정한 문화의 주체는 권력을 가진 자가 아니라, 스스로 문화적 행위자임을 인식하고 실천하는 시민으로 봐야 한다.

3) 무엇을 위한 정책인가: 시스템 편의와 예술창조력 낭비

문화사업 공모 심사에서 떨어져본 적 있는 사람들 가운데 본인의 창작능력이 부족해서 그런 결과가 나왔다고 생각하는 예술가는 거의 없다. 대개는 시스템을 탓한다. 그리고 나서 예술가들은 이 시스템이 과연 예술가를 위한 것인가, 아니면 관리 가능한 시스템 그 자체를 위한 것인가 다시 묻곤 한다.

예술 정책의 본질적 목적은 무엇인가? 이는 예술가 개인의 창작 자유 보장을 위한 것인가. 아니면 체계적이고 통제 가능한 창작 환경을 조성하여 문화산업의 생산성과 효율성을 제고하기 위한 것인가. 모든 문화예술정책은 표면적으로는 예술가 지원을 표방하지만, 그 내면에는 예술을 제도화하고 관리 가능한 범주로 편입시키려는 측면이 담겨있다. 예술가 중심 정책과 관리 가능한 창작 시스템이라는 두 관점은 어떻게 정책으로 수렴되고, 아니면 서로 충돌할까. 그 결과로 예술의 자율성과 다양성은 어떤 영향을 받는가.

　예술가를 위한 정책은 본래 창작의 자유를 존중하고, 경제 불안 속에서도 예술 활동을 지속할 수 있도록 지원하는 데 그 목적이 있다. 예술은 노동이면서도 시장논리로는 평가하기 어려운 공공재 성격을 갖는다. 이 때문에 국가나 공공기관이 나서서 창작 지원금, 예술인 고용보험, 창작 공간 제공, 창작 레지던시 프로그램을 운용한다. 이러한 정책은 특히 시장에서 소외된 실험적 예술, 지역 기반 창작자의 문화 표현 기회를 만들어준다는 점에서 문화 다양성과 표현의 자유 증진에 기여한다.

　그러나 이러한 제도의 실효성은 정작 누구를 예술가로 간주할 것이며, 무엇을 예술로 인정할 것인가 하는 제도 내부의 기준 설정 방식에 따라 크게 달라진다. 지원을 받기 위해 예술인 '자격'을 증명해야 하고, 활동 실적이나 포트폴리오를 제출해야 하며, 심사위원회의 평가를 명예롭게 거쳐야 하는 필수 구조를 감내해야 한다. 이러다 보니 예술가의 창작 활동은 점차 제도화된 행정 행위로 전환된다. 안타깝지만 결국, 이 과정을 거치면서 예술 활동의 행정화를 낳으며, 지원을 받기 위해 일정한 형식, 언어, 실적 중심의 경쟁적 구도에 편입되어버리고 만다.

　문화예술을 정책으로 추진하는 데 있어서 또 하나의 숨은 구조는 바로 '관리 가능한 창작 시스템'을 구축하는 데 있다. 예술은 그 자체로는 비물질적이고 더구나 비효율적일 수도 있다. 그러나 이를 제도적으로 규격화하고, 예산 단위로 환산하며, 성과지표에 맞춰 평가할 때 비로소 정부 행정의 대상으로 편입될 수 있다. 이러한 흐름 속에서 예술 행정에서 제시하는 성과들은 창의성, 혁신, 지속가능성, 성과관리, 지역 활성화라는 말의 다른 표현이 되고 있다. 시간이 흐를수록 창작 행위는 점점 정량화되고, 평가 가능한 형태로 전환된다. 이는 공공미술 프로젝트, 지역문화도시사업, 예술인 일자리 프로그램사업에서 뚜렷이 드러난다. 정책은 창작 환경 개선이라는 명분을 내세우지만, 실질적으로는 예술가를 창의 노동자(creative worker)로 자리매김한다. 창작활동도 도시재생, 관광 콘텐츠, 지역 브랜드화의 도구로 재편되고 있다. 이 과정에서 창작의 숭고한 목적과 고유가치는 점차 희석되고, 예술가는 행정 구조 안에서 성과를 만들어내야 하는 '계약자'로 전락한다.

바로 이 때문에 예술가의 자율성과 행정적 관리 사이에 긴장이 계속된다. 예술가를 위한 정책은 양면적이다. 한편으로는 예술가에게 자원을 제공하고 제도적 보호를 통해 생계를 안정시킨다는 점에서 긍정적이지만, 동시에 예술을 제도 안으로 포섭하고 창작의 형식을 간접적으로 통제하려는 통치 전략이기도 하다. 그리고 예술가의 삶은 '관리 가능한 존재'로 전락하고, 예술가는 행정적 수혜자이자 평가 대상이 되며, '성과 기반 창작 활동'이라는 명분하에 점점 더 자율성을 잃게 된다. 특히 최근 예술지원금의 성과지표화, 사업성과 보고서 의무화, 수혜작품의 공공환원을 요구하는 행정관리가 심하다. 그러다 보니, 예술가는 자신의 창작 의도를 사업기획서로 전환하고, 예술활동을 프로젝트 단위로 해체하여 결산 시점에 맞춰야 한다. 이는 창작의 시간성과 내적 동기, 실험성과 실패 가능성이라는 예술의 고유한 특성을 억제하며, 예술가가 스스로 창작을 사업화해야 하는 역설적인 상황을 초래한다.

그렇다면 제도와 창작 사이에 새로운 접점은 없는 것인가? 다시 표현한다면, 관리와 형식을 벗어날 길은 과연 없는가의 문제다. 이러한 한계 속에서도 예술가들은 제도의 경계를 넘나들며 새로운 창작 방식을 모색하고 있다. '행정 예술가'라는 말은 이제 단순한 비판을 넘어, 제도와 행정 언어를 창작의 재료로 뒤엎는 뜻으로도 쓰이는 비아냥거리가 되었다. 일부 예술가는 정책 시스템을 비판적 장치로 삼아 제도에 대한 성찰을 촉발한다.

그러면서 참여적, 공동체 기반, 서사 중심 예술을 통해 '관리 불가능한 창작'을 시도한다. 또한 '예술인 권리보장법' 제정, 창작 노동권리운동, 예술가 네트워크 형성 같은 집단적 행위는 예술가가 수동적 정책 수혜자를 넘어 능동적 정책 형성자로 나아갈 가능성마저 보여준다. 이는 단순히 예산 배분의 문제를 넘어 예술의 본질적 가치인 고유, 이미지, 소통, 부가, 인본가치를 어떻게 사회 안에서 유지할 수 있을지를 묻는 근본적 질문으로 되돌려놓는다.

문화예술정책은 겉으로는 예술가를 위한 것이지만, 실제로는 관리 가능성과 성과 중심의 창작 시스템 구축을 목적으로 한 제도장치로 작동해 왔다. 예술가의 자율성과 예술의 본질적 다양성을 지키기 위해서는 정책이 '지원'의 관점에서 '동반'과 '신뢰'의 구조로 전환되어야 한다. 예술가가 제도적 틀에 종속되지 않고 창작의 언어를 유지할 수 있도록 하는 사회적·정치적 기반이 마련되어야 한다. 예술을 위해 만들어진 정책이 정작 예술의 경계를 제한하고 예술가를 성과 중심의 계약자로 만들고 있어 지금 새삼스럽게 전환기라는 말을 반복하게 된 것이다.

💡 더 생각할 점

- 문화정책에서 '전환'이라는 단어가 반복적으로 쓰이는 이유는 무엇인가?
- '정책 피로'는 문화 현장의 수용자에게 어떤 영향을 주는가?
- 국가 중심 문화정책이 갖는 한계와 대안은 무엇인가?
- 문화정책이 '공공성'을 말할 때, 실제로 누구를 위한 공공인가?
- 공정성과 투명성이라는 행정의 논리가 예술계에 가져온 변화는 무엇인가?

2. 전략

1) 문화는 돈이 되는가: 논리의 유혹과 함정

우리가 좋아하는 드라마, 웹툰, 영화는 진짜 '창의력'에서 나온 것인가, 아니면 기획서와 마케팅의 승리인가? 문화예술정책이 산업정책으로 옷을 바꿔입는 순간, 예술가는 그저 '시장 데이터'로 전락한다. 문화가 돈이 된다는 경제논리의 유혹과 함정 앞에서 문화정책은 전략적 선택을 주저하지 않았다. 주로 문화산업, GDP 속 문화 비중, 문화시설 경영의 수익성에 대한 비판이 끊이지 않는 이유이다.

'문화는 돈이 되는가?'라는 질문은 더 이상 질문도 아니고, 철학적 논의 대상에 머물지 않는다. 이미 정책, 경제, 경영 같은 인접 학문의 등에 올라타 실용적 차원에서 채찍질만 해대고 있다. 특히 중앙정부나 지방자치단체의 문화시설 경영 강화로 문화가 단순 가치전달 수단을 넘어 '경제적 엔진'으로 바뀌고 있다. 경제논리 중심의 문화정책과 그 실천이 지니는 유혹, 그로 인한 함정은 전환기 때마다 새삼스레 등장한다.

문화산업은 방송·영화·음악·게임·출판·디자인·콘텐츠 같은 광범위한 영역에서 빛을 내고 있다. 특히 K-콘텐츠의 성공, K-팝의 글로벌화는 문화가 '수출산업'으로 자리매김할 수 있다는 가능성을 입증했다. 문화산업의 수출액은 급성장하며, 해당 산업에 대한 투자액도 지속 증가하고 있다. 이러한 성장세는 당장 통계로 집계 가능한 경제 효과, 고용 창출, 수출 증대, 관광 유발, 지역 활성화를 창출한다. 그런데 이 같은 경제적 성과 뒤에는 문화의 '상품화' 문제, 상업성 우선이라는 경향이 도사리고 있다. 실제로 대형 기획사 중심 K-팝 스타 제작, 흥행 예측 중심 영화 제작, 프랜차이즈 중심의 공연·전시가 문화예술 본래의 예술적·사회적·정치적 가치를 경시하는 흐름을 낳기도 한다. 이러한 현상에도 아랑곳없이 문화예술정책이 단순한 수익률 문제를 넘어, 문화의 정체성과 공공성에 대한 경시가 되지 않도록 얼마나 단단한 철학으로 무장해야 할까.

GDP 속 문화 비중이 커지는 데 대한 질적 고민도 같은 맥락이다. 문화산업은 GDP 대비 비중이 점차 높아지고 있다. 이는 OECD 국가들과 비교해도 상승세가 뚜렷하다. 그러나 GDP 기여도가 증가했다는 사실만으로 문화가 "잘 되고 있다"고 단정할 수는 없다. 이렇게 말하는 근거는 무엇인가. 우선, GDP 산정 방식에는 공공재적 요소나 사회문화적 가치가 포함되지 않는다는 점이다. 문화는 공공성, 정체성, 문화적 연대 같은 정성적 가치를 포함하므로 GDP 확대가 오히려 정체성 희석, 동질화·상업화의 부작용을 은폐할 수 있다. 그뿐만 아니라 GDP 내 문화 부문이 차지하는 비중이 커질수록 '문화경제 논리'가 정책 결정에서 우선순위를 차지할 위험이 있다. 이 때문에 문화정책은 교육·복지·시민 참여 같은 비수익적 목적보다 더 금전적 성과를 잣대로 삼는 경향이 강화된다.

문화시설 경영에서는 수익성에 대한 압박이 매우 커서 자칫 예술경영의 본질을 해칠 수도 있다. 박물관·미술관·공연장·도서관 같은 공공문화시설들은 오래전부터 수익성을 강조한 경영 체제로 전환되어 있나. 시방사치단체는 문화자산을 활성화하고자 공공투자 이후에도 자체 수익을 기대하며 '자립형 문화시설'을 선호하고, 거기에 근거해서 예산을 배정하는 지경에 이르렀다. 예를 들면, 국공립 공연장들은 대형 전시·공연 유치료, 부대시설 대관료, 카페·기념품 판매에서 수익모델을 설계하고 있다. 겉보기에는 성공적이지만, 그 뒤에서 지역 예술가 작품 상영 기회 축소, 접근성 제한, 문화 참여의 지역 격차 문제가 생긴다. 이처럼 수익성 중심의 문화시설 경영은 단기 매출 성과를 강조하는 반면, 문화의 장기적·사회적 가치, 포용성과 다양성을 희생시킬 우려가 크다.

또한, 문화예술 경영에서 경제논리의 유혹과 문화의 힘이 서로 대립되는 관계에서 경제논리의 유혹이 두드러지는 경향이 우려된다. 경제적 유혹은 가시적 성과를 위해 수익률과 비용 회수가 명확한 사업을 우선에 둔다. 또한 경제 효과 수치로 직결되는 문화사업은 정치적으로도 유리한 입장에 있다. 흔히 말하듯이 민간투자를 유도해서 재정을 늘리면, 공공지원 축소가 일어날 수도 있다. 그러나 경제 중심 문화정책을 펼칠 경우 예술적 자유·실험성은 약화되고, 흥행 보장이 없는 신작·비주류 예술은 외면받기 쉽다. 또한, 문화 다양성은 위축되고, 보편성·대중성 중심으로 콘텐츠 제작·향유 구조가 변형될 수도 있다. 공공성 상실이 당연시되고 교육·참여·역사의 기억을 위한 비수익적 공간과 프로그램은 위축된다. 지역문화재단의 사업 담당자들이 답례품을 얼마나 멋진 것으로 구성할지에 대해 노하우를 공유하는 고민은 애처로운 일이다. 그리고 사회적 불평등이 심화되어 자금 지원이 부족한 지역·소수 집단 문화는 도태될 위험으로 내몰린다.

이 같은 다양한 측면을 종합해서 보자면, 결국 균형적인 문화 전략을 찾아서 대안을 개발해야 한다는 결론에 이른다. 여기서 시사점으로 생각할 수 있는 것은 매우 소극적인 것들뿐이다. 예를 들면, 다층적인 평가지표를 도입해서 수익성뿐 아니라 사회적 영향, 참여도, 교육 가치 같은 질적 지표를 병행해서 평가하도록 해야 한다. 무엇보다 공공 재정의 안정적 지원 속에서 민간 자본을 활용하되, 문화기본권 보장을 위한 최소한의 공공투자는 반드시 유지해야 할 것이다. 그리고 문화 다양성이나 창조적 실험 공간을 보호하여 비영리·실험적인 예술 창작자를 위한 공간과 펀드를 확대해야 한다. 참여성 중심의 정책과 전략을 설계하여 지역 기반 협력적 창조 모델, 시민참여형 프로그램을 확대해야 한다. 문화정책을 장기적으로 보고 문화 생태계를 구축하는 데 중점을 둬서 단기 수익성이 약한 영역(전통, 기록, 교육, 교육문화)을 지속적으로 지원하는 철학을 굳게 유지해야 한다.

경제와 문화예술에 관련된 오랜 논의는 이제 단순한 이분법을 벗어나야 한다. 경제논리는 문화의 생존과 성장을 위한 중요한 자원이며, 수익을 창출해 사회적 부를 공유할 수 있게 하는 메커니즘이다. 하지만 경제논리에만 의존할 경우, 문화예술의 고유가치가 크게 훼손될 수 있다. 따라서 문화정책과 현장에서는 결과물의 수익성과 더불어 문화의 공공성, 다양성, 참여가 균형 있게 조화된 다중목적성이 필요하다. 이를 통해 문화는 경제적 부가가치뿐 아니라 소통·이미지 가치도 지속가능하게 될 것이다.

2) 지역문화가 진짜로 지역을 반영하는가

지역 문화재단, 지역축제, 문화도시… 이름은 많은데, 진짜 '지역'은 어디에 있을까? 주민 의견수렴이라고 해놓고 사실은 미리 짜인 시나리오에 체크만 받는 것은 아닌가. 지역문화라는 것은 지역 안에서 '자라나는' 것이지, 외부에서 '투입되는' 것이 아니다. 물론 잘 안다. 그렇지만 정책은 씨앗을 뿌리고 기다리기보다 빠른 '택배'를 시도한다. 지역이 중앙재정으로 추진하는 사업을 '택배사업'이라고 비아냥거리는 이런 일들이 바로 지금 전환기 지역에서 일어나고 있다.

어느덧 지역문화가 문화정책의 주요 키워드로 자리 잡은 것은 확실하다. 명목적으로는 문화의 다양성과 지역 간 균형발전을 실현하기 위한 제도적 틀로 정당성을 부여받고 있다. 적어도 「지역문화진흥법」은 지역문화의 체계적 지원, 자립적 생태계 조성을 목표로 하며, 문화예술 인프라 확대, 문화도시 지정, 지역축제 지원 같은 사업을 포괄하고 있다. 그러나 이렇게 번듯이 제도화된 지역문화가 과연 실제로 지역의 고유성과 주민의 문화적 삶을 진정성 있게 반영하고 있을까. 제도적 지역문화가 형성되는 방식과 그것이 담보하는 지역성이 과연 자연발생과 축적으로 이뤄진 것인가. 인위적인 것 때문에 로컬리티 개념도 변형된 채 재구성되어 있다면 전환기에 맞춰 근본적으로 재검토해야 할 것이다.

지역에서 금과옥조처럼 생각하고 있는 「지역문화진흥법」은 국가와 지방자치단체가 지역문화의 진흥을 공동으로 책임져야 한다고 규정하고, 각 지역의 문화기본계획 수립, 문화도시 육성을 법제화한 것이다. 이를 바탕으로 광역 및 기초 자치단체는 문화재단, 문화센터, 문화도시사업 같은 다양한 중간지원조직을 설립·운영하며 문화생태계를 구축하려고 한다. 특히 문화도시 지정제도는 지역 고유의 문화자원을 중심으로 자율적 기획 역량을 강화하고, 지역주민의 문화권 확대를 표방하며, 오랫동안 지역에 단비처럼 갈증을 해소하려고 했다.

그러나 이 같은 제도화에 담은 고유가치, 명목가치에도 불구하고 실행 과정에서는 다양한 한계가 노출되고 있다. 예를 들어, 많은 지역의 관심을 받고 있던 문화도시사업은 특정 도시의 문화사업이 아니다. 그러다 보니 문화기획의 자율성보다는 중앙정부의 평가 프레임과 사업 유형에 맞춘 '획일화된 로컬리티'가 대량 생산되었다. 지역 고유의 문화자산이 아닌, 정부 지침에 부합하는 콘텐츠 중심의 형식적 기획이 중앙의 지원을 받기 위해 많이 등장했다. 그러면서 지역성은 실제 삶의 문화보다는 행정적 수단으로 전락하고 있는 실정이다. 그뿐만 아니라 지역문화사업의 성과 측정 역시 주로 계량지표인 사업 건수, 참여 인원, 예산 집행률 따위에 의존하고 있다. 그 결과, 문화가 지닌 비가시적 영향력, 주민의 인식 변화, 공동체 회복 같은 질적 가치가 정책적으로 무시되는 경향이 있었다. 실행 과정에 있어서 기초자치단체들은 문화기획 전문인력의 부족과 예산 편중 때문에 문화정책을 주도적으로 설계하기보다 외부 컨설팅에 의존하거나 중앙사업을 그대로 이식하는 수준에 머물고 있다. 이는 궁극적으로 지역문화가 '지방화'되기보다 중앙정부가 주도하는 '문화의 지방 분점화'에 그치고 만다. 중앙재정을 받아서 나눠 쓰고 있었기에 사업이 끝난 그 지역에는 씁쓸한 뒷맛과 함께 지속 불가능한 택배사업이었다는 비난만 남는다.

그런 과정에서 로컬과 로컬리티는 제대로 실천되는가? 지역문화정책에서 지역성이라는 것은 흔히 지리적 고유성, 역사적 정체성, 주민 공동체성이 대표한다. 그러나 이 개념들이 실제 정책 기획과 사업화 과정에서 구성되는 방식을 보면, '발견되는 것'이라기보다 '기획되고 재현되는 것'으로 나타난다. 예를 들면, 많은 지역문화사업은 특정 지역의 전통음식, 민속예술, 유적지를 중심으로 기획하며, 이는 지역의 정체성을 고정적·상징적으로 이해한 결과이다. 그러나 실제 지역주민의 문화생활은 현대적 감각, 혼종적 정체성, 그리고 급속한 인구 이동으로 구성된다. 전통의 복원은 종종 외부인(관광객)을 위한 '연출'에 가까울 뿐이라고 비난받는다.

이러한 의도적인 지역성의 구성은 몇 가지 문제가 있다. 우선, 나중직인 지역 서사를 배제하고 하나의 주도적인 담론만을 가지고 지역정체성이라고 몰고 가며, 문화적 배타성과 배제논리를 내세운다. 또는 문화정책이 상징적 자산에 집중될수록 생활문화는 정책 지원 대상에서 멀어져간다. 아울러 지역성의 구성 주체가 관료나 외부 전문가일 경우 지역주민은 자신의 삶을 반영하는 문화정책에 참여하지도 못하고, 수동적 소비자나 수혜자 수준에 머무르게 된다.

그렇다면, 기존의 로컬리티 개념은 어떻게 바뀌는가? 로컬리티는 주로 그 지역에 고유한 역사, 지리, 언어, 문화를 중심으로 구성된 '장소성(placeness)'에 기반해왔다. 그러나 최근 로컬리티는 보다 유동적인 개념으로 재해석된다. 글로벌화, 디지털 네트워크, 젠트리피케이션, 이주민 증가 같은 복합적인 사회 충격 속에서 지역은 단일 공동체가 아니라 다양한 이해와 경험이 교차하는 다층적 문화활동의 터전으로 기능하고 있다.

이러한 현실을 감안하면, 오늘날 로컬리티는 정체성과 연관해서 이해하기보다 '문화적 실천의 공간'으로 이해되고 있다. 다시 말하면, 지역은 하나의 본질이 아니라, 다양한 문화적 실천과 참여를 통해 구성되고 변화하는 역동적 장소이다. 이를 위해 지역문화정책 역시 전통적 유산 중심에서 벗어나 주민 주도 참여형 기획, 생활문화 기반 조직, 사회적 문화 실험을 적극 수용해야 한다고 본다.

이런 상황 속에서 과연 지역문화정책의 대안은 무엇인가? 우선 지역문화가 진정으로 지역을 반영하기 위해서는 제도, 기획, 실행의 세 영역 모두에서 구조적 전환이 필요하다. 문화기본계획 수립에서 지역주민 참여를 보다 확실하게 제도화하고, 단기적 이벤트보다 지속가능한 문화 커뮤니티 구축으로 좌표를 바꿔야 한다. 또한, 지역 고유성에 대한 정의 권한을 주민에게 분산시킴으로써 행정 중심의 담론 독점을 해체할 필요가 있다. 아울러 청년, 이주민, 여성, 장애인 같은 문화 소외계층이 주체가 되는 지역문화정책을 바탕으로 다중 로컬리티가 실현되는 방향으로 나아가야 한다. 정책평가 방식에서도 단순 지표 중심의 성과 측정에서 벗어나 문화의 사회적 영향, 공동체 회복, 문화 민주성 확대 같은 질적 지표를 중심으로 새롭게 구성되어야 한다.

여기서 '지역문화가 진짜로 지역을 반영하는가?'라고 단순하게 타이틀을 잡고 물었지만, 논의는 문화행정의 효율성 검토를 넘어, 문화정책의 정체성과 권력구조에 대한 근본적 성찰도 필요한 것으로 흘러간다. 제도화된 지역문화는 일정 부분 지역의 문화 다양성을 보호하고 자원을 분산하는 효과를 내지만, 동시에 지역성을 정치적·경제적 목적에 맞게 재구성한다. 문화의 실질적 주체로서 지역주민을 배제하는 함정을 내포하고 있는 셈이다. 따라서 지역문화는 '기획된 장소'로서가 아니라 '실천되는 문화의 터전'으로 재구성되어야 하며, 이를 통해서만 진정한 의미에서 문화적 지역성과 문화민주화, 로컬리티가 가능해질 것이다.

3) 공공성과 자율성 사이의 줄타기: 크레바스의 겉과 속

요즘 정치는 '국민'이라는 이름으로 온갖 시도를 다 하고, 행정은 '공공성'이라는 미명으로 정책의도 합리화를 꾀하고 있다. 국가가 예술을 지원하는 것을 좋은 일 또는 위험한 일로 간단히 나누기는 어렵다. 공모사업 심사 항목에 '사회적 파급력'이라는 기준이 등장하여 공공성과 비슷하게 인식된다. 도대체 누구에게 파급되며, 누구를 위한 공공인지 따져보지 않으면 자율성은 그저 '허락받은 자유'에 불과하다. 공모에 선정되었을 때 이 개념은 숨기기 좋고, 탈락되었을 때는 드러내기 좋은 기준이 된다. '사회적 메시지'라는 개념도 이와 비슷하다.

공공성과 자율성의 위험한 줄타기는 주로 예산, 검열, 가이드라인, 책임지원을 논의하면서 주요 쟁점으로 등장한다. 현대사회에서 '공공성(publicness)'과 '자율성(autonomy)'은 서로 보완적이자 때로는 긴장관계에 있는 가치다. 특히 문화예술기관이나 언론, 고등교육, 학술연구에서는 국가나 공공의 지원을 받는 만큼 공익적 책임이 강조되지만, 동시에 창의성과 독립성을 위한 자율적 공간이 보장되어야 한다. 그 밖에 추가로 정책 형평성, 권력 간섭, 평가기준들이 쟁점으로 등장하여 상호작용을 논의하게 된다.

문화예산은 공공재와 자율적 창작의 긴장을 잘 보여주는 대표적인 논쟁거리다. 국가나 지방자치단체의 문화예산은 예술 활동의 기반을 구축하는 핵심이다. 예술가와 문화기관이 안정적으로 운영되도록 함으로써 문화 다양성과 공공기여를 증대시킨다. 그러나 예산은 공적 목표와 정치적 판단에 따라 쓰일 여지가 많다. 심사 기준 또는 기금 배분 우선순위는 정부 정책 우선순위와 밀접하게 연계되며, 이는 곧 자율적 표현에 대한 암묵적 검열로 작용할 수 있다. 돈을 지원하되 간섭하지는 말라는 단체들의 이야기는 자율성 위축을 우려하는 말이다. 그런데 예산 의존도가 높은 기관은 공공의 입맛에 맞는 기획을 선호하거나, 정치적 분위기를 고려한 방향으로 콘텐츠를 조정하지 않을 수 없게 되는 경우가 많다. 이는 다양성과 실험성을 저해하고 문화 획일화를 초래할 위험이 있어 논쟁의 도마 위에 오르게 된다.

좀 더 심한 경우가 바로 검열이다. 국가의 개입이 되었건 자기검열이 되었건, 직간접적인 검열은 정치적 이슈, 사회적 논란과 관련된 콘텐츠에서 두드러진다. 예를 들면, 정부 주도의 문화 지원이 특정 주제 혹은 표현 수위를 제한하는 방식으로 작동할 수 있기 때문이다. 여기까지는 아니더라도 공공 재정을 지원받는 주체는 '어떤 표현이 문제 될까?' 하고 스스로 조심하는 자기검열에 빠질 수 있다. 이는 문화적 다양성을 위축시키고, 공공기관의 표현 자유를 균질화할 수 있다.

세부적인 가이드라인은 원래 문화예술 활동의 방향성과 목표를 명확히 하고 기준을 제시하는 것이다. 문화행정의 입장에서 보면 예산 심사, 콘텐츠 제작 지원, 전시나 퍼포먼스 운영에 명확한 지침을 마련하여 객관성과 투명성을 확보하는 데 기여할 수 있다. 그렇지만 과도한 가이드라인은 공공의 기준과 가치 판단이 문화 전반에 일괄적으로 적용되도록 하는 압박 장치가 된다. 창작자는 획일적 요구에 부응하기 위해 가이드라인에 맞춘 창작을 하고, 이는 문화적 창의력과 혁신을 저해할 수 있다.

전환기 방향을 생각한다면, 이런 논의는 '책임지원'이라는 말로 평가·책임성과 자율성을 재정리하게 된다. 공공성의 정당성은 지원과 그에 따르는 책임이라고 하는 대응구조로 마무리된다. 정부나 공공기관이 예산을 지원한다면, 그에 대한 적절한 성과평가와 재정 집행의 투명성이 요구되고 이를 실현하는 것으로 수용된다. 그러나 그 평가기준이 지나치게 수치·결과 중심적일 경우에는 문제가 된다. '공공성을 위한 결과'라는 명목으로 자율적 실험이나 중장기 프로젝트는 배제될 수 있다. 예산은 '단기 성과'에 머물고, 장기적·비판적·사회적 영향력 측면은 소홀해질 위험이 있다.

정책 논리에서 또 하나 추가할 점이 바로 형평성과 접근성이다. 공공지원은 대중이 문화예술에 동등하게 접근할 수 있도록 형평성을 보장해야 한다. 그러나 자율성이 과도하게 강조되면 도시권 중심, 여유 계층 중심의 문화 자원에 집중되고 소외 계층은 배제될 수 있다. 이는 문화정책의 공공성과는 다른 쪽으로 가는 다리를 건너는 셈이다. 전환기의 하나인 정권교체 때마다 문화정책이 급격히 바뀌거나, 특정 예술가·단체가 정치적 이유로 탄압받는 경우가 있다. 이는 제도적 독립성이 훼손되는 전형적인 사례다. 공공성과 자율성의 균형이 깨진 것이다. 문화사업이나 정책에는 유난히 평가가 많고, 평가기준은 다층적이다. 공공 문화지원은 단순히 관람객 수, 매출, 미디어 노출 같은 정량 평가지표에만 집중하면 안 된다. 문화적 의미, 사회적 참여, 지역공동체와의 연계 등 정성적 가치가 당연히 포함되어야 한다. 이러한 다면적 평가기준이 없다면 자율성 역시 공허한 구호에 머물고 말 것이다.

　이러한 논점에 대한 정책대안은 무엇인가? 예산 배분 과정의 투명성을 강화하도록 예산이 투입되는 기반을 공개하고, 시민이 접근할 수 있는 심사체계를 마련해야 한다. 이는 그동안 수도 없이 논의하고 건의했던 것들이다. 구체적으로는 독립적인 심의와 자율을 보장하는 메커니즘을 도입해야 한다. 그래서 예술가, 전문가, 시민 대표가 참여하는 독립 심의위원회를 통해 공공성과 자율성이 함께 조화되도록 보장해야 한다. 검열과 자기검열 환경을 배제하도록 지원 과정에서 명시적·암묵적 제재가 없음을 보증하고, 표현의 자유 지침을 함께 수립해야 한다. 사업평가를 할 때는 단기성과뿐만 아니라 문화적 지속성, 사회적 영향력, 접근성을 평가하는 종합지표체계를 개발해야 한다. 그리고 보다 근원적인 정치 중립성과 독립성의 제도화를 바탕으로 지속가능한 문화정책 시스템이 필요하며, 정치적 압력으로부터 독립된 기구가 문화예술 자율성을 지켜야 한다.

　생각해보면, 공공성과 자율성의 균형은 단순한 유지가 아니라 서로 긴장관계에 놓인 두 가치를 어떻게 유기적으로 통합하느냐의 문제다. 궁극적으로 문화의 다양성은 공공성과 자율성이 상호 견제와 협력을 통해 조화롭게 구현될 때 비로소 실현될 수 있다.

4) 문화복지인가, 문화권리인가

　문화복지 사업으로 대표되는 정책의 하나인 통합문화이용권(문화누리카드)은 정말 '문화'인가, 아니면 '상품 쿠폰'인가? 카드를 제공하고 손에 쥐

　　　　　　　　　　　　　　　　　1부. 휘몰이 충격, 문화가치의 위기를 묻다

는 것만으로 문화접근성이 높아진 것으로 평가할 수 있는가의 문제이다. 이 카드정책에는 정책 구조상 사용처 제한, 콘텐츠 다양성 부족, 지역 편차 같은 문턱이 도사리고 있다. 그렇다면 이는 문화복지인가, 선택권이 제한된 문화소비인가 다시 묻지 않을 수 없다.

우리가 말하는 문화복지는 문화권리를 실현하는 데 최종 목표를 두고 있다. 권리는 선언하는 게 아니라 보장하는 것이므로 결국 정책은 그것이 얼마나 실현된다고 할 수 있을까. 복지는 대개 경제적·사회적 약자에게 문화소비의 기회를 제공하는 정책적 지원으로 추진한다. 한편, 문화권리는 인간이 누려야 할 기본적 권리로서, 모든 개인이 주체적으로 문화 생산·소비·참여 권리를 보장받는 개념이다. 이 두 말은 목적과 방향에서 겉보기엔 유사하지만, 근본적으로 수혜와 권리, 지원과 보장, 일방성과 참여성의 차이를 태생적으로 지니고 있다.

가장 핵심적인 관점은 문화접근성과 형평성이다. 여기서 문화복지는 주로 지역 문화센터, 박물관 입장료 감면, 저소득층 대상 프로그램에 대한 문화접근성을 높이는 역할을 한다. 이는 문화소외 경향을 줄이고 기본적 문화 향유 기회를 보장하지만, 주로 소비 중심의 일회적 지원에 그치기 마련이다.

그러나 문화권리는 단순히 한번 보는 문화가 아니라 문화 생산 참여, 정책 결정 과정 참여, 다양한 정체싱의 인징까지 포함힌다. 그러므로 이는 물리적·경제적 장벽뿐 아니라 제도·사회 구조적 불평등을 해소하는 데까지 관련돼 있다. 방법도 단순한 제공이 아니라 역량 강화를 위한 제도가 병행되어야 한다. 형평성 관점에서도 지방, 지역, 장애인, 이주민 같은 문화 참여 경험이 상대적으로 낮은 집단을 대상으로 접근성을 보장하려는 것이다. 그러므로 진정으로 접근성 제고를 위해서라면 단순 인프라 설립을 넘어 언어적·제도적 장벽 제거, 정체성 맞춤형 지원 프로그램, 접근성 기준 마련, 평가 도구 개발이 병행되어야 한다.

이는 흔히 「문화기본법」 실행 덕분이라고 설명한다. 여기에는 "모든 국민은 권리로서 문화를 향유한다"고 자랑스럽게 명시한다. 그런데 이 권리를 실현하는 정책으로 추진하기에는 실제 예산이나 조직 체계가 너무 제한적이다. 지방자치단체의 재량에 따라 사업의 폭과 깊이가 천차만별이다. 더구나 실행기관의 자율성과 책임을 감안한다면서 「문화기본법」은 문화권리 보장을 위한 거버넌스 기구 설치를 규정한다. 그러나 실제 운영은 형식에 그치거나 사업단 중심, 수혜자 관점 부족, 사후 평가 체계 미비 같은 문제를 드러낸다. 법령과 실제 사이의 갭이 존재하며, 이는 권리 보장의 지속성과 신뢰성을 약화시킨다.

복지든 권리든 여기에 관련된 소외계층이 누구인지, 어느 정도의 권력적 관여가 용납되는지 생각해봐야 한다. 문화복지사업을 시행할 때 대상자는 대개 수동적인 수혜자에 머물고 있다. 프로그램은 일정한 조건을 충족했을 때 제공되며, 문화활동에 참여하고 느끼는 자율적인 자부심을 갖기가 어렵다. 누가 주인이며, 누가 결정권을 갖느냐는 질문이 계속 꼬리를 물고 따라다닌다. 이는 좀 더 들어가 보면 문화권리의 주체와 관련된다. 문화권리가 구현되려면 소외 집단 스스로 우선순위와 필요를 설정하고, 프로그램 설계·평가 과정에 참여하는 메커니즘이 요구된다. 이는 권력을 되찾는 과정이자, 실질적 권리 보장으로 이어지는 길이다. 그렇지만 이를 구현하는 과정에서 권력을 가진 기관이나 기존 주류 문화그룹이 거꾸로 진짜 주체를 누구로 정의할 것인가를 결정하는 꼴이 된다. 그러다 보니 또 다른 권력적 배제가 생길 수 있다. 이는 문화권리 담론이 단순히 수혜 당사자에게 새로운 계층의 예속성을 부여하는 파급을 초래할 수 있음을 시사한다.

　　소외계층의 문화권력을 이야기하면서 문화 다양성과 주체성을 곁들이지 않을 수 없다. 문화권리에서는 특정한 문화 형식(예: 고전·전통 중심)만 인정하지 않고 지역문화, 대안문화, 세대문화, 디지털 문화 같은 다양한 문화 텍스트와 행위를 포괄해야 한다. 이를 위해 문화정책은 표현의 다양성뿐 아니라 문화적 동등성이라는 시각을 먼저 갖춰야 한다. 아울러 이는 문화 자산과 자생 생태계에까지 확대해서 논의할 수도 있다. 문화권력을 단순히 문화복지로 연관 지어 보호·보전만 하는 것이 아니라, 지역 커뮤니티 중심의 자립적 문화생태계 구축으로도 지원해야 한다. 왜냐하면, 이 과정에서 문화권리는 자연스럽게 주민이 규칙과 기준을 자치적으로 설정할 수 있는 문화적 주권의 개념과 연결되기 때문이다. 문화권리가 시장 메커니즘과 어떻게 관계 맺어야 하는가도 고민의 대상이다. 문화상품이 아닌 공공재로서의 문화와 동시에 시장성과 지속성을 고려해 국가·민간·커뮤니티가 조화로운 역할 분담 체계를 형성해야 보장할 수 있다. 최근 들어 디지털 시대를 맞이하면서 이와 관련한 문화권리도 재검토해야 한다. 디지털 플랫폼과 엔터테인먼트 미디어의 발달은 문화 접근 방식을 재정의하기에 이르고 있다. 이 과정에서 디지털 소외, 알고리즘 편향, 지적재산권의 불평등은 새로운 문화 형평성의 위기를 불러온다. 기술적 요소를 보장받고, 디지털 리터러시 역량을 키우는 것이 문화권리의 전제조건으로 자리 잡고 있다.

　　이러한 관점들이 현실 정책으로 자리를 굳히기 위해서는 어떻게 해야 할까? 몇 가지 실질적인 문제에 귀를 기울여야 한다. 예를 들면, 문화권리 중심의 거버넌스를 재편하는 문제는 장기적이고 거시적이지만 수혜 중심이 아닌, 권리 보장을 주체적 관점으로 전환해야 가능하다. 그리고 공동으로 적용할 결정 구조와 평가지표를 마련해야 한다. 아울러 「문화기본법」에서도 실행력을 강화하도록 예산 배분의 법적 우선순위 규정, 지방 조직의 역량 강화, 법 집행의 명확한 책임 주체 지정이 필수다. 또한, 소외 집단의 형평성을 인정해야 하는데 이를 위해 사전·사후 참여 구조, 피해 사례 공유, 지원 사업 실행 전후의 문화인식 변화 체크리스트 도입이 필요하다. 나아가 자리를 잡기 위해서는 다양성과 자생 기반 형성의 문제도 재검토해야 한다. 이와 관련해서 국가나 지자체는 자생적 시장·커뮤니티 파트너십 기반의 하이브리드 문화생태계를 조성해야 한다. 디지털 문화권리의 확장이 새로 주목받고 있기 때문에 플랫폼 접근성, 콘텐츠 다양성, 데이터 관리, 프라이버시를 포함하는 '디지털 문화권리 헌장' 같은 것을 마련해야 하며, 교육적 차원의 디지털 문화 역량 강화 정책이 병행되어야 한다.

그동안 논의되던 문화복지 개념은 이제 전환기를 지나면서 특정 대상을 지원하는 개념에 머무르지 않는다. 사람들이 스스로 문화활동 주체가 되어 자신들의 문화적 필요와 표현을 결정할 수 있는 권리개념으로 전환이 필요하다. 이를 위해 법·예산·제도·교육·기술·커뮤니티 같은 다층적 체계가 유기적으로 연결되어야 한다. 특히 「문화기본법」의 틈새를 메우고, 소외 집단의 판단권을 보장하며, 권력적 개입 위험성을 경계하고, 디지털 전

💡 더 생각할 점

- '문화＝돈'이라는 생각은 정책적으로 어떤 이익과 부작용을 가져왔는가?
- 로컬리티 개념은 글로벌 시대에 어떤 방식으로 재구성되어야 할까?
- 문화도시 사업이 실제로 '도시'를 변화시켰는가, 아니면 리브랜딩 작업에 그쳤는가?
- 현재의 지원 시스템은 예술가에게 자유를 보장하는가, 아니면 형식적으로만 '자율'을 언급하는가?
- 지원금은 공공 자금이므로 어느 정도의 '책임성'이 요구된다는 주장에 대해 어떻게 생각하는가?
- 정책이 진정 '문화권리'를 보장하려면 어떤 조건이 필요한가?

　　　　　　　　　　　　　　　　　1부. 휘몰이 충격, 문화가치의 위기를 묻다

환 시대의 형평성을 확보하는 것이 향후 문화권리 정책의 핵심 과제로 남는다.

3. 지속

1) 시대는 디지털, 정책 현장은 아날로그

우리는 지금 디지털 시대를 가로질러 달리고 있는데, 문화정책이나 사업들에서는 왜 아직도 PDF 첨부파일을 멋지게 만들도록 은근히 고문하고 있을까? 앞선 기획자들은 AI 예술 프로젝트 시장을 조사하게 하고, 공공지원을 받을 기획으로 이어가기 시작한 지도 오래되었는데 말이다. 이제 정작 데이터는 구글에 있고, 예산은 정부에 있는데, 창작자는 노트북 RAM 부족으로 고통을 받는 형상이다.

AI나 VR 기반의 예술창작 지원은 그래도 다소 신선한 생존 시도이다. 그러나 평가위원은 기술을 이해하지 못하고, 예술가는 '기술 접속권'이 부족한 것 또한 현실이다. 문화행정은 여전히 기존 프레임이던 작품 완성도, 관객 수, 정산 기준으로 꿋꿋이 결과를 해석하고 있다. 결국 사회실험은 성공했지만, 문화정책 체계는 아직 못 바꾼 채 충격에 앙버티고 있다고 본다. 이제 우리는 생존을 위해서라도 이러한 문제를 헤쳐나가야 한다.

시급하게 반성해야 할 점이 바로 미디어 기술 변화 속 문화정책의 둔감성이다. 아울러 메타버스, AI, 플랫폼과 문화재정의 확보가 생존 문제로 절실하다. 또한, 플랫폼 기업과 국가의 정책 협상력 문제를 어떻게 접목할 것인가를 생존 차원에서 분석해야 한다. AI가 예술을 만들고, 인간이 가이드라인을 읽는 시대이다. 그런데 정책은 여전히 공모신청서에 직인이 제대로 찍혀있는지 아닌지에 집착하고 있으니, 생존의 문제가 아닐 수 없다.

디지털 혁명이 가속화되면서 문화정책은 더 이상 아날로그 시대의 틀 안에서는 논의될 수 없다. 그렇지만 많은 정책은 여전히 전환기의 실상이 아닌, 낡은 체계에 뿌리를 둔 아날로그 상태를 기반으로 유지되고 있다. 이러한 디지털 전환기 문화정책 생존 수준의 문제점은 바로 변화에 대한 둔감 때문이다. 플랫폼·인공지능(plf-AI)을 재정의하고, 플랫폼 기업과 국가의 협상력 관점에서 다시 살펴보며 데이터 주권, 디지털 격차, 공공성 재구성 문제도 함께 검토해야 한다.

그러면, 디지털 전환에 대한 문화정책의 둔감성이란 무엇인가? 변화된 문화생태와 이용자 행태를 정책 형성에 제대로 반영하지 못하는 낡은 체계로 추진한다는 것을 뜻한다. 예를 들면, 국가는 여전히 물리적 공간 기반의 예술지원(전시·공연 공간 보조)을 우선시하지만, 코로나19 팬데믹 이후 인터넷 기반의 공연·전시, 디지털 전송 형태가 일상화된 현실을 외면하고 있다. 이러한 둔감성 때문에 현실과의 사이에서 생긴 균열은 더욱 심화되며, 디지털 콘텐츠 생산자나 수용자가 더 큰 불이익을 당한다. 특히 창조성 경제가 활성화되고 있는데도 그동안 논의되던 정책 수단(지원, 육성, 보호, 조성, 규제)은 여전히 전통적인 예술인을 중심으로 설계되어 있어 자유로운 디지털 창작자들이 제도 안으로 들어오지 못하고 있다.

디지털 전환이 들이닥친 이런 환경에서 생존을 위해서라면 플랫폼과 인공지능을 기반으로 한 예술이나 문화에 대한 정의, 범주, 관점 자체도 바뀌어야 할 상황이다. 전통적으로 예술과 문화는 창작자-물리적 오브제-수용자라는 삼각 형태로 구성된다. 그러나 유튜브, 넷플릭스, 인스타그램의 플랫폼과 대규모 언어·이미지 모델(API) 기반의 생성형 AI에서 이러한 관계 구조는 무너지고 있다. 생성형 AI(AI-예술가-수용자)라는 새로운 축이 형성되고, 알고리즘이 추천하고 큐레이션하는 행위 자체가 창작 행위로 자리 잡게 된 것이다. AI 기반 생성물의 창작 주체성은 당연히 인정하고, 생성형 AI가 저작권법과 예술지원정책의 대상이 될 수 있도록 제도화해야 하지 않을까. 또한, 알고리즘 큐레이션의 예술성을 인정하여 단순 정보 제공이 아니라 문화 향유를 좌우하는 구조적 설계자로서의 알고리즘 기능을 정책적으로 정의해야 한다.

한편, 글로벌 충격은 이제 충격이라 부르기도 어려울 정도로 플랫폼 기업과 국가의 협상력에 영향을 미치고 있다. 글로벌 플랫폼 기업(Amazon, Google, Meta, Tencent)의 국제적 영향력이 국가 문화정책의 자율성을 위협한다. 예를 들면, 스트리밍 수익 배분, AR·VR로의 다매체 전환은 플랫폼 기업의 정책에 좌우되며, 국가가 이에 상응하는 협상력을 갖지 못하는 것은 안타깝지만 현실이 되었다.

이제 문화정책은 매우 현실적인 문제를 해결해야 겨우 생존의 문제를 헤쳐나가는 셈이다. 시급한 것은 바로 여러 부문에서 공정 수익분배 구조를 설계해야 한다는 점이다. 창작자가 플랫폼에 종속되지 않도록 권리 신장 및 과세·저작권·공정거래 제도를 통합적으로 재편해야 한다. 그리고 데이터 접근권을 확보해야 하는데, 플랫폼이 축적한 소비·취향 데이터를 국가가 문화정책 설계와 평가에 활용할 수 있어야 한다. 나아가, 국내 문화 주체들이 플랫폼 독점 상황에서 소수의 국외 기업에 의해 문화 서사를 결정당하지 않도록 공공 기반의 플랫폼 및 표준 데이터 생태계를 마련해두는 기술 주권 유지에 역점을 둬야 한다.

그 밖에도 일반적인 현상으로서 데이터 주권 문제를 재점검해야 한다. 다시 말하면, 디지털 문화는 데이터를 통해 창작·소비·재생산되는데, 이 때 개인 및 커뮤니티가 자신의 문화 데이터에 대한 소유권과 이용통제권을 보유할 수 있어야 한다는 것이다. 이를 위해 메타데이터 기반의 문화 데이터 트러스트를 구축할 필요가 있다. 국가의 문화정책은 이와 관련한 거버 넌스, 「개인정보보호법」과의 연계, 공공 인프라 확충을 적극적으로 설계해 야 한다.

여러 차례 이야기하고 있는 디지털 격차 문제는 꾸준히 지속적으로 추 진해야 하는 생존 문제이다. 인터넷 접속, 디바이스 활용, 디지털 리터러시 능력은 영역별·계층별 격차가 불가피한데, 이는 문화 접근의 불평등을 일 으킨다. 따라서 문화정책은 디지털 문해력 교육, 커넥티비티 확대(저소득층· 농어촌·장애인 대상), 접근성 표준화(자막, 음성지원, GUI 안내)를 포괄하는 통합 전 략을 수립해야 한다.

코로나19의 충격이 외생적이었다면, AI는 내생적 혁신으로 등장했 다. AI 등장은 생산성 평준화를 가져오고, 사회 여러 분야에서 도약을 거쳐 진화에 이르는 통로를 마련할 것으로 기대된다. 이런 충격의 결과 코로나 19가 계층 간 회복의 격차를 보여줬다면, AI 전환은 자본소유 집단의 독점 적 지위가 고착되면서 노동과 자본 간의 격차를 가져올 것으로 전망된다.

끝으로, 공공성의 재구성 문제를 점검해야 한다. 디지털 문화 향유는 어쨌든 상업 플랫폼에 종속될 수밖에 없다. 예를 들어, 방송사·미술관의 디 지털 전송물은 앱·웹으로만 제공되며, 구독 기반이거나 지역 제한에 걸린 다. 문화정책은 이러한 문제를 해소하기 위해 공공 플랫폼(블록체인 기반 디지 털콘텐츠 플랫폼인 BORA, K-플랫폼) 역할을 강화하거나 지원하고, 공익에 핵심을 둔 공공 저작물의 디지털 접근권 확보를 위한 법적·재정적 방안을 제시해야 한다.

많은 문제에 대응이 필요하지만, 디지털 문제와 관련해서 생존을 위한 정책과제는 우선 디지털 전환기에도 문화정책이 '아날로그 상태'를 유지하는 데 대한 대처 방안이다. 정책 둔감성, 플랫폼·AI 기반 예술성의 부정, 글로벌 플랫폼 기업 주도의 담론 구조를 더 이상 방치하지 말아야 생존 문제에 대응할 수 있다. 이에 대응하기 위해 변화된 창작 생태와 이용자 행태를 실시간 분석하여 정책에 반영해야 한다. 또한 AI·플랫폼 정의 재편으로, AI 생성물의 창작·큐레이션 기능을 정책·법제도 안에 포함해야 한다. 그리고 플랫폼 협상력 강화로 수익 분배, 데이터 접근권 등에서 국가의 교섭력을 제고하고, 국내 플랫폼 개발 및 표준화를 적극 추진해야 한다. 아울러 다차원적인 공공성 확보로 문화 데이터 주권, 디지털 배제 해소, 공공 전략 플랫폼으로 공공성을 다시 세워야 한다.

이러한 디지털 시대 문화정책을 꾸준히 그리고 적극적·비판적·전략적으로 바꾸는 정책전환으로 문화의 민주화, 공정성, 주권적 창작 환경 구축이 가능해진다.

2) 문화정책은 어떻게 실패하는가

문화현상은 물론이거니와 문화를 다루는 정책의 목적과 목표는 장기적이다. 따라서 문화정책을 개발하고 형성할 때부터 실패하는 정책은 좀처럼 드물다. 문화정책 실패는 갑자기 일어나지 않고 오랜 기간 많은 사람이 서서히 외면하기 시작하면서 그 결과로 나타나기 마련이다. 이것이 문화정책의 형성·집행·평가에 이어서 나타나는 정책 종결의 모습이다. 그렇다 하더라도 정책 담당자들은 정책실패를 쉽사리 인정하지 않는다. 실패를 인정하지 못하는 이유는 책임회피 때문이지만, 구조적으로 보면 평가기준이 애초에 실패를 정의하지 못하도록 짜여 있기 때문이기도 하다. 실패를 실패라고 말할 수 있게 되어 있지 않다는 것이다. 그런데 더 황당한 것은 정책실패가 인정될 즈음에는 책임을 져야 할 정책입안자는 그 자리에 없다는 점이다.

여기에서 우리가 파악해야 할 것은 정책 수립 과정에서 생겨난 오류들, 성과지표의 허구성과 보고서 면피, 실패한 정책에서 배울 줄 모르는 문화행정이다. 정책 과정 단계마다 겉으로는 '성과', 안으로는 '엑셀'이어서 현장에서는 '멘붕 상태'가 계속 이어진다. 그러나 문화정책 실패는 대개 조용히, 점잖게, 반복적으로 일어나며, 세금 낭비에 대해서는 아무도 책임지지 않는다.

아무튼 정책은 성공할 수도, 실패할 수도 있다. 특히 휘몰이 충격이 불어닥쳐올 때 실패는 불가피할 수도 있지만, 생존을 위한 본질적 문제로 다가온다. 그런데 우리가 여기서 다루는 정책실패는 왜 실패했는가보다 왜 실패를 '반복'하는가에 주목해야 한다. 이것은 시스템의 생존 문제이기 때문이다. 목표달성도를 평가하는 성과지표의 허구성은 늘 거론되고 있다. 관객 수, SNS 도달률, 언론 보도 건수를 지표로 쓰는 한 반복된다. 정책 평가 현장에는 늘 정책 설계자는 없고 집행자들뿐이다. 그래서 '이 지원사업의 목적은 실제 창작 지원이었는가, 아니면 문화예산 소진이었는가?'라는 자조적인 이야기가 나오는 것이다.

비교적 눈에 잘 띄는 것은 정책불응보다 정책과정상의 오류이다. 정책문제 인지, 정책의제 선정상의 오류는 문화정책 실패의 첫 단추다. 예를 들어, 지역 청소년문화 활성화를 위한 문화센터 건립이 정책목표로 제시되었는데, 정작 주민 수요나 교통 접근성을 제대로 조사하지 않아 운영실패로 이어진 경우가 많다. 이는 문제 정의 단계에서의 현실 왜곡이며, 기획 수립의 실패를 초래한 것이다.

또는 정책형성의 오류로서 불충분한 현장조사(fact-finding), 예산 과소·과다 책정, 이해당사자 의견 미반영 문제로 이어진다. 또한, 정책집행에서는 관료주의적 의사결정, 권위주의적 추진 구조 때문에 현장 현실과의 괴리가 생겨 실패한다. 집행과 조정 단계의 오류는 단순 지침 중심의 집행, 실행 모니터링 및 피드백의 부재로 이어진다. 정책은 한 번 설계되면 그대로 집행될 것이라는 안일한 생각에서 벗어나지 못하고, 초기 계획에서 벗어나 문제 상황이 발생해도 적절히 대응하지 않아 마침내 생존의 문턱에서 허덕인다.

연구자들이 지적하는 문제 가운데 하나로 성과지표와 평가의 허구성 문제가 크다. 문화정책은 종종 수치 기반 목표 설정과 실적 보고에 매몰된다. 예를 들면, 연간 관람객 수 100만 명 달성을 목표로 삼으면, 관람객 수를 늘리기 위해 일회성 행사 중심으로 집중 지원한다. 결국 지속가능한 문화생태계는 외면하고 유입 인원을 충족한 뒤 조기 종료되는 정책실패에 이른다. 이는 성과평가체계의 문제로, 질적·지속가능성 평가보다 단기 수치적 결과에만 집중하는 결과를 낳는다. 더 나아가 문화예산의 정량평가 관행으로 실제 프로그램의 문화적 의미, 지역 정체성 강화 여부, 예술적 성취는 소홀히 다루게 된다.

또 하나 중요한 것은 실패 극복을 위한 노력조차 없는 관행이다. 많은 문화정책 현장에서 실패 자체가 불명예로 되고, 이를 인정하기보다 책임회피용 면피 수단으로 전락하는 경향이 있다. 자문회의 보고서나 평가 결과는 현존하는 장벽이 아닌 정책의 가치를 홍보하는 수단으로 이용되어 반성과 재설계는 조직 내부에서 원천적으로 쉬쉬하는 행태로 자리 잡고 만다.

비판이 없는 관행은 결국 정책의 자기강화를 위한 시스템을 만들어내며, 지속적으로 새로운 실험이나 시도를 거부한다. 실패 경험이 공유되지 않으므로 정책 담당자와 학계·현장에서는 지식 환류의 구조가 약화되어 동일한 오류가 반복될 수밖에 없다.

실제 정책 현장에서는 명목적 목표를 외면한 채 작은 지표에 매몰되어 예측치에 미치지 못하는 결과, 접근성 부족과 프로그램 부재, 예산은 지속 투입되지만 사용 실태에 대한 모니터링과 개선 조치가 없는 일들이 많다. 또는 전문성 결여로 폐쇄적이며 지역과 소통되지 못하는 기획을 강행하여 결국 관객 수 적체, 지역 상인과의 충돌, 예산 낭비로 이어진 채 종결된다. 이 같은 정책문제 진단 부재, 실행력·사업전문성 부족, 사후 평가와 보완 미흡이라는 문화정책 실패의 공통 특징은 지금도 대부분 현장의 비명으로 이어져 내려오고 있다.

휘몰이 충격이 이처럼 빠르게 변하는 환경에서 민첩하게 대응하지 못하는 현실도 실패의 주요 요인이다. 앞에서 말한 디지털 콘텐츠 생태계 변화에 정책이 적절한 제도적·재정적 지원을 제공하지 못하는 것이다. 또 정책 수립·집행 과정에서 문화 현장의 참여 부족과 전문가 의견 배제, 거버넌스가 행정 중심으로 기울어져 있어 실제 필요로 하는 문제에 대응할 수 없고, 예산이 투입되어도 수혜자가 배제된 채 집행될 가능성이 크다.

이런 문제를 히결하고 지속 생존하기 위해 정책형성 단계부터 주목해야 할 것은 문제 진단의 정확성, 실행 전문성 확보, 정성·정량 평가 병행, 실패 공유와 정책 학습, 민주적 거버넌스 정착, 환경 변화 적응력 강화이다. 그리고 이러한 것들은 일종의 시스템적인 문제이므로 제도 개선으로 해결될 수 있다. 문화정책의 실패를 예단할 수는 없지만, 실패한 정책을 어떻게 관리하고 학습하느냐는 진정한 성공 여부를 판단하는 기준으로 작용한다. 따라서 문화정책의 실패를 단순한 오류로 떠넘기지 말고, 지속적 개혁과 학습 자산으로 활용하기 위한 전략적 사유의 틀을 만드는 데 도움이 되도록 피드백해야 한다.

3) 문화정책의 미래는 누가 쓸 것인가

이처럼 본질적인 문제를 외면한 채 휘몰이 충격까지 맞게 된 문화정책의 미래는 어디로 갈 것인가? 전환기를 거친 뒤 나타나는 미래 지향적 문화정책은 다양한 주체의 참여와 대응 능력을 중심으로 설계되어야 지속 생존한다. 이때 걸림돌이 되는 것을 정책 설계자, 시민 주도, 대안 실험, 탈관료제(post-bureaucracy), 정책 윤리의 관점에서 비판적으로 고찰해야 한다. 아울러 거버넌스 혁신, 기술 통합, 지속가능성과 문화 형평성도 정책 디자인에서 주목할 점이다.

미래 문화정책 설계에는 당연히 전문가·학자·행정이 협업 동반자로 참여하게 된다. 그동안 문화정책의 주체 노릇을 했던 국가 관료와 정치권만으로는 복잡한 사회 변화를 선도하기 어렵다. 따라서 정책 설계자는 행정가뿐 아니라 학자, 예술가, ICT 전문가, 문화산업 송사자가 협업하는 나자간 협의체(multistakeholder platform)로 전환되어야 한다. 이를 통해 정책 과정의 문제 인식, 해결 전략, 지속 평가가 다층적으로 이뤄지며, 실효성과 현장성이 보장될 수 있다.

그런 점에서 문화정책의 미래 주체는 시민 그 자체가 되어야 한다. 최근에는 문화정책 설계뿐 아니라 실행·평가 과정에 시민이 직접 참여하는 공론장 기반의 정책개발이 포럼, 크라우드소싱, 참여예산제 형태로 도입되고 있다. 이를 통해 정책은 주민의 실제 수요와 문화 역량을 반영하며, 정책의 정당성과 수용성도 동시에 확보할 수 있다.

또한 문화정책의 현실 적합성을 확보하기 위해 대안 실험으로 파일럿 프로젝트와 혁신을 병행하고 있다. 대안 실험은 미래 문화정책의 핵심 동력이다. 실험적 시도는 실패 가능성을 전제하고, 이를 통해 정책 설계의 유연성을 확보하는 데 의미가 있다. 또한, 새로운 문화 행위 및 기술 조합에 대한 적응적 학습(adaptive learning) 과정을 가능하게 한다. 예를 들면, 동네 문화실험, 스마트 지역 문화숲 조성, 로컬 XR 예술마을 운영 같은 사례들이 대안 실험의 대표적인 것들이다.

그런데 문제로 남아 내려오는 관료주의 병폐를 벗겨내고, 네트워크·유연성·현장 중심으로 전환해야 하는 숙제는 여전히 남아있다. 전통적 관료 중심의 수직적 위계 체계는 복잡한 문화환경 속 생존에 걸림돌이자 제약이 된다. 대안으로서 제기되는 탈관료제 접근은 네트워크 기반의 분산 의사결정, 유연한 조직 구조, 현장 중심의 자율 운영을 지향한다. 예를 들면, 지자체 문화재단이 실험, 성과 평가, 인사 권한을 자율 운영체제로 전환하여 민간 예술인과 함께 정책을 실행하여 이러한 흐름을 잘 반영한 것을 들 수 있다.

미래의 문화정책은 기술, 플랫폼, 데이터, AI가 결합되는 환경에서 복잡하게 나타나는 정책 윤리에도 신중해야 생존한다. 다시 말하면, 공공성, 형평성, 책임성, 투명성, 사생활 보호, 기술 정의(tech justice)를 명확히 하기 위해 명문화하고, 이를 정책 설계와 평가의 주요 기준으로 삼아야 한다. 예를 들면, 플랫폼 기반 디지털 예술 지원에서는 AI 추천 알고리즘의 편향성 제거, 저작권과 창작자의 동의 확보, 데이터 기반 지원 의사결정의 투명성을 정책 윤리 원칙에 포함해야 한다.

또한 미래 문화정책은 환경적 지속가능성과 문화적 형평성이라는 이중 축을 기준으로 설계되어야 지속 생존한다. 예컨대, 탄소 배출이 적은 디지털 플랫폼 기반 문화행사, 농어촌 및 소외계층 대상 문화 인프라, 장애인 문화 접근성 확보 같은 수요사항들이 이에 포함된다.

이런 과정을 잘 거친다면, 미래 문화정책은 정책 수립에서 실행, 평가, 재설계에 이르는 정책 주기 전체에 걸쳐 보다 민첩하고 포용적이며 책임 있는 생존구조로 전환될 수 있다. 또한 하이브리드 거버넌스, 기술과 공공 가치의 상호 강화를 통한 규제와 혁신의 조화, 지속가능성·형평성 기반의 문화사회 조성으로 문화정책이 글로벌 기준에 맞추면서도 현장과 시민 중심의 실효성을 실현하는 정책이 될 것이다.

💡 더 생각할 점

- 메타버스, AI 같은 신기술 기반 창작에 대한 공공지원은 어떤 원칙으로 설계돼야 할까?
- 플랫폼 기업이 '문화유통'을 장악한 시대에 국가의 정책적 개입은 어떤 방식으로 가능할까?
- 반복된 실패가 유지되는 제도적 원인은 무엇인가? 예산 구조, 행정 순환, 평가 방식 때문인가?
- 정책 설계와 현장 실행 사이의 단절을 줄이기 위한 구조적 방법은 무엇인가?
- 정책 설계 과정에 참여하려면 어떠한 정보, 권한, 감각이 필요한가?

더 읽어볼 책

김영미(2021), 『글로컬리즘 시대의 비평적 문화간 의사소통 전략』, 한국문화사.

문화체육관광부(2025), 『문화한국 2035』

박위진(2025), 『한국의 문화산업정책,지속적 국가경쟁우위 창출 전략』,
　　　서울경제경영출판사.

밥 팅커(2023), 남태희 · 유정식 역, 『생존을 넘어 번창으로』, 다산북스.

안성아 · 손지현(2025), 『AI 시대 문화예술 마케팅의 비밀』, 북코리아.

이석태(2022), 『과학이 일상이 되는 미래시대를 위한 「과학기술문화 미래전략」 보고서』,
　　　한국과학창의재단.

이창근(2023), 『문화국가로의 도약 – 시장과 정부, 보편과 특수의 이분법을 넘어: 제3차
　　　국가전략 콜로키움 자료집』, 국회도서관.

패티 맥코드(2018), 허란 · 추가역 역, 『파워풀, 넷플릭스 성장의 비결』, 한국경제신문.

3장
소멸을 넘어서 어디로?

휘몰이 충격에 사회문화 어느 부문에서는 적어도 현안문제에 대한 반사적 움직임이 먼저 나타났고, 충격으로부터 벗어나려는 움직임도 당연히 함께했다. 아울러 시스템적인 한계를 절감한 나머지 미래를 설계하는 전략도 등장했다. 이런 움직임들이 느리고 소극적이더라도 미래지향적인 정책의 초석임에는 틀림없다. 그간 우리는 혁신이나 개혁을 짧은 시간 내에 전격적으로 처리하고 급격히 확산시킴으로써 예측 불가능한 상황을 멋지게 탈출하고 반전을 노리는 전술을 즐긴 것 같다. 장기적으로 사회적 낭비가 많이 노출되는 이러한 경험은 그냥 경험으로 낭비하지 말고 신중하게 처리해서 데이터로 보관해야 한다.

1. 꿈틀거리는 반응

1) 사회감정기후 대응

문화정책에서는 불안, 혐오, 단절을 회복과 공감, 상생으로 전환시키는 감정관리형 콘텐츠가 필요하고, 그 때문에 감정 빅데이터 기반의 정책 설계가 중요하다. 무엇보다 휘몰이 충격 속에서 느끼는 불안, 분노, 외로움의 사회적 파동을 제대로 고려하고, 감정 빅데이터를 기반으로 문화 프로그램을 설계하도록 정책 관점을 바꿔 대응해야 한다.

전환기를 거치면서 미래지향적인 이슈 드라이브로서 먼저 떠오른 이것을 사회감정기후(social affective climate)라고 한다. 문화정책에서 감정 지형의 변화를 읽는 미래지향 이슈 드라이브가 왜 중요할까? 이를 바탕으로 문화정책을 설계하기 때문이다. 전환기를 거친 사회에서 기술적 진보와 디지털 네트워크의 확장에 따라 물리적 거리보다 정서적 거리가 중요해졌다. 시간, 공간, 인간의 3간을 좁히는 것이 정책의 역할로 인식되었다. 실제 삶에서 경제적 수치보다 사회적 감정의 흐름이 개인과 공동체의 삶을 더욱 속 깊게 규정하고 있다. 특히 팬데믹, 기후위기, 정치적 양극화, 인공지능 확산 같은 복합 휘몰이 위기를 겪으며 '공공영역에서의 감정은 어디에 있는가?' 하는 의문이 커졌다. 그래서 더 이상 사적인 영역에 머무르지 않고 사회 전체의 의사결정, 정책 수립, 사회적 응집력을 결정짓는 핵심 변수로 떠오르고 있다. 이러한 흐름 속에서 사회감정기후라는 개념이 미래지향 이슈 드라이브로서 등장하고 있으며, 이에 기반한 문화정책 설계의 필요성이 더 커지고 있다.

사회감정기후란 사회 구성원 간 공유되는 감정의 평균적 상태 또는 정서적 분위기를 뜻한다. 이는 특정 사회의 공공 담론, 미디어, 정치, 문화적 상호작용 속에서 형성되는 '정서의 지형도'라고 할 수 있다. 사회적 신뢰, 공포, 분노, 연대감, 무기력감 같은 집단감정이 어떤 방향으로 흐르고 있는지를 나타내는 사회문화적 지표다. 예를 들어, 사회 리더들의 지속적인 혐오 발언, 정당 간 극한 대립, 반복되는 재난 보도는 사회 전반에 불안과 냉소의 정서기후를 만들어낸다. 그뿐만 아니라 이는 정책에 대한 신뢰 저하, 공동체 참여 위축, 문화 소비 패턴 변화로 확산된다.

이러한 정서적 감정기후 변화를 포착하면 곧바로 문화정책 설계에 그 변화를 반영해야 한다. 그동안 문화예술정책은 문화시설 확대, 예술인 지원, 콘텐츠 육성처럼 공급자 중심의 정책 기조를 중요시했다. 그러나 오늘날의 감정기후는 정책효과를 결정하는 문화적 여론 장이므로 '정책 반응성의 촉매'에 주목한다. 그에 따라 문화정책이 정서적 요구와 사회적 감응 능력을 기반으로 얼마나 재설계되고 있는가를 높게 평가한다. 단순하게 예산 투입이나 프로그램 다양화만으로는 감정기후를 회복시키기 어렵기 때문에 높게 평가하지 않는다. 사회감정에 실시간으로 공명하며 회복적 정서를 유도하는 '감정 친화형 정책'이 얼마나 만들어지고 있는지를 평가한다.

이러한 맥락에서 문화정책은 사회감정기후를 모니터링하고, 이에 반응하는 방식으로 진화하고 있다. 예를 들어, 네이터 기반 징서 분석을 활용하여 지역주민의 감정 추세를 측정하거나, 미디어와 소셜 네트워크에서의 정서지도(emotion mapping)를 그려가며 지역별·계층별 감정 편차를 시각화함으로써 정서 중심 정책 개입의 기초자료로 활용한다. 전환기에는 특히 문화정책이 단순한 행정계획을 세우기보다 사회 정서를 설계하고, 집단감정의 흐름을 조정하는 섬세한 전략으로 전환되어야 한다.

사회적 감정기후는 여러 가지로 구성되지만, 감정을 솔직하게 표현할 수 있는 자유로운 분위기, 구성원 간의 감정 이해와 상호 존중, 정서적 안정감, 갈등의 처리 방식, 감정기후 조성 관련 지도자의 역할이 중요하다. 이는 집단 내 상호작용을 형성하고 유지하는 정서적인 틀로 작용한다. 따라서 건강한 집단문화를 만드는 데 매우 중요하다.

이러한 것들은 자극에 따라 즉각 변하거나 새로 나타날 때가 있다. 재난, 경제위기, 사회 갈등 사건이 발생하면 집단감정이 급격하게 변한다. 예를 들면, 기후재난의 충격으로 지역사회에 불안·두려움·연대감이 동시에 확산하며, 정서적 분위기가 급진적으로 변하는 경우이다. 한편으로는 점진적·구조적인 변화도 서서히 생긴다. 문화적 포용성이 늘어나면 이 또한 조직적으로 재구성된다. 예를 들면 공정·포용 정책이 확대되면 신뢰·자부심·안정의 정서가 점차 내재화될 수 있다.

이에 대해 정책적으로는 어떻게 대응할까. 크게는 정서적 공감 기반을 구축하는 정책이 있다. 예를 들면, 기후위기, 문화재 보호에 대해 위험 인식, 감정, 효능감을 정책에 수용한다. 또 다른 접근으로는 사회적 규범을 전환하면서 분위기를 변화시키는 정책이다. 예를 들면, 기후행동 촉진은 법률이나 제도와 함께 사회적 규범 전환이 중요하므로 공공의 지각, 개인행동 변화, 지지 확대를 이끌어내도록 한다. 또한, 교육 현장에서 정서기후를 설계하고 교육제도 설계 때부터 조직적으로 구축한다.

휘몰이 전환기에 이러한 접근은 정책설계에서 집행 과정에 모두 반영되어야 한다. 예를 들면, 정책설계에서는 위험인식·정서·효능감에 대한 문화별 민감도를 분석해야 한다. 그리고 대중정서와 정책 수용성을 동시에 고려하여 소통전략을 만들어야 한다. 수용성을 높이기 위해 긍정적 감정(리더십·연대)을 바탕에 깔고 다양한 캠페인을 벌이거나 교육 기회를 늘린다. 이때 문화촉매자나 문화예술교육자를 특화시켜 조직적으로 정서환경을 조성하는 노력이 필요하다.

휘몰이 충격을 만난 사회문화정책에서 사회적 감정기후는 단순한 심리 분위기 개념을 넘어, 위험 상황에서 정책 수용성을 결정하는 데 중요하다. 이때 사회규범 전환의 촉매로도 기능할 수 있다. 문화 프로그램으로 집단의 감정 안전망과 연대감 형성을 촉진한다는 점에서 매우 중요한 정책적 접근이다. 이러한 정책 효과를 극대화하려면 대상 집단의 문화적 성향, 정서적 기후 측정, 규범 메시지 전략, 교육 기반 감정기후 조성이 통합된 다양한 접근을 시도해야 한다.

더불어, 사회감정기후에 기반한 문화정책은 감정을 기반으로 하는 복원력(affective resilience)을 중심으로 공동체 회복 전략을 재구성해야 한다. 예를 들면, 예술치유 프로그램, 집단기억 복원 프로젝트, 트라우마 대상 문화기획, 감정공유 플랫폼을 새로 만든다. 이러한 것들은 정서적 상처를 치유하는 것을 넘어, 새로운 감정 연대와 정서적 자본을 창출하는 문화기획으로 추진한다. 이는 문화예술정책이 '행정적 지원'에서 '사회적 치료와 조율'로 기능적 지평을 확장하는 사회문화 정책으로 나타난다.

특히, 디지털 전환과 인공지능 기술의 발달은 사회감정기후의 실시간 측정 및 시각화에 중요한 전기를 마련한다. 빅데이터 기반 정서 분석, 감정 AI, 디지털 심리 프로파일링을 통해 특정 이슈에 대한 집단 정서를 분석하고, 이에 반응하는 '정서 기반 정책 알고리즘'이 등장할 수 있다. 이에 따라 미래 문화정책이 기술과 정서를 접목한 하이브리드 감정 거버넌스로 발전할 수도 있다.

이렇듯 사회감정기후는 이제 문화정책의 외부 변수가 아니라, 정책 기획의 중심축으로 자리매김하고 있다. 그 변화에 따라 문화정책은 감정의 흐름을 인식하고, 조율하고, 회복시키는 방향으로 재설계된다. 이러한 패러다임 전환은 정서 중심 사회의 실체를 인정하고, 문화의 감응성과 유연성을 기반으로 하는 감정 통합형 정책 전략의 출현을 예고한다. 따라서 앞으로의 문화정책은 사회감정기후를 읽는 능력과 그것을 선환시키는 상상력에 기반할 때 비로소 실질적인 효과를 발휘할 수 있을 것이다.

2) 충격 대응 문화 거버넌스

복잡계 사회문화에 생겨난 충격에 유연하게 대응하기 위해서는 어떤 체계를 구축해야 할까? 이때는 신속하고도 유연한 대응이 상책이므로 중앙-지방-시민이 함께 설계하는 거버넌스가 효과적이다. 아울러 분산형 문화관리 체계로 전환되는 과정에서는 디지털 기반 자율 플랫폼과 감정공유 네트워크가 핵심이다. 충격에 대해서는 이렇게 시민 주도적인 분산형 거버넌스를 설계하고, 공공-민간-디지털 사이의 자치 공동 플랫폼을 구축해야 한다.

돌이켜보면 우리는 코로나19 팬데믹, 기후위기, 디지털 전환, 글로벌 공급망 불안정 같은 연속적인 충격과 복합위기 상황을 겪었다. 이처럼 불확실성과 복잡성이 확대된 시대에는 기존의 경직된 정책 시스템이나 일회성 위기대응 방식만으로는 충분한 회복탄력성을 기대하기 어렵다. 이에 따라 위기에 강한 사회문화를 구축하고, 선제적으로 미래 리스크에 대응할 수 있는 체계로서 충격 대응 문화 거버넌스가 새로운 이슈 대응 드라이브로 떠오르고 있다. 이는 단순한 위기관리체계의 확장이 아니라, 사회문화적 관점에서 대응 능력을 구조화하고 제도화하는 총체적 접근이라고 봐야 한다.

문화 거버넌스는 전통적으로 문화정책, 예술행정, 지역문화 활성화처럼 비교적 평상시에 문화적 의사결정을 조율하는 데 중심을 두었다. 그러나 팬데믹 이후 문화 거버넌스의 역할은 더 이상 부차적인 영역에 머물지 않고, 사회 전체의 회복과 응집을 이끄는 핵심축으로 재조명되었다. 특히 위기 상황에서 정보 왜곡, 사회 불신, 혐오 확산 같은 '사회적 충격파'에 효과적으로 대응하려면, 단순한 행정적 개입을 넘어 사회적 공감대 형성과 문화적 내성 강화가 필수이다. 이 지점에서 '충격 대응 문화 거버넌스'는 문화적 기제로 작동하는 대응 체계를 설계하고, 다양한 주체 간 협력 메커니즘을 제도화하려는 노력으로 싹트게 된다.

이러한 문화 거버넌스는 기존 정부 중심의 일방향적 의사결정 구조가 아니라 시민사회, 지역공동체, 민간 문화기획자, 디지털 플랫폼 주체 같은 다양한 이해관계자가 참여하는 다층적 네트워크 시스템으로 구성된다. 예를 들면, 위기 시 공동체 안에서 전통예술을 통해 정서적 안정을 도모하거나, 디지털 아카이브를 활용한 집단기억의 복원, 가짜뉴스에 대응하는 문화 캠페인 같은 활동은 단순한 문화 소비를 넘어서서 적극적인 사회적 기능으로 수행해야 한다. 이처럼 사회문화는 위기대응의 도구가 아니라 거버넌스의 구조 자체를 형성하는 핵심 자산으로 작용한다.

또한 미래지향적 관점에서 충격 대응 문화 거버넌스는 단기적 응급조치 체계가 아니라, 예측-적응-혁신의 순환구조를 갖춘 지속가능한 대응 생태계를 구축하는 데 초점을 맞춘다. 그리고 추진 단계별로 세부 활동을 전개한다. 예측 단계에서는 시나리오 기반 미래연구와 문화 빅데이터 분석을 바탕으로 잠재적 문화충격 요인을 진단한다. 그리고 적응 단계에서는 지역 기반의 문화적 대응 시뮬레이션과 커뮤니티 중심 협력 체계를 실험한다. 그리고 혁신에 이르는 단계에서는 이를 정책화하거나 제도화하여 공식적인 대응 체계로 내재화한다. 이러한 전환기적 접근은 기술적 거버넌스와 문화적 감수성을 결합한 융합모델로서 미래 대응 역량을 확장한다.

무엇보다 충격 대응 문화 거버넌스가 싹트기 위해서는 국가나 지자체의 정책 의지뿐만 아니라, 일상 속 문화적 학습과 실천이 제도화될 수 있는 문화적 기반시설 구축을 병행해야 한다. 예를 들면, 학교 교육과정 안에서 '문화적 회복력' 교육을 포함하거나, 지역커뮤니티센터가 '위기대응 문화실험실'처럼 기능하는 실천적 인프라가 필요하다. 이는 문화를 단순한 향유의 대상에서 사회적 대응 자원으로 바꾸는 패러다임의 전환에 버금가는 것이다.

충격 대응 문화 거버넌스는 문화의 힘을 바탕으로 위기에 강한 공동체를 구축하고, 이렇게 예측 불가능한 미래에 대응하는 회복 지능(resilient intelligence)을 강화하는 수단이다. 앞으로 이 새로운 문화 거버넌스는 미래 이슈 드라이브로서 다양한 분야에 걸쳐 확산되며, 정책, 교육, 기술, 지역사회와 긴밀히 연계되는 융합적 대응 프레임워크로 발전시켜야 한다.

3) 디지털 문화전환의 윤리와 미학

디지털 기반의 전환기를 맞으면서 사회문화는 AI 창작, 메타버스, 알고리즘을 기반으로 해서 새롭게 진행된다. 이에 따라 사회문화 예술 같은 문화활동의 사회적 역할 재배분이 필요하다. 그 과정에서 공정성과 투명성을 기반으로 하는 디지털 창작윤리, 디지털 문해력, 문화기술 미학이 정책 설계의 키워드로 자리한다. 이처럼 전환기를 틈타 새 이슈로 등장한 AI 창작, 메타버스 공간, 알고리즘 감수성이 제자리를 찾아가도록 해야 한다. 아울러 이때 중요한 위치에서 문화권력의 재배분과 공정성 확보를 위한 정책 이슈에도 주목해야 한다.

AI 전환은 시간이 지나면서 몇 단계 정도의 트렌드를 거칠 것으로 본다. 우선은 단순한 판단도구로 존재하겠지만 곧 이를 넘어서 스스로 판단하고 주체적으로 행동하는 방식으로 에이전트화할 것으로 본다. 그다음에는 권력과 인프라가 다층적으로 분산되어 이해관계에 따라 재편되는 다결절화를 이룰 것이다. 이어서 탈진실화 현상으로 넘어가는데, 여기서는 진실과 거짓의 경계가 흐릿해지면서 인간의 창의성과 진정성을 재정의하게 된다. 그 뒤에는 마침내 AI가 하드웨어 개체에 체화되며 물리적 현실과 직접 상호작용하고 개입하는 물리융합 단계에 이르게 될 것으로 예상한다. 그리고 단계마다 그에 알맞는 디지털문화전환의 윤리와 미학이 나타날 것이다.

디지털 문화전환의 윤리와 미학을 위해 미래지향 이슈 드라이브로 싹트는 감성과 규범은 어떤 내용으로 재구성해야 할까? 지금 당면하고 있는 디지털 전환에서는 분명히 기술적 혁신을 넘어선다. 그리고 인간 존재와 사회구조, 인식 방식과 감성 체계 전반에 걸친 전면적 문화전환을 불러일으킬 것이다. 특히, 인공지능, 가상현실, 생체인식, 알고리즘 권력으로 대표되는 디지털 환경 때문에 정보와 감정, 윤리와 예술, 공공성과 사생활의 경계는 재편되지 않을 수 없다. 우리 앞에는 새로운 윤리와 새로운 미학의 재구성이라고 하는 전환기적 과제가 놓여있다. 이러한 맥락에서 디지털 문화전환의 윤리와 미학은 미래지향적 이슈 드라이브로 싹트고 있으며, 이는 기술 중심의 담론을 뛰어넘는 문화적 사유의 지형으로 떠오르고 있다.

디지털 문화전환의 윤리 가운데서도 시급한 것은 바로 기술의 활용 가능성과 그 한계를 둘러싼 인간중심성, 책임성, 투명성, 공정성의 재정립 문제다. 예를 들면, 생성형 AI가 창작의 주체로 등장하면서 표절과 창의성, 작가권과 공유지식 사이의 경계가 흐려지고 있다는 점이다. 지금 가상인간, 메타버스 아바타, 딥페이크 기술은 정체성과 신뢰의 윤리적 기반을 흔들고 있다. 디지털 세계에서 누가 '실재'이며 무엇이 '진정성'인가에 대한 새로운 해석이 필요하게 되었다. 따라서 디지털 윤리는 기술이 인간성과 사회에 미치는 정서적·규범적 함의에 대해 지속적으로 성찰하는 문화적 태도로서 둘러 자리 잡아야 한다.

아울러 디지털 환경에서는 새로운 감각적 경험을 기반으로 하는 '디지털 미학'이라는 개념도 자연스레 등장한다. 과거의 미학은 조형성과 상징성, 수동적 감상을 중시했다. 그런데 새로 등장하는 디지털 미학은 인터랙션, 몰입성, 비선형적 서사, 알고리즘적 구조 같은 새로운 감각 형식을 중심으로 구성된다는 점이 특징이다. 사용자는 더 이상 작품을 수동적으로 감상하는 존재가 아니라, 작품을 생성하고 변형하며 실시간으로 참여하는 인터페이스의 일부가 되는 셈이다. 이는 문화예술이 더 이상 완성된 성과가 아니라, 기술적 조건 속에서 끊임없이 변화하는 과정 중심적인 표현으로 전환되고 있음을 나타낸다.

그러나 이러한 디지털 미학의 확장은 미적 감각의 민주화를 촉진하는 동시에 심미적 감각의 피로화, 감정의 자동화, 미디어 중독 같은 윤리적 역기능을 동반한다. 무한 스크롤, 알고리즘 추천, 디지털 과잉 자극은 감정의 수용력을 침식한다. 나아가, 미의 경험을 피상적이고 일회성 소비로 전락시킬 위험조차 생긴다. 따라서 디지털 미학은 이제 단순한 감각의 확장으로 받아들이면 안 된다. 감성의 깊이를 회복하고, 기술에 저항하거나 반성하는 미학적 실천이 병행되어야 한다.

이러한 배경에서 디지털 문화전환의 윤리와 미학은 상호 긴장 속에서 미래사회에 대응하여 문화정책과 교육철학에 대응하는 이슈로 재편되는 것이 마땅하다. 예를 들어, 예술교육 현장에서는 AI 기반 창작 도구를 활용한 교육과 함께 기술의 사용 윤리와 감정적 영향에 대한 비판적 토론을 병행해야 한다. 문화정책 측면에서도 디지털 창작물의 공정한 저작권 분배, 알고리즘 투명성 확보, 디지털 접근성의 격차 해소 같은 디지털 공공성을 담보하는 정책이 필요하다.

또한 미래사회에서 디지털 윤리와 미학은 기술 플랫폼을 넘어 집단 정체성의 형성, 기억의 보존 방식, 공동체 정서 형성에까지 영향을 미치는 구조적 조건이 된다. 예를 들면, SNS 기반의 집단감정 표현, 가상공간에서의 기억 저장 및 재구성, 온라인 애도물결 같은 사회문화는 디지털 환경이 감정공동체의 새로운 형식으로 자리매김하고 있음을 잘 보여준다. 이는 문화전환이 단순한 기술 수준이 아니라, 인간의 존재 조건과 사회적 연대 방식 자체를 전환시키는 존재론적 혁명임을 사실적으로 보여주는 셈이다.

디지털 문화전환의 윤리와 미학은 기술 담론을 인간 중심의 가치 판단과 감성 경험의 재구성 차원으로 확장했다. 나아가 기술의 시대를 살아가는 인간의 삶과 사회, 예술의 미래를 설계하는 핵심 이슈 담론으로 떠오르고 있다. 이는 문화정책, 예술창작, 공공윤리, 미디어교육에 이르는 모든 문화적 실천의 기반을 재설계할 수 있는 새로운 프레임이 될 것이다. 이에 따라 앞으로 문화정책 전환은 감성과 규범을 아우르는 총체적 사유의 장으로까지 확장되지 않을까 생각된다.

💡 더 생각할 점

- 사회감정기후는 어떻게 측정하고 분석할 수 있을까?
- 충격 대응 문화 거버넌스의 구체적 사례에는 어떤 것이 있는가?
- 디지털 미학은 전통적 미학과 어떻게 다른가?
- 생성형 AI 시대의 윤리적 예술 창작 기준은 무엇인가?
- 디지털 문화전환에 대응하는 문화정책은 어떻게 설계되어야 하는가?

2. 꾸물대는 회복

1) 회복의 문화: 문화적 레질리언스

이제, 재난과 충격에 노출된 우리 사회에서 문화적으로 회복하는 힘은 매우 절실하다. 이때 문화예술은 상실과 고통을 언어화하고, 공동체를 회복할 공간을 제공한다. 그리고 감정적 안전망으로 작동할 수 있다. 이것이야말로 문화예술이 갖는 인본주의적 가치의 최고봉이 아닐까. 이를 정책으로 펼친다면, 사회심리 회복, 상처받은 시민을 위한 예술활동 같은 치유정책으로 실현될 것이다. 그리고 무엇보다 충격회복이라고 하는 공공성 확장에 관한 논의가 사회소통 이슈로 등장할 것이다.

휘몰이 충격이 남긴 상처를 치유하고 사회 전반의 회복력을 키우기 위해서는 무엇보다 문화적 레질리언스가 핵심적 역할을 해야 한다. 단순한 경제적·물리적 재건을 넘어, 사회심리적 회복으로 공동체 구성원의 감정적 결속과 심리적 온전함을 회복하도록 해야 한다. 이를 위해 우선 시민이 예술과 문화 속에서 공감하고 치유받을 수 있는 환경 조성이 필요하다.

재난이나 충격적인 사건을 경험한 사람들은 외상후스트레스, 불안, 고립감에 취약하다. 따라서 먼저, 상처받은 시민을 위한 예술치료 프로그램의 확대가 시급하다. 이때 음악·연극·미술 같은 예술 매개체를 활용한 집단치유 워크숍, 이동형 버스 기반의 '힐링과 예술 프로젝트'가 효과적이다. 또한, 지역사회 밀착형 예술 프로그램으로 개인이 느끼는 고립과 불안을 시각·청각·감각적으로 표현하고 서로 공감할 수 있는 장을 많이 만들어야 한다. 이러한 예술 경험은 언어적 표현이 어려운 심리적 고통을 예술적 언어로 전환해서 안전하게 표출하게 되는데, 이것이 바로 공동체적 치유의 출발점이다.

그리고 이런 활동의 문화정책 틀을 예술의 공공성 확장 측면에서 재설계해야 한다. 문화예술은 단순히 즐기고 감상하는 대상에 그치는 것이 아니라 사회 구성원의 삶과 연결된 사회 재생적인 기능을 갖는다. 따라서 예술에 대한 공공재적 접근성을 높이기 위해 각종 인프라에서처럼 예산과 제도를 설계해야 한다. 예를 들어, 공공미술을 통한 도시 재구성, 방방곡곡 예술 순회사업, 소외계층 대상 무료 공연·전시 지원이 필요하다. 또한 지자체와 지역 문화예술단체 사이의 네트워크와 협력체계를 강화해서 위기 상황 발생 시 즉각 대응 가능한 문화예술 재난지원 플랫폼을 구축하는 것도 효과적이다.

더 나아가, 문화예술 기반의 시민 소통 플랫폼을 활성화해야 한다. 문화적 회복은 결국 서로의 이야기를 들어주고 공감하는 지역사회와 공동체를 만드는 것에서 시작된다. 온·오프라인 연계 플랫폼에서 예술가와 시민이 직접 마주하는 힐링을 위한 예술적 대화, 문화치유 축제, 커뮤니티 라이브러리와 아트랩의 동행 같은 프로그램이 필요하다. 아울러 이는 자발적 참여와 협업으로 시민의 심리 회복을 돕고, 나아가 예술 기반 시민 역량도 강화한다. 이와 함께 학교, 보건소 등 공공기관을 거점으로 예술 상담이나 치유 거점센터를 설립하는 것도 바람직하다.

이런 정책이 실질적 효과를 거두도록 하려면, 문화적 회복의 정책 효과를 계량적·질적 지표로 평가할 수 있는 체계를 마련해야 한다. 예를 들면, 회복문화지수, 사회심리적 만족도 조사, 정서 안정성 분석이 필요하다. 그리고 이것이 실제 회복과 공동체 결속에 어떤 영향을 미쳤는지를 체계적으로 모니터링하고 피드백할 수 있어야 한다. 이렇게 하면서 지속적 개선과 정책 확장으로 이어나간다.

　또한 중요한 점은 이러한 문화적 회복을 교육과 사회 영역에 확산하여 위기 이후 회복이 문화로 일상화되도록 해야 한다. 일시적 회복을 넘어 문화로 자리매김하는 것이다. 어린이부터 어르신에 이르기까지 연령대별 맞춤형 문화회복을 교육하고, 학교 커리큘럼에 예술심리 교육을 포함한다. 또한, 기업과 비영리단체도 사회 회복 캠페인, 문화 참여형 봉사활동을 펼치며 참여한다. 이를 통해 문화회복이라는 가치가 사회 전체에 깊이 뿌리내리면, 앞으로 유사한 충격에도 개인과 공동체가 스스로 회복하고 적응할 수 있는 선순환 구조가 만들어진다.

　무엇보다 중요한 것은 문화가 단절과 파편의 시대에 공동체적 서사를 복원하고, 개인의 삶에 다시금 의미를 부여하는 원천으로 작동할 수 있다는 믿음을 나누는 것이다. 휘몰이 충격 이후의 사회는 이전 상태로 돌아갈 것을 목표로 하면 안 된다. 오히려 우리는 예술과 문화적 실천을 거쳐 이전에 경험하지 못한 새로운 연대와 공감을 구축하도록 목표를 바꿔야 한다. 이로써 회복은 과거로의 복귀가 아닌, 명예롭게 더 나은 사회로 전환되도록 해야 한다. 문화적 회복은 바로 그 전환을 가능케 하는 핵심 열쇠이며, 이 시대 문화전문가들의 전략적 사유와 실천이 절실히 요청되는 까닭이다.

　무엇보다도 문화회복을 추진하면서 단순히 예술 지원 확대만으로 끝나면 안 된다. 사회 구성원의 심리적 회복과 공동체 응집력을 증진하도록 전략적으로 접근해야 한다. 예술치료 프로그램, 공공성 중심의 문화정책, 시민 참여 플랫폼, 효과평가 체계, 교육과 연계한 확산이 유기적으로 결합해야 한다. 이렇게 해야 충격 이후에도 흔들림 없는 문화 기반 회복력을 확보할 수 있다. 이러한 문화적 체질 강화로 재난에 대응하는 방어뿐만 아니라, 보다 회복력 강한 미래를 열어가는 첫걸음으로 바뀔 것이다.

2) 문화회복 지표

회복지향적 정책은 다소 추상적이어서 정책화 추진 때보다 구체적으로 객관화해야 한다. 이때 등장하는 개념이 바로 회복탄력성이다. 회복탄력성을 측정하는 데 쓰는 문화회복력 지표(Cultural Resilience Index)는 지역, 계층, 세대 간 충격 대응 역량을 가시적으로 보여준다. 그리고 예술활동, 감정 회복, 커뮤니티 재구성의 데이터를 기반으로 정책의 효과성을 평가하는 도구로 사용된다. 이러한 문화회복력 지표를 개발하고, 이에 바탕을 두고 지역-세대-계층 간 회복 격차를 분석해서 정책에 활용해야 회복정책이 현실에 적합할 것이다.

문화회복을 위한 지표를 재설계하는 데 있어서 우선 회복지향 사고의 문화적 구현을 생각해보자. 앞에서 수차례 이야기한 충격과 위기가 연속되는 시대에 사회 각 분야에서 시범적으로 회복사업을 진행하고 끝나기 쉽다. 그러나 단순한 복구를 넘어서서 장기적으로 회복 중심의 사고를 갖도록 의식 전환이 이뤄져야 한다. 문화 영역도 예외는 아니다. 오히려 문화는 공동체의 감정 회복, 정체성 재정립, 사회적 상처의 치유처럼 비물질적이면서도 구조적인 회복의 핵심축으로 기능할 수 있다는 점에서 더욱 주목받는다. 이러한 맥락에서 등장한 담론이 바로 문화회복 지표의 설계이다. 이 회복지향적 사고는 정책, 평가, 실천에 이르는 전반에 스며드는 방식으로 싹트고 있다.

그동안 문화정책에서 쓰는 지표라고 하는 것은 인프라 수, 예산 투입, 콘텐츠 제작량, 관람객 수 같은 산업적 효율성과 양적 확산에 중점을 두고 활용되었다. 이러한 지표는 문화예술의 생산성을 측정하는 데는 유효했다. 그러나 위기 상황에서 문화가 사회를 어떻게 회복시키는가, 어떤 정서적·

공동체적 영향력을 발휘하는가를 평가하는 데는 한계가 있다. 예를 들면, 코로나19 팬데믹 소용돌이 때 문화시설이 문을 닫고 공연이 중단되었음에도 온라인 커뮤니티 기반의 자생적 문화활동은 시민에게 정서적 안정과 연대감을 제공했다. 그러나 이러한 비정규적이고 정형성을 갖지 않은 문화회복 활동은 기존 지표 시스템에서 거의 포착되지 않았다.

이러한 문제의식에서 출발한 문화회복 지표 재설계는 단순한 지표 확장의 문제를 넘어서 근본적인 성찰을 필요로 한다. 예를 들면, 문화란 무엇을 회복해야 하며, 그 회복은 어떻게 감지되고 평가될 수 있는가에 대한 사유를 다시 해야 한다. 문화회복 지표는 단순한 물리적 복구가 아니라 감정의 복원, 사회적 연결성의 회복, 집단기억의 재형성 같은 정서적·관계적 회복을 중심 지표로 삼는 패러다임 전환을 내포하기 때문이다. 이때는 질적 접근과 서술적 데이터의 통합, 정성적 감정지표의 계량화, 회복탄력성의 지표화 같은 새로운 평가 방법론을 제대로 도입해야 한다.

문화회복 지표라는 이름으로 다시 고려할 구체적인 항목에는 어떤 것들이 있을까? 예를 들면, 공동체 문화참여의 회복률, 팬데믹 이후 시민의 문화욕구 변화 지수, 예술치유 프로그램에 대한 감정 변화와 평가, 디지털 플랫폼에서의 정서 교류 지수, 지역 기반 예술인 네트워크 회복성 같은 항목을 생각할 수 있다. 이들 지표는 사회정서적 회복을 중심으로 재구조화된 지표 체계이며, 문화의 기능을 산업적 가치에서 사회적 복원력으로 확장한다.

문화회복 지표 재설계는 또한 정책-집행-평가의 통합에 적합해야 한다. 문화정책은 회복 중심 목표를 분명히 설정해야 하며, 사업 실행 단계에서는 회복지향 프로그램과 감정 중심 실천이 포함되어야 한다. 또한, 성과 평가 단계에서는 공동체 정서, 사회 연결망, 시민 감응도를 반영하는 다층적 지표체계로 마련되어야 한다. 이처럼 회복지향 지표는 단순한 수치 측정이 아닌, 사회 전체의 심리적·정서적 맥락을 반영하는 '문화적 센서'로 작동해야 한다.

이와 더불어 문화회복 지표는 회복의 정의를 다층적으로 설정하는 '과정'이기도 하다. 회복은 단순한 원상복귀가 아니라 때로는 새로운 방향으로의 적응, 과거의 상처에 대한 해석, 트라우마의 사회적 공유와 기억화 과정을 포함한다. 따라서 지표는 정태적 결과가 아니라 회복 과정 전반의 동역학적 추이를 추적하는 방식으로 설계되어야 한다. 또한, 이는 회복이라는 개념 자체가 갖는 역동성, 다양성, 문화적 특수성을 반영하는 평가 도구로 발전해야 한다.

문화회복 지표는 지속가능한 사회를 위한 문화정책의 새로운 기준을 제시하며, 회복지향 사고를 구체화하는 문화적 도구로서 기능한다. 이는 문화의 사회적 의미를 재구성하고, 위기 이후의 재도약을 위한 문화적 자산을 축적하는 과정이므로 문화정책과 평가체계 패러다임 전환을 가져올 것이다. 문화회복 지표는 결국 문화의 본질인 공감, 회복, 연대, 치유를 수치화하는 노력이며, 정책적 실천으로 연결하는 문화적 회복력을 설계하는 도면 역할을 할 것이다.

3) 회복형 정책의 실험

회복형 문화정책은 아직 실험적인 수준에서 이뤄지고 있다. 이는 문화활동이 활발한 도시에서 휘몰이 충격 대응정책으로 문화예술을 그 중심에 자리매김하면서 시도하고 있다. 그리고 도시에서 시동을 건 회복정책은 공동시동으로 확장되어가고 있다. 대개 예술인 거버넌스, 감정공동체, 시민참여형 문화계획은 도시의 정서적 회복 기반을 다지는 중요한 사례로 등장하고 있다. 따라서 이러한 치유활동 선행 사례에 주목하고, 회복을 디자인하는 정책에 반영해야 한다.

회복형 문화정책을 도시에서 실험한다는 것은 도시 안에서 회복지향적인 사고를 구현하고, 문화적인 전환을 이루려는 것이다. 충격과 위기의

정책학에서 말하는 사회실험(social experiment)은 특정 정책, 제도, 프로그램이 실제 사회 속에서 어떤 효과를 발휘하는지를 과학적이고 실증적으로 검증하는 실험적 접근 방식이다. 이는 현실세계의 조건 속에서 실제 사람들에게 영향을 미치도록 설계된 제도적 개입이며, 단순한 시범사업(pilot project)이나 모의실험(simulation)과는 다르다. 이는 어떤 원인(정책 개입)과 결과(사회 변화) 사이의 인과관계를 파악하려고 현장 기반으로 진행하는 정책 평가이다.

전환기에 추진하는 사회실험은 단순한 정책 시범이 아니라, 미래사회로 나아가는 방향을 잠정적으로 구현하고 검증하는 탐색적 도전이라 할 수 있다. 이는 불확실성과 가능성 사이에서 하나의 사회가 자기진화를 실험해보는 공공의 창작행위이기도 하다. 전환기의 사회실험은 체제 변화, 기술혁신, 생태위기, 인구변동 같은 구조적 전환기에 대응하여 새로운 규범·제도·생활양식을 소규모로 적용해보고, 사회 전체로의 확산 가능성과 지속가능성을 평가하기 위한 실천 기반의 실험적 공공행동이다. 다시 말하면, 가치·질서의 재편을 위해 새로운 가치체계의 타당성을 시험하거나, 불확실성이 고조되면 제도적 실패 위험을 줄이는 사전 테스트로 쓰인다. 또는 기술·문화가 급속히 진화할 때는 인간 중심 설계의 적정성을 검증한다. 자연생태·사회가 불안할 때는 이의 지속성과 위협을 파악하고 대안적 삶의 방식을 탐색하는 데 활용한다.

어떻게 보면, 정책이 아닌 '삶의 방식'을 실험하며, 사회 구성원이 그 미래를 잠시 살아보는 연극적 장면과도 같다. 그래서 전환기 사회실험이 문화정책에 주는 통찰은 실제 행정이 아니라 삶과 감성의 실천 영역으로 보거나, 시민을 '수혜자'가 아니라 동시대의 공동설계자로 초대하는 관점을 가져야 한다.

　　　　　　　　　

시대는 도시의 존재 방식과 삶의 패턴에까지 근본적 전환을 가져올 수 있다. 특히 코로나19 팬데믹, 기후재난, 사회적 불평등, 디지털 격차 같은 복합적 위기 상황은 단순한 도시복원 계획을 넘어선 지 오래다. 이는 정서적 회복과 공동체 회복을 중심에 둔 도시 재구성 전략의 하나인 회복형 문화도시라는 새로운 사회실험을 싹트게 하고 있다. 이는 회복지향 사고를 문화적으로 구체화한 것이며, 도시 공간이 문화적 치유, 사회적 재결합, 창의적 재생의 플랫폼으로 기능해야 함을 전제로 한 것이다.

회복형 문화도시는 전통적인 문화도시가 강조했던 예술 인프라 확충이나 관광 활성화 중심 전략과는 다르다. 그것은 사회적 상처, 집단적 트라우마, 정서적 단절, 기억의 상실 같은 도시적 위기 상황을 문화적으로 회복하려는 전략적 실천이다. 이러한 도시 사회실험은 단순히 도시 디자인이나 시설 투자의 문제가 아니라 공공의 감정, 기억, 감수성, 관계망을 재구축하려는 사회문화적 개입 과정이라 할 수 있다.

이러한 회복형 문화도시의 대표적 접근을 좀 더 화려하게 표현한다면, 감정 기반 도시계획, 또는 치유형 문화기획이라고 할 수 있다. 예를 들면, 재난을 겪은 지역에 예술인들이 상주하며 주민과의 집단 창작을 통해 공동체 트라우마를 재현하고 재해석하는 활동이다. 또는 버려진 공간을 문화커뮤니티센터로 재활용하여 '공동체 다시 만남의 장'으로 전환하는 도시문화 실험을 들 수 있다. 이는 도시가 단순한 물리 공간이 아니라 기억과 정서, 회복을 중심으로 재구성될 수 있는 문화활동 공간임을 다시 한번 강조한다.

회복형 문화도시전략은 정책적으로도 중요한 전환이 필요하다. 사회문화는 더 이상 '장식'이나 '관광 자원'이 아닌, 도시 생태계의 핵심 복원 장치로 기능해야 한다. 따라서 도시계획, 복지정책, 환경정책을 유기적으로 연결하는 통합적 문화정책 설계가 필요하다. 이는 '문화+도시'의 융합적 프레임을 넘어, '회복+문화+도시'라는 다층적 통합모델로 발전해야 함을 뜻한다. 앞에서 말했듯이 실제로 유럽연합(EU)에서는 회복탄력성 지표를 도시 문화정책의 평가 항목으로 도입하고 있으며, 일부 도시에서는 정서적 회복 지수를 기반으로 문화 프로그램을 설계하고 있다.

이러한 회복형 문화도시는 기술과 디지털 감성도 적극 활용한다. 디지털 플랫폼으로 하는 감정 데이터 수집, AI 기반 감정 반응 시각화, 온라인 참여형 문화지도 만들기는 도시 안의 정서 흐름을 실시간으로 가시화하고, 회복 개입을 설계하는 도구가 된다. 이와 같은 '감정 인프라'는 도시가 단순히 시설 중심에서 감정 기반 관리 체계로 전환되고 있음을 보여준다. 특히 청년, 노인, 이주민, 장애인 등 정서 취약계층을 위한 맞춤형 회복 프로그램 설계는 회복형 문화도시의 중요한 축이 된다.

또한 회복형 문화도시 실험은 '시민 공동 창작'과 '기억의 공동 소유'라는 실천적 철학에 기반한다. 주민 스스로 지역의 상처와 변화를 기록하고 예술적으로 표현하며, 그 과정을 거쳐 도시의 기억을 회복하고 정체성을 새로 정의하는 것이다. 이는 문화적 회복을 행정 주도형이 아닌 시민 주도적 문화생태계로 확장하는 방향을 보여준다. 도시가 기억의 공동체이자 감정의 시스템이라는 인식은 회복형 도시의 본질을 가장 잘 설명하는 개념이다.

회복형 문화도시는 확실히 도시가 감정적 공동체로서 기능하는 시대적 요구에 대한 응답이며, 회복의 문화화와 도시의 정서적 전환을 매개하는 실천적 실험장이다. 이는 위기 시대의 도시정책과 문화정책을 잇는 교차점에서 탄생한 새로운 도시문화 패러다임이다. 그래서 앞으로는 지속가능한 도시 구축을 위한 필수 전략과정으로 자리매김할 것이다. 결국 도시

   1부. 휘몰이 충격, 문화가치의 위기를 묻다

의 미래는 얼마나 정서적으로 회복 가능한가, 그리고 그 회복을 얼마나 문화적으로 설계할 수 있는가에 달려 있다.

> **더 생각할 점**
>
> - 회복탄력성은 문화정책에서 어떻게 작동되는가?
> - 문화회복 지표는 어떻게 개발되고 실천에 반영될 수 있는가?
> - 회복형 문화도시는 기존 문화도시와 어떻게 다른가?
> - 회복형 도시문화 기획의 국내외 사례는 무엇이 있는가?

3. 내일을 받쳐줄 준비

전환기 과정에서 꿈틀거리는 반응은 시스템의 매우 기초적인 활동이며, 좀 더 체계적으로 진행하면서 충격을 서서히 회복하는 단계에까지 이른다. 그러나 이 경우는 조직, 재정, 추가 소요 업무 때문에 시스템의 속성상 쉽게 원상으로 되돌아간다. 그렇게 되면 휘몰이 충격이 멈춘 것을 인지하는 순간 생태계가 다시 원상회복에 익숙해지고 미래는 여전히 잠재적 불안으로 남아있게 된다. 그래서 회복 단계에서 좀 더 나아가는 미래 설계의 초석을 확보하는 노력이 별도로 진행되어야 정책의 지속가능성이 보장된다.

1) 문화 리터러시와 사회적 상상력

휘몰이 충격 시대를 살아가는 시민에게 문화는 사치로 느껴질 수도 있다. 그러다가 회복기에 접어들면, 문화에 대한 중요성 인식과 지식을 다시 다질 필요가 있다. 기본적으로 비판적 사고와 감성적 이해를 겸비한 문화 리터러시가 요구된다. 따라서 이를 위한 상상력 훈련, 디지털 시민교육, 감정 감식 교육 프로그램을 문화정책에 우선 포함해야 한다. 구체적으로는 미래 설계를 위해 '상상력 교육'의 문화정책화, 비판적 사고와 감성지능의 재교육 체계를 갖추는 정책이 등장할 필요가 있다.

전방위적인 전환기 가운데서도 특히 디지털화와 인공지능의 확산, 팬데믹과 기후위기의 반복, 다문화와 사회적 양극화는 예전의 생각과 삶의 방식으로는 대응하기 어려운 복합문제를 야기한다. 이러한 불확실성과 복잡성의 시대에 요구되는 핵심 역량으로 문화 리터러시와 사회문화적 상상력이 필요하다. 이는 미래지향적인 준비로서 싹틔우는 것이다.

문화 리터러시는 단순히 문화 콘텐츠를 이해하거나 향유하는 능력을 벗어나야 한다. 다양한 문화적 맥락을 비판적으로 해석하고, 그 속의 의미를 사회적 맥락과 연결하여 재구성하는 능력을 갖추는 것이다. 이는 디지털미디어 환경이 범람하는 정보홍수 속에서 진실과 조작, 차별과 공존, 상징과 권력의 구조를 식별하고 판단하는 능력을 포함한다. 팬데믹 시기에 퍼졌던 혐오 표현, 가짜뉴스, 편향된 집단 감정은 문화 리터러시의 부족이 낳은 사회적 부작용의 한 모습이었다. 이에 따라 시민 개개인이 문화적 요소를 해석하고 대응할 수 있는 역량을 갖추는 것이 사회 전체의 회복력과 미래 대응력을 제고하는 전략적 과제로 다시 등장한다.

문화 리터러시와 함께 주목받는 또 하나의 개념이 바로 사회문화적 상상력이다. 이는 개인이 현재의 사회문화적 조건에 대한 이해는 물론 새로운 사회를 상상하고 대안적인 미래를 기획할 수 있는 창의적 능력 갖추기를 뜻한다. 또한, 사회문화적 상상력은 문화적 감수성과 표현력을 결합해 예술적이고 서사적인 방식으로 미래를 재구성하는 힘을 포함한다. 이는 개인의 삶과 사회구조를 연결하는 비판적 사고로 이어진다. 그런 점에서 특히 전환기 사회에 새로운 발전 기회로 등장한 인공지능 시대의 인간성과 창조성, 공동체성 회복에 중요한 의미를 지닌다.

이러한 역량은 교육 시스템, 공공정책, 시민 플랫폼을 바탕으로 제도화되어야만 사회적 효과를 발휘할 수 있다. 예를 들면, 학교 교육에서는 인문예술 기반의 융합 교육을 확대하고, 디지털 환경에서의 미디어 리터러시 교육을 문화적 리터러시로 확장하며, 지역 커뮤니티에서는 시민이 참여하는 미래상상 프로젝트를 운영하는 방식으로 추진한다. 이는 학습자 스스로 문화와 사회를 탐색하고 해석하며, 능동적으로 재구성할 수 있도록 유도하는 학습생태계를 구축하는 셈이다.

또한 문화 리터러시와 사회문화적 상상력은 사회적 공존과 지속가능성을 위해 필요한 핵심 역량 역할도 맡는다. 급격히 다양화되는 사회에서 타문화와 공존하는 능력, 비판적 사고와 감정 조절 능력, 공동체적 책임감을 기반으로 한 미래 설계 능력은 단순한 교양이 아니다. 이는 바로 생존의 조건이 된다. 특히 기후위기, 기술 독점, 정치적 극단화에서 나타나는 구조적 문제는 문화적 이해와 상상력으로 새로운 패러다임으로 전환될 수 있다. 예를 들어, 기후 문제를 생태윤리 관점에서 문화적으로 재해석하거나, 인공지능사회에서 인간 중심의 윤리적 설계를 상상하는 것은 단순한 기술적 대응 전략이라기보다 문화 기반의 대안적 시선으로 제공된다.

이러한 흐름은 문화정책에서도 점차 반영되고 있다. 일부 국가에서는 문화예술 교육을 핵심 역량 중심의 미래교육으로 재편하고 있다. 도시 차원에서는 시민참여 문화기획과 창의도시 프로젝트를 하면서 집단적 상상력 훈련과 실험을 제도화하려는 노력을 진행 중이다. 이는 문화가 더 이상 주변적인 소비 대상이 아니라, 미래를 구상하고 사회를 형성하는 중심적인 역량으로 자리 잡고 있음을 보여주는 흐름이다.

분명하게 인식해야 할 것은 문화 리터러시와 사회문화적 상상력 훈련이 단순한 개인의 소양 함양 문제를 다룰 것이 아니라는 점이다. 적어도 불확실한 미래사회를 준비하고 주도하기 위한 핵심적인 사회 시스템으로 진화하는 정책의 하나라는 것이다. 이는 다층적인 위기와 복잡한 사회구조를 해석하고, 그 너머를 상상할 수 있는 능력을 길러준다. 그리고 그 자체로 미래 대응 생태계의 중심축이 된다는 것이다. 이에 따라 앞으로의 교육, 정책, 시민문화는 모두 이들 역량을 중심으로 재구성되는 '문화근육'을 키우는 시대를 맞이할 것이다.

2) 지속가능을 여는 창의지표

전환기가 진행되는 가운데 추진하는 정책들은 흔히 지속가능성이 단절되는 경우가 있고, 이에 대한 갈증을 호소하는 정책 수요가 당연히 등장한다. 이런 특징을 감안한다면 충격에 대응하고 지속발전이 가능하려면 미래 설계를 위한 관계에 주목해야 한다. 이같이 지속가능한 관계를 좀 더 구체적으로 체크하기 위해서는 별도의 창의지표가 필요하다. 예를 들면, 문화와 경제가 밀접하게 동행하는 전환기 사회문화에서 문화경제의 본질을 살리고 지속가능하도록 미래 설계의 초석을 다지는 문제가 중요하다. 따라서 이를 위한 정책지표와 예술노동 가치의 재정립은 정책 혁신의 중심으로 자리하고 있다. 구체적으로 보면, 창작자 보호, 생태 기반 콘텐츠 유통, 공정한 수익배분 구조, 공정한 예술노동, 문화산업의 가치 재정비가 여기에 해당하는 과제이다.

미래를 지향하는 정책에서 '지속가능성'은 핵심 키워드 중 하나였으며, 이제 환경과 경제를 넘어 문화 영역에서도 중심적 화두로 자리 잡고 있다. 급속한 디지털화, 예술노동의 불안정성, 도시재생과 문화관광의 상입화, 창의자산의 불균등 분배 문제에 대해 깊이 들여다봐야 한다. 그런데 단순한 성장 지표만으로는 문화경제의 지속가능성을 설명할 수 없었다. 이는 그동안 여러 곳에서 분명히 나타나고 있다. 이에 따라 문화경제의 질적 성장과 사회적 기여도를 함께 평가할 수 있는 새로운 측정 틀이 필요하다. 이런 맥락에서 창의지표(creative indicators)가 미래지향적 정책설계 항목으로 싹트고 있다. 이 지표는 문화적 가치와 창의성이 어떻게 사회적 자본과 연결되는지를 구조적으로 드러낸다는 점이 특징이다. 그뿐만 아니라, 앞으로 문화정책과 산업계의 재편을 이끌어갈 핵심 프레임으로 주목받는다.

기존 문화경제 지표는 주로 문화산업의 수익 규모, 고용 창출 수, 콘텐츠 수출입액 같은 경제성과에 치우쳐 있었다. 그러나 이런 지표만으로는 문화활동이 공동체에 미치는 정서적·사회적·환경적 파급효과 같은 문화의 질적 가치를 포착하기 어렵다. 이에 따라 창의지표는 '문화의 생태적 지속가능성', '사회적 포용력', '창작의 다양성', '디지털 문화접근성' 같은 항목을 포함한 폭넓은 평가체계로 진화하고 있다. 이 지표들은 어떤 창작이 누구를 위해 어떤 사회적 가치를 창출하고 있는가를 묻는 방식으로 문화정책과 산업지형의 방향성을 전환시킨다.

그동안 많이 봐온 창의지표로 유네스코의 창의도시 네트워크(Creative Cities Network) 평가기준, 영국의 '문화창의지수(Cultural and Creative Vitality Index)', OECD의 '문화참여지수'가 익숙하게 활용되어왔다. 이들은 모두 단순한 수익성과 고용효과 외에도 창의성이 도시재생과 시민 삶의 질 향상, 지역 정체성 형성에 어떤 기여를 했는지를 포괄적으로 측정하는 데 도움을 줬다. 이는 특히 문화경제가 사회 전반의 통합적 지속가능성을 지원하는 '사회적 경제 자산'임을 입증하려는 시도와 맞닿아 있다.

창의지표는 또한 '보이지 않는 성과'를 가시화한다는 점에서 중요한 전략적 도구가 된다. 예를 들면, 지역 예술 프로젝트가 주민의 공동체 정서를 회복시키거나, 사회적 약자 참여 프로그램이 사회적 포용성을 증대시켰다면, 이는 창의성과 문화 효과로 포착된다. 따라서 미래 문화정책은 이러한 무형가치를 수치화하고, 정책 성과와 예산 배분 기준으로 반영할 수 있는 정성-정량 통합형 지표 시스템 구축을 활용해야 한다.

이와 더불어 디지털 문화 시대에 특화된 새로운 분석 틀도 필요하다. 인공지능 창작물의 공정성, 알고리즘 기반 창작의 다양성, 디지털 플랫폼의 접근성과 포용성은 새로운 형태의 창의성 제고 지점으로 떠오른다. 이에 따라 디지털 문화경제의 지속가능성을 측정하기 위해서는 사용자 참여율, 창작 생태계의 순환성, 창작자-플랫폼 간 권한 분배 구조 같은 복합적 지표를 도입해야 한다. 이러한 것들이 기술과 문화의 통합적 가치 평가체계를 구성하는 데 중요한 역할을 하기 때문이다.

창의지표라고 하는 것은 문화적 가치의 구조화와 미래 설계 전략 수립을 위한 통합적 언어로 기능한다. 그뿐만 아니라 이는 문화정책 수립의 투명성과 민주성을 제고하며, 지역사회, 창작자, 행정기관, 시민이 공감할 수 있는 문화경제의 공동 비전 수립에도 기여한다. 더 나아가 문화 분야의 사회적 투자 타당성을 설득하는 데도 유용하게 활용되며, 이는 문화예산 확대와 정책의 정당성 강화에도 긍정적 영향을 미친다. 이에 덧붙여 어떤 문화를 어떤 사회로 어떻게 지속시킬 것인가에 대한 철학적·정책적 내비게이션 같은 역할을 한다. 앞으로 문화경제의 지속가능성은 이와 같은 지표로 문화가 창출하는 심리적·사회적·생태적·디지털적 가치까지 총체적이고 통합적으로 가시화하고, 미래사회에 이바지하는 방식으로 설계될 것이다.

3) 초융합의 사회문화돌봄

충격과 위기가 회오리로 불어닥칠 때는 중심을 잃고 당황하기 마련이다. 그런데 그 충격에 대한 체감이나 대응은 각자 그 방식이 다르다. 공공문화정책이라면 이 상황에 대한 맞춤 돌봄정책이 우선 필요하다. 우선은

유아-청소년-중장년-노년층을 아울러서 대응하도록 활동하는 것이 바람직하다. 주로 감정 기반으로 문화돌봄을 펼치는데 건강, 소속감, 의미 회복을 문화복지 전략과 같은 맥락으로 엮는다. 예를 들면, 세대 간 문화동행과 감정공유 프로그램으로 융합하는 돌봄 문화정책으로 다가갈 수 있다.

지금 부딪치고 있는 복합 위기는 예전과는 비교할 수 없을 정도로 폭넓게, 전 세대에 걸쳐 일어나고 있다. 충격도 물질적인 것을 포함해서 정서적 피로와 사회적 해체를 가속화하고 있다. 이미 고속성장 시대의 부산물로 나타나 있는 세대 간 문화격차와 삶의 조건 차이는 정체성과 소속감의 위기를 불러들이고 있다. 그 결과, 고령화 사회, 청년 고립, 아동 돌봄 공백으로 각 세대가 겪어온 돌봄의 불균형을 구조화하고 있다. 이러한 위기에 대응하기 위해 최근 주목받는 개념이 바로 '초융합 세대별 문화돌봄 전략'이며, 이는 회복지향 사고의 실천 정책 장치로서 점차 자리 잡고 있다.

문화돌봄은 당초에 사회적 약자나 취약계층을 대상으로 문화적 접근성을 확대하고 예술을 통한 심리적·사회적 치유를 도모하는 활동에서 출발했다. 그러나 지금은 그 범위를 벗어나 모든 세대가 경험하는 정서적 공백, 공동체적 단절, 삶의 질 저하에 문화적으로 개입하는 초융합적 전략으로 발전하고 있다. 특히 초융합 전략은 전통적인 세대 구분(노년·청년·아동)을 유지하되, 세대 간 연계, 기술과 예술의 결합, 감정과 제도의 융합 같은 복합적 대응 체계를 설계함으로써 문화돌봄을 단선적 복지가 아닌 '회복적 문화복지 생태계'로 확장하는 특징을 갖는다.

우선, 고령층을 위한 문화돌봄은 인지능력 향상, 외로움 완화, 자아정체성 유지를 중심으로 설계한다. 예를 들면, 최근에는 디지털 접근성을 고려한 고령 친화적인 문화콘텐츠 개발, 세대 간 스토리텔링 프로젝트, 예술치유 프로그램으로 진화하고 있다. 이는 노년이 단순한 돌봄 대상이 아니라, 기억과 경험 자원으로서 공동체 문화의 핵심축임을 강조하는 방향이다. 예를 들면, 손자와 함께하는 디지털 아카이빙, 노인의 삶을 바탕으로 한 지역 연극 프로젝트는 고령자의 정서 회복과 사회 참여를 동시에 유도한다.

또한, 청년 세대에게는 정서적 불안정성과 사회적 좌절, 미래 불확실성 속에서 문화적 소통과 회복의 플랫폼이 필요하다. 이들을 위한 문화돌봄 전략은 예술 기반 자기표현 훈련, 커뮤니티 기반 협업, 예술 실험, 감정 해소 디지털 아트워크로 나아가야 한다. 특히, 청년 세대는 기술 친화적이면서도 감정적으로 고립되기 쉬운 특성이 있다. 이에 따라 AR·VR을 기반으로 하는 감정 상호작용 방식의 예술 체험, 디지털 마음치유 콘텐츠, 예술 멘토링 시스템은 문화적 회복 장치로 의미가 클 것이다.

덧붙여, 아동·청소년을 위한 문화돌봄은 감성 발달, 상상력 훈련, 사회성 증진을 중심으로 추진하는 것이 특징이다. 최근에는 예술치유와 교육, 놀이와 창의성을 통합하는 복합문화돌봄센터를 많이 만들어 프로그램도 확산하고 있다. 여기에는 정서 기반 놀이 문화, 디지털 창의교육, 생태 기반 감각 훈련을 포함한다. 특히, 문화예술을 매개로 한 심리 회복 프로그램은 아동의 회복탄력성을 높이는 데 효과적이다.

이렇듯 초융합 문화돌봄 전략은 더 이상 세대별 분절적인 단순 대응이 아니라, 세대 간 연결과 융합을 바탕으로 '회복을 촉진하는 상호 돌봄' 구조를 지향해야 한다. 이를 위해서는 다세대 협업 문화 프로젝트, 디지딜 기반 세대 교류 플랫폼, 지역공동체 중심 문화치유 프로그램이 제도적으로 뒷받침되어야 한다. 또한 초융합 전략을 위해서는 복지, 교육, 예술, 기술, 감정 데이터를 통합하는 다영역 연계 시스템 구축이 필요하다. 이는 공공기관, 문화예술단체, 교육기관 사이의 협업 모델을 통해 실현 가능하다.

이제 회복을 위한 문화돌봄은 문화복지 정책의 패러다임을 전환하는 정도의 차원에서 진행되어야 한다. 거듭 강조하지만, 문화는 사회 정서의 기반이며, 치유와 회복의 매개이자 세대 간 사회적 계약의 핵심 수단으로 봐야 한다. 따라서 문화돌봄 정책은 각 세대의 감정 구조, 삶의 리듬, 사회적 맥락을 고려한 맞춤형 모델이어야 하며, 데이터 기반 수요 분석과 시민 참여형 설계를 병행해야 한다.

정책 관계자들은 미래지향적인 초석을 닦는 작업으로 초융합 세대별 문화돌봄 전략을 기대한다. 이는 정서적 위기와 세대 격차 문제, 돌봄의 구조와 시스템 자체를 창조할 수 있는 회복지향적 자산으로 접근되기를 바란다. 앞으로 문화복지 정책과 공동체를 설계할 때 핵심적인 전략으로 자리 잡게 된다. 더 크게 본다면, 충격의 시대에 문화정책은 코로나19 팬데믹 이후 자리 잡기 시작한 '경제공동체를 둘러싼 생명공동체'의 생존 인프라이다. 그리고 예술과 회복, 융합과 공진화, 지속가능성과 감정 치유가 하나로 엮인 미래사회의 정신적 지향으로서 돌봄 전략을 마주하게 될 것이다.

💡 더 생각할 점

- 문화 리터러시 향상을 위한 교육 프로그램에는 어떤 것들이 있는가?
- 미래사회에서 문화교육의 역할은 어떻게 변화할 것인가?
- 사회문화적 상상력은 어떻게 측정하고 평가할 수 있을까?
- 창의지표는 어떻게 측정되고 활용되는가?
- 세대 간 문화돌봄 프로그램의 효과는 어떻게 측정할 수 있는가?

더 읽어볼 책

김명수·박정은·최영국·정소양(2008), 『건강 문화 생태회랑 구출 전략 연구』, 국토연구원.

네스토르 가르시아 칸클리니(2011), 이성훈 역, 『혼종문화, 근대성 넘나들기 전략』, 그린비.

마커스 콜린스(2024), 이상미 역, 『문화의 중력, 우리의 소비, 행동, 동경에 숨어 있는 강력한 힘에 대하여』, 시그마북스.

세바스티안 헤르만(2020), 김현정 역, 『감정이 지배하는 사회』, 새로운현재.

오쓰카 에이지(2020), 선정우 역, 『감정화하는 사회』, 리시올.

이두현·류주현(2024), 『미래를 준비한 세계의 도시들, 지속가능한 도시, 어떻게 만들어 왔나?』, 지식과감성.

이안 버킷(2017), 박형신 역, 『감정과 사회관계』, 한울아카데미.

전경수(2025), 『문화차이의 경영인류학, 관리에서 공생으로』, 소명출판.

2부

사회문화와 정책 시스템: 어울림을 생각하다

오늘날 사회문화적 환경은 휘몰이 치듯 빠른 변화와 충격을 주고 있다. 이러한 전개와 환경영향 과정을 통틀어 복잡계 시스템으로 살펴볼 수 있다. 기술혁신, 글로벌 위기, 세대 가치관의 전환이 동시에 밀려오면서, 정책은 이러한 파도의 방향과 속도를 따라잡기조차 어렵게 전개된다. 바로 이 휘몰이 충격의 소용돌이 중심에서 정책은 엇갈림과 어울림을 오가며 나아간다. 변하는 사회와 정책이 조화를 이루며 나아갈 때도 있지만, 때로는 서로 엇갈려 사회적 마찰과 갈등을 증폭시키기도 한다. 이러한 긴장과 교차는 단순한 선형적 접근으로 설명하기 어렵고, 복잡계 시스템의 시각을 통해서만 입체적으로 이해할 수 있다.

복잡계 시스템(complex system)이란 여러 구성요소가 단순히 모여 있는 게 아니라, 서로 비선형적(단순 합으로 설명할 수 없는) 상호작용을 하면서 예측하기 어려운 집단적 행동을 만들어낸다. 여기서는 다수의 구성요소(개체, 노드)가 상호작용하므로 개별 요소의 단순한 특성만으로는 전체의 행동을 이해하고 설명하기 어렵다.

어떤 특징으로 나타날까? 우선 비선형적 움직임인데, 원인과 결과가 비례하지 않게 나타난다. 그리고 외부에서 통제하지 않아도 스스로 패턴이나 구조가 형성되는 자기조직화 현상이 나타난다. 나아가, 개별 규칙은 단순하지만 전체 거동은 예측하기 어렵다. 아울러 창발성(emergence) 현상이 나타나는데, 이는 전체 시스템 수준에서만 드러나는 특성이 나타나 '의식'이나 '경제 붕괴' 같은 현상으로 표출되는 것을 말한다.

이러한 시스템에서는 수많은 요소가 상호작용하고, 그 과정이 복잡하며, 비선형적 결과를 낳는다. 그렇다면 정책은 어떠할까? 정책은 단일 기관의 결정이 아니라 시민, 기업, 미디어, 문화적 흐름 같은 다양한 요소와 상호작용하는 과정에서 구현된다. 이때 정책은 사회문화적 환경과 어울리기도 하고, 예기치 못한 반작용으로 엇갈리기도 한다. 예를 들어, 디지털 전환 정책이 있는데 청년층에게는 기회의 어울림으로 작용하지만, 고령층에게는 소외의 엇갈림으로 나타난다. 이러한 복잡계적 상호작용의 전형적인 모습이 복합적 결과로 나타나면서 정책과의 어긋남과 어울림을 반복한다.

4장

복잡계 사회문화와
정책공동체

휘몰이 충격 속 사회문화는 당연히 불확실하고 예측 불가능하다. 공간 차원에서 질서를 흐트러뜨리는 기후위기, 전염병, 국제적 갈등은 개별적으로 작동하는 것이 아니라 상호 얽히며 새로운 파급 영향을 만들어낸다. 이러한 상황에 대응할 때 정책이 단순히 위기를 억제하는 도구에 그치면 사회와의 엇갈림은 심화된다. 반대로, 사회적 에너지를 흡수하고 다양한 주체의 자율적 참여를 촉진하는 방향으로 설계될 때 정책은 사회문화적 흐름과 어울림을 만들어낸다. 이는 복잡계 시스템에서 나타나는 자기조직화(self-organization)와 유사하다. 따라서 중앙집중적 통제보다 다양한 주체의 상호작용을 존중할 때, 전체 시스템은 더 안정적이고 창발적인 질서를 형성할 수 있다.

정책의 어울림과 엇갈림은 또한 시간 차원에서도 드러난다. 시급히 응급대응으로 전개하는 임시정책은 단기적으로 성공한 것처럼 보일 수 있으나, 장기적으로는 예기치 못한 부작용이 쌓여 엇갈림으로 전환된다. 예를

119

들어, 산업구조 개혁정책은 단기적으로 경제적 어울림을 창출할 수 있지만, 지역공동체 붕괴라는 사회적 엇갈림을 남길 수 있다. 이런 점에서 정책은 단선적 결과가 아니라 다층적 파급효과를 지닌다. 이는 복잡계 시스템이 가지는 비선형성의 또 다른 표현이다.

그러므로 정책의 실행 과정에서 복잡계 관점은 다양한 변수와 상호작용을 고려하게 된다. 여기서 긍정적 협력이 이루어지면 정책과 사회문화가 어우러져 새로운 사회문화 생태계를 형성하며 진화하게 된다. 반면 이해관계가 충돌하거나 특정 집단이 소외되면 엇갈림이 발생하여 정책은 저항과 갈등의 원천이 된다. 결국 정책의 성패는 시스템과 정책이 얼마나 유연하게 변화의 리듬과 사회의 흐름에 동조하는지에 달려 있다.

정책의 어울림은 사회적 신뢰를 증폭시키고, 엇갈림은 불신과 갈등을 심화시킨다. 복잡계 시스템에서 작은 불균형이 전체 붕괴로 이어질 수 있듯이, 정책과 사회문화가 반복적으로 엇갈릴 경우 사회 전체의 안정성은 흔들린다. 반대로 작은 어울림의 경험들이 축적될 때, 이는 자기강화적 순환고리를 만들며 더 큰 협력과 혁신을 가능하게 한다. 따라서 휘몰이 충격 속 정책은 단순히 시스템적인 명령과 규제의 도구가 아니라, 사회와 문화의 흐름 속에서 유연하게 맞물려 돌아가는 복잡계적 장치로 인식되어야 한다.

이처럼 사회문화 환경에서 나타나는 어울림과 엇갈림의 과정을 복잡계 시스템의 관점에서 볼 때, 정책은 예측 가능한 통제의 '결과물'만이 아니라 사회적 상호작용 속에서 끊임없이 변하고 창발하는 '과정'이다. 정책의 성패는 얼마나 다층적 맥락을 포용하고, 사회적 자율성을 존중하며, 다양한 주체와의 어울림을 극대화하는지에 달려 있다. 결국 휘몰이 충격 시대에서 문화정책은 사회문화적 환경과 함께 호흡하는 복잡계적 공진화(co-evolution)의 산물이어야 한다고 본다.

그렇다면, 앞에서 살펴본 휘몰이 충격의 복잡계 시스템에서 문화정책과 시스템의 어울림과 엇갈림을 어떻게 이해할 것인가?

정책과 사회문화의 어울림은 정책과 사회문화가 상호 조화를 이루며 공진화될 때 나타난다. 이는 중앙집권적 결정이 아닌 다양한 주체의 자율적 참여와 상호작용을 통해 나타나는 자기조직화된 질서라고 보았다. 기후변화에 대한 사회문화적 대응 정책이 시민·민간·정부 간 협력적 구조를 통해 형성될 때, 제도적 응집과 사회적 수용성 모두 강화된다. 이 과정은 공진화 및 자기조직화의 전형적인 모습이다.

한편, 비선형적 반작용과 문화적 마찰로 생기는 엇갈림은 정책과 사회문화 사이의 비선형성에서 비롯된다. 작고 예상치 못한 정책 변화가 문화적 이해관계와 충돌하면서 문제가 확대될 수 있다. 예를 들어, 디지털 정책이 역량 격차를 고려하지 않아 어르신들에게 소외로 이어지는 경우, 이는 복잡계 내 비선형적 부작용이다. 이러한 맥락에서 복잡계 이론은 단순한 상호작용이 아닌, 피드백 루프와 다층 상호의존을 중시한다.

이러한 조정 실패와 정책 지연은 당연히 메타조직의 복잡성을 중심으로 생기는 것이다. 물론 복잡계 시스템의 다층 구조 속에서 행정 체계, 기관, 문화가 얽혀 조정이 제대로 이루어지지 않아 생긴 것이다. 좀 더 구체적으로 다양한 피드백 루프, 불확실성, 다변량 상호작용을 얼마나 명확히 설명하는가에 따라 정책의 어울림 정도가 달라질 수 있다.

1. 사회문화의 복잡계 구조

1) 플랫폼 사회화

디지털 전환과 함께 시작된 플랫폼 사회(platform society)는 기존 산업·문화·정치 구조에 큰 전환을 가져온다. 플랫폼은 단순한 기술 인프라에 그치지 않고 사회적 행위의 중심 매개체로 작동하며, 정보·소통·소비·노동·정체성 구성 방식에까지 영향을 미친다. 이러한 변화는 사회의 구조적 문제와 결합되며, 문화적 주체 형성과 사회 통합의 새로운 지형을 만들어낸다. 여기서 주목해야 할 점은 플랫폼 기반 문화의 구조 개편을 중심으로 한 사회권력, 특히 정책권력(policy power)의 변화 양상이다. 그리고 플랫폼이 바꾼 문화활동 주역들, 문화 생산·소비 주체의 재구성에 주목해야 한다. 아울러, 플랫폼 사회가 기존 문화정책과 권력 작동 방식에 어떻게 도전하는지 살펴봐야 한다.

먼저, 플랫폼 기반 문화구조 개편이 바로 탈집중화와 재집중화로 재편되는 현상을 어떻게 운용할 것인가? 플랫폼 기반 문화는 미디어 권력의 구조를 근본적으로 재편한다. 유튜브, 인스타그램, 틱톡 같은 SNS 플랫폼으로 인해 이제는 누구나 콘텐츠 생산자이자 유통자가 될 수 있는 환경이 조성됐다. 이로써 기존의 문화산업(방송사, 출판사)의 위상이 뒤흔들리며, 자연히 프로슈머(prosumer)나 참여문화가 떠오르고, 탈중앙화된 콘텐츠 생산과 유통으로 이어진다. 그런데 이런 탈집중화 또는 탈중앙화는 역설적으로 플랫폼 기업(예: 구글, 메타, 텐센트 등)의 알고리즘 통제에 의해 다시금 중앙집중화된다. 다시 말하면, 콘텐츠의 가시성과 영향력은 알고리즘 설계에 따라 결정되며, 이는 문화적 다양성 확보와 민주적 참여라는 이상을 제약한다. 여기에 하나 더 덧붙여 생각할 것은 바로 문화노동의 플랫폼화와 감시자본주의의 위험성이다. 플랫폼은 문화노동의 형태를 변화시켰다. 플랫폼 노동(platform labor)은 노동의 비형식화·비가시화·비보장성을 초래하며, 예술·창작 활동의 자율성을 시장 논리에 종속시키게 된다. 이 과정에서 사용자의 데이터는 상품화되고, 문화생산자는 알고리즘과 수요 분석에 따라 '최적화된 콘텐츠'를 생산하는 존재로 전락할 위험이 생긴다. 이러한 현상은 이른바 감시자본주의(surveillance capitalism) 논의와 맞닿아 있다. 그리하여 문화 활동은 결국 데이터 추출의 매개물이 되며, 창의성보다 클릭률과 광고 수익이 창작의 기준이 되는 구조로 굳어질 수 있다.

그렇다면, 이런 플랫폼 사회에서 정책권력과 문화정책은 어떻게 재정립의 길을 가는가? 먼저 플랫폼 규제와 디지털 문화정책의 관계를 살펴보자. 플랫폼 사회에서 정책권력은 새로운 문화정치의 형태로 진화한다. 기존 문화정책은 예술진흥, 문화시설 확대, 콘텐츠 육성 같은 오프라인 중심의 프레임이었다. 그러나 오늘날은 알고리즘 투명성, 데이터 주권, 플랫폼 공공성 확보가 핵심 이슈가 된다. 이에 대해 유럽연합은 「디지털시장법(Digital Market Act, 2024년 본격 시행)」으로 거대 플랫폼 기업의 시장지배력 남용을 막고 공정한 디지털 시장경쟁을 촉진하도록 했다. 우리도 「온라인플랫폼 공정화법」을 「디지털시장법」과 같은 목표로 만들었지만, 적용범위와 초점을 국내 중개거래의 불공정행위 방지에 맞추고 있다. 이는 디지털 권력에 대한 규제이며, 단순히 경제정책을 넘어 문화정책으로서의 성격도 지닌다. 문화의 생산과 소비가 플랫폼 위에서 이루어지는 한, 규제는 곧 문화생태계의 구조 조정을 의미하기 때문이다. 그렇다면 이 정책들은 사회문화적으로 어떤 뜻을 품고 있는가? 이런 조치로 생태계 혁신을 촉진하고, 이용자의 권리를 강화하며, 플랫폼 민주화와 데이터 주권을 강화하는 데 주력하고 있다.

　일반적으로 문화정책 권력은 플랫폼이 강화시켜놓은 알고리즘적 결정 구조에 대응할 수 있어야 한다. 예를 들면, 다문화사회에서는 다양한 민족·인종·언어·종교의 문화가 평등하게 재현되고 유통되어야 한다. 그러나 알고리즘은 다수 취향을 중심으로 콘텐츠를 추천하고, 소수 문화는 '가시적인 사각지대(visibility blind spot)'에 놓이게 된다. 그래서 문화 다양성과 알고리즘의 권력관계가 중요하다. 결국, 문화정책 권력은 알고리즘의 투명성과 설명 가능성을 확보함으로써 문화 다양성의 공정한 배치를 도모할 수 있다. 이는 기술적 문제이자 동시에 문화적 권리(cultural rights)의 문제이며, 사회 통합을 위한 필수적인 문화정치의 새로운 방향성으로 봐야 한다.

　이런 바탕에서 볼 때 우리가 그토록 중요하게 생각하는 생태위기, 지속가능성을 위해 플랫폼이 어떻게 문화적인 역할을 할 것인가? 최근 들어 플랫폼 사회가 생태위기라는 전 지구적 이슈에도 중대한 역할을 할 수 있을 것으로 기대하고 있다. 플랫폼은 기후위기와 환경 의제를 확산시키는 커뮤니케이션 채널이 될 수 있기 때문이다. 그렇지만, 반대로 서버 운용과 데이터 저장을 위한 막대한 에너지 소비 때문에 탄소 배출의 주요 원인이 되기도 한다는 점을 외면할 수는 없다. 따라서 정책권력은 플랫폼 기반 문화의 지속가능성을 보장할 수 있는 '녹색 플랫폼 정책(green platform policy)'을 강조해서 추진할 수 있다. 에코 미디어 문화, 기후행동 캠페인, 탄소중립을 위한 디지털 윤리 같은 하위정책들이 시급한 이유다.

　이처럼 플랫폼 사회를 문화적으로 수용하며 이해하기도 벅찬데, 우리는 문화정치, 구조와 권력의 재구성 문제에 부딪치고 있다. 플랫폼 기반 문화가 문화 생산과 유통의 탈중앙화를 가능케 했다는 점을 고민하는 사이에 벌써 새로운 형태의 중앙집중과 감시권력을 만들어낸 것에 주목해야 할 입장이다. 이 때문에 정책권력은 문화적 창의성과 다양성, 공공성과 지속가능성을 보장하기 위한 새로운 역할이 부여된 것이다. 문화정책은 더 이상 '콘텐츠 산업 육성'에 머물러 있으면 곤란하다. 플랫폼 기술과 알고리즘 권력, 데이터 경제 구조 속에서 시민의 문화적 권리를 보호하는 방향으로 전환해야 한다. 플랫폼 사회는 기술적 진보가 아닌 문화정치의 장이며, 이에 대한 비판적 분석과 정책적 대응은 향후 사회구조 변화의 핵심 과제가 될 것이기 때문이다.

2) 탈경계

문화의 경계 확장과 융합이 대폭 늘어난 상황에서 사회문화의 구조는 더욱더 복잡계 양상으로 진행되고 있다. 이제 복잡계 구조 속에서도 선명하게 정책과 어울려야 하는 영역을 가다듬어야 한다. 그래야 통합적 사고와 정책 어울림으로 나아갈 수 있다. 여기에서 생각해야 할 몇 가지는 먼저 문화의 생태적 전환에 따른 감각, 상상력, 실천 패러다임, 교육·복지와 얽힌 복합마당, 다문화·탈경계 속 문화정체성, 복잡계 가치창출 메커니즘 같은 문제이다.

문화의 생태적 전환: 감각, 상상력, 실천의 패러다임

탈경계적 정책 대응 가운데 문화의 생태적 전환에 대한 정책 어울림은 우선순위가 높은 분야이다. 그간 기후위기에 관한 대응은 과학기술적·정치경제적 문제였으나 이제는 인간의 삶의 방식과 세계관, 가치체계에 근본적 물음을 던지며 문화적 대응을 필요로 하고 있기 때문이다. 탄소 문제를 넘어 인간과 자연, 생명과 기술, 욕망과 소비를 어떻게 재구성할 것인가에 대한 문명사적 전환과 문화의 전환을 요구하지 않는가?

이러한 전환 속에서 문화의 생태적 전환을 위해 환경캠페인이나 예술의 기획 차원을 뛰어넘어 인간 감각과 상상력의 구조 자체를 바꾸는 작업으로 자리매김해야 할 지경이다. 그래서 문제 대응도 구조적·심미적·실천적 차원에서 검토해야 한다.

먼저, 문화 생산 방식부터 탈물질적인 것으로 바꾸고 이제는 재생의 미학, 탈물질성과 느린 예술을 받아들여야 할 것이다. 그동안 전통적인 문화 생산은 자원과 에너지를 소모하는 물질 기반의 생산양식이었다. 무대, 영상, 전시, 축제는 물질 집약적이고 이동성이 활발하며, 탄소 집약적일 수 있었다. 이에 대한 대안으로 탈물질적 예술(post-material art)이 등장했다. 이는 디지털미디어를 활용한 가상체험, 로컬 기반의 장소 특정예술(site-specific art), 또는 공공 공간에서의 사회참여적 예술로 나타난다. 그리고 슬로문화(slow culture)는 속도·생산성·확산성을 중시하는 기존 문화산업 패러다임에 대한 반동에서 나온다. 그래서 지역성과 계절성, 관계성과 생명성을 존중하는 예술은 생태적 리듬을 회복하는 문화적 실험이라 할 수도 있다. 그런데 기후위기를 '정책'만으로 대응하기에는 역부족이며, 인간 감각 구조의 재편이 병행되어야 한다. 자연을 배경이 아닌 주체로 인식하는 이른바 생태감수성(ecological sensibility)은 시각 중심의 감각체계에 그치지 않고 오감의 확장과 관계적 인지 회복을 기대하며 재구성되어야 한다. 이러한 감수성은 문화예술을 통해 효과적으로 구현될 수 있다. 예술은 기후위기의 추상적 데이터를 구체적인 감정과 경험의 언어로 번역하며, 불확실성과 복잡성을 감내할 수 있는 감정적 역량을 길러준다. 이는 바로 생태적 상상력(eco-imagination)의 토대가 된다.

그렇다면, 이제는 기후 서사를 인간중심주의에서 생명중심주의로 바꾸는 전환, 그리고 기후 서사의 구성과 권력의 작용을 재검토해야 하지 않을까? 기후위기 담론은 흔히 과학적 정보나 기술적 해법 중심으로 제한된다. 그러나 이는 기후기술주의(climate technocracy)라고 하는 시민의 정서적 거리감을 가져와 실질적 참여를 억누를 수 있다. 이제 문화로 감각적·정서적·서사적 방식의 기후 담론을 확장해야 한다. 나아가, 다양한 생명체의 관점에서 세계를 바라보는 탈인간 서사(posthuman narrative)를 구성해야 한다. 예를 들면, 문학이나 영화는 동물, 식물, 강, 빙하 같은 비인간 존재의 시선으로 인간 문명의 생태적 폭력성을 조명한다. 이 때문에 종(種) 사이의 윤리(multispecies ethics)가 등장해야 한다. 이러한 내러티브는 단순한 서사의 전환이 아니라 인류의 존재론적 위치를 재구성하는 사회문화적인 변환이다. 그런데 기후변화의 폭이 크고 미치는 영향이 넓다 보니 기후위기는 일시적 사건이 아닌 장기적 정책으로 추진해야 한다. 이에 따라 기후에 대한 기억(climate memory)의 문화적 축적이 중요해졌다. 이는 과거 기후재난을 서사로 남기고 지역 생태 변화의 기록으로 남기는 것 못지않게 미래 세대에게 전달할 생태유산의 보존과 관련된다. 기후기억은 단순한 과거의 기록이 아니라 미래를 상상하고 행동을 촉진하는 문화적 자산이 되었다. 문화는 이를 상징, 의례, 예술적 표상으로 공동체 내부에 내면화시키며 지속가능성에 대한 집합적 윤리의식을 형성하기에 이르렀다. 이 역시 문화예술의 힘이다.

그렇다면, 이런 변화를 맞는 문화정책은 생태 전환은 물론 구조적 제도화까지 고려해야 하지 않을까? 다시 말하면, 단순한 환경 콘텐츠 지원을 넘어 문화 생산·유통·소비 모든 과정에서의 생태적 전환을 촉진해야 한다고 본다. 녹색문화 예산, 탄소중립 예술기획, 생태 기반 창작 인프라 같은 새 제도를 마련해야 한다. 또한 문화기관(미술관, 공연장, 축제조직)의 생태적 운영기준을 강력하게 제도화하여 지속가능한 문화생태계를 조성해야 한다.

이제 문화정책은 환경정책과 독립적인 것이라기보다 상호 교차하는 전략으로 진화시킬 수 있다. 이런 관점에서 그동안 행정권 또는 문화권 단위의 정책을 개발했지만, 이제는 지역성과 생태문화권을 함께 고려한 정책 개발이 필요하다. 지역 기반의 생태문화권(ecological cultural rights)이라고 하는 것은 지역의 고유한 생태 지식, 전통 생태관, 환경적 기억이 생태전환의 귀중한 자산이라는 관점을 견지해야 한다. 따라서 지역 커뮤니티와의 협력적 기획, 전통 생태 지식의 문화화, 생태적 자율성 보장이 중요하다. 이러한 문

기후위기, 환경파괴, 재난, 전쟁은 단순히 생태계나 경제적 피해만 남기는 데 그치지 않는다. 이는 개인과 공동체의 삶을 흔들며 정체성, 관계망처럼 눈에 보이지 않는 사회문화적 기반을 무너뜨린다. 그래서 최근에는 이러한 사회문화환경 충격에 대한 회복탄력성이 중시된다.

예를 들어, 대응 수단의 하나인 생태예술은 치유적·재구성적 가능성이 크다. 인간과 자연, 기억과 환경, 감정과 공간 사이를 예술이라는 감각적 매개로 연결하여 사회적 회복을 이끌어낼 수 있다. 생태예술은 단계적으로 사회적 충격을 해소한다. 먼저, 사람들이 생태계 파괴를 즉각 인지하지 못할 때 '인식'을 돕는다. 이때 생태예술이 시각화·청각화하거나 설치미술이나 사운드 아트로 사라진 생태계 요소들을 재현해 무엇을 잃었는지 절감하게 한다. 그다음은 회화, 조각, 연극, 춤 같은 비언어적 활동으로 '표현'한다. 말로 설명할 수 없는 감정과 기억을 공유하면서 개인의 감정적 해방과 공동체 구성원 간 공감대를 형성하는 데 기여한다. 그리고 '회복'에 이르는데, 공동 창작으로 주민이 다시 만나고, 협업하며, 상처를 공유할 수 있고, 지역 기반 예술 프로젝트로 마을, 학교, 공동체 공간을 매개로 관계 회복을 유도한다. 끝으로 '재창조'를 이룬다. 새로운 의미와 가치를 창조하고 자연과의 관계를 재정립하며, 상실된 공간을 기억의 장소로 탈바꿈시키고 지속가능한 삶의 서사를 만들어낸다. 예술이 사회적 전환을 이뤄내는 것이다.

　　　　2부. 사회문화와 정책 시스템: 어울림을 생각하다

화권은 생태위기 대응의 민주성과 형평성을 담보하며, 중앙집중적 정책에서 벗어난 분산형 문화생태계를 형성하는 기초가 된다.

기후위기와 관련해서 문화를 재정의해야 한다면 과장일까? 왜냐하면 기후에서 시작된 어려움은 이제 물리적 재난이 아닌 문화적 위기로 나타난다. 그래서 이에 대응하는 문화의 전환은 감각과 상상력, 윤리와 실천을 모두 포괄하는 총체적 전환이어야 한다. 문화는 이제 과학적인 사실을 감각적 경험으로, 정책적 목표를 생활의 윤리로 바꿔내는 역할을 수행한다. 이제 문화는 생태전환의 감각기관 같은 역할을 한다. 그런 점에서 문화의 생태적 전환은 단기 프로젝트나 캠페인이 아니라, 문명 전환의 핵심 동력으로 재인식되어야 마땅하다. 그리고 감성의 혁명과 서사의 변형, 정책의 구조화를 통해 다층적으로 전개되어야 하지 않겠는가.

교육·복지·환경과 얽힌 복합마당

사회변화와 함께 문화는 다양한 사회구조와 상호작용을 하면서 그 경계도 점차 확장되고 있다. 삶의 질에 관련된 교육, 복지, 환경 같은 핵심 분야는 문화적 가치와 실천을 매개로 더욱 정교하고 복합적인 양상을 띤다. 이제 문화정책은 단일한 '문화예술'의 범주를 넘어서서 다양한 분야와의 연계 속에서 이해되며, 문화중심적 통합적 사고(cultural integrative thinking)가 모든 정책 영역에서 접목되고 있다.

문화의 통합적 사고는 사회문화의 구조적 특성과 상호연결성이 심화되면서 더 중시된다. 문화가 인간 삶의 의미를 구성하는 기호와 실천, 규범을 포함하는 폭넓은 개념이어서 이런 성향을 띤다. 문화는 이처럼 제도적 경계를 지나 도시계획, 교육 정책, 복지 실천과 구조적으로 연결되어 있다.

교육에서 문화는 학습자의 정체성 형성과 공동체성 강화에 중요한 역할을 한다. 복지에서는 문화예술 참여가 정신건강 및 사회적 고립 문제를 해결하는 데 기여한다. 도시에서는 공공예술과 문화기반시설이 도시재생 및 지역 활성화 전략의 핵심 수단이 된다. 환경 측면에서도 지속가능한 삶의 양식을 구축하는 데 있어 문화적 태도와 실천이 중요하다.

문화는 이처럼 각 분야와 '교차 지점'에서 작동하므로 분절된 사고로는 포착하기 어렵다. 통합적 사고란 이러한 교차성과 다층성을 인식하고, 분과 학문이나 정책 부문 간의 경계를 넘어선 사고방식을 말한다. 특히 문화중심적·통합적 사고는 문화가 다른 제도 영역을 통합하는 매개 또는 인지적 프레임으로 작용할 수 있음을 뜻한다. 예를 들어, 도시재생 프로젝트에서 물리적 공간 개선에 주민의 문화적 욕구와 정체성을 반영해서 계획을 수립하는 것이다. 학교 교육과정에 지역사회의 문화자원을 활용한 프로젝트 학습은 교육과 지역문화, 공동체성을 유기적으로 연결하는 사례로 본다.

이러한 활동은 결국 실천을 전제로 하므로 정책과 학문을 넘나드는 융합 접근이 중요하다. 이를 위해서는 정책 수립 때 문화적 관점을 기본 전제로 삼아야 한다. 예를 들어 환경정책을 설계할 때 기술 대책이나 규제 외에도 시민의 생활양식과 가치관 변화를 촉진할 수 있는 문화 프로그램이 함께 기획되어야 한다.

그뿐만 아니라 학문 간 융합적 연구 또는 통섭 연구가 필수다. 문화연구, 교육학, 사회복지학, 도시학, 환경학은 문화라는 공통 교차점을 중심으로 협업 기반을 마련해야 한다. 특히 사회혁신과 관련한 최근의 담론에서는 '문화적 전환(cultural transformation)'을 주요 개념으로 삼아 제도 혁신과 시민의식의 변화 사이를 연결 짓고 있다.

예를 들어, 서울시의 마을공동체 사업은 문화중심적 통합사고의 실현

   2부. 사회문화와 정책 시스템: 어울림을 생각하다

가능성을 보여준다. 이는 공동체 활성화는 물론 주민의 문화예술 활동, 돌봄과 복지, 환경 문제, 교육을 포괄하는 통합 프로그램이다. 초기에는 '주민자치'나 '공동체 문화'에 초점이 맞춰졌지만, 점차 복지 사각지대 발굴, 마을 미디어 교육, 지속가능한 도시환경 조성으로 확장되며 분야 간 융합이 촉진되었다.

문화가 예술이나 콘텐츠의 영역을 뛰어넘고 다양한 분야를 통합하는 핵심 인식 틀로 자리매김할 때는 단순한 다학제적 접근만을 뜻하지는 않는다. 따라서 이는 문화적 상상력과 시스템적 사고가 결합된 실천적 전략으로 확장되어야 하며, 시민의 참여와 일상의 변화까지 고려하는 총체적 접근을 해야 실현될 수 있다. 이를 위해서는 부처 칸막이 정책을 떨쳐내야 하며, '전문화의 장벽'도 막아야 한다. 이는 가끔 문제해결보다 행정 내부의 책임 회피, 관할 다툼, 중복 집행으로 이어지는 경향이 있다.

정책실패 사례 가운데 '문화도시' 정책은 부처 간 단절 문제와 관련해서 비판을 받는다. 문화체육관광부가 주도한 '지역문화도시 조성사업'은 도시재생과 공동체 활성화를 목표로 하는 야심찬 계획이었다. 그러나 실질적인 집행 과정에서는 국토교통부가 주관하는 도시재생뉴딜사업과 연계되지 못해 중복된 공간 투자가 발생했고, 지역사회에서는 서로 다른 부처의 사업 지침에 따라 복수의 행정 보고서를 제출해야 하는 비효율이 나타났다. 이 과정에서 사업 목적과 예산 배분 기준이 상충하면서 실제 시민 체감도는 낮고, 문화공간만 남게 되는 '무용지물형 도시재생' 사례로 전락한 경우도 있다. 그 밖에 청년실업이 심각한 사회문제로 대두되자 '청년 정책'이 대폭 쏟아졌는데, 이 또한 분절성과 성과 미흡으로 비난을 받고 있다. 이 사업에서 고용노동부는 일자리, 교육부는 학자금과 진로, 여성가족부는 청년 가족과의 연계, 중소벤처기업부는 청년창업을 담당하지만 이들 부처 간 협업 시스템은 매우 미비하다. 또한 관련 정책이 중복지원 논란과 대상자 혼란을 초래했고, 지자체의 관련 조직과 연계되지 않아 현장에서는 정책 홍보조차 어려운 경우도 있다. 이는 단일 부처 중심 설계가 얼마나 실질 수요와 동떨어져 있는지를 보여주는 예다.

미래 핵심 문제인 기후위기 대응도 환경부 중심 추진 때문에 주요 정책은 여전히 환경부 주도로 설계된다. 그러나 실질적인 탄소배출 감축은 산업계(산업부), 에너지전환(산업·산자부), 교통(국토부), 건축(국토부), 교육(교육부), 소비문화(문체부)와 연계되지 않으면 달성하기 어렵다. 이미 경험한 '그린뉴딜' 정책은 그린 리모델링, 친환경차 보급 등의 계획을 제시했지만, 관련 부처 간 협의 부족과 분절된 예산 집행으로 인해 전국 단위 성과는 미미한 수준에 머물렀다.

여기서 통합적 거버넌스 기반 대안 모색을 교훈으로 얻는다. 이미 오래전부터 귀가 따갑게 논의한 바이지만, 이제는 문제중심(problem-based)의 통합설계로 전환해서 행정조직이 아닌 '삶의 문제'로 정책을 조정하고 협업 전제의 복합 거버넌스 모델로 나아가야 한다. 대표적 대안은 '원테이블' 거버넌스다. 이는 모든 유관 부처 및 이해관계자가 동일한 논의 테이블에서 기획 단계부터 문제를 공동 정의하고, 예산과 집행권한을 유연하게 조정하는 방식이다. 네덜란드의 '횡단형(cross-cutting)' 모델, 핀란드의 '정책 패키지(policy package)'가 이러한 방식의 대표 사례다. 이들은 행정조직의 '과'나 '부서' 단위가 아닌, 해결 과제 중심의 융합적 조직을 구성하고 있다.

다문화·탈경계 속 문화정체성

휘몰이 변화의 결과 글로벌 인구 이주로 다문화사회(multicultural society)가 급속히 늘고 있다. 여기에 저출산·고령화가 진행되고, 이주민 유입이 확대되어 다문화 구성의 전환기를 마주하고 있다. 이러한 변화는 인구는 물론 언어, 정체성, 역사, 가치, 감정체계의 충돌과 조율을 요구하는 사회문화적 과제가 되었다. 이제 문화정책은 기존의 문화 향유권 보장이나 한가롭게 이야기할 수준이 아니다. 글로벌 대응 '문화산업 육성' 중심의 논의도 이제는 고전이 되었다. 정작 중요한 것은 문화적 차이를 제도적으로 어떻게 관리하고 조정할 것인가 하는 새로운 과제이다. 이전에 경험해보지 못한 다문화사회의 특수성과 그에 대응하는 문화정책의 제도적 재구성은 미래지향적 사회문화 운영에 매우 절실해졌다.

전에 없던 다문화주의에서는 무엇이 쟁점인가? 이에 대응하려면 무엇을 어떻게 제도화해야 할까?

먼저, 문화정체성 문제, 국민국가 동일성 논리, 다문화 배제의 현실적 사회구조를 당면한 문제로 검토해야 한다. 그동안 문화정책은 국민국가(nation-state) 중심의 동일성(identity) 논리에 기반해 정체성을 강조해왔다. 우리의 언어·역사·예술·관습을 자랑스러운 국민문화로 규정하고 이를 재생산했다. 그러나 이러한 구조에서 이주민을 문화 외부로 밀어내며 제도적으로 배제해왔다. 특히 문화 다양성을 형식적으로 언급하면서도 정작 집행 단계에서는 주류문화를 중심으로 문화적 동질화를 은근히 강요하곤 한다. 이는 다문화가 실질적 공존이 아니라, 문화적 차이의 관리 대상으로 취급되는 행정편의주의적 한계를 보여준다.

이런 상황에서 문화권과 제도적 평등은 맨 먼저 오르내리는 과제였다. 다문화사회에서 문화라고 하는 것은 단순한 콘텐츠나 향유물이 아니라 적어도 정체성과 존재 방식의 핵심이 된다. 따라서 문화적 차이를 존중하는 정책은 단순한 복지적 접근이 아니라, 문화의 권리화가 핵심이 되는 정책(rights-based approach)이어야 한다. 이는 유네스코의 '문화 다양성 보호 및 증진에 관한 협약(2005)'이 명시하고 있으며, 유럽연합도 '문화권리'를 시민권의 핵심 요소로 본다. 우리나라에서도 문화권 개념이 확산되고는 있는데, 여전히 소극적 조항에 머물고 있다. 따라서 제도적 평등을 위한 적극적 정책설계가 필요하다.

그렇다면, 이를 문화정책으로 어떻게 구현해야 할까? 다문화사회는 단일한 집단 범주(예: 결혼이주, 탈북자, 외국인노동자)로 정책 대상을 획일화해서는 안 된다. 오늘날 이주민은 국적, 세대, 계급, 언어, 종교, 젠더에 따라 매우 다층적인 정체성을 갖는다. 따라서 문화정책은 집단 중심의 구분을 넘어, 다층적 교차성을 반영하여 설계해야 한다. 예를 들면, 이주여성의 문화권은 모국의 문화예술 향유, 종교적 의례 공간, 자녀의 정체성 교육 같은 복합적 차원을 포괄해야 한다. 젠더와 종교, 세대 이슈가 얽힌 복합적인 사회문화정책으로 기획해야 한다는 뜻이다. 아울러 공동기획과 문화참여의 민주화라는 맥락에서 추진해야 한다고 본다. 다문화 문화정책을 대상화된 이주민을 위한 서비스 제공으로 접근할 경우, 오히려 이질성이 고착화되고 차별적 구도가 굳어질 수 있다. 따라서 공동기획(co-creation)과 문화참여의 민주화 시각에서 기획하고 추진해야 한다. 다시 말하면, 이주민 커뮤니티, 소수문화 단체와의 협력적 예산 결정, 기획위원 참여, 공동 콘텐츠 제작이 필요하다. 문화정책의 생산자와 수혜자 구도를 허물고, '함께 만드는 정책'으로 전환함으로써 다문화적 시민성을 실제화하는 것이 되는 셈이다.

이런 관점에서 공공문화기관의 역할을 다문화사회에 맞게 전환해야 한다. 외국어 정보 부족, 다문화 콘텐츠 기획의 부재, 직원 구성의 단일성 때문에 이주민은 접근성에 제약이 생긴다. 문화기관을 포용적 구조로 바꾸어 다국어 정보 접근성 강화, 소수언어 콘텐츠 수집 확대, 다문화 기획자와 큐레이터의 제도적 참여를 보장해야 한다. 이제 다문화 문화정책은 지원이 아닌 권리확보, 소외극복이 아닌 참여구조, 서비스 제공이 아닌 제도적 공동체를 지향해야 한다. 이를 위한 문화행정의 역할도 수평화, 기관의 포용화, 기획의 다문화화를 중시해야 한다. 지역문화도 지역사회 구성원 통합의 보조물이 아니라, 공존 자체를 설계하는 방향으로 나아가야 한다. 다문화 사회의 문화정책은 그저 과거에 대한 반동으로 생겨난 다양한 인구의 공존 문제가 아니라 미래에 대한 낙관으로 펼치는 공진화 실현을 위한 정책 상상력의 시험대다.

3) 복잡계 가치창출 메커니즘

복잡계 사회구조의 흐름 속에서 문화는 '자기완결적 체계'가 아니라 다양한 영역과의 융합을 통해 존재 가능성을 확대하는 동적 구조로 진화하고 있다. 문화는 다른 영역과 경계를 넘나들며 새로운 가치를 창출하는 '융합 기반 창조자산'으로 작동한다. 경제적 부가가치를 고려할 때, 문화의 융합 구조는 이제 선택이 아닌 필연적인 생존 전략이자 성장 동력이 된다.

문화는 구조적으로 자기진화 능력과 외부 연동성을 갖추고 있다. 다시 말하면, 문화는 고정된 콘텐츠나 표현 방식에 머물지 않고, 사회적·기술적 환경과 상호작용하면서 변화한다. 이러한 변화 가능성은 단순한 형태적 확장이 아니라, 본질적으로 다층적인 구조를 통해 외부 시스템과 연결되고 재조직화된다는 점에서 융합적 구조를 필연적으로 내포한다.

예를 들어, 디지털 기술과 결합한 문화 콘텐츠는 단순 소비재를 넘어 정보, 교육, 게임, 미디어, 관광, 산업디자인 같은 다양한 분야와 연결된다. 이는 문화가 독립된 정체성을 지키는 동시에, 다른 체계와 통섭하면서 재구성될 수 있는 유기적 체계임을 보여준다. 따라서 문화는 더 이상 고립된 정체성의 수호 대상이 아니라, 융합을 통해 생명력을 유지하는 시스템적 존재로 이해되어야 한다.

이처럼 문화가 복잡계 구조로 융합하는 이유 가운데 하나는 바로 경제·사회·문화 전반에 걸친 부가가치 창출 가능성 때문이다. 한때 창조산업이 주목받은 배경에는 전통적인 제조업 중심의 성장 모델이 한계에 봉착하면서 비물질적 자산 기반의 고부가가치 산업으로서 문화가 주목받게 되었기 때문이다. 예를 들어, K-콘텐츠 산업은 단순한 예술적 표현이 아닌 ICT 산업(정보통신), 패션, 뷰티, 관광, 교육, 심지어 반도체 수출 전략까지 다양한 산업과 연계되어 복합적 산업생태계를 형성하고 있다. 이는 단순한 문화 생산이 아닌, 문화＋기술＋산업＋지역 브랜드의 융합을 통해 파생된 가치창출 효과다. 문화와 기술의 융합은 타 산업 대비, R&D 투자 대비 생산성 상승효과가 훨씬 높다. 이는 문화가 자기내재적 가치만으로 기능하는 것이 아니라, 타 영역과의 연결을 통해 더욱 강화되는 동적 자산임을 잘 보여준다.

이 같은 융합 구조에서 가치창출은 대학-산업-정부의 상호작용을 중심으로 이뤄진다. 그런데 이제는 여기에 '문화'와 '시민사회'가 포함된 모델로 진화하고 있다. 문화는 이 구조 속에서 여러 주체 사이의 소통을 중재하며, 사회적 상상력을 자극하는 매개 역할을 수행한다. 이는 단순한 경제적 목적 달성을 위한 수단이 아니라, 융합을 가능하게 하는 조율자이자 창조적 촉매제로서 문화의 새로운 시대 가치를 재정의하게 만든다.

　이러한 관점에서 새로운 가치전략은 기본적으로 문화의 고립화를 경계하는 데서 출발한다. 이와 반대로 문화의 독립성과 고유성만을 강조하며 융합 가능성을 차단한다면 그 정책은 문화자원의 낭비로 이어지는 경우가 많다. 이전에는 문화예술인의 창작 지원에만 집중하여 교육, 청소년, 관광, 사회복지 연계를 고려하지 않아 지원은 있었으나 확산은 실패했다. 이는 문화의 '전문성' 강조로 타 분야 협력에 소극적이었던 결과다. 이처럼 문화는 사회와 경제 양측에서 새로운 가치창출 메커니즘으로 작용한다.

　전환기를 초월하는 시대적 맥락에서 보더라도 디지털 전환과 문화의 복합화에서 융합 가치는 새롭게 돋보인다. 다시 말하면, 디지털 플랫폼 기반에서는 융합이 더욱 중요한 생존 조건이 된다. 메타버스, 인공지능, 증강현실, 데이터 기반 큐레이션은 이제 문화적 해석과 사용자 경험 설계가 결합된 하이브리드 시스템이다. 이들은 기술적 정교함과 함께 서사와 감성, 사회적 의미를 내포해야 성공할 수 있다. 이는 문화가 기술과 융합되어야만 가치를 획득할 수 있다는 것을 의미한다. 따라서 디지털 시대의 문화는 플랫폼적 사고, 상호운용성, 사용자 중심성, 데이터 친화성을 기반으로 설계되어야 한다. 전통적인 문화개념과 단선적 접근을 초월해야 가능한 영역이다.

　문화융합적 가치창출 논의는 단순한 이론적 주장이나 미학적 선택 문제가 아니라 사회·경제·기술 전반에서 문화가 생존하고 진화하기 위한 복잡계 시스템적 조건이다. 문화의 융합 구조는 외부 세계와의 상호작용을 통해 자산화되고, 경제적 가치를 창출하며, 복합사회 속에서 연결성을 유지하는 핵심 메커니즘으로 작동한다. 그러므로 전환기를 지나는 문화정책과 연구는 문화의 고립이 아닌 개방성과 융합성을 전제로 구조화되어야 한다.

2. 시스템 정책화

1) 제도와 현실의 틈새

문화정책은 사회통합, 경제 활성화, 도시재생 같은 다양한 공공정책 목표와 긴밀히 연계되어 있다. 그러나 사회현실의 변화와 이러한 간극을 메꾸려는 정책 사이의 움직임에는 구조적인 시차가 있다. 이 간극은 단순한 행정 지연의 문제가 아니라 정책 시스템의 구조적 속성, 정치적 합의 과정의 복잡성, 문화 개념 자체의 유동성 같은 매우 복합적인 요인 때문이다. 이러한 시간차 때문에 제도적 정합성(整合性)과 정책 효과성이 낮아지며, 문화정책이 현실의 문화적 수요와 괴리가 나타난다.

문화정책의 시간차: 시스템 반응 늦음

공공정책 시스템은 본질적으로 점진주의적 속성을 지닌다. 문화정책의 경우는 특히 그 기반이 되는 가치 판단과 사회적 합의가 매우 유동적이며, 문화 생산과 소비의 주체도 점점 다변화되고 있기 때문에 정책 결정과 실행은 더욱 보수적이고 느리게 움직일 수밖에 없다.

문제지향적 정책 논의 관점에서 살펴보면, 이는 관료제의 구조적 관성(institutional inertia)이 크게 작용한다. 원래 대부분 공공정책은 관료제적 구조 속에서 작동한다. 관료제는 일관성과 안정성을 담보하는 반면, 예기치 못한 변화나 급속한 사회적 요구에 대해서는 유연하게 대응하기 어렵다(이홍재 공역, 1994). 예를 들면, 디지털 전환, 스트리밍 플랫폼의 등장, 인공지능을 활용한 창작 같은 새로운 문화현상이 빠르게 확산되더라도 기존 정책 틀에서는 이를 즉각 반영하지 못한다. 이는 법제도의 갱신 속도, 예산편성 주기, 정책 공청회, 의견수렴 절차가 현실 변화보다 한발 늦게 움직이기 때문이다.

그리고 문화정책에서 정치적 판단이 필요한 부분이 적지 않다는 것을 덧붙여 생각해야 한다. 문화정책은 과학기술정책이나 복지정책과 달리, 그 성격상 계량지표보다는 해석적 접근에 의존하는 경우가 많다. 이는 문화정책이 정당성 확보와 사회적 설득을 위해 오랜 시간의 담론 형성과 합의 과정이 필요하다는 뜻이다. 예를 들면, 젠더 감수성, 탈식민주의적 시각, 플랫폼 노동과 예술인의 권리문제 같은 새로운 문화 담론에서는 사회 전반에 걸친 인식 변화가 수반되어야 하므로 정책 수립에는 시간과 징지직 용기기 필요하다. 이에 덧붙여서 정치-행정적 리스크 회피도 영향을 미친다. 정책 결정자들은 새로운 문화정책을 추진하면서 실패에 대한 정치적 부담을 회피하려는 경향이 많다. 특히 대중성과 정치적 관심이 높은 문화 영역에서는 정치 리스크를 줄이기 위해 기존 정책의 틀을 바꾸기 어렵고 상징적인 수준의 변화에만 그치는 경우가 많다. 이는 결과적으로 기존 제도의 유지·

보수를 우선시하게 되며, 구조적인 제도 변화는 그만큼 지연된다는 뜻이다.

또한 시민사회와 현장 사이에서 괴리가 크다는 점 역시 문화정책의 특징에서 비롯된다. 문화정책은 실질적으로 예술가, 기획자, 관객 같은 다양한 현장 주체의 삶과 맞닿아 있다. 그러나 정책이 현장의 변화 속도와 감수성을 충분히 반영하지 못할 경우에는 문화정책은 형식적 제도에 그치고 문화적 실천과의 연계성을 상실하게 된다. 예를 들어, 청년 예술인 지원 정책이 실제 청년 예술인의 경제적 생애주기나 창작환경의 다양성을 포착하지 못할 경우, 제도는 있으나 실효성은 낮은 상황이 반복되는 데서 잘 나타나고 있다.

결국, 이처럼 다양한 배경에서 흔히 나타나는 문화정책의 시간차는 단순한 시스템 오류가 아니라 제도적 관성, 정치적 합리성, 문화의 해석적 성격 같은 복합적인 요인에서 생겨난다. 따라서 변화에 대한 정책 시스템의 느린 반응은 체계적 개편 없이는 반복될 수밖에 없다. 그러므로 정책의 실효성을 높이기 위해서는 민간 주도의 실험적 사업에 대한 제도적 여지 확보 및 법제도 정비를 통해 빠른 변화에 대응할 수 있도록 제도 유연성을 확보해야 한다. 아울러 실시간 피드백 시스템을 구축하여 디지털 기반의 문화지표 및 데이터 수집 체계를 이루고, 정책이 문화현장의 변화를 지속적으로 반영할 수 있도록 해야 한다. 더불어 여러 이해관계자 협력 모델을 확대하여 정책 형성과정에서 예술인, 시민사회, 연구자가 실질적으로 참여할 수 있는 구조를 만들고 사회적 감수성과 적실성을 강화해야 한다. 전환기를 거쳐 이제 문화정책은 보다 역동적이고 유연한 시스템으로 전환되어야 한다. 이를 위해서는 정책 설계 단계부터 제도의 시간차를 구조적으로 줄일 수 있는 접근이 중요하다.

미래 생태계 기반 미흡

이 책에서 강조하는 지속가능 문화정책이라면 생애주기별 감성소비들이 공공생태계의 생존, 연결, 관계, 회복을 중심에 둔 문화정책 패러다임으로 발전하는 것이 바람직하다. 그러므로 지속가능한 미래 생태계 기반을 유지할 시스템으로 미래를 위한 감성디자인도 고려해야 한다.

전환기를 거친 문화정책은 이제 문화행정을 넘고, 정책집행을 넘어서서 정책철학을 새롭게 장착해야 한다. 또한 슬기롭게 미래 생존 정책으로 자리 잡기 위해서는 이러한 정책철학 외에도 '문화적 윤리'의 시대를 준비해야 한다. 이런 배경에서 보면 전환기 문화정책 속에서 미래 생존을 위한 감성디자인의 중심 주제는 생존연결 관계회복, 지속가능 전략, 그리고 철학·윤리에까지 뻗어가야 한다고 할 수 있다.

전환기는 기술, 사회, 환경의 동시다발적 위기이므로 이때 감성디자인은 단순히 '느낌'을 자극하는 것에서 벗어나야 한다. 사람과 문화가 다시 서로 관계를 회복하도록 돕는 매개자로 기능한다. 이는 문화 주체인 예술가, 관객, 지역사회 간의 정서·사회적 유대를 강화하고, 이를 통해 공동체의 회복탄력성과 생존 가능성을 구조적으로 지원한다. 예를 들면, 지역 기반 축제나 커뮤니티 아트 프로젝트에서 디자이너는 참여자의 감정적 반응을 중심에 둔 설계를 한다. 그리고 이를 기반으로 단절된 관계를 재결합하고 집단적 공감대를 형성함으로써 공동체의 회복을 촉진하도록 한다.

한편으로는 감성 기반 정책으로 달성할 지속가능 정책이라면 환경·경제·사회가 아닌, 문화 다양성과 생태적 감성을 포함한 여러 영역에서 확장되어야 한다. 정책 디자인 단계에서부터 감성체계를 반영해 문화시민의 참여 의지를 제고하고, 이를 통해 문화생태계를 지속적으로 유지하도록 한다. 이로써 철학은 인간 중심성의 회복에 두고 감성디자인은 기술지향주의나 효율 중심에서 벗어나 인간의 감수성, 생존, 연대를 강조한다. 이러한 감성디자인은 현대사회의 기능 중심에서 벗어나 인간·환경·도덕을 고려한 반성적 디자인에 기원을 두고 있다.

또 다른 한편으로 대두될 윤리는 공공성과 책임에 따른 것이다. 감성디자인은 소비자에게 일시적 감정이입을 유도하는 것이 아니라, 사회적 책임감과 공동체 정신을 고취하여 내재적 복원력을 중시해야 한다. 왜냐하면 미래를 위해 문화정책 철학에서 요구하는 정책의 도덕성과 공공성, 지속가능성과 직결되어야 하기 때문이다.

기술-효율과 감성공진화는 조금 다른 관점이다. 전환기 문화정책은 디지털, AI, 메타버스 기술을 중심으로 빠른 변화와 효율성을 강조하고자 하나, 감성디자인 전략은 이에 공진화하는 균형을 제안한다. 예를 들어, AI 기반 맞춤형 문화 전시물은 높은 효율을 제공하지만, 감성디자인 요소인 예술가의 손길, 스토리텔링, 참여자의 체험을 결합해야만 생태계의 정체감과 미래 지속성을 확보할 수 있다.

정책 현장에서 이러한 미래 생태계를 위한 정책을 실천하려면, 그 한 전략으로서 커뮤니티 크라우드펀딩 플랫폼을 생각해볼 수 있다. 이는 문화예술 프로젝트를 감성적으로 설계하고, 크라우드펀딩 참여자 중심의 '스토리 제공'과 '공동체 체험'을 결합한 플랫폼을 구축하는 것이다. 그렇게 함으로써 생존연결 관계와 자율적 지속성을 강화하게 된다. 또한 업사이클링 예술 제작 네트워크의 관점도 바람직하다. 예를 들면, 폐자원 기반 예술작품 제작 시 사용자의 감정적 애착을 유도하여 지속적 사용·전시·재활용 구조를 설계하며, 이로써 생태적 지속가능성을 동시에 달성하는 전략이다. 더 나아가 감성 기반의 공공 디지털 공간을 만들기 위해 디지털 메타버스 공간 속에서 주민 참여형 예술 콘텐츠를 배치하는 데서 시작한다. 그리고 감성 인터페이스(사운드, 동선, 시각) 설계를 통해 세대·지역을 연결하는 플랫폼을 구현하는데, 이것이 바로 기술과 인간 감성의 공진화 전략이다.

궁극적으로 우리의 담론은 당장의 효율성·경제성만 추구하기보다 문화생태계의 내재적 복원력을 설계하고 강화해야 한다는 결론에 도달했다. 이것이야말로 휘몰이 전환기의 위기 속에서도 '왜 문화가 필요한가'라는 철학적 질문에 정책적으로 답할 방법이기 때문이다. 그 맥락에서 감성디자인은 미래 지속 생존을 위한 핵심 전략의 하나이다. 생존연결 관계를 회복하고 잃어버린 정서·소셜 네트워크를 회복하는 장치를 마련한다. 또한 지속가능 전략으로 감정적 애착을 바탕으로 소비와 향유 구조를 재편함으로써 생태·사회·경제적 지속성을 지원한다. 이에 근본적인 철학과 윤리를 바탕에 깔고 추진하는 것으로 인간 중심, 도덕적 책임, 공동체 공공성을 핵심으로 삼아 정책의 깊이를 더하게 된다.

우리가 지금까지 줄곧 이야기해온 전환이란 단절이 아니라 '의미망'을 이동하는 것이다. 예를 들면, 문화정책의 담론적 전환이라면, 예술에서 감성복지로, 산업이라면 생태연결로 전환하는 것을 말한다. 편안하게 말하면 굳이 새로움을 고안하는 것이 아니라, 과거에 대한 반동으로 낡음을 내려놓는 일로 봐도 좋다.

이런 점에서 문화정책 전환기의 생태전환은 문화생태계 관점에서의 접근을 뜻한다. 오늘날 우리는 기후위기, 생물다양성 감소, 자원 고갈, 에너지 위기 같은 복합적·생태적 전환기를 살아가고 있다. 이 전환은 과학기술이나 환경정책의 문제에 국한되지 않으며, 인간 삶의 방식과 사회적 감수성, 나아가 문화정책의 전환까지 요구하고 있다. 특히 문화정책은 이제 향유와 콘텐츠 중심의 전통적 정책 패러다임에서 벗어나 지속가능한 사회 체계로의 이행을 선도하는 정책영역으로 자리매김해야 할 시점이다. 이러한 맥락에서 생태전환을 단순히 환경문제 해결로만 이해하는 것이 아니라 인간과 자연, 공동체가 상호작용하며 구성하는 문화적 생태계로 인식하는 전환적 사고가 필요하다.

문화생태계란 자연생태계에서처럼 다양한 주체와 자원이 상호의존적 관계를 맺으며 순환하고 지속되는 문화적 삶의 네트워크를 뜻한다. 이 개념은 예술가와 관객, 정책과 제도, 지역과 공간, 시민의 감수성 등 문화의 전 과정을 유기적으로 연결하는 틀이다. 문화생태계에서는 창작자와 시민, 정책 수행자가 모두 상호작용하는 생명 시스템의 일부로서 역할을 한다. 문화는 일회성 소비재가 아닌 지속가능한 공동체의 유지 조건으로서 기능한다.

문화생태계는 창작 생태, 공유 자원, 지역 생태, 감정 생태, 정책 거버넌스라는 핵심 요소로 구성된다. 여기서 창작 생태는 예술가나 장인, 기획자 등이 창작활동을 지속할 수 있는 제도적 · 공간적 환경을 포함한다. 또한, 공유 자원이라 함은 문화 공간, 커뮤니티 플랫폼, 데이터 아카이브처럼 공동체 전체가 접근 가능한 공공 자산이다. 그리고 지역 생태는 특정 지역의 지리적 · 역사적 특성과 문화가 결합되어 나타나는 장소 기반의 문화 특성을 말한다. 아울러, 감정 생태는 시민의 문화 감수성과 기억, 정체성을 포함하며, 이는 문화의 지속성과도 밀접히 연결된다. 마지막으로 정책 거버넌스는 중앙정부, 지자체, 민간 조직, 시민 주체가 협력적으로 정책을 설계하고 운영하는 체계를 의미한다.

그동안 문화정책은 대부분 담론 중심의 접근을 채택해왔다. 특히 앞에서 살펴봤지만 문화 콘텐츠의 산업화, 문화 향유 기회의 확대, 관광 중심의 이벤트 정책을 통해 가시적인 성과를 추구하는 방식이었다. 따지고 보면, 이러한 접근은 일정 부분 지역경제 활성화나 문화 접근성 향상에 기여했지만, 정작 문화가 공동체와 자연, 감수성의 회복이라는 측면에서는 실질적 효과를 거두지 못했다.

반면 문화생태계 기반 정책은 어떠한가? 문화예술을 단순한 콘텐츠 생산이 아닌 사람과 사람, 사람과 자연, 현재와 미래 세대를 잇는 '관계의 그물망'으로 이해한다. 이 접근에서는 창작자와 시민이 분리되지 않으며, 예술 행위는 공동체와 장소에 뿌리내린 실천으로 재구성된다. 또한 정책의 목표 역시 단순한 관람객 수나 콘텐츠 수출 실적이 아닌 생물다양성의 회복, 지역 정체성의 재생, 시민 감수성의 증진을 포함하는 종합적 가치 중심으로 전환된다.

그렇다면, 문화생태계를 기반으로 한 생태전환 정책의 전략은 어떠한가? 생태전환적 문화정책을 실현하기 위해서는 문화생태계의 구조를 기반으로 한 정책 전략이 필요하다. 우선, 지역 기반의 생태문화 거점을 조성함으로써 지역 고유 자원과 공동체 문화가 지속될 수 있는 공간적 기반을 마련해야 한다. 이러한 거점은 도심 중심이 아닌 농촌이나 소도시, 생태적으로 중요한 지역에 분산형으로 구축되어야 한다.

그리고 생태 감수성 중심의 문화교육이 제도화되어 뒤따라야 한다. 어린이부터 어른에 이르기까지 생애주기별 교육 체계 속에 문화와 생태의 통합적 감각을 심어주는 프로그램도 설계되어야 한다. 예술교육과 환경교육이 분리되지 않고 융합되어야 이 과정에서 시민이 '소비자'가 아닌 '생태시민'으로서의 정체성을 형성하게 된다.

이에 덧붙여, 예술가의 역할 또한 확장되어야 한다. 예술가는 이제 미적 창작자에 머무르지 않고, 생태 실천가이자 공동체 협력가로서 자리해야 한다. 폐자재를 활용한 설치예술, 자연물과의 협업, 지역 생태자원 기반의 퍼포먼스는 이러한 전환을 보여주는 실례이다. 보다 구체적으로, 문화정책의 운영 구조 또한 순환적으로 재설계되어야 한다. 중앙집중적 예산 집행 방식에서 벗어나 지역의 자율성과 자원 순환 기반의 지원 모델이 확산되어야 하며, 정책의 평가지표 또한 탄소 감축, 생물다양성 회복, 문화 감수성 증진 같은 생태지향적 요소를 중심으로 재편되어야 한다.

그렇다면 이러한 것들을 실현하기 위한 과제는 무엇인가? 문화생태계 기반 정책이 현실화되기 위해서는 몇 가지 제도적·사회적 과제를 먼저 검토해야 한다. 맨 먼저 정책 설계자와 실무자의 인식 전환이 필요하다. 생태전환은 단순한 기술적 조치가 아니라 세계관의 변화이며, 문화의 정의 자체를 바꾸는 일이다. 따라서 문화행정가들 또한 생태적 감수성과 실천 역량을 갖추어야 한다. 이어서 관련 법제와 제도 정비가 필요하다. 현재 문화 관련 법령은 생태적 가치와의 연계가 부족하며, 문화생태계 진흥을 위한 법적 기반이 마련되어 있지 않다. 이에 따라 '문화생태계 육성법', '지속가능 문화정책 기본법' 같은 새로운 입법을 구체적으로 검토해야 하지 않을까? 그리고 문화관련 재정의 구조적 재편이 필요하다. 기존의 경제효율 중심 배분 기준을 탈피하고, 문화생태 사업에 대한 별도 재정과 장기 지원 모델이 마련되어야 한다. 이를 통해 단발성 행사가 아닌 지속가능한 생태문화생태계가 구축될 수 있다.

문화생태계는 단순한 정책 도구가 아니라, 전환기의 사회적 생존 전략이다. 인간과 자연, 공동체가 상호작용하며 살아가는 구조를 회복하는 데 있어 문화는 강력한 매개체이며, 이를 통해 사회는 지속가능성을 실현할 수 있다. 문화정책이 문화생태계라는 거시적 틀 속에서 재설계된다면, 그것은 예술의 문제를 넘어 인간이 어떻게 함께 살 것인가에 대한 근본적 응답이 될 수 있다.

예산배분과 평가기준의 경직성 탈피

문화정책의 '지속가능한 유연성'을 제약하는 요인은 무엇인가? 여러 요인 가운데서 핵심적인 것은 구조적인 수준에서 볼 때, 기존의 예산 배분 방식에 있다. 예산은 문화정책 실행의 실질적 동력이며, 이의 경직성은 문화정책이 변화하는 사회적 감수성과 창의적 실천을 수용하지 못하는 결정적 원인이 된다.

그러므로 문화정책이 지속가능하기 위해 시급한 정책 관행 가운데 실적 중심의 점증주의적 예산 배분 관행을 벗어나야 한다. 이는 예산 편성과 집행 과정에서도 비슷하게 경직적이다. 문화예산은 대개 '과거 성과'와 '기관 규모'를 중심으로 배분한다. 이는 소수의 대형 문화기관이나 특정 장르에 자원이 반복적으로 집중되는 결과를 낳는다. 신규 예술단체나 창조적·실험적인 기획은 오랫동안 안정적 재정 지원의 사각지대에 놓여 있었다. 이는 궁극적으로 문화정책의 유연성과 미래지향성을 저해하는 구조적 문제다. 특히 지역문화 기반의 균형발전, 사회적 약자 문화권 보장 같은 정책 목표는 기존의 예산 배분 틀 아래에서는 실현 가능성이 아주 낮아진다.

더 큰 문제는 평가와 예산이 상호 연동되는 방식에서 발생한다. 문화기획자나 단체는 기존의 평가항목에 맞춰 기획하고, 이 기획이 예산편성과 향후 평가로 이어지는 보수적 순환구조로 굳어진다. 이 과정에서 '정책에 맞는 기획'이 반복적으로 생산되며, 본래 창의적 파괴와 실험을 본질로 하는 문화정책의 역할은 상실된다. 이는 예술과 문화가 단순히 행정적 기준에 종속된 채 정책의 부속물이 되는 상황을 낳으며, 다양한 문화적 상상력과 사회비판적 기능은 제도 안에 포섭되거나 억제된다.

그와 함께 앞에서도 논의했지만, 정량화 지표의 과잉 의존과 창의성 억제가 관련되어 있다. 문화정책 사업은 성과 평가에서 정량적 지표를 중시한다. 사업 수, 참여자 수, 관객 수, SNS 노출률은 계량화하기가 쉽다는 이유로 성과 판단의 핵심 기준이 된다. 그런데 이는 오히려 문화사업의 본질적 가치인 창의성, 실험성, 사회적 파급효과 같은 정성적 요소를 평가에서 배제하는 결과를 초래한다. 예를 들면, 예술공간의 실험적 전시나 지역기반 창작활동은 단기간 내 외형적 성과를 측정하기 어렵기 때문에 저평가되기 쉽다. 이러한 구조 때문에 예술현장을 수치 중심의 '성과 압박' 아래 놓으며, 결과적으로 정책 수요자인 예술인·기획자의 창의성을 위축시키고 문화생태계의 다양성도 제한된다. 그동안 시행해온 정책평가 설계에서는 유연성을 고려하지 않았다. 평가체계가 사업의 성격, 지역의 문화적 특수성, 프로젝트의 사회적 맥락을 고려하지 않는 획일적 틀로 구성되어 있다. 이는 특히 비주류 문화 영역에서 더욱 뚜렷하게 나타난다. 이들은 사업 구조나 예산 규모, 결과 산출 방식에서 기존 평가기준에 부합하지 않기 때문에 실질적으로 정책 접근에서 배제되고 만다. 평가기준과 예산 배분 구조가 문화 다양성과 포용성을 전제하지 않는 한, 문화정책은 구조적으로 '다름'을 배제하는 도구로 전락할 수 있다.

그렇다면 앞으로 어떻게 바꿔야 할까? 기본적으로 정성적 평가를 도입하고 전문가의 현장 참여를 더 강화해야 한다. 단순 수치 기반의 성과 측정에서 벗어나 사회적 파급력, 담론 형성 기여도, 참여자 내러티브를 중심으로 하는 평가모형을 설계해야 한다. 아울러, 다양한 배경을 지닌 외부 전문가와 현장 참여자들이 평가에 실질적으로 참여할 수 있는 구조도 마련해야 한다.

예산 배분은 전략적으로 다양화하며, 기존 기관 중심의 집중적 예산지원에서 벗어나 일정 비율 이상을 실험적 기획, 신생 예술단체, 사회적 약자 기반 문화활동에 할당하는 구조로 재편해야 한다. 평가지표는 사업 맞춤형으로 개발하고, 동일한 지표로 모든 사업을 평가하는 방식에서 벗어나 사업 유형, 지역적 특성, 대상 집단의 문화적 특수성에 따라 유연하게 적용 가능한 맞춤형 평가 틀을 개발해야 한다.

문화정책은 사회통합, 경제활성화, 도시재생 같은 다양한 공공정책 목표와 깊이 연계되어 있다. 그러나 급변하는 사회현실과 이를 뒷받침할 정책제도의 움직임 사이에는 구조적인 시차가 있다. 이 틈새는 단순한 행정 지연의 문제가 아니라 정책 시스템의 구조적 속성, 정치적 합의 복잡성 같은 복합적 요인 때문에 불가피했다. 이제 이러한 시간차를 극복하여 정합성과 정책 효과성을 높이고, 현실문화적 수요와 괴리되지 않도록 해야 한다.

다분야 통합형 정책 설계

사회에 불어닥친 동시다발적이고 상호 교차적인 휘몰이 충격은 단일 범주 안에서 포착하기 어려운 복합적 구조를 띤다. 그리고 이러한 변화 요소는 상호작용 속에서 새로운 사회적 의제를 형성한다. 예를 들어 기후위기와 문화, 디지털 기술과 노동, 콘텐츠 생산처럼 독립적으로 작동하기보다 서로 얽히면서 사회문화적 변동을 이끌어간다.

그러나 문화정책을 비롯한 공공정책의 구조는 여전히 분절적(sectoral) 체계에 기반하고 있다. 정책은 각 부처 또는 기능 단위별로 기획·집행되며, 사회변화의 복합성을 가로지르는 통합적 대응이 없거나 매우 미약하다. 이러한 정책과 현실 사이의 구조적 불일치 때문에 당연히 문화정책의 실효성과 대응력이 취약하다고 본다.

행정은 원래 부처조직을 중심으로 하는 수직적 분화구조로 운영된다. 정책체계도 당연히 이처럼 기능별로 구분된 행정조직을 기반으로 한다. 문화, 복지, 교육, 환경, 고용을 각각 별도의 부처가 관장하며, 예산·인력·성과평가 시스템도 개별적으로 구성된다. 이 구조는 업무의 효율성과 책임소재 명확성 측면에서는 유리하나, 실제 사회현실이 단일영역에 국한되지 않을 경우에는 심각한 한계를 드러낸다. 예를 들면, 이주노동자를 대상으로 하는 문화정책은 문화체육관광부의 사업으로 간주되지만, 실제로는 교육부(다문화 교육), 보건복지부(사회서비스), 고용노동부(노동시장 접근), 법무부(체류자격)와도 얽혀 있다. 그러나 이러한 구조적 연결성은 정책 설계에서 고려되지 않고, 결과적으로 각 부처는 자신이 맡은 기능만을 수행하며, 이주민이라는 복합적 주체에 대한 정책은 분절화된 형태로 분산되고 만다.

그뿐만 아니라, 행정조직 기반의 정책만으로는 복합적 삶의 조건을 포착하지 못한 정책을 설계하게 된다. 현대사회 구성원들의 문화적 삶은 복수의 정체성과 상황 속에서 형성된다. 예술가이자 장애인인 개인, 지방 거주 청년 예술인, 디지털 창작자이자 플랫폼 노동자 사례처럼 다층적 정체성과 복합적 경험을 지닌 시민은 전통적인 정책 카테고리로 분류되기 어렵다. 그리고 현재 정책은 개별적인 정책 수요자 유형(예: 장애인, 청년, 예술인)에 따라 기획되며, 교차적 삶의 조건은 고려되지 않는다. 이 때문에 정책에서 누락된 대상이 많으며, 특정 상황에 국한된 단편적 지원만 제공하는 일이 생긴다. 예를 들어, 청년 예술인 대상 지원 정책이 예술 장르나 지역 특수성, 경제적 불안정성을 고려하지 못하면, 실질적으로는 수도권 중심의 고정된 일부만 포함한다.

이처럼 통합 대응이 어렵게 짜인 '정책 분절성' 때문에 수평적 연계를 어렵게 하고 있어 더 심각하다. 개별 사업 단위 중심으로 예산을 편성하며, 여러 정책 영역을 통합한 융합적 실험적 모델은 관리와 성과 측정의 어려움을 이유로 기획 단계에서부터 배제된다. 또한, 정책실무자 간의 협업을 위한 제도적 장치도 미흡하다. 다부처 간 연계사업이라는 것이 형식적으로 존재하더라도 사업 목적이나 지표가 서로 다르다. 이렇듯 실질적인 협업은 불가능하고, 오히려 책임 회피와 관료적 비효율만이 확대된다. 결과적으로, 문화정책은 예측 가능한 방식에 따라 집행되다 보니 변화하는 사회의 복합적 요구에 부응하기 어렵게 운영되고 있다.

그렇다면, 어떻게 문화정책의 통합성을 추구하고 구조를 개편할까? 우선 기본적으로 다분야 통합형 정책 설계를 준거로 삼아야 한다. 정책 대상이 지닌 복수 정체성과 교차적 조건을 반영하는 정책 프레임을 도입해야 한다. 예를 들어 '지역 청년 예술인'에 대한 정책은 문화예술 지원뿐만 아니라 주거, 생계, 네트워크, 복지 같은 다층적 요소를 통합한 모델이어야 한다.

그리고 정책조직 간의 협력 플랫폼을 강화해야 한다. 부처 간 경계를 넘는 협력적 정책기획을 위해 실질적 권한과 책임을 가진 통합 거버넌스 구조를 구성하고, 중장기 과제에 대해 유연하게 협업할 수 있는 조직운영 체계가 필요하다. 과제통합지향적 예산 모델에 바탕을 두고 보다 실질적으로 대응해야 한다. 단일 부처 중심 예산 배분에서 벗어나, 융복합적인 의제에 대해서는 공동편성이나 평가가 가능한 교차편성의 예산제도를 활용할 수 있어야 한다. 현재와 같은 행정구조나 정책운용 시스템을 고집한다면 앞으로 복합적인 문제구조와 교차적 정체성의 문제에 대응하기 어렵다. 다시 말하면, 문화정책은 사회현실의 통합적 특성을 포착하지 못하고, 단편적·형식적 대응에 그치는 한계를 반복하게 된다. 그래서 정책의 실효성과 포용성을 제고할 정책기획, 거버넌스 구조, 통합 예산 같은 구조적 전환이 필요하다.

2) 진화 관점의 시스템 정책

문화의 본질을 '결과가 아닌 과정'이라는 관점에서 보는 데 복잡계 이론과 문화적 진화론 관점은 매우 적절하다. 복잡계 이론에서 창발이라는 것은 핵심적인 개념이다. 이는 전체 시스템의 움직임이 개별 구성요소의 단순 합계로 환원되지 않으며, 요소 간 상호작용을 통해 새로운 속성이 발생한다고 보기 때문이다. 문화는 본질적으로 이러한 창발성의 구조를 지닌다. 하나의 예술작품, 사회적 의례, 공동체 기억, 문화적 트렌드는 모두 의도되지 않은 경로와 관계 속에서 출현한다. 그리고 이는 문화가 단순히 계획된 산출이 아니라 조건 조성의 결과라고 본다.

창발성 기반으로 전환

그동안 정책학에서 정책은 기획-집행-성과라는 선형적인 구조에 익숙해 있었다. 그런 접근 때문에 문화정책에서도 문화를 이 과정을 거치면서 '제작될 수 있는' 콘텐츠로 다뤘다. 그러나 실제로 문화는 어떻게 진화하는가? 문화의 진화는 예측 불가능한 다중적 요소의 상호작용, 우연한 결합, 예상 밖의 반응으로 이뤄지기도 한다. 예를 들면, 특정 지역의 이주민이 자발적으로 만들고 즐기는 축제가 해당 지역의 주민, 예술가, 정책기관, 언론의 관심을 받으며 지역의 문화자산으로 성장하는 사례는 전형적인 창발적 문화생성 메커니즘으로 볼 수 있다.

또한, 창발성은 자율성과 다양성을 전제로 해서 생겨난다. 창발은 통제나 지시 아래에서는 발생하지 않으며, 참여자 각자의 자율적 행위와 해석이 가능해야 생긴다. 또한, 서로 다른 배경, 경험, 기술, 감성이 다양하게 만나야 새로운 조합이 일어난다. 따라서 창발성을 위한 문화정책에서는 어떤 상호작용 조건을 설계할 것인가에 더 집중해야 한다. 무엇을 만들 것인가는 그다음 문제다. 이렇게 정책의 성격은 산출 기반에서 상호작용 기반으로 전환된다.

나아가 창발성 관점에서는 기존과 같은 성과지표만으로 문화정책의 성공 여부를 설명할 수 없다. 어떤 문화사업이 실패로 간주되더라도 그 과정에서 형성된 관계망, 사회적 감수성, 기억의 아카이빙은 앞으로 예측 불가능한 방식으로 문화자산화될 수 있기 때문이다. 따라서 문화정책은 이른바 실패라고 하는 것을 부정적인 결과가 아닌, 진화 가능성을 열어둔 과정으로 새롭게 정의한다.

이런 점에서 사회문화 시스템이 진화하면서 나타나는 문화의 창발성을 이해하고 정책에 적용하기 위해서는 먼저 그동안 가졌던 문화정책에 대한 생각들을 바꿔야 한다. 다시 말하면, 정책이란 방향이 아닌 조건을 제시해야 하며, 결과보다 과정의 감응성을 중시해야 한다. 그리고 평가보다는 관찰하고 숙의하는 과정을 중시해야 한다. 이러한 구조 안에서만 비로소 문화는 생성적 구조로서 사회 전반의 변화 가능성을 열어줄 수 있다.

주체 간 상호작용 지원

문화는 사람-사물-장소-기억-기술이 얽히고설킨 관계망 속에서 지속적으로 교환되고 재조정된다. 이러한 상호작용은 여러 방향으로 동시적이며, 피드백으로 이뤄진다. 문화는 이런 과정을 거치면서 계속 새로 구성되고 또 해체된다. 이 때문에 문화정책을 상호작용 네트워크의 설계라고 볼 수도 있다.

그런 점에서 문화의 상호작용성은 여러 주체 사이의 조율에서 비롯된다. 예를 들면, 한 도시의 축제는 행정기관, 기획자, 상인, 예술가, 지역주민, 관광객, 미디어 같은 수많은 주체가 기획자이자 활동가로서 참여하는 복합적인 구조다. 이들의 기대나 경험은 서로 다르지만, 상호작용 속에서 점차 하나의 의례적인 경험으로 수렴된다. 정책은 이러한 복합구조의 역동성을 포착하고, 주체 간의 상호반응 책임성(responsiveness)을 중요시하면서 설계해야 한다.

상호작용하면서 진행되는 문화는 공간, 시간, 인간의 경계도 재편한다. SNS, 실시간 스트리밍, 위치 기반 서비스 덕분에 물리적 거리를 초월하여 모든 시민이 지구적 차원의 문화 생산과 소비에 동시 참여하게 된다. 이

툭Q 쑹A 창발성, 사회적 힘은?

창발성은 사회문화 시스템 설계의 핵심 가치로 자리 잡고 있다. 사회는 단일한 해답이나 고정된 권위가 통하지 않는 다원적·불확정적 공간이다. 이 속에서 창발성은 문제해결을 위한 대안적 접근이자, 지속가능한 공동체 문화의 기반이 된다.

문화예술 영역에서는 참여자 간의 상호작용을 바탕으로, 함께 창조하는 사업을 실천하는 과정에서 누구도 예측하지 못한 결과를 가져온다. 특히, 특정 예술가의 창의성보다 다양한 주체가 함께 만들어낸 서사와 상징이 공동체 정체성과 정서적 연대감을 강화한다.

또한, 창발성은 기존 권력 질서와 위계적 창조 관념에 대한 비판적 대안으로 기능한다. 이는 참여, 협력, 상호의존성을 기반으로 하는 문화적 민주주의를 지향하며, 위계 없는 창조의 정치학을 가능하게 한다. 기술사회에서는 오픈소스 개발, 집단지성 기반 콘텐츠 생성, 네트워크 예술 등이 이와 같은 창발적 구조를 뒷받침하고 있다.

창발성이 일어나려면 어떤 조건을 충족시켜야 할까? 우선 경직된 시스템이나 위계적 조직이 아닌 개방 구조(open system)가 필요하다. 또한, 서로 다른 배경과 관점을 지닌 존재들이 있을 때 풍부한 상호작용과 다양성 확보가 중요하다. 그리고 구성원 간에 신뢰와 자율성이 유지될 때 창발은 자연스럽게 촉진된다.

    2부. 사회문화와 정책 시스템: 어울림을 생각하다

렇게 형성된 '동시성의 문화' 때문에 기존의 정책 구조와 충돌하게 된다. 예를 들면, 오프라인 시설 지원, 지역 단위 행사 중심, 연간 단위 예산과 충돌하게 된다. 그래서 정책은 동태적인 기획이 필요하다.

이러한 상호작용은 또한 문화의 사회적 감수성을 형성하는 기초다. 특정 사건이나 사회문제가 예술로 표현되고, 시민의 공감과 참여를 이끌어내는 과정을 거치면서 문화는 사회적 반응체계로 작동한다. 이 때문에 정책은 사회적 감각을 형성해나가는 주체들 간의 상호작용 구조를 지원하는 방향으로 형성되어야 한다. 결국, 사회문화정책은 커뮤니케이션 구조를 설계하는 것에 가깝다. 이렇게 보면 문화행정은 콘텐츠를 공급하거나 창작을 규정하는 데 몰두하기보다 의미와 감정이 오가는 통로, 접점, 리듬을 만들어주는 활동으로 가는 것이 더 바람직하다. 그런 점에서 문화정책은 더 이상 문화행정 쪽으로 다가가지 말고, 문화 커뮤니케이션 생태계를 구축하는 전략으로 이해되어야 한다.

진화 관점의 비선형 성장과 정책 설계

우리의 논의에서는 현재의 문화를 환경과 조건에 따라 변하고 재구성되는 진화적 존재로 본다. 물론 생물학적 진화와 같은 방식으로 작동하지는 않지만, 시스템적 차원에서 보면 문화 역시 변화 가능한 구조이다. 다시 말하면, 진화 가능성을 지닌 체계로 볼 수 있다. 문화의 진화성은 계획, 효율, 표준화보다 비선형적 성장, 예측 불가능성, 조건 의존성에 기반을 둔다. 따라서 문화정책은 문화가 진화할 수 있는 개방적 조건과 구조적 여백을 어떻게 설계할 것인가에 초점을 맞춰야 한다.

여기에서 진화성을 어떻게 볼 것인가? 이 책에서는 진화성 개념을 중요하게 보고 있으므로 좀 더 살펴보자. 진화성은 문화가 단절이 아닌 변형을 통해 성장한다는 것을 뜻한다. 전통은 원형에서 사라지는 것이 아니라 변형되는 것이다. 이렇게 보면 사회문화적 실험은 미래 자원의 축적이다. 또한, 소수 문화는 일탈이 아닌 문화 전체 관점에서 본다면 확장성이다. 그러나 지금까지의 문화정책은 정형화된 기준(예: 전통문화, 정통 예술, 공인 장르)에 따라 진화를 '비주류'라고 보거나 '실패'로 간주해왔다. 문화의 진화성은 표준을 따르는 것이 아니라, 표준을 흔들면서 새로운 규칙을 만들어가는 과정으로 보아야 한다.

그리고 진화하는 문화는 항상 환경과 상호작용하며 맥락 속에서 조율한다고 본다. 앞에서 기술 환경, 인구 구조, 가치체계, 글로벌 트렌드를 살펴보면서 문화가 어떻게 재구성될지를 결정짓는 맥락이라는 점을 언급했다. 따라서 문화정책은 고정된 해답을 모범답안으로 제시하기보다 환경 변화에 유연하게 반응하고, 맥락에 따라 조정 가능한 유기적 구조로 설계해야 한다. 이는 일종의 살아 움직이는 정책, 즉 구조화되어 있되 경직되지 않은 상태를 의미한다.

아울러 문화의 진화성은 장기성과 누적성을 함께한다. 속성상 문화는 단기간에 성과를 도출할 수 없고, 세대 간 전승, 반복적 실험으로 시간 축적과 함께 비로소 발현된다. 그러나 그동안 정책들은 대개 단기나 중기로 기획 평가되며, 예산 회계연도 기준과 일회성 공모사업 구조들은 문화의 진화에 별 도움이 되지 않았다. 진화적 정책이란 실패도 기록되고, 성과도 분산되고, 관계도 성장할 수 있는 시간·공간·인간의 3간 조화를 갖는 구조를 가져야 한다고 본다.

또한, 정책 자체도 진화할 수 있어야 한다. 이는 정책학에서 말하는 메타정책(metapolicy) 차원에서 정책의 설계원리, 실행 거버넌스, 평가체계 자체가 변화 가능성을 내포해야 한다는 뜻이다. 예를 들면, 지역문화정책은 해마다 무엇을 할 것인가를 새로 정하는 것이 아니라, 어떻게 공동체가 문화의 방향을 함께 설계할 수 있을까라는 구조적 대화를 제도화해야 한다. 결국 문화의 진화성은 문화 자체가 지니는 속성일 뿐만 아니라, 정책이 변화 가능한 시스템을 설계하는 능력과도 직결된다. 진화는 결코 자동으로 이뤄지지 않는다. 이는 문화가 환경에 맞게 성장할 수 있도록 하는 제도적 유연성과 사회적 감수성을 구조화하는 일련의 과정이다. 문화정책이 이러한 진화의 조건을 구성할 수 있다면, 문화생태계 보호뿐만 아니라 전환기를 거치고 난 미래사회 전체의 적응력과 창조력 확보로 이어질 것이다.

💡 더 생각할 점

- 문화생태계는 정책 실현 가능성과 어떤 관련이 있는가?
- 문화정책의 평가방식은 어떻게 혁신할 수 있을까?
- 실험적 문화활동의 지속가능성을 높이는 정책수단은 무엇인가?
- 문화의 창발성을 정책에 어떻게 반영할 수 있는가?
- 상호작용 중심의 문화정책은 어떻게 설계되는가?
- 사회문화는 왜 복잡계로 이해되어야 하는가?

3. 시스템 정책 속 정책공동체

전환기를 거치면서 문화정책이 사회문제 해결과 시스템 수준의 개입을 목표로 바뀌고 있다. 특히 사회실험으로 시도되는 전환기 문화정책은 기존 행정 시스템과 제도의 한계를 실험적 방식으로 돌파하며, 새로운 공진화 정책 모델의 형성과 제도화를 꾀한다. 이러한 문화정책의 실험성을 기반으로 시스템 정책화의 메커니즘과 의미를 신중하게 검토해야 한다. 구체적으로 사회실험으로서의 문화정책은 어떻게 제도적 구조, 운영 방식, 그리고 사회적 인식 체계에 영향을 미치는가? 그리고 어떻게 정책 시스템으로 자리 잡게 되는가?

전환기 문화정책의 사회실험은 보통 기존의 제도적 틀을 일시적으로 벗어나 새로운 방식의 운영 모델을 시도한다. 이는 마치 '프로토타입'처럼 기능하는데, 소규모 커뮤니티나 특정 지역 단위에서 비정형적 방식으로 수행되는 경우가 많다. 이러한 실험은 그동안 문제로 제기되던 것들을 해결하는 방향으로 나아가게 된다. 예를 들면, 시민 참여형 문화기획, 커뮤니티 아트 기반 도시재생, 문화복지 융합 프로그램 같은 형태로 시도된다. 이러한 실험은 정책 주체(국가, 지자체, 공공기관)와 수행 주체(예술가, 시민단체, 사회적기업) 간의 새로운 거버넌스를 유도하며, 시스템 수준의 개입 가능성을 탐색하게 된다.

그렇다면 어떠한 과정을 거쳐 시스템 정책으로 자리하는가?

우선 정책의 구조화를 시도하면서 실험에서 모형화로 나아가는 것을 생각할 수 있다. 사회실험은 일회성 이벤트에 머물지 않고 일정한 반복성과 평가를 통해 모형화될 수 있다. 예를 들어 '생활문화센터' 정책은 지역주민 주도형 문화활동을 실험한 후, 이를 전국 단위 시스템으로 확장한 사례이다. 실험 단계에서의 데이터, 피드백, 리스크 분석은 시스템 설계에 있어 핵심적 근거로 작용한다.

그다음에는 제도적 수용으로 나아가는데, 보통 규범에서 행정화로 진행된다. 정책의 시스템화는 필연적으로 제도적 수용을 필요로 한다. 정책학 이론에서 정책의 최종 완성은 입법화에 있다고 말한다. 이는 법령 개정, 예산구조화, 실행기관의 배치 같은 방식으로 구체화된다. 예를 들어, 문화도시 사업은 지역 문화계획과 예산, 평가체계를 통합하면서 제도화된 시스템으로 확립되었다. 이 과정에서 실험적 문화활동은 '정책 대상'이 아닌 '정책 수단'으로 전환된다.

또 하나 덧붙이면, 사회적 내면화로서 인식의 변화에 이르는 길이다. 정책이 시스템화되기 위해서는 사회 구성원의 인식 전환이 매우 중요하다. 실험적 정책은 새로운 가치(예: 문화적 권리, 문화적 민주주의)를 제시하며 사회적 설득 과정을 거친다. 이는 공공영역의 설정이자, 문화의 기능 변화(단순 향유에서 삶의 질 향상으로)를 반영한 것이다.

이러한 과정은 최근 지역에서 많은 관심을 보여주는 문화도시정책에서 쉽게 찾아볼 수 있다. 다시 말하면 문화정책의 사회실험이 어떻게 시스템화로 이어질 수 있는지를 보여준다. 문화도시정책은 초기에 도시재생, 커뮤니티 아트, 로컬 플랫폼 형성 실험을 산발적으로 추진했으나, 나중에 정부는 이를 국가정책으로 통합했다. 법적 근거(문화도시 조성 및 지원에 관한 법률), 중앙-지방의 협력 구조, 평가-재지정 시스템 같은 것들은 사회실험의 제도화를 보여주는 구조적 사례다. 이 과정에서 문화는 도시 경쟁력, 시민 정체성, 지속가능성과 직결되는 시스템 변수로 인식되었다.

이론적으로 보면, 시스템 정책화는 정책의 '스케일링 업(scaling up)'이라기보다 '스케일링 딥(scaling deep)' 과정이라 할 수 있다. 이는 양적 확산이 아닌 질적 내면화와 구조 전환을 통한 정책의 지속가능성과 제도화를 의미한다. 이는 기존 기술관료적 접근이나 톱다운식 정책 전개와는 차별화되며, 실험성과 유연성을 제도 속에 내포하는 '유기적 정책 모델'로 진화하는 것을 목표로 한다.

문화정책의 사회실험은 새로운 시도를 하는 데 그치지 않고 기존 정책 체계의 재구성 및 시스템 정책화로 확장한다. 이는 단기성과 사업 중심의 문화행정에서 벗어나, 구조적·철학적 전환을 유도하는 전략이다. 시스템 정책화란 이처럼 문화정책이 실험을 통해 사회적 의미를 획득하고, 구조화된 제도 안에서 장기적 영향을 미칠 수 있게 되는 과정이다. 그렇게 하면서 문화정책은 더 이상 주변적 정책이 아니라, 사회 전체를 조율하는 핵심적 '시스템 장치'로 기능한다.

1) 공진화를 위한 정책공동체

공진화를 위한 정책공동체는 어떻게 동력을 창출할까? 먼저 문화정책의 주체로 시민, 예술가, 연구자, 지역활동가를 생각할 수 있다. 이들은 함께 만드는 일종의 문화정책 랩으로서 단순한 협치가 아닌 공생의 감각 네트워크로 정책공동체를 운영한다. 이는 바로 공진화를 기반으로 운영되어야 하는 전환기 문화정책이 현실 적합성을 지닐 수 있는 기반이 된다. 이들을 정책공동체라고도 할 수 있으며, 이들이 문화정책 공동체를 구성하여 시나리오를 작성하는 셈이다.

전환기를 이겨내는 문화정책은 예술가·시민·정부·시장·학계가 상호 연결된 공진화 구조를 통해 지속가능한 생태계를 형성하는 방향으로 전환되고 있다. 이 과정에서 핵심적인 역할을 수행하는 것은 바로 정책공동체이며, 정책공동체 내부에서는 다양한 정책 주체, 정책 랩, 그리고 공생의 감각 네트워크가 유기적으로 결합하여 새로운 방식의 협력과 실천을 만들어낸다.

이러한 활동의 중심에 서 있는 정책 주체는 공진화의 동력을 창출하는 인적·조직적 요소로서, 기획자, 예술가, 시민사회 활동가, 지방자치단체, 정책 연구자, 민간 기업 같은 다양한 행위자들이 혼합돼 있다. 이들은 서로 다른 전문성과 관점을 지니고 있지만, 공통의 문화적 비전을 매개로 상호작용하며 집단적 방향성을 형성한다.

이들의 관계는 중앙정부에서 지역정부, 민간 기관에 이르기까지 책임과 권한의 위상이 전통적 위계에서 네트워크 구조로 옮겨간다. 이로 인해 정책 주체들이 수평적 파트너로 자리매김하며, 정책 결정 과정과 평가·확산 과정에 참여한다.

그뿐만 아니라, 정책 주체 간의 공동비전 선언이나 협업 프로젝트 설계는 상호 신뢰 구축의 출발점이다. 이 과정은 단순한 '투입·산출' 방식이 아닌 공동의 방향과 철학, 더 나아가 문화생태계의 지향점을 함께 설계하는 활동이다. 나아가 예술계와 지역사회처럼 서로 다른 정체성을 지닌 주체들이 정책공동체 안에서 자기 언어로 참여함으로써 문화자원의 다차원적 해석과 활용이 가능해신나.

정책 랩(policy lab)은 실험성과 확장성을 기반으로 한 전략적 실행 플랫폼이다. 실제로 정책 실천 현장에서 '소규모 실험'을 거쳐 스케일링 업 가능성을 확보하고, 공진화적 협력체계를 촉진하는 핵심 구조이다. 정책 랩은 특정 지역이나 커뮤니티 단위로 정책의 아이디어를 시범적으로 운용하고, 그 결과를 즉각 기록·분석한다. 예컨대, 커뮤니티형 예술 창작 지원, 주민 참여형 문화 플랫폼 구축이 이에 해당한다. 정책 랩은 실험 설계 초기부터 정책 주체 — 예술가·시민·학계·정부 — 가 참여하는 합동 워크숍을 개최한다. 이를 통해 실무적 설계, 평가기준, 과정 투명성을 담보하며, 공동의 목적과 실험 방식을 미리 조정할 수 있다. 이러한 실험 결과를 근거로 학습 내용을 정책화 과정에 반영한다. 이 순환은 단발적 실험이 아니라, 지속 가능한 지식 기반 정책 체계를 구축하는 데 필수이다.

공진화는 단순한 제도·방식 차원의 '협력'이 아니라, 심미적·정서적 공감대를 기반으로 한 공동 생존적 감각의 네트워크를 전제한다. 이를 공생의 감각 네트워크(Feeling-Network of Symbiosis)라고 하는데, 이는 정책공동체 내에서 공생 감수성을 확장하는 핵심 장치이다.

여기에서는 문화 활동을 함께 수행하고 향유하며, 정책 랩 현장을 공유하는 과정에서 감수성을 통한 정서적 결속이 강화된다. 이는 텍스트 중심의 토론 못지않게 강력한 정책협력의 동력이 된다. 또한 워크숍에서 퍼포먼스, 체험형 예술, 현장 투어를 통해 몸과 감각이 공유됨으로써 개별-공동의 감각 구조가 통합된다. 이는 신뢰와 유대의 질적 기반을 형성한다. 이는 네트워크를 기반으로 확산하는데, 대개 감각적 경험이 언어보다 빠르게 퍼지며, 더구나 멀티채널(온라인 커뮤니티, SNS, 현장 네트워크)을 통해 자발적으로 증폭된다. 이로써 정책공동체 바깥에서도 공생의 감각이 확장된다.

여기에서 특히 중요한 것이 정책공동체(policy community)이다. 이는 위에서 말한 요소들이 상호작용하며 공진화적 문화정책을 지속적으로 재생산하는 생태 단위이다. 이 공동체의 구조적·역동적 특성은 공진화의 실질적인 정착 여부에 매우 중요한데, 몇 가지 특징을 갖는다. 우선, 다층적 참여·책임 연결망으로 운영되어야 한다는 점이다. 정책공동체는 중앙정부, 지자체, 민간, 학계, 예술계, 시민사회 등이 오버랩된 참여 구조를 구성하며, 각 주체는 역할에 따라 결정권·실행력·평가 주체로 참여한다. 이를 통해 전체 시스템은 복합적 책임성과 유연성을 동시에 갖춘다.

그리고 순환 학습과 피드백 메커니즘을 갖는다. 다시 말하면, 실험적 내용과 결과가 정책 랩 내에서 분석되면, 그 지식은 공동체 내부 토론 및 공개 보고를 거쳐 정책 설계에 재투입된다. 이 과정을 통해 지식과 실행은 선순환 구조를 형성한다. 그리고 정책공동체는 프로젝트 개별 차원을 넘어 조직적·법제도적 기반까지 연계되는 제도적 내구성을 확보하게 된다. 예를 들면, 지역문화재단, 지원 조례, 협의회 설립을 통해 정책의 지속성과 협력 구조의 안정적 유지를 담보한다. 그리고 마침내 다양한 주체 간의 감정적 유대와 신뢰가 정책공동체의 자원으로 자리하게 된다. 이는 위기 시에도 협력의 씨앗 역할을 하며, 역동성이 요구되는 변곡점에서 유연한 정책의 방향전환을 가능하게 한다.

그런데 전환기 역사에서 지금에 이르기까지 공진화를 위한 정책공동체를 많이 경험하기는 쉽지 않았다. 그러나 이는 정책 주체들이 정책 랩에서 실험하며, 공생의 감각 네트워크를 통해 정서적 신뢰를 쌓고, 이를 기반으로 제도적·정책적 지속가능성을 확보하는 하나의 동적 생태계였다. 이러한 공동체적 접근은 문화정책의 복합성, 인간성, 지속가능성을 담보하는 유력한 전략이다. 그래서 다양한 정책 주체의 동시 참여, 현장 중심 정책 랩을 통한 시범 실험, 삼각적 연결망을 통한 정서적 결속, 제도화된 정책공동체의 지속체 확보 과정으로 공진화를 이루고 지속가능한 생태계를 구축하게 된다. 전환기를 슬기롭게 극복하고 난 뒤 앞으로 문화정책 연구와 실행전략은 이 네 기둥을 기반으로 정책생태계가 스스로 진화 가능한 구조를 더 정교하게 설계하고 확장하는 데 집중해야 한다.

2) 공동체 현장에서 다시 쓰는 문화정책

전환기를 거치면서 로컬 문화활동은 지금 위기에 놓여있다. 이 때문에 미래지향적인 문화정책이 재탄생할 기회이기도 하다. 그동안 중앙정부 지원으로 지역 문화자산, 생애 문화 플랫폼, 마을 기반 정책 실험들이 줄줄이 이어져왔다. 그럼에도 여전히 남아있는 질문은 도대체 지역의 문화적 자립이란 무엇인가 하는 것이다. 그리고 지역문화생태계를 키워야 하는 것도 과제로 계속 따라다닌다.

지역의 문화적 자립이란 외부 지원에 대한 종속을 벗어나, 지역 고유의 문화적 자산과 역량을 바탕으로 스스로 기획·집행·평가·재생산하는 정책이다. 이는 지속가능한 체계를 구축하는 데 목적이 있다. 이러한 자립은 단순한 문화 진흥이나 콘텐츠 공급에서 벗어나, 정책의 자기재생산 역량과 지역주민과 문화 주체의 내적 동력 활성화로 이어진다.

문화정책에서 말하는 자산은 지역이 축적한 문화적·제도적·인적 자원으로, 문화적 자립의 기반이 된다. 매우 폭넓게 퍼져 있는데, 우선 유무형 문화자산은 지역문화유산, 전통공연 및 축제, 주민의 문화 역량 같은 구체적 자산을 포함한다. 이를 정책화함으로써 지역 정체성과 자부심을 강화하고 자발적 문화 참여를 유도한다. 문화정책을 이끌어가는 제도적 인프라(조례·재단·협의체)는 지역 문화활동을 뒷받침하고 정책 지속성을 가능하게 한다. 이러한 인프라는 지역 내 문화 역량을 안정적으로 유지하는 제도적 자산이다. 문화에서 무엇보다 소중한 인적자원 네트워크는 예술가, 전문가, 시민, 행정가 등이 형성한 협력망이다. 이들의 경험, 전문성, 신뢰는 문화정책 창출을 위한 중요한 자산이 된다. 이러한 문화정책자산은 지역 정책의 내적 동력이며, 문화적 자립을 위한 토양이 된다.

지역의 사회문화가 그렇듯이 문화정책도 탄생-발전-재탄생으로 바뀌며 나아간다. 여기서 정책의 재탄생이란 기존 문화정책이 소멸되지 않고, 지역 맥락에 맞는 재해석·재구조화·재생산을 거쳐 새롭게 부활하는 과정을 뜻한다. 예를 들면, 정책 리믹스(remix) 과정에서는 국가나 타 지역 정책 모형을 단순 복제하는 것이 아니라, 지역 특성에 맞게 재조합하여 지역 정체성에 맞는 정책 패턴을 만들어낸다. 그뿐만 아니라, 정책 실험과 혁신을 통해 작은 규모로 시범 운영된 정책이 성공 사례를 통해 자기복제·확산되는 구조를 갖는다. 이를 거치면서 지역주민이나 문화 주체가 정책 설계자로서 능동적 역할을 수행하게 된다. 또한, 정책은 생물처럼 움직이기 때문에 피드백과 적응을 통해 정책 주체들의 경험과 학습이 정책 내로 흡수되고, 정책은 지역 실천에 맞게 지속적으로 업데이트된다. 이렇듯 정책 재탄생은 지역 문화정책의 지속성과 현지 적응력을 강화하고, 문화적 자립의 토대가 된다.

지역 사회문화의 바탕이 되는 것은 지역생태(local ecosystem)이다. 이는 정책자산과 정책 재탄생이 작동하는 물리적·사회적 환경을 뜻하며, 문화적 자립의 맥락적 전제조건이자 활성 공간이다. 기본적인 공간 생태계는 문화시설, 작업실, 공연장, 광장, 거리 등 지역 곳곳의 물리적 공간과 그간의 연결망이다. 이러한 장소는 주민과 예술활동이 일상적으로 만나고 교류하는 장이 된다. 다음으로 중요한 사회적 생태계는 다양한 문화 주체(행정·예술가·시민·전문가)의 관계망과 협력 양식이다. 이들 역시 서로의 신뢰와 기대가 상호작용하는 공동체 기반을 형성한다. 또한, 경제적 생태계는 문화자원의 생산과 소비, 민관협력, 지원금 및 자체 수익 구조를 포함하며, 자립적인 재정 모델 구축의 기반이 된다. 이처럼 지역생태는 정책자산과 정책 재탄생이 상호 촉진되며, 문화적 자립의 환경을 조성하는 핵심 구조이다.

정책은 지역에 뿌리내리고 살아가는 주민의 생애에 걸친 문화활동을 지역문화에서 특별히 주목해야 한다. 생애문화활동은 지역 구성원의 전 생애에 걸친 문화 참여와 역량 확장을 의미하며, 문화적 자립을 구성하는 개인적·공동체적 시간축과 활동성을 반영한다. 우선, 영유아·청소년 문화 경험은 문화적 기초능력과 애착 형성을 위한 시작점이며, 정책이 개인의 문화 자립과 연결되는 중요한 기반이다. 성인 대상 평생학습은 직업·일상과 결합된 문화활동의 지속성을 보장하며, 자발적 문화 창작 및 참여의 저변을 확대한다. 노령층을 대상으로 하는 노년기 문화 참여와 창조 활동은 삶의 후반에도 문화활동을 통해 개인의 정체성을 유지하고 지역에 기여할 수 있는 경로를 제공한다. 이처럼 생애문화는 개인의 문화적 역량과 경험이 지역 문화정책의 지속 생태계에 내재화되는 경로가 된다.

문화활동이나 행정권역으로서 지역은 매우 복합적인 활동을 한다. 서로 밀접히 연결되어 유기적으로 운영하지 않으면 비효율이 생긴다. 따라서 통합적 상호 연결 구조를 잘 갖춰야 한다. 이 연결성 때문에 정책자산, 정책 재탄생, 지역생태, 생애문화는 분절된 개념이 아니라 상호 연결된 순환고리로 봐야 한다. 앞에서 살펴보았듯이 정책자산은 지역생태의 구성요소이자, 정책 재탄생의 재료이다. 정책 재탄생은 지역생태 안 실험·확산으로 이어지며, 생애문화는 이 과정을 개인의 전 생애적 경험으로 확장한다. 생애문화를 통해 형성된 주민의 역량과 경험은 다시 정책자산으로 재축적되며, 정책 재탄생의 피드백 경로를 통해 정책에 반영된다. 따라서 지역 문화정책의 문화적 자립은 이러한 순환적 구조 속에서 지속적으로 재생산되는 자기동력적 정책 시스템으로 자리매김할 수 있다.

지역이 문화정책으로 문화적 자립을 이루기 위해서는 정책자산의 축적, 정책 재탄생의 내재적 실천, 지역생태의 풍부한 연계, 생애문화의 지속적 실천이 유기적으로 결합해야 한다. 이 결합 요소는 개별적 차원을 넘어 정책과 주민, 공간과 시간, 경험과 제도를 아우르는 순환적 생태계를 구현한다. 이를 통해 지역은 외부 의존에서 벗어나 진정한 문화적 자립을 이룰 수 있다.

3) 편견의 해소, 정책언어의 재창조

편견의 해소를 위해 AI가 나설 수도 있다. 소통의 양적 팽창을 가져오는 AI는 사회적 결속에 어떤 도움이 될까. AI와 함께 진정으로 소통하고 있는가를 생각한다면 부정적인 면이 먼저 떠오를지도 모른다. 더구나 AI는 초개인화와 정보 편식, 정보접근 통제가 쉬워져 여론에 영향을 미칠 수 있으며, 대규모 언어모델을 이용해서 정치적으로 조작도 가능해진다. 이런 점에서 부정적인 잠재력을 피하기 어렵지만, 긍정적인 측면도 많다. 특히, 상호존중과 민주적 상호성을 가져오고, 공동 기반의 논리를 배경으로 탐색을 지원하며, 숙의지원 도구로 활용되는 점에서는 사회적 결속 강화를 기대할 만하다. 이런 점에서 사회적 결속을 위해 AI의 잠재력을 최대화하는 방향으로 미리미리 준비해야 한다.

그런 점에서 볼 때, 정책 문서에서 사용하는 언어는 별문제가 없는가? 그동안 정책언어는 왜 그리도 딱딱하며, 구태여 그 어려운 단어를 찾아다가 불친절하게 내던지듯 써대는가. 따뜻한 감성과 상상력을 포함할 수는 없는가? 데이터와 서정, 기술과 은유의 조화, 정책언어의 순화, 문화적인 문서양식, 감성 데이터의 활용으로 정책언어를 재창조할 생각은 없는가? 주민이나 민원실 방문자는 행정문서가 아닌 삶의 시학으로서의 정책기획을 기대한다.

문화정책 언어의 재창조는 AI 시대에 어울리게 전통적 행정문서 기반의 건조한 표현을 뛰어넘으려는 것이다. 다시 말하면, 정책기획 언어, 감성과 상상력, 기술과 서정의 은유, 감성 데이터 기반 정책 해석을 통해 새로운 문화적 의미 체계를 구축하는 과정이다. 이렇게 된다면 정책언어 자체는 문화적 실천의 주체이자 공감의 장으로서 재정의할 수 있다. 나아가 문화정책이 자발적 참여와 소통의 동력을 근본적으로 전환하게 한다.

정책기획에서 쓰는 언어는 단순한 절차나 지침을 제시하며 나열하는 데 목적이 있는 것이 아니다. 정책문제와 맥락의 해석, 목적과 가치의 함축, 정책 주체 간 상호 이해와 협업을 촉진할 수 있어야 한다.

맥락형성 언어는 지역적 특성, 커뮤니티 이야기, 문화적 상황을 담되, 쉽고 생생한 언어로 풀어쓴 것이 이해하기 쉽다. 이를 통해 정책이 '데이터'나 '지표'의 문제로 머물지 않고, 구체적 삶과 현장의 감수성을 멋지게 짜내는 방식으로 기능한다. 더구나 참여를 이끌어내려면 그 언어는 대상 집단을 '대상'으로 호명하지 않고, 주체로서 정책기획에 포함하여 건강한 관계성을 형성해야 하지 않을까. 예를 들면, 지원이 아니라 협력, 실험이 아니라 공유의 장이라는 말을 선택한다면 그 정책은 참여를 불러올 것이다. 성과를 함축하는 언어는 수치 결과보다 경험, 변화와 같이 정성적 특성을 포괄하여 기술함으로써 참여자와 독자 모두 정책 현장에서 이미 뭔가가 작동 중임을 감지하게 한다.

정책언어는 무엇보다 감성과 상상력을 불러일으켜야 한다. 특히, 문화정책 언어는 감성과 상상력을 자극함으로써 참여자들에게 정책으로 일상의 감정, 예술적 상상을 삶의 가능성으로 연결해야 한다. 그런 맥락에서 감정을 촉발하는 어휘들, 예를 들면 '연대', '공감', '흐름', '빛깔'처럼 온도를 느낄 수 있는 감각어를 활용하여 정책의 정서적 의도를 드러내며 전달한다. 이는 단순한 기능 언어가 아니라, 정책이 일상 감각을 공명하는 장치라는 인식을 전달하는 셈이다.

이때, '미래의 마을', '마음의 무대' 같은 상상적 은유를 도입하여 참여자들이 정책과 연결된 서사를 상상하도록 돕는다. 이를 지속하게 되면 정책은 기술적 목표가 아니라 공동의 문화적 이야기로 확장된다.

또한, 협력적 상상력 구조화는 워크숍·공론장·공모 형식의 문서에 시나리오적 언어를 구성함으로써 참여자는 '공유된 이야기 속 주인공'이 된다. 이러한 형식을 통해 정책과 참여자의 경계는 흐려지고, 정책 실행은 문화적 행위가 된다.

따뜻한 정책언어라면, 기술과 서정의 은유적 통합으로 전개해야 한다. 기술 중심의 언어와 서정적 은유가 균형을 이루면, 정책언어는 현실적 실행 가능성과 문화적 의미를 동시에 담는 다층적 표현으로 확장된다. 이렇게 함으로써 기술·지표 언어는 데이터, KPI, 산출량, 연계성을 적절히 제시하되, 서정적 은유와 병치하여 실제 구현될 가능성과 참여의 의미를 동시에 담을 수 있다. 또한, 경험 중심의 조합 언어는 양적 목표와 질적 경험을 조화롭게 설명한다. 이는 정책 보고서가 '차가운 보고'가 아니라, '함께 체감한 문화적 경험'으로 인식되게 한다. 그리고 미래 은유 구축은 참여자들이 스스로 은유 속에 위치하며 미래지향적 상상력을 갖게 한다.

정책언어 가운데 귀한 말이 감성 데이터(emotional data)이다. 이는 참여자들의 경험·감정·공감의 질적 정보를 수집·분석하여 정책언어와 전략에 내장하는 사유 방식이다. 감정에 대한 설문과 워크숍 기록 수집은 단순 수치보다 특정 문항에 대한 '기쁨', '불안', '자부심'을 기록하여 정책이 '얼마나 잘하고 있는가'를 정성적으로 진단한다. 흔히 쓰이는 텍스트 마이닝 기반 감성 분석은 포럼 후기, SNS 코멘트, 인터뷰 녹취를 자동 분석하여 긍정·부정·중립의 감정 흐름을 시각화하고, 정책언어 개선과 방향 전환에 활용한다. 나아가 감성지표화는 공명 지수(共鳴指數)처럼, 또는 프로젝트당 사람 간 공감 평균값처럼 감성 수치를 만든 뒤 이를 통계적 언어와 서정적 문맥 속에서 병치해 사용함으로써 감성과 지표의 동시 증명을 가능케 한다.

언어는 오랜 습관이므로 문화정책 언어의 재창조는 결국 문화정책 자체가 문화적으로 표현되고 해석되는 과정에서 휘몰이 전환기를 거칠 때 놀라운 반응을 가져올 수 있다. 정책기획 언어는 문서의 불안한 상태에 숨통을 틔워 대상 주체가 아닌 주체적인 참여자로 나아가게 한다. 감성과 상상력 중심 언어는 정책이 예술적 의미와 삶의 맥락을 공유하는 텍스트로 기능하도록 한다. 또한, 기술적·서정적 은유는 현실적 실천 가능성과 문화적 의미 생산을 균형 있게 제시한다. 감성 데이터는 정책을 경험과 공감의 질적 장치로 진단하고 개선하도록 돕는다. 이런 요소가 결합될 때, 문화정책 언어는 단순 정보 전달 수단을 넘어 문화적 경험을 구성하고 공감의 장을 열며, 참여와 실행을 유발하는 미시적 조정자로 작용한다.

문화정책 언어의 재창조는 행정 텍스트를 넘어 정책과 시민, 삶과 예술, 데이터와 감성이 결합된 문화적 이야기의 언어로 전환하는 작업이다. 이렇게 하면서 문화정책은 공감과 실천을 유발하는 열린 말의 공간이 되며, 정책 자체가 문화적 행위이자 경험의 플랫폼으로 다시 정의된다. 정책기획 언어는 더 이상 관료적 코드가 아니며, 감성과 상상력을 담은 문화적 문법으로서, 감성 데이터의 피드백을 통해 현장과 함께 살아 움직이는 언어가 되어야 한다.

더 읽어볼 책

김번웅·김동현·이흥재(1994),『미국관료제론』, 대영문화사.

랄프 D. 스테이시(2022), 이민철 역,『복잡계의 새로운 접근: 복잡반응과정』, 씨아이알.

문상현(2022),『플랫폼 사회』, 커뮤니케이션북스.

사라 아메드(2023), 시우 역,『감정의 문화정치』, 오월의봄.

쇼샤나 주보프(2019), 김보영 역(2021).『감시자본주의 시대』, 문학사상.

오쓰카 에이지(2020), 선정우 역,『감정화하는 사회』, 리시올.

정상조(2024),『플랫폼 공화국:우리 삶을 지배하는 알고리즘 이야기』, 사회평론아카데미.

サンデル ファン デル レーウ(2025), 嶋田奈穂子 편역,『複雜系としての社會史: 社會·技術·環境の共進化と未來』, 京都大學學術出版會.

吉田雅明 편(2003),『複雜系社會理論の新地平』, 專修大學出版局.

5장
네트워크의
문화정책 가치

사회문화정책은 제도적 장치와 사회적 가치가 교차하는 긴장 지점에서 작동하므로 항상 조율이 필요하다. 시스템은 안정성과 지속성이 중요하지만, 정책가치는 사회적 합의와 문화적 상상력 속에서 끊임없이 변한다. 우리 사회는 빠른 휘몰이 충격 속에서 제도적 구조와 사회문화적 가치가 소용돌이 치며 변해왔다. 이러한 맥락에서 문화정책은 사회문화 변화 속에서 제도와 가치를 어떻게 조화롭게 공진화시킬 것인가라는 철학적 과제를 안고 있다.

우리 사회에서는 공동체적 유대와 국가 주도의 발전 모델이 동시에 작동해왔다. 이는 문화정책에도 남아 있다. 제도적 차원에서는 중앙집중적 시스템으로 강한 안정성을 보장했지만, 가치적 차원에서는 다원성과 자율성이 점차 확대되며 새로운 요구가 늘어났다. 문화정책은 제도의 관성과 가치의 변화 사이에서 긴장을 경험하면서도 이를 통해 새로운 조율 가능성을 탐색해왔다고 본다. 이러한 긴장은 단순한 충격과 충돌이지만, 정책철학적 성찰을 촉발하는 생산적 계기가 되기도 했다.

정책철학적 관점에서 볼 때, 시스템과 정책가치는 수단과 목적의 관계로 환원되지 않는다. 제도는 가치를 담는 그릇이면서 또한 가치의 질서를 형성한다. 아울러, 가치는 제도 외부에서 추상적으로 존재하는 것이 아니라 제도를 매개로 현실 속에서 구현된다. 휘몰이 충격 속에서 이러한 상호 규정성은 더욱 두드러진다. 안정성과 변동성, 전통과 현대, 보존과 창조의 긴장을 어떻게 매개할 것인가는 전환기 문화정책의 핵심 과제다.

이러한 맥락에서 이 책에서는 공진화를 중요 개념으로 쓰고 있다. 문화정책에서 시스템과 가치는 독립적으로 발전하지 않고, 서로를 조건 지우며 동시에 변형된다. 이는 제도적 안정성과 가치적 혁신이 단순히 대립하는 것이 아니라, 상호작용 속에서 새로운 문화적 질서를 형성해온 과정을 설명하는 개념으로 활용될 수 있다.

여기에서는 이러한 정책철학적 문제의식을 바탕으로, 문화정책에서 시스템과 가치의 상호작용을 검토한다. 특히 문화정책이 어떻게 제도의 안정성과 가치의 변화를 동시에 포괄하며 지속가능한 문화생태계를 모색해 왔는지 살펴보겠다. 여기에서 사회적 자기이해와 미래 지향성을 구현하는 문화정책 논의 기반을 마련하고자 한다.

1. 엇갈림과 어울림

1) 뒤틀림 현상

시스템은 시간·공간·인간이 바뀌면서 당초 의도를 벗어나 뒤틀린다. 그래서 당초 취지와는 다른 쪽에서 신음한다. 이 시점에 사는 사람들은 이 결점을 주어진 것으로 간주하고 나름대로 고심한다. 시스템의 일생은 어떻게 바뀌는가? 이는 철학적이며 사회학적 통찰이 필요하다. '시스템의 일생'을 바라보는 것은 단순히 기술이나 제도의 작동을 벗어나 생성되고 진화하며, 결국에는 왜곡되거나 해체되는 역동적인 과정 전체를 성찰하는 일이기 때문이다. 시스템의 생애주기를 구조적으로 풀어보면, 생성 → 정착 → 왜곡 → 재구성으로 표시할 수 있겠다.

시스템의 기원은 문제해결을 위한 창조로 생성된다. 시스템은 대개 인간사회의 필요에 따라 특정 목적을 위해 만들어진다. 이는 창의성과 이상이 작동하는 때이며, '순수한 의도'가 담겨 있다. 예를 들어 복지 제도, 교육체계, 교통 시스템 등으로 만들어지게 된다.

그다음 단계에 정착하면서 제도화와 일상화를 거친다. 시간이 지나면서 시스템은 구조화되고 제도화되며, 점차 사람들의 삶에 깊숙이 뿌리내린다. 이때 시스템은 일단 '정상 상태'로 보이지만, 동시에 경직성과 관성도 축적되기 시작한다. 그리고 그 상태가 잘못되면 왜곡이 생겨 본래 취지에서 이탈하게 된다. 이러한 시스템 왜곡은 외부 환경(시간, 공간, 인간 구성)의 변화에 시스템이 적응하지 못하거나, 권력구조가 시스템을 사적으로 이용하면서 본래 목적과 멀어지게 된다. 여기서 '뒤틀림'이 발생하고, 피해자 혹은 소외자가 생기게 된다. 한쪽에서 신음하는 일이 생기는 것은 바로 이 시점에서 객관적으로 노출되는 부작용을 말한다. 그리고 사회 의제나 정책문제로 채택되면서 시스템 재구성 문제가 등장하거나 시스템 붕괴에 이르게 된다. 사회문제가 누적되면 사회적 저항이나 개혁 시도가 나타나고, 시스템은 변화하거나 해체된다. 그러나 이 과정도 쉽지 않고, 종종 또 다른 시스템의 씨앗이 되는 경우가 많다.

그렇다면, 왜 시스템은 왜곡되는가? 이를 시간적 관점에서 보면, 시대의 가치, 기술, 인구 구조 변화에 따라 시스템의 적합성이 줄어들기 때문이다. 공간적 관점에서 보면, 지역 간 불균형과 문화적 맥락 무시로 인한 오작동 때문이다. 인간적 관점에서 보면, 의도된 기능을 벗어나 권력, 이익, 관성에 의해 시스템이 '사용'되거나 '악용'되기 때문이다.

그렇다면 우리는 시스템을 어떻게 바라봐야 하는가? 기본적으로 시스템 이론에서는 시스템을 생명체와 같이 본다. 유기체처럼 진화하고 노화하며, 때로는 병들고 죽기도 한다는 것이다. 그래서 시스템을 대하는 태도는 가급적 비판적 공존이 필요하다. 시스템을 무조건 수용하거나 거부하는 대신, 그 한계를 자각하면서 살아가는 태도가 필요하다는 것이다. 그리고 나아가 개입 가능한 틈을 찾아야 한다. 붕괴 직전에 낑낑대다가 절망으로 가기 전에 작은 균열을 발견하고 개입 가능성을 탐색해야 한다. 이처럼 인간은 시스템이 태어나고 자라며 변형되고 때로는 파괴되는 생애를 지켜본다. 인간은 그 시스템 안에서 때로는 이득을 보고, 때로는 고통받는다. 여기서 중요한 것은 시스템의 왜곡을 자연스럽고 필연적인 현상으로 인식하되, 그것을 비판적으로 성찰하며 재구성할 여지를 찾는 인간의 노력이다.

2) 뒤틀림을 보는 시각: 보수 vs. 진보

이러한 시스템의 개념과 특성 때문에 시스템의 뒤틀림을 보는 시각도 다양하다.

보수적 시각에서는 어떻게 보는가? 시스템의 일생을 바라보면, '뒤틀림'이나 '왜곡'보다는 지속성과 안정성의 관점이 중심이라고 본다. 시스템이 시대를 초월해 살아남는 이유는 무엇이며, 사회는 왜 제도와 구조에 의존해야 하는가? 보수적 관점의 논의는 시스템이 진화가 아니라 축적을 통해 존속한다고 본다. 보수주의의 기본 전제는 인간이란 불완전하며, 오랜 시간에 걸쳐 형성된 제도와 규범이야말로 그 불완전성을 보완하는 장치라는 것이다. 따라서 시스템은 특정 시대의 욕망이 반영된 도구가 아니라, 역사의 누적된 지혜로 간주된다. 시스템이 지금 '뒤틀려 보인다' 하더라도 그 내부에는 질서, 절제, 균형, 책임의 원리가 내포되어 있다. 좀 더 심하게 말하면 시스템의 왜곡이라기보다 오히려 인간의 불만이 과도한 것일 수 있다고 보는 것이다. 또는 시스템이 문제가 아니라 사회가 빠르게 변하는 것이 문제라는 것이다. 그러므로 오늘날 변화 속도와 기대 수준이 너무 높아 시스템이 오히려 '느리게 움직이는 안정 기제'로 존재할 가치가 있다고 본다. 여기에서 나오는 신음은 제도의 실패가 아니라 필연적 비용으로 간주한다. 모든 시스템은 희생을 요구하며, 이는 '시스템이 잘 작동하고 있다'는 징후로도 해석 가능하다. 자유시장, 형벌 제도, 군사 체계는 모두 누군가에겐 불편하지만 전체 질서를 위한 최소 희생인 셈이다. 그러므로 개혁은 신중해야 하고, 파괴는 피해야 한다고 본다. 시스템의 본래 취지를 의심하기보다 어떻게 보존하면서 조정할지를 고민해야 한다고 본다. 급진적 변화는 오히려 예측 불가능한 혼란을 부른다고 간주한다.

그러므로 보수적 관점에서 본 시스템의 일생은 오랜 시행착오 속에서 생겨난 질서인 셈이다. 시스템은 특정한 계몽적 의도가 아닌, 관습과 실용의 결과물로 등장한 것으로 본다. 그다음 단계에서 나타나는 정착이라는 것은 안정과 일관성을 확보했다는 것으로 본다. 여기서 규칙과 제도는 사람들이 예측 가능한 삶을 살도록 돕는 도구이며, '절차'가 본질이다. 그다음 단계인 변형에 대해서는 시대 변화에 따른 조정이 필요하지만, 중심은 유지되어야 한다는 것으로 본다. 그래서 시스템의 외피는 바뀌어도 핵심 가치는 보존되어야 한다고 간주한다. 마지막으로 나타나는 위기에 대해서는 무작정 해체하는 대신, 전통의 가치를 재발견하도록 해야 하며, 문제는 시스템 자체보다 그것을 오용하거나 책임을 회피하는 태도에 있다고 본다.

이런 보수적 입장에서는 한번 만들어진 시스템은 그 자체가 완벽해서가 아니라, 그나마 인간의 불완전성을 가장 덜 해치는 수단으로 존재하는 것으로 간주한다. 그러므로 시스템의 '뒤틀림'은 오히려 사회적 책임, 인내, 절차 존중의 결핍을 보여주는 신호일 수 있다. 보수주의적 시각은 시스템을 함부로 문제화하지 않고, 그 지속성과 내재된 지혜에 무게를 두는 방식으로 대응한다.

한편, 진보주의 시각에서는 어떻게 보는가? 진보는 시스템을 고정된 질서가 아니라 끊임없이 개선되어야 할 역사적 산물로 본다. 이 관점은 시스템의 불완전성과 배타성을 문제 삼고, 더 평등하고 공정한 방향으로의 지속적인 개혁과 진화를 요구한다. 결국 시스템은 인간 해방을 위한 끊임없는 프로젝트이므로 모든 제도와 시스템은 인간의 자유, 평등, 존엄을 확장하는 방향으로 계속해서 재구성되어야 하는 존재로 본다. 시스템이 어떤 이들에게 고통을 주고 있다면, 그것은 예외가 아니라 본질이 드러난 것이며, 그 시스템은 해체하거나 재편할 정당한 대상이라는 것이다. 그러므로 시스템의 뒤틀림은 '정상 작동'이 아니라 '구조적 실패'인 셈이다. 진보주의 관점에서 시스템은 중립적이지 않고, 모든 제도는 권력을 반영하며, 종종 소수 기득권의 이해를 대변한다고 간주한다. 그리고 시스템의 뒤틀림은 왜곡이 아닌 본래 구조의 문제로 보며, 불평등, 차별, 배제는 시스템에 우연히 끼어든 요소가 아니라, 그 뿌리에 박혀 있는 구조적 결과로 간주한다. 그러므로 개혁은 필수이며 긴급하다고 본다. 특히, 시대의 변화에 발맞추지 못한 시스템은 반드시 개혁되어야 하며, 때로는 급진적인 전환도 정당화된다고 생각한다.

이 같은 기본 생각을 갖는 진보주의 관점에서 본 시스템의 운명도 관점의 차이가 명백하다. 우선 시스템의 기원은 권력관계에 따라 구축된 질서이다. 모든 시스템은 누군가의 이익과 권리를 제한하는 방식으로 출발했을 수 있다는 것이다. 정착단계에 이른 것은 익숙함이 불평등을 은폐하는 것이며, 제도화된 시스템은 표면적으로 공정해 보여도 실상은 기존 차별과 위계를 재생산하는 구조일 수 있다는 것이다. 왜곡 현상에 대해서는 시대 변화에 대한 저항으로 나타난 것이며, 사회가 진보할수록 시스템은 낡은 질서를 유지하려 하고, 그 안에서 고통받는 사람들이 점점 더 많아진다고 본다. 그리고 마지막 전환단계는 시민의 개입과 저항에 의한 진보 과정이며, 시스템은 해체, 재구성, 대안적 질서 창출을 거쳐 다시 쓰여야 한다고 본다.

그러므로 교육이나 문화는 계층 재생산, 경쟁 중심 같은 시스템 문제를 지니고 있으며, 평준화와 비판적 교육 강화로 나아가는 정책을 개발해야 한다고 본다. 문화복지 문제도 시스템이 빈곤층을 낙인화할 수 있으며, 따라서 정책적으로 보편복지, 기본소득을 제공해야 한다고 제안한다. 그러므로 진보주의는 시스템의 뒤틀림을 직시하고, 더 평등하고 인간적인 질서로의 이행을 끊임없이 추구한다. 변화는 위험한 것이 아니라, 오히려 진정한 정의를 위한 필수 조건으로 간주한다.

　전환기 시스템의 뒤틀림을 일단 보수와 진보를 아우르는 관점에서 살펴보며 그 양측의 장점을 통합하고 단점을 보완하려는 접근이 필요하지 않을까? 일반적인 표현으로 통합주의적 관점에서 서로 대립하는 가치와 원칙을 대화와 상호 보완의 방식으로 통합하려는 접근이 있겠다. 보수의 '질서와 안정', 진보의 '변화와 정의'를 양립 가능한 요소로 보는 경우다. 이때는 합리적으로 공론의 장을 통해 균형점을 찾는다. 한편, 중도주의 관점에서는 이념 스펙트럼의 극단을 피하고, 현실적 절충을 추구하는 실용적 입장이다. 이는 시스템에 문제가 있을 때 현실 정치에서 흔히 사용되지만, 원칙 없는 타협주의라는 비판도 있다. 그리고 통섭적 관점에서 다양한 분야와 사고 틀을 아우르는 통합적 지성을 강조하며, 사회과학·인문학·정치철학을 넘나드는 '시스템 통찰'이 가능하다고 본다. 결국 보수와 진보 두 관점을 모두 분석 단위로 삼아 상호 긴장 속에서 더 깊은 통합을 지향하는 이상적인 접근으로 고려할 수도 있다. 이러한 접근이 가능하다면, 시스템적 균형주의

💡 더 생각할 점

- 보수적 시각에서 말하는 '필연적 희생'은 어떤 윤리적 정당성을 가질 수 있으며, 그 한게는 무엇인기?
- 진보주의 시각에서 급진적 시스템 재구성이 정당화되기 위한 사회적 조건은 무엇인가?
- 보수와 진보의 통합적 접근이 현실 정책 현장에서 실질적으로 구현되기 위한 전제조건은 무엇인가?
- AI·디지털 사회에서 새로운 시스템(예: AI 알고리즘, 데이터 기반 행정)은 어떻게 왜곡될 수 있으며, 그에 대한 인간의 개입 가능성은 어떤 방식으로 존재하는가?

또는 진화적 중도라고 표현하는 접근도 가능하겠다. 다시 말하면, 시스템을 변화와 안정 사이에서 역동적으로 조율해야 한다는 관점이다. 그리고 사회는 점진적으로 변화해야 하며, 전통과 개혁은 연속선상에 있다는 생각이다.

2. 관계가치의 중점

이처럼 문화예술의 가치들은 기존 정책 시스템에서 해체되고 더구나 휘몰이 충격을 받으면서 더 심각해진 상황이어서 새로운 공진화 기반 정책 실행이 필요하다. 이를 위해 먼저 새로운 정책 구조에 대한 개념적 전환점과 이론적 중추를 설정해야 한다. 이러한 논리구조 속에서 새로운 시스템 원리를 적용할 필요가 있다. 그리고 정책 설계와 실천 전략으로 이어지는 구조 속에서 기존 시스템을 넘어설 수 있는 철학적 원리와 정책 구조의 핵심 개념을 전개해야 한다.

기존 문화정책 시스템이 예술가·시민·제도 사이의 관계를 위계적·경직적으로 구성하여 문화예술 고유의 가치를 희생시킨 데 대한 반동으로 새로운 가치철학이 등장하게 된다. 이 배경에서 탄생하는 새로운 시스템은 정태적 질서가 아닌 동태적 관계성, 공진화에 기반하여 구성되어야 한다. 그리고 이는 문화예술·사회·정책의 가치 순환구조로 구체화될 수 있을 것이다.

우선 고민할 점은 고정된 제도에서 움직이는 관계를 어떻게 할 것인가에 대한 시스템 구조의 재검토이다. 왜냐하면, 제도 중심 문화정책은 예술을 관리 대상으로 간주했고, 정책 수행자는 중개자가 아닌 감독자로 기능해왔기 때문이다. 그러므로 우선 공진화 시스템은 고정된 역할 구조 대신, 예술가·시민·정책 주체 간의 상호작용과 피드백 순환을 전제로 마련해야 한다. 이러한 구조는 정책의 형성-집행-평가라고 하는 정책학 연구 초창기에 쓰던 폐쇄형 정책 구조를 초월해야 한다. 그리고 정책공유-조율-창발성이라고 하는 순환형 구조로 바꾸어야 가능하다.

여기에서 핵심이 되는 점은 바로 문화정책이 '프로그램' 중심이 아니라 '생태계'에 중점을 둬야 한다는 점이다. 또한, 활동 주체들은 상호 진화 가능한 네트워크의 일원으로 재배치되어야 한다.

해체된 문화가치를 재조합하거나 공진화 원리의 작동 방식에 바탕을 두고 재정립해야 한다면 어떤 것이 적합할까? 그동안 유지해온 '기능적 가치'가 아닌 '관계적 가치'로 재정의해야 할 것이다.

고유가치는 제도와 무관하게 창작될 수 있는 문화예술의 내적 동력이라고 보아야 한다. 이미지 가치는 공동체의 상상력과 감수성을 확장하는 기호적인 자산으로 보아야 한다. 소통가치는 일방향 전달이 아닌 협력적 표현과 감응으로 봐야 한다. 부가가치는 경제 외적 가치를 포함한 '공공효과'로 간주해야 할 것이다. 그리고 인본가치는 예술이 인간의 존엄을 다루는 윤리적 실천으로 봐야 할 것이다. 우리가 기대하고 있는 공진화 구조 안에서 이 다섯 가지 가치는 고립된 기준이 아니라, 상호 촉진의 조건으로 작용하도록 해야 한다. 그렇다면, 문화정책은 더 이상 '가치의 잣대'를 제공하는 것이 아니라, 가치 간의 공명(共鳴)과 긴장을 조율하는 무대가 되어야 한다.

이런 내용을 바탕으로 해서 볼 때 공진화 시스템의 원리와 구조 모형은 어떻게 만들어야 할까? 우선 정책 설계는 몇 가지 원리를 중심으로 재편되어야 할 것이다. 우선 거버넌스를 추구하되 다극적 거버넌스로 설계하여 예술가, 시민, 행정이 공동 설계자이자 운영자로 나서도록 해야 한다. 그리고 정책의 흐름은 당연히 자율 기반으로 진행하도록 상향식 구조와 수평적 동료평가 시스템을 도입하는 것이 바람직하다. 구조상 중요한 피드백은 가치 피드백 회로를 설정하여 정량 중심 평가에서 탈피한 순환적 정성 평가 구조로 만들어야 한다. 끝으로 시스템 구조는 폐쇄형 피라미드가 아니라, 수평적 생태순환 모델이어야 한다. 이러한 관계를 시스템 기반의 문화예술 정책 과정으로 본다면, 문화가치 순환 피드백 구조도는 창작(고유), 표현(이미지), 공유(소통), 확장(부가), 회복(인본)이라는 일련의 과정으로 엮어볼 수도 있다. 한마디로, 공진화 기반의 정책 시스템은 문화정책을 '배분'이 아닌 '관계적 가치의 생태적 조율'로 전환시키는 설계 철학이라고 말할 수 있다. 이런 내용은 이 책 곳곳에서 연관 주제와 관련해 논의를 이어갈 것이다.

창발성, 관계의 산물?

창발성은 개별 요소들이 상호작용함으로써 전체 차원에서 예측 불가능한 새로운 성질이나 구조가 출현하는 현상을 말한다. 이 논의는 전체가 부분의 합 그 이상이라는 통찰에서 출발한다. 창발성은 기존에 존재하던 단위들의 조합이 아니라, 상호작용 속에서 완전히 새로운 질서나 패턴이 생겨나는 과정을 가리킨다. 사회 속에서 다양한 문화적 주체가 상호작용할 때, 그것들은 단순히 '합'이 아닌 공동체 전체의 창의적 역량을 초월하는 결과를 낳기도 한다.

창발성은 창의성과 차이가 있다. 창의성은 개인의 능력이나 사고력, 상상력에 초점을 둔다. 이는 "기존에 없던 것을 새롭게 만들어내는 능력"으로 정의되며, 발명, 예술, 문제해결에서 발현된다. 창의성은 흔히 개별 주체의 독창성(originality), 유용성(usefulness), 적절성(relevance)으로 평가된다. 반면 창발성은 '관계적 맥락'과 '과정적 생성'에 집중한다. 그것은 개인의 고립된 재능이 아닌, 다양한 요소가 동시적으로 작동하며 그 상호작용 속에서 예상치 못한 질서가 출현하는 집합적 차원이다. 창의성은 '누가 무엇을 만들었는가'에 관심을 두는 반면, 창발성은 '어떻게 그 결과가 가능했는가'에 주목한다. 이러한 관점에서 창발성은 창의성의 확장 개념이자, 그것을 뛰어넘으려는 사회문화적 패러다임의 전환이다.

3. 가치와 시스템의 공진화

1) 문화가치와 시스템의 균형

지금 우리는 사회문화 휘몰이 충격을 마주하고 있어 문화예술의 가치가 흔들리고 있다. 그럼에도 이 책에서는 공진화 시스템을 바탕으로 지속가능한 사회문화정책을 지녀야 한다고 본다. 일단은 이런 관점에서 시스템 비판과 개선을 먼저 고려해봐야 할 것이다. 여기에서는 문화예술 가치의 흔들림, 공진화 시스템을 기반으로 지속가능한 사회문화정책의 필요성이 중요하므로 이를 중심으로 구성한 구조화된 비판·개선 논의를 전개한다.

사회문화 휘몰이 속 충격과 변화는 문화예술을 포함한 사회 전체 시스템에 구조적 불안정을 초래하고 있다. 시스템 위기에 비춰볼 때, 문화예술 가치는 침식되고 있는가? 오늘날의 사회문화 시스템은 겉으로는 풍요롭게 보이나, 실상은 가치 기반 공동체 감각이 붕괴되고 있다. 아울러 창의성은 산업적 성과의 수단으로만 환원되며, 실험적이고 비판적인 예술의 자리는 점점 협소해지고 있어 창의성의 도구화로 치닫고 있다. 더구나 예술가와 기관은 행정 논리와 정량지표에 의해 평가되며, 자유로운 창작보다 성과관리 대상으로 전락하고 있어 자율성의 침해가 문제다. 예술은 특정 계층의 소비문화로 편향되거나 정치적 목적의 도구로 동원되는 사례가 늘고 있으며, 공공성의 약화를 급격히 초래하고 있다. 다문화 문제는 표피적 마케팅 요소로 소비될 뿐 구조적 불평등을 해소하는 기제로는 작동하지 못하며, 다양성의 표면화에 적절히 대응하지 못하고 있다. 그러다 보니 예술 생태계의 생존 불안, 공간 부족, 지역문화 기반 붕괴에 따라 장기적 존속이 어려워져 지속가능성의 실종 위기에 이르고 있다.

이러한 위기를 극복하기 위해서는 어떻게 해야 할까? 단순한 제도 개선이 아니라, 시스템의 존재 방식 자체를 재정의할 필요가 있다. 이때 주목해야 할 개념이 바로 공진화이다. 공진화란 서로 다른 존재들이 상호작용 속에서 함께 진화하는 과정을 뜻한다. 이를 사회문화 시스템에 적용하면 다음과 같은 통찰을 제공한다. 첫째는 정태적 균형이 아닌, 동태적 적응을 전제로 한 시스템 설계를 뜻한다. 이에 덧붙여 예술-사회-정책 간의 수직적 통제 대신, 수평적 상호작용 기반의 순환 구조를 말한다. 그리고 가치 혼합과 갈등을 인정하면서도 새로운 의미 질서를 공동 생산해야 함을 뜻한다. 결국, 공진화적 시스템은 각 주체가 고정된 기능이 아니라 역할의 유연성과 자율성을 바탕으로 변화하며, 시스템 자체도 '유지'가 아니라 '재창조'를 통해 지속된다는 것에 중점을 둬야 한다.

뒤에서 자세히 살펴보겠지만, 그동안의 시스템을 비판적인 관점에서, 특히 공진화 관점에서 시스템 개선을 위한 방향을 살펴보면, 문화예술 가치 회복과 정책 개편을 위한 몇 가지 고려할 점이 있다. 우선은 지표 중심 행정의 탈피 문제인데, 정량적 평가에서 벗어나 질적 성장과 맥락 인식이 가능한 정책 구조를 마련해야 한다. 그리고 평가자는 행정관료가 아닌 지역 공동체, 동료 예술가, 시민이어야 한다. 다음으로 문화예술 자율성 보호 장치를 마련해야 한다는 관점에서 공공 재원이 통제의 수단이 아닌 실험적 창작의 인큐베이터가 되어야 하며, 공공예술의 정치적 악용을 방지하는 독립 심의기구를 정착시켜야 한다. 계속 논의해온 다층적 생태계 조성 관점에서 보면, 중앙집중형 지원에서 벗어나 지역-소규모-실험적 공간에 우선권을 부여해야 한다. 그리고 예술가, 교육자, 활동가, 시민이 함께 만드는 '지역문화 자치' 모델을 실험할 필요가 있다. 끝으로 문화정책의 문화화라고 할 수 있는데, 이는 정책이 관리와 분배가 아니라 문화 자체가 되어야 한다는 것이다. 이는 시스템이 예술가적 상상력에 의해 설계되고, 실행되는 구조로 전환될 필요가 있다는 말이다.

우리에게 지금 필요한 것은 시스템을 비판하거나 유지하는 것이 아니라, '시스템을 다시 문화화하는 작업'이다. 문화가 정책의 대상이 아니라, 정책의 방식 그 자체가 되어야 한다. 공진화 시스템은 이러한 전환을 위한 윤리적·철학적 플랫폼을 제공한다. 급변하는 사회 속에서도 인간적 가치와 공동체적 연속성을 보존하려면, '문화가치 지속형 시스템관'에 기반한 진화적 정책 설계가 절실하다. 그것이야말로 진정한 지속가능성의 출발점이다.

2) 5대 가치의 재구성

휘몰이 시대의 문화예술 가치는 어떻게 재구성되어야 하는가? 격변의 소용돌이 속에서 기술은 경계를 무너뜨리고, 자본은 속도를 추동하며, 정체성은 유동적이고, 감정은 피곤하다. 이 와중에 문화예술은 그 본질을 유지하면서도 새로운 시대와 계속해서 만나고 있다. 그러나 지금 우리가 목격하는 것은 시대의 변화가 아니라, 문화예술을 떠받치던 핵심 가치체계의 흔들림이다. 저자가 준거 틀로 삼아온 문화예술의 5대 가치로 여겼던 고유가치, 이미지가치, 소통가치, 부가가치, 인본가치가 전방위적 위협에 놓여 있다. 또한 정책수단으로 나누어 살폈던 지원, 육성, 보호, 조성, 규제 및 탈규제의 5대 수단도 바뀌게 되었다. 이런 시간의 흐름 속에서 생겨난 이러한 위기 구조를 비판적으로 진단해보고, 공진화 개념을 바탕으로 지속가능한 사회문화생태계의 전환 가능성을 탐색해야 한다고 생각한다.

첫째로 예술은 왜 존재하는가의 문제로서 고유가치가 희석되었다는 점이다. 문화예술의 가장 근본적인 가치는 그것이 존재 그 자체로 의미를 가지는 고유성이다. 그러나 오늘날의 시스템은 예술을 하나의 '콘텐츠'로 환원하고, 시장성·가독성·수익성의 틀 속에서 평가한다. 작품이 발화하는 존재론적 울림보다 '얼마나 팔릴 수 있는가'가 가치의 척도가 되는 현실은 예술이 제도적 틀 안에서 자기해체를 강요받는 상황이다.

둘째는 이미지가치의 상업화를 초래했다. 창의성은 포장인가 본질인가? 예술은 고유한 상징과 형상으로 세계를 해석하고 전달한다. 이는 이미지의 힘, 즉 시각적·상징적 가치에서 비롯된다. 그러나 현대 시스템은 이러한 이미지가치를 상업적 브랜딩 도구로 소비한다. 창작자의 시선은 점점 시청자의 기대에 맞춰 조정되고, 그 결과 이미지가치는 상상력의 자율성보다 '팔리는 미감'으로 왜곡된다. 예술은 '재현'이 아니라 '재생산'의 도구로 전락하고 있다.

셋째, 소통가치에 문제가 생겨났다. 요즘 소통은 연결인가 소음인가라는 조롱을 받을 정도이다. 문화예술은 관객과의 심층적 교감, 즉 소통을 통해 생명력을 얻는다. 그렇지만 디지털 플랫폼 중심의 현재 시스템은 소통을 표면적 반응의 수치화로 대체하고 있다. 조회 수, 좋아요, 댓글이 소통의 전부가 되며, 이는 내용보다 '자극성'과 '속도'를 우선시한다. 이 때문에 예술은 소음 속에 잠기고, 창작자는 내면의 언어보다 외부의 주목을 우선하는 구조에 갇히게 된다.

넷째, 부가가치의 왜곡이 많아졌다. 문화의 가치로서 부가가치는 경제적 환원이 중심이다. 그러나 문화예술이 갖는 부가가치는 경제적 수익에 그치지 않는다. 예술은 도시를 활성화하고, 교육을 풍부하게 하며, 치유와 공감의 기회를 제공한다. 그러나 정책 시스템은 여전히 단기적 매출, 관광객 유치, 산업 연계성만을 중심으로 평가지표를 설정한다. 그 결과 '성과'가 없는 예술은 '불필요한 비용'으로 간주되고, 비경제적 가치는 투명인간 취급을 받는다.

다섯째, 인본가치의 침식 현상이 심각하다. 인간은 시스템의 부속품이 아니다. 문화예술은 궁극적으로 인간의 내면과 관계, 존엄을 사유하는 장르다. 인본가치란 인간 숭심의 세계를 위한 윤리적 상상력이며, 예술이 그것을 견인하는 핵심 영역이다. 그러나 오늘날 창작자는 불안정한 노동 구조 속에서 생계와 싸우고, 기획자는 행정 언어 속에 갇혀 있으며, 관객은 피곤한 소비자일 뿐이다. 시스템은 인간을 위한 것이 아니라, 인간을 관리하는 구조로 기능한다. 인본가치의 해체는 문화의 종말을 의미한다.

이처럼 문화예술의 다섯 가지 핵심 가치는 현대 시스템 속에서 변형·

해체되고 있어 소멸되지 않도록 시스템화해야 하지 않을까. 이에 대한 대안으로 제안할 만한 것은 바로 공진화 시스템이다. 이는 각 주체(예술가, 제도, 시민, 시장 등)가 수평적 관계 안에서 상호 변화하며, 새로운 가치 질서를 공동 창출하는 구조로 나아가자는 것이다. 공진화 시스템은 고정된 기준이 아닌 관계적 학습과 공동 성장의 장을 지향하며, 몇 가지 철학을 바탕으로 가능하다.

덧붙여 설명한다면, 우선 문화예술의 자율성과 제도의 공공성이 상호 견제·지지하는 구조를 만들어야 한다. 그리고 가치의 충돌을 억제하는 것이 아니라, 충돌 속에서 창발하는 새로운 언어를 설계하자는 것이다. 또한, 소통과 상상력, 인간성 회복을 시스템 설계의 출발점으로 삼아야 한다.

우리는 지금 예술의 가치가 체계적으로 침식되는 전환기에 서 있다. 전환기를 맞아 강조하고 싶은 것은 가치의 통합이 곧 시스템의 미래라는 것이다. 이러한 시대에 필요한 것은 단순한 정책 조정이나 예산 확대가 아니다. 필요한 것은 시스템의 문화화, 그리고 가치 중심 시스템 재설계다. '문화가치 지속형 시스템관'은 고유가치, 이미지가치, 소통가치, 부가가치, 인본가치가 동등하게 호흡하며 공진화할 수 있는 구조를 상상하게 한다. 이것이야말로 문화예술의 미래를 지키는 동시에 사회 전체의 지속가능성을 담보하는 길이다.

3) 공진화와 시스템의 지속가능성

이 책에서는 이러한 공진화 시스템이 곧 파편화된 가치를 재결합하는 틀이라는 점을 강조한다. 앞에서 언급한 문화가치 지속형 시스템과 공진화라는 핵심 철학을 바탕으로 문화정책 시스템을 비판 → 분석 → 재구성의 흐름에 따라 논의한다.

먼저 기존 시스템을 분석 비판하는 입장에서 우리는 해체된 가치, 붕괴하는 문화정책 시스템에 주목해야 한다. 여기서 핵심이 되는 내용은 오늘날의 사회문화 환경, 속도, 자본 중심, 평가주의, 플랫폼 논리의 확산 등이다. 아울러 문화예술의 5대 가치(고유, 이미지, 소통, 부가, 인본)의 침식 실태를 살펴볼 때, 문화정책 시스템의 기계화·행정화, 수치화된 성과주의, 비평 없는 지원 구조, 인간 없는 구조 문제가 심각하다. 보다 직접적으로 평가한다면, 문화예술이 본래 가치가 아닌 '경제적 도구'로 위치 이동하는 과정에 그 가치가 현대사회 시스템 안에서 침식된 것으로 본다. 다시 말하면, 고유가치는 콘텐츠화, 장르 표준화로 내달렸다. 이미지가치는 포장과 마케팅의 도구로 바뀌었다. 소통가치는 플랫폼을 기반으로 하는 피상적 반응이었다. 부가가치는 단기 수익중심 정책으로 이뤄졌다. 그리고 인본가치는 예술노동의 불안정성과 탈인간화로 가고 있다. 그러다 보니 문화정책은 이미 기능적 언어에 의해 가치의 다양성과 깊이를 상실한 채 지표에 최적화된 구조로 변질되었다. 이미 당초의 좌표에서 상당히 먼 곳으로 가면서도 좌표 상실을 걱정만 하고 떠밀려가는 모양이 되었다.

여기에서 대두되는 문제는 현재 문화정책은 왜 예술가·시민·가치를 소외시키는가 하는 원초적인 질문이다. 그리고 정책은 예술을 '살린다'는 명분 아래 예술을 어떻게 '관리'하고 있는가의 문제이다.

문화예술의 5대 가치를 어떻게 공진화와 연결할 것인가? 이는 새로운 정책 구조의 개념화에 맞닿는 논의이다. 그동안 공진화 시스템이라고 개념 붙여 도입했던 것들은 사회 주체들 간의 상호 변화와 공동 성장 구조를 만드는 것이었다.

여기에서 문화정책의 기능을 재정의하여 분배가 아닌 '공공가치 생성의 촉진자(facilitator)'라는 관점으로 논의해왔다. 그리고 가치별 공진화 원리를 찾아내어 설명했다. 다시 말하면, 고유가치는 예술 자율성 확보, 이미지가치는 상상력 중심 평가체계, 소통가치는 참여 기반 거버넌스, 부가가치는 질적인 환류 설계, 인본가치는 노동·생태 복지 연결에 접근 가능한 것으로 노력했다. 앞에서도 간단히 논의했지만, 문화정책은 어떻게 문화생태계를 다시 설계할 수 있을지 아직 더 논의해야 한다.

그렇다면 공진화 정책 실행을 위한 전환 전략으로서 정책 시스템을 어떻게 재구조화할 것인가? 이 문제의 핵심은 정책 설계의 전환을 수직 구조에서 수평 구조로, 보조금 모델에서 생태계 모델로 바꾸는 것을 기본 원칙으로 정해서 추진해야 한다고 본다. 그리고 이를 뒷받침하기 위한 실행 전략으로서 세 가지를 제시했다. 먼저 다층 거버넌스 구조로 바꿔서 국가-지자체-시민 조직의 협력 구조를 만들자는 것이다. 아울러 가치 기반 평가체계를 위해 정량·정성 융합, 동료 평가, 문화영향 평가를 제대로 시행하자는 것이다. 그리고 문화복지 시스템 연동을 위해 예술인 기본소득, 창작공간 생태계, 지역 순환 모델을 확실히 구축하자는 것이다. 그리고 모든 정책 개발과 설계에서 실행 가능한 정책 구조는 어떤 디자인을 가져야 하는가의 문제를 기본으로 간주해야 한다. 또 덧붙인다면 어떤 제도적 틀이 공진화를 가능하게 할 것인가를 모색하자는 것이다.

문화행정 시스템은 지표에 갇혀서 이런 일탈을 관망해왔다. 사회가 '성과'를 기준으로 움직이는 데도 문화행정의 책임이 크다. 정량 중심 성과 지표화는 당연히 예술의 자율성과 실험성을 압박했다. 문화예술 지원정책이 자율성보다 '투자 대비 효율'을 우선하는 구조로 전환되는 데 맨 앞줄에 있었다. 문화재단·지자체 같은 문화활동 주체들의 문화예산 편성이나 사업 구조에 나타나는 성과주의 관리 시스템은 그동안 아이러니하게도 정밀하고 촘촘하게 다듬어져왔다. 문화예술가의 노동은 창의적 행위가 아니라 '지원금 관리와 결과물 산출'로 변질되었다. 이 모든 것이 문화정책이 본래 지향해야 할 '가치창출'보다 '정책 정당화'와 '성과관리'에 치우치면서 시스템은 가치 중심성에서 이탈했다.

여기에서 문화정책 전문가들은 해체된 공동체와 탈맥락화된 예술에 대해 비판적인 논의를 아끼지 않았다. 디지털 사회와 글로벌 자본이 지역의 문화생태계를 약화시키는 점을 우려했다. 또한 문화예술이 사회적 맥락과 공동체 감각을 잃고, '시장 맞춤형 표현물'로 환원되는 현실에 개탄했다. 그럼에도 문화예술은 공공적 사유를 매개하는 것이 아니라, 소비되는 '특정 시선의 맞춤 상품'으로 자리 잡고 있었다. 더구나 앞에서 이야기한 것처럼 지역 문화예술 지원사업에서 나타나는 '형식적 분산과 실제적 집중'의 괴리는 지적받는 수준에 그치는 정도였다. 전환기에 내몰린 지금의 문화예술은 더 이상 공동체의 감각을 재구성하지 못한 채 소외와 단절의 언어로 내몰리고 있다. 이는 문화정책 시스템이 사회적 통합의 수단으로 기능하지 못하는 뼈아픈 현실을 보여준다.

더 읽어볼 책

김종법 외(2017), 『한국의 문화정책과 세계의 문화정책』, 한국학중앙연구원 출판부.

김현정(2023), 「대중문화 콘텐츠에 대한 사회자본 가치 탐색」, 한국국회학회, 『한국과 세계』 5(4), 123–139쪽.

루트비히 비트겐슈타인(2020), 이영철 역, 『문화와 가치』, 책세상.

문시연(2017), 「프랑스에 있어서 문화의 경제적 가치평가에 관한 연구」, 프랑스학회, 『프랑스학연구』 80.

서우석·조광호(2019), 「문화도시 사업이 지향하는 사회적 가치에 대한 이해」, 『문화경제연구』 22(1), 129–160쪽.

원향미(2017), 「조선 시대 문화정책의 현재적 가치 연구」, 한국예술경영학회, 『예술경영연구』 41, 243–265쪽.

富本眞理子(2011), 『固有價値の地域觀光論:京都の文化政策と市』, 水曜社.

6장

활동 생태계:
사유와 자리매김

정책학에서 정책연구 논리는 방향의 설정, 내용 결정, 실행 전략 같은 사유의 단계를 거치면서 분석한다. 정책학의 지향점(where to), 핵심과제(what to), 실행전략(how to) 구분은 단순한 정책 절차를 넘어 사회문화적 생태계의 공진화를 논의하는 데 중요한 생각의 틀을 제공한다.

먼저 where to는 "어디로 갈 것인가?"라는 근본적 질문인데, 정책이 지향해야 할 가치와 비전을 제시한다. 문화정책에서는 지속가능한 삶의 양식, 충격 시대의 문화적 회복력, 문화다양성 같은 장기적 지향이 여기에 포함된다. what to는 "무엇을 할 것인가?"라는 질문으로, 그 비전을 구체적 과제로 전환한다. 지역소멸에 대응한 문화정책, 디지털 전환에 따른 체계, 지속가능 조건, 활성자 역할은 공진화적 과제를 현실화하는 선택지라 할 수 있다. 이어서 how to는 "어떻게 할 것인가?"로, 새로운 관점의 실험, 공진화 체계의 구성을 아우르는 실행 전략을 담는다. 공진화 생태계에서는 서로 얽히는 다층적 실행 구조를 그린다.

이 세 가지 질문은 각각 분리된 단계가 아니라 순환적 관계 속에서 생태계를 이룬다. 곧, 문화정책을 단일한 정책도구가 아니라 하나의 생태계로 이해할 때 비로소 공진화 문화생태계는 실질적 설득력을 가진다. 문화정책은 환경·경제·사회와 상호작용하며, 변화에 대응하는 적응성과 새로운 질서를 만들어내는 창발성을 동시에 필요로 한다. 따라서 where to, what to, how to는 문화정책을 공진화 문화생태계의 일부로 사유하게 만드는 철학적 좌표이자, 정책 시스템을 설계하는 데 바탕이 되는 것이라 할 수 있다.

다만, 여기에서 문화정책에 시스템 사고를 접목하는 기존 접근 방식을 병행하려면 몇 가지 열려있는 사유를 함께하고 자리매김하도록 해야 한다. 우선, 문화를 제도·주체·담론·기술의 상호작용 네트워크로 파악한다. 지역의 문화정책은 지역사회 행정조직, 시민사회, 창작자, 공간, 플랫폼, 관습이 연결된 관점으로 본다. 그러면서 동시에 문화를 단순한 산출물이 아니라 프로세스로 보고, 결과보다 '상호작용'의 중심에서 본다. 또한, 변화를 진화로 이끌어가려면 통제나 명령보다 적절한 조건을 조성하는 자율성을 중점에 두고 강조한다는 생각을 병행한다.

그러므로 정책을 생태계로 보는 데는 순환과 피드백, 동시다발적 상호작용, 예측 불가능한 창발성을 함께 고려한다. 여기서 생겨나는 문화정책의 실패나 성과는 단순히 사업의 성공·실패로 환원하지 않고 구조적 상호작용의 역학 속에서 해석한다. 이는 문화정책을 산업 모델이 아닌 생태계 모델로 전환시키며, 그 정책 목적을 단기 성과에서 장기적 관계망 조성, 구조적 변화, 사회적 감수성 향상으로 재정의할 수 있는 기반을 제공한다.

1. 지향점: 활동 토대의 구축

1) 사회문화적 불평등 완화

우리 사회는 급격한 기술 발전, 세계화, 이민 확대, 정보 환경 다원화에 따라 정체성과 집단 간 갈등이 빈번하게 표출되고 있다. 더구나 이는 교육, 정보 접근성, 상징자본, 문화참여 기회 같은 다양한 영역으로 확장되고 있다. 이제 사회문화정책은 이를 외면할 수 없으며, 사회적 응집력과 포용적 구조 형성의 핵심축으로 재조명하게 되었다. 사회문화적 접근은 바로 이러한 인식 위에서 삶의 토대를 새로 구축하는 데 중요해졌다. 이제 문화정책은 사회구조의 조정자이자 상징 자원의 재분배 기제로 작동할 수 있게 바뀌었다.

사회문화적 측면에서 불평등 완화 기능에서는 어떤 관점을 분석해야 할까? 우선, 상징자본의 재분배가 필요하다. 불평등은 자원의 단순한 결핍뿐만 아니라, 어떤 자원을 더 '가치 있는 것'이라고 보는 사회구조와도 밀접하게 연관되어 있다. 그래서 문화자본이 사회적 위계 형성의 핵심이 되는 것이다. 특정 문화가 제도적으로 우월적 지위를 갖거나, 배제되거나 하위문화로 전락해서는 안 된다. 시스템직 문화정책은 이러한 위계의 재편을 통해 다양한 문화 실천과 표현을 제도적으로 대등한 가치로 인정하려는 것이다.

그 밖에도 문화적으로 참여와 접근 기회 불균등 같은 데 중점을 둔다. 시스템적 문화정책은 문화시설의 지역 간 분포 불균형 해소, 공공 콘텐츠의 디지털 접근 확대, 이동형 문화서비스 같은 구조적인 접근성 확보를 실현한다. 그래서 소외계층의 문화 참여권을 보장하려는 것이다. 이로써 자기

표현과 정체성 형성의 기회를 제공하고 시민적 권리를 확장하려는 것이다.

불평등의 원초적인 배경에는 문화역량(cultural capability)이 깔려있다. 그런데 이는 인간의 삶의 질을 단순한 자원 보유가 아니라 의미 있는 삶을 선택하고 실현할 수 있는 능력으로 본다. 문화정책은 시민이 스스로 문화 생산자이자 해석자가 될 수 있도록 지원함으로써 자기결정권과 문화적 자율성을 강화한다. 불평등 해소는 개인적 차원이 아닌 사회문화적인 구조적 능력 형성 차원에서 접근한다.

이러한 불평등과 연계선상에서 논의되는 또 하나는 바로 문화정체성 갈등 문제이다. 정체성 갈등은 종종 문화적 차이를 본질화하거나 배타적으로 해석할 때 심화된다. 이때 주목할 관점으로 등장하는 것은 상호문화주의와 다중정체성이다. 문화정책이 상호문화주의를 지향할 경우, 다양한 정체성이 사회 내에서 공존 가능하고 상호작용하는 존재로 자리매김하게 된다. 그리하여 다문화주의를 다양한 문화 간 교류와 공동의 문화적 상상력 구축의 목표로 한다. 한편, 정체성은 고정된 실체가 아니라 사회적 상호작용과 담론 속에서 구성되는 것이다. 공공영역에서의 문화 활동은 다양한 정체성이 사회적 인정을 받을 수 있는 장을 제공하며, 다양한 존재를 가시화하는 계기가 된다. 예를 들면, 거리예술, 공동체 미디어, 지역축제는 갈등을 재구성하는 장으로서 활용되며, 문화 실천과 소통가치를 우회 경로로 사용하도록 하는 역할을 한다.

이러한 사회문화적 문화정책은 영국의 '창의적인 사람들과 장소(Creative People and Places)' 정책이나 캐나다 퀘벡의 문화민주주의 모델에서 찾아볼 수 있다. 이는 문화 참여가 낮은 지역을 대상으로 문화공동체 형성을 촉진하며, 소수 언어와 문화의 제도적 인정 및 문화예산 분배의 비례성 원칙을 실현하고 있다. 이를 위해 문화정책은 접근성, 참여성, 표현 다양성,

제도적 균형이라는 시스템적 요소를 내면화해야 한다. 이는 곧 문화의 민주화와 사회의 문화화를 병행하는 정책적 상상력 같은 새로운 사유의 출발점이 된다.

2) 문화통합의 플랫폼

사회의 복잡성, 인구 구조의 변화, 신자유주의 이후 문화의 사회적 역할은 돌봄과 회복의 차원으로 확장되고 있다. 이는 단순한 정책융합이 아니라, 문화정책의 지향성과 사회적 정당성 재구성의 문제로 제기된다.

문화통합은 나름의 이론적 근거가 있다. 예를 들어 복지와 문화의 통합을 보면, 복지는 생존과 권리의 차원을 넘어 돌봄과 존엄성의 회복이라는 윤리적 기반을 포함한다. 반면, 문화예술은 감각적 체험과 상징적 표현을 통해 인간 내면의 치유, 관계 회복, 자기이해를 가능하게 한다. 이 두 영역이 통합될 때, 복지는 관리가 아닌 정동적·주관적 회복의 공간으로 확장되고, 예술은 공공적 치유와 연대의 매개체로 전환된다. 이로써 사회문화정책이 감정노동과 사회적 소외의 지형을 다루는 실질적 도구로 작동할 수 있다.

또한 인구과소와 지역소멸의 위기에서 보면, 지역 기반의 통합적 돌봄 시스템으로 전환 중이다. 이런 관점에서 문화정책과 결합하면, 커뮤니티 아트로서 지역주민이 예술을 통해 자신의 삶을 이야기하고 공동체 문제를 공유하는 과정이 마련된다. 이는 복지의 대상화된 수혜자를 문화적 주체로 전환시키는 민주적 과정이며, 문화정책이 참여 중심으로 재편되어야 하는 근거다.

오늘날 자본주의는 정동경제(affective economy)를 함께 아우르며 발전하고 있다. 플랫폼 노동, 고객 서비스, 디지털 인터페이스로 일하면서 인간의 감정, 공감, 집중력을 빼앗기는 방식으로 작동한다. 정서적 피로와 사회적 고립, 우울은 사회 전체의 심리적 불평등으로 작동한다. 휘몰이 충격의 시대에 문화정책은 단순한 예술 지원을 넘어, 사회적 불안과 혼란 속에서 정동을 조직·관리하는 역할을 수행한다. 문화정책은 문화적 경험을 통해 공감과 연대를 촉진하고, 집단적 자긍심과 정체성을 강화하여 사회적 균열을 완화한다. 동시에 정동은 콘텐츠 소비와 지역 브랜드화로 연결되어 경제적 동력을 제공하며, 이는 정책의 정당성을 높이고 지속가능한 성장 기반을 마련하는 수단으로 작동한다. 문화복지는 이러한 맥락에서 예술을 통해 개인의 정서 회복과 사회적 재연결을 가능하게 하는 전략으로 제안되며, 이는 인본주의 문화가치뿐만 아니라 정동 자본주의에 대한 정책적 대응으로 필요하다.

이러한 맥락에서 통합 플랫폼 운영이 더욱 절실하게 필요한데, 이것이 바로 다면적 사회위험에 대한 문화적 대응 효과에 기대하는 이유이다. 고령화, 1인 가구 증가, 정신건강 문제, 팬데믹 이후의 고립 같은 복합적이고 비가시적인 사회위험이 증가하고 있다. 기존의 사회복지 제도가 이러한 문제에 즉각적·감성적 대응이 어려운 한계를 보이는 가운데 문화정책은 경험적 개입과 공공적 정서의 매개 가능성을 제시한다. 문화예술 기반의 복지 전략은 치료적 접근과 공동체적 회복을 동시에 꾀할 수 있다는 점에서 통합정책의 실효성을 높이는 방식이다.

정책은 이제 생존 문제가 아니라 존엄한 삶의 유지와 시민적 자율성의 확대까지 담당한다. 문화예술이 삶의 질을 정량적 지표를 넘어서 정서적 충만함과 사회적 인정 차원으로 확장시킨다. 또한 지역사회 내에서 공동 창작과 문화 활동을 하면서 형성된 신뢰와 사회적 자본은 사회 전체의 통합성과 회복력을 강화하는 토대가 된다.

복지와 문화예술 통합을 실험한 사례로 영국의 공공돌봄 예술처방(Arts on Prescription) 프로그램은 의료체계와 예술기관이 협력하여 정신건강 회복을 도모하는 데 효과를 보이고 있다. 핀란드는 한발 더 나아가 예술가를 아예 복지기관에 상주시키면서 지속가능한 협업 모델을 제시했다.

문화예술은 이제 사회의 가장 취약한 지점에까지 도달할 수 있는 수단이 되었다. 복지가 인간의 내면적 역량과 표현 욕구를 품을 수 있는 통합문화정책 대상으로 보는 논리 근거이다. 이런 점에서 미래의 통합문화정책은 단순한 영역 조정자가 아니라 삶과 감정, 공동체와 제도를 통합하는 실천적 플랫폼으로 재구조화되어야 한다.

3) 문화 기반 정책의 확장

전환기의 사회문화 문제인 고립, 혐오, 디지털 피로, 환경위기, 세대 간 불신은 행정적 영역의 문제를 넘어섰다. 삶의 방식과 감정 구조, 사회적 상징 질서의 균열로 심각해지고 있다. 이러한 맥락에서 사회문화정책은 여러 사회문제를 공공적으로 감지하고 조율하는 정책적 전위대로 기능할 수 있다. 문화 기반 접근을 확장하는 것이 정책 확장의 대안적 통로가 되는 이유이다.

문화 기반 접근은 사회문제 대응 가능성 측면에서 어떤 특징을 지니고 있는가? 이 점들이 문화 기반 정책철학 확장의 정책 논리라고 본다. 사회문제는 복합적인 상호작용체로 나타난다. 경제적 요소라고 단견적인 시각으로 보기보다 사회적 연결망의 해체, 미래 서사의 결여, 문화적 실천 기반 미흡으로 얽혀 있기도 하다. 사회문화는 이러한 문제를 다층적 상징체계로 해석하고 재구성할 수 있는 프레임을 제공한다. 그런 점에서 문화정책이 사회적 진단과 개입의 능동적 행위자로 전환될 수 있다고 본다.

문화행정과 달리 사회문화정책은 맥락 중심의 감성적 개입, 참여 기반의 해석 가능성, 경험적 전환의 실험성을 내포한다. 이는 문제해결에 있어 문화행정의 제도적 개입이 포착하지 못하는 영역을 다루는 데 효과적이다. 문화기반 접근은 주민을 정책의 일방적인 대상으로 보지 않고 정책 주체로서 자리매김하는 것이다.

예를 들면, 오늘날 사회문제의 핵심에 놓여 정치적 관심사로 오르내리는 청년 문제와 문화적 미래 자본 구축은 동일 맥락에서 접근해야 한다. 청년 세대는 고용 불안정과 주거 불평등, 사회적 신뢰 붕괴로 인한 심리적 고립에 시달리고 있다. 단기적 일자리 정책이나 주거 지원을 넘어, 청년이 미래를 상상하고 재현할 수 있는 서사 공간과 실험의 장이 필요하다. 문화 기반 정책은 창작 지원, 커뮤니티 아트, 창의 공간 운영을 통해 청년의 삶을 '프로젝트화'하여 사회와의 관계망을 복원할 수 있다. 이는 청년 정책이 생존 중심에서 존재와 표현 중심으로 전환되는 지점이다.

지역소멸에 대한 대응도 문화의 기반화 전략으로 접근할 수 있다. 지역의 인구 감소와 경제 침체는 단순한 인프라 확충만으로는 극복하기 어렵다. 문화는 지역의 역사, 공동체 기억, 장소적 정체성을 재발견하고, 이를 로컬리티로 서사화하는 과정 자체가 참여와 회복의 기제로 기능한다. 지역 기반의 문화정책은 지역 자체가 이야기의 주체가 되고, 주민이 기획자·창작자로 전환되는 구조를 바탕으로 누적되는 사회문제를 창조적 방식으로 해결할 수 있다.

시간을 다투며 확산하는 디지털 격차와 문화권력의 재조정도 마찬가

    2부. 사회문화와 정책 시스템: 어울림을 생각하다

지로 접근할 수 있다. 플랫폼 중심의 정보 환경이 급속히 진행되면서 고령층, 장애인, 저소득층은 접근성과 정보 활용 능력이 취약하여 본의 아니게 '문화적 문맹자'가 되고 있다. 문화 기반 접근의 틀에서 디지털 리터러시 교육, 커뮤니티 미디어, 인터랙티브 콘텐츠를 통해 기술 격차나 표현 격차 해소에 초점을 맞춰야 한다. 이는 정보기술뿐만 아니라 문화 역량의 평등성을 지향하는 통합 문화정책이다.

문화를 기반으로 하는 정책 확장의 구조로 수직 또는 수평구조를 선택하거나, 문화의 수직·수평적 통합으로 진행해야 한다. 여기에서 수직적 확장이라고 하는 것은 문화정책의 '메타 정책화'를 말한다. 문화는 사회, 교육, 환경, 복지, 도시 같은 거의 모든 정책영역과 접점을 형성할 수 있다. 따라서 '부문별 정책'이 아니라 타 정책을 조율하고 연결하는 메타 정책으로 기능할 수 있다. 예를 들어 예술교육은 교육정책의 확장으로, 생태예술은 환경정책의 감각적 실천으로 연결된다. 한편으로는 수평적인 확장으로 전개할 수도 있으며 이로써 정책의 반응성을 증대시킨다. 지역문화재단, 생활예술단체, 사회적기업 같은 다양한 비공식 행위자와 협업하면서 거버넌스의 다원성을 확보하게 된다. 이로써 정책의 수평적 확장 구조가 이뤄지며, 제도 외부의 실천이 내부로 유입되는 순환이 가능해진다.

우리는 이제 문화정책의 사회적 외연 확장을 넘어 정책 자체의 작동방식과 가치 인식을 근본적으로 전환하도록 해야 한나. 휘몰이 충격의 문제를 분절적·기술적으로 접근하기보다 상징과 정동, 기억과 실천의 차원에서 감지하고 조율하는 문화정책을 전개해야 한다. 이는 앞으로 펼쳐질 지속가능발전사회에서 필수적인 정책 플랫폼이 될 것이다. 사회문화는 문제 해결의 부수 조건이 아니라, 문제 인식의 틀 자체를 재설계하는 핵심 전략이 된다는 말이다.

2. 핵심과제: 창발과 지속성

1) 창발성 조건의 조성

휘몰이 충격 이후 사회는 더욱더 복잡계 양상으로 치닫고 있다. 복합적으로 얽힌 다수의 행위자가 상호작용하면서 전체적으로는 예측 불가능하고 창발적인 특성을 드러내는 체계로 나아간다. 문화정책 역시 단순한 인과관계의 통제 대상이 아닌, 수많은 주체가 자율적으로 관계 맺는 마당[場] 위에서 동적인 구조로 형성되고 있다. 정책 설계의 패러다임은 선형적·결정론적 모델에서 벗어나 비선형적이고 예측 불가능한 '복잡계' 이론으로 확장되고 있다.

이러한 관점에서 '시스템적 문화정책'은 기존의 일방향적 규제나 지원 중심의 정책에서 벗어나야 한다. 문화생태계 내부의 자율성과 다양성, 상호작용을 촉진하는 방향으로 바꿔야 한다. 특히 '창발성'은 정책 설계의 주요 원리로 작용하며, 정책 목표가 '통제'가 아닌 '조건 조성'으로 이동하는 근거가 된다.

창발성 관점에서 볼 때 문화적 창조는 어떻게 발현되는가? 여러 곳에서 논의했지만 다시 한번 정리하면, 창발성이란 전체 시스템의 행동이 개별 요소의 합보다 훨씬 더 복잡하고 새로운 수준의 질서를 보이는 현상을 말한다. 이는 물리학에서의 입자 간 상호작용, 생물학에서의 생태계 동역학, 사회과학에서의 시장행동 같은 다양한 분야에서 적용되어왔으며, 문화정책에서도 점차 그 중요성이 부각되고 있다.

문화 현상은 개인 예술가, 공동체, 제도, 산업 같은 수많은 요소가 상호작용하면서 만들어진다. 이 과정에서 발생하는 창발적 결과는 사전에 기획되거나 예측되는 방식으로 형성되지 않는다. 예를 들면, 어느 문화도시가 세계적인 예술 허브로 성장하는 과정은 특정 정책 하나의 직접적 결과로 이뤄진 것이 아니라 제도·자원·커뮤니티·기술 같은 다양한 요소가 유기적으로 연결되면서 자생적으로 발생한 결과로 보는 것이다.

창발성을 전제로 정책을 설계하는 것은 통제 조건을 조성해서 이끌어 가는 것이 아니다. 복잡계로서의 문화생태계는 이런 방식에 효율적이지 않다. 복잡한 상호작용 구조 속에서 정책 효과는 예기치 못한 부작용이나 반응이 수반될 수 있다.

따라서 창발성을 고려한 문화정책은 결과를 식섭 통제하려는 시도보다 창발이 일어날 수 있는 '조건'을 설계하고 조성하는 방식으로 전환되어야 한다. 이 점이 매우 중요한데, 이는 곧 정책의 중심 좌표를 명령과 통제에서 '유인과 조건(condition and facilitation)'으로 이동하는 것을 뜻한다. 예를 들어, 창작자 간의 협업을 촉진할 수 있는 물리적 공간 제공, 자율적인 문화 커뮤니티 형성을 위한 제도적 유연성 부여, 실패 가능성을 허용하는 지원

구조는 모두 창발 조건의 구성요소이다. 이러한 조건들이 충분히 마련될 때, 예술적 혁신이나 문화적 활력은 자연스럽게 시스템 내부에서 발생할 수 있다.

그렇다면, 정책 설계 조건으로서 창발을 유도하는 조건들은 무엇인가? 창발성을 촉진하는 정책 설계의 조건들은 몇 가지 원리로 설명할 수 있다. 우선, 다양성을 보장해야 한다. 다양한 문화 주체가 공존하고 충돌할 수 있는 구조를 설계해야 한다. 이로써 문화생태계는 창조적 긴장을 자체적으로 유발하며, 새로운 아이디어의 생성과 확산을 가능하게 한다. 그리고 자율성과 자생성을 확보할 수 있어야 하며, 주체들이 외부 간섭 없이 스스로 관계를 형성하고 조정할 수 있도록 한다. 이는 시스템의 자기조직화(self-organization)를 가능하게 하는 전제이다. 아울러 연결성과 네트워크화를 만들어야 한다. 이를 위해 문화활동 행위자 간 연결을 촉진하고, 정보와 자원의 흐름을 유기적으로 설계한다. 복잡계의 창발은 대개 연결지점(hub)에서 발생하며, 이들 간의 상호작용은 창조적 결과로 이어질 수 있다. 정책집행과 관련해서 학습과 피드백의 메커니즘을 구축해야 한다. 실험적 정책을 실행한 뒤 결과에 대한 평가와 피드백을 통해 정책을 유연하게 조정할 수 있는 구조를 포함해야 한다. 끝으로 실패 허용과 위험을 수용할 여건을 만들어 줘야 한다. 창발은 본질적으로 예측 불가능하고 실패를 동반한다. 따라서 일정 수준의 '정책적 리스크'를 감내할 수 있는 구조가 필요하다.

문화정책에서의 창발성 구현에 목적을 둔 사례들은 많은 편이다. 대표적인 사례로는 영국의 '크리에이티브 클러스터' 정책이나, 네덜란드 암스테르담의 문화 다양성 정책을 들 수 있다. 이들은 정책이 일방적 방향을 설정하기보다 지역의 자생적 특성과 주체들의 네트워크를 지원함으로써 문화적 창발이 가능하도록 유도했다.

문화는 이제 상호작용과 예측 불가능성 영역이며, 정책은 이를 억제하기보다 오히려 촉진하는 역할을 수행해야 한다. 궁극적으로 창발적 문화생태계는 다양한 주체의 자율성, 유연한 구조, 풍부한 상호작용이 보장될 때 비로소 형성될 수 있다. 그리고 정책은 이와 같은 조건을 구축하는 촉진자(facilitator)로서 기능해야 한다. 복잡계 이론에 기반한 문화정책 설계는 이렇듯 창발성과 자생성을 유도하는 조건을 조성하는 데 주안점을 둔 방향으로 나아가야 한다.

톡Q 숏A 창발성, 누가 이끌까?

창발성을 유도하려면 유기적 조건을 조성해야 한다. 특히 창조적 역동성을 이끌어내는 생태적 기반 제도를 만들어야 한다. 그리고 이 바탕에서 정책은 결과 설계에 중점두기보다 결과가 발생할 '가능성의 장'을 만든다. 이를 위해 자율성 보장과 규범을 완화할 제도적 유연성을 갖춰야 한다. 창발은 자율적 행위자들이 스스로 규칙을 설정하고 실험할 수 있을 때 발생한다. 그러나 획일적 지원 기준, 경직된 보조금 체계, 행정적 보고 의무는 창의적 실험을 억압할 수 있다. 따라서 문화정책은 일정 수준의 '제도적 느슨함'을 허용해야 한다. 예를 들어, 공모형 지원사업에서 자유로운 테마 구성, 평가기준의 다변화, 장기성과 중심의 성과 환원 체계 도입이 자율성과 실험성을 보장하는 제도적 장치로 기능할 수 있다.

아울러 여건이 되면, 물리적·공간적으로 접촉과 상호작용의 장을 만들어줘야 한다. 문화적 창발은 상호작용에서 비롯된다. 이를 위해 문화 주체들이 자연스럽게 연결되고 마주칠 수 있는 물리적 플랫폼이 필수이다. 복합문화공간, 공동창작소, 오픈스튜디오, 예술가 레지던시처럼 물리적 거리의 제약을 줄이며 창작자 간 교류를 촉진해야 한다. 특히 다양한 분야(예술, 기술, 지역 등)의 접점이 형성되는 공간은 '의도치 않은 협업'이 이루어질 수 있는 환경을 제공하며, 이는 문화 창발의 주요 동인이 된다.

2) 순환과 유연성

복잡계에서는 지속가능성을 어떻게 볼까? 흔히 장기간 존속 가능성 또는 재정적인 자립으로 축소 해석하는 경우도 있지만, 복잡계 이론에서는 훨씬 더 역동적이고 체계적인 의미를 지닌다. 복잡계에서는 고정된 구조를 유지하는 것이 아니라, 변화에 적응하며 내부 질서를 재구성할 수 있는 자기회복력(resilience)과 구조적 유연성을 의미한다. 이는 외부 충격에도 체계가 무너지지 않고, 오히려 새로운 질서로 전환이 가능할 것이라는 점을 내포하고 있다. 따라서 문화정책에서는 문화생태계 전체의 동적인 균형을 유지하고 확장할 수 있는 구조를 설계하는 것으로 이해해야 한다.

이를 실현할 조건은 무엇일까? 복잡계의 생존 원리로서 다양성 유지를 먼저 강조하고 싶다. 문화정책에서 복잡계가 지속가능성을 확보하려면, 예술 장르의 다양성, 주체의 다양성, 지역의 문화적 차이, 실천 방식의 이질성을 포함한다. 다양성은 단순한 수적 분산이 아니라, 시스템의 변화 대응성을 강화하는 구조적 전제이다. 정책적으로 다양성을 유지하려면, 표준화된 지원 기준을 탈피하고, 기존의 문화 중심에서 벗어난 주변부의 창작 실천, 비정형적 문화 활동, 다원적 정체성 기반의 기획에 정책 자원을 분산할 필요가 있다. 예를 들어, 대형 기관이나 유명 예술단체 중심의 자원 배분에서 벗어나 소규모 창작단체, 지역 공동체, 이주민 문화기획, 디지털 기반 창작자 같은 다양한 문화 주체에게 접근성과 지속가능성을 갖는 지원 체계를 설계해야 한다. 그런데 다양성은 서로 이질적인 요소들이 충돌하거나 갈등할 위험이 있다. 그렇다 하더라도 복잡계는 이러한 긴장을 통해 새로운 질서를 만들어낸다. 따라서 정책은 이질성 간 상호조정 장치(예: 중재 플랫폼, 공동 기획 사업)를 바탕으로 다양성이 통합이 아닌 공존 방식으로 지속될 수 있도록 유도해야 한다.

따라서 지속가능하려면 정책 과정을 순환형으로 바꿔야 한다. 순환구조라는 것은 기존의 고정적 투입-산출 모델을 탈피하고 실행 → 평가 → 재설계 → 확산으로 이어지는 구조를 말한다. 이는 단순한 반복이 아니라, 시행할 때마다 학습하며 기능한다. 예를 들어, 지역 기반 문화 프로젝트 하나가 끝난 뒤, 그 프로젝트의 경험과 데이터를 지역 네트워크 또는 중간지원조직을 바탕으로 공유-반영-재조정하는 것이다. 이를 위해 정책을 질적인 내러티브 중심의 반성과 재설계 기반의 평가 구조로 전환한다. 예술가도 이 과정에서 사업 실행과 평가의 공동 기획자이자 자기조정의 주체로 기능해야 한다.

지속가능성을 위한 또 다른 요인은 유연성이다. 이는 정책의 시간적·제도적·행정적 경직성을 완화하고, 변화하는 환경에 즉각 반응할 수 있는 구조를 뜻한다. 여기서 유연성이란 몇 가지 관점에서 구체적으로 먼저 시간적 유연성을 갖춰 중장기 프로젝트 중심의 정책 설계, 비정기적 지원 프로그램 도입, 실험적 기획을 위한 유보 예산 설정으로 나아가야 한다. 또한 제도적인 유연성을 확보하기 위해 사업 기준의 상시 개정 가능성, 참여자 중심의 제안형 공모, 다단계 평가 및 조정 구조를 갖춰야 한다. 그리고 행정적 유연성으로서 문서 기반 평가의 간소화, 온라인 기반 정보 교환, 지역 중심의 자체 조정 권한 확대가 필요하다. 이러한 유연성을 바탕으로 문화생태계가 예측 불가능한 사회 변화(예: 팬데믹, 기술혁신, 지역 인구 변화 등)에 적절하게 대응하고, 그 과정에서 자율성과 창발성을 유지한 채 지속될 수 있는 기반을 제공한다.

우리가 말하는 지속가능성이 그저 '지속되는 것'만을 뜻하지는 않는다. 그것은 변화 속에서 자기조정을 하고, 스스로 복원하며, 끊임없이 갱신

될 수 있는 체계의 능력을 의미한다. 문화정책이 이러한 복잡계적 지속가
능성을 확보하기 위해서는 다양성, 순환 가능성, 제도와 구조의 유연성을
제도화하는 사고 전환이 필요하다.

3) 활성자 역할

그동안 문화정책은 중앙집중적이고 계층제로 설계되어왔다. 정부나
공공기관은 문화 생산과 향유를 촉진하면서 수직적 체계로 정책을 운영해
왔다. 이는 산업경제적 효율성 수단으로 강조되어왔을 뿐 문화의 본질적
속성인 자율성, 다양성과는 거리가 먼 방식이다.

특히 디지털 전환, 플랫폼 기반 창작 환경, 탈중앙화된 공동체 예술 확
산의 전환기를 맞아 이 같은 정책 구조는 실천 현장에서 거리감이 커졌다.
이제 정책의 역할은 기존의 '지시자'나 '관리자'에서 복잡계적 활성자 내지
조정자로 전환되어야 한다.

복잡계 이론에서 활성자는 중심에서 모든 구성요소를 통제하는 총괄
자가 아니라 분산된 행위자 간의 상호작용을 조율하고, 상호학습을 유도하
며, 공진화를 가능케 하는 구조적 환경을 설계하는 역할을 한다. 이는 하향
식 통제 대신, 상호작용을 통해 질서가 창출되는 '자기조직화'의 메커니즘
과 깊이 연관된다.

문화정책이 활성자로서 기능한다는 것은 다양한 문화 주체가 자율적
으로 연결되고 상호작용할 수 있도록 '조건'을 설계하며, 그 상호작용의 흐
름을 감지하고 유도하는 구조적 장치를 마련하는 일이다. 다시 말해, 정책
은 생산 조건의 구조화 담당자로 자리매김해야 한다.

                    2부. 사회문화와 정책 시스템: 어울림을 생각하다

복잡계적 문화정책을 '활성자'로 재설계하려면 어떻게 해야 할까? 우선 경계 넘기(boundary spanning)가 자유로워야 한다. 다양한 문화활동 주체들은 각기 다른 문화 '언어'를 사용한다. 정책은 이들 사이의 단절된 구조를 연결해주는 경계 넘기를 활성화시키고 중개할 수 있어야 한다. 예를 들어, 예술과 기술, 문화와 복지, 예술과 교육을 연결하는 실험 프로젝트를 설계하거나, 교차 분야 협업을 지원하는 통합적 기획 플랫폼을 운영하는 방식이다.

또한, 이러한 역할을 제대로 하기 위해서는 지속적 탐색과 조율(sense-making and calibration)이 가능해야 한다. 다시 말하면, 복잡계는 항상 변화하는 환경에 놓여 있으며, 정책 역시 변화의 흐름을 지속적으로 탐색하고 재조정해야 한다. 이를 위해 정책은 문화 현장의 '약한 신호(weak signal)'를 감지하고 이를 정책 설계에 반영할 수 있는 감응적 구조를 갖춰야 한다. 예컨대, 지역 기반 리서치 시스템, 참여형 평가 네트워크, 상시 피드백 커뮤니티 구축이 이에 해당한다.

끝으로 실험과 위기관리에 강해야 한다. 정해진 틀 안에서 결과를 측정하는 방식으로는 복잡계를 설명하지 못한다. 오히려 정책은 문화생태계 안에서 다양한 실험을 가능하게 하고, 그 실험의 성과뿐 아니라 실패조차 학습 자산으로 전환할 수 있어야 한다. 이를 위해 소규모 실험적 기획에 대한 '종잣돈(seed) 지원', 위험 감내형 평가 구소, 장기적 관점에서의 리스크 관리 시스템이 요구된다. 이런 맥락에서 정책은 일회성 결과가 아니라, 적응과 진화를 촉진하는 실험실이어야 한다.

이렇게 보면 복잡계적 조정자로서의 문화정책은 그 구조 자체 또한 기존의 위계적·폐쇄적 체계에서 탈피해 분산적, 네트워크 기반, 학습 가능한 구조로 전환되어야 한다. 특히 중앙과 지역 간 연계성을 강화하고 중앙정부의 규정 중심 정책과 지역의 실천 기반 활동 사이의 틈새를 줄여야 한다. 이를 위해 중간지원조직, 지역 협력 네트워크로 '지역 중심 실험-중앙의 제도화' 루프를 구성해야 한다. 또한, 정책 설계 과정에서 예술가, 기획자, 사용자, 지역 단체들의 참여를 제도화함으로써 정책이 상호조정의 산물이 되도록 설계해야 한다. 그리고 나아가 정보 기반의 동적 대응 체계를 갖춰야 한다. 이를 위해 문화정책의 데이터 인프라를 구축하고, 정책 감응도를 실시간으로 조정할 수 있는 정보 순환 구조(예: 문화 데이터 플랫폼, 참여형 대시보드)를 마련해야 한다.

복잡계 시각에서 보면, 문화정책은 사회적 가능성을 구성하는 프로세스이다. 따라서 문화정책은 이제 역동적인 문화생태계의 유동성과 불확실성을 포착하고 조율하며, 새로운 질서 형성을 촉진하는 조건의 설계자로 자리매김해야 한다. 그래서 정책은 창조적 주체들의 자유가 서로 연결되고 증식되며 의미를 획득하는 장을 구축하는 메타 기획자(meta-designer)로 바뀌어야 한다. 이러한 전환은 문화정책이 작동하는 방식에 대한 존재론적 사유의 변화를 요청한다.

💡 더 생각할 점

- 복잡계 이론은 다른 공공정책 설계에 어떻게 적용되는가?
- 창발적 문화정책의 실패 사례와 그 원인은 무엇인가?
- 문화정책에서 메타 기획자 개념은 어떻게 적용될 수 있는가?
- 창발성 기반의 도시 문화정책에는 어떤 사례가 있는가?
- 문화정책에서 지속가능성과 자율성은 어떻게 균형을 잡을 수 있는가?

3. 실행전략: 가치 조율과 시스템 구축

거침없이 바뀌는 사회문화 속에서 인간은 행복을 추구하면서 지속가능한 발전을 기대한다. 어떤 시스템적 문화정책으로 이를 뒷받침할 수 있을까? 이 문제는 역사학·사회학·철학·환경학이 만나는 지점에서 다루어야 할 매우 본질적인 성찰적 논의이다.

좀 더 구체적으로 보면, 변화가 본질인 사회 속에서 어떻게 인간은 행복과 지속가능성을 동시에 추구할 수 있는가의 문제이다. 이 문제를 보는 관점은 먼저, 생태문명 관점(ecological civilization)을 견지해야 한다고 보는 입장이라고 할 수 있다. 이는 인간 중심이 아닌 인간-사회-자연이 공존·공생·공진화하는 시스템을 전제로 한다. 최근 중국, 유럽, 라틴아메리카에서 떠오르는 패러다임이다. 이는 기술발전이나 경제성장만으로는 지속가능성과 행복을 보장할 수 없다는 근본적 인식에서 출발한다. 사회문화의 변화도 생태적 조건 위에서 가능해야 하며, 속도의 윤리보다 지속의 철학이 더 중요하게 대두된다.

두 번째 관점은 비판적 실존주의(critical existentialism)이다. 이 역시 변화하는 사회 속에서 인간의 주체성과 의미를 지속적으로 찾는 태도이다. 행복을 '감정'이 아닌 '의미 있는 삶'으로 해석하는 관점을 견지한다. 진보와 변화가 빠른 사회에서 개인은 오히려 소외되기 쉽고, 지속가능성은 '정체성의 지속'이라는 층위에서도 해석이 가능하기 때문이다. 이는 구체적으로 교육, 예술, 공동체를 바탕으로 인간적 지속성을 확보하려 하는 것이다.

세 번째 관점은 지속가능한 인간발달이다. 이 관점은 UNDP에서 사용하는 개념으로, 개인의 잠재력 실현과 환경·문화의 지속성을 동시에 강조하고 있다. 이 관점의 핵심은 '누구도 뒤처지지 않게'라는 원칙에서 잘 나타나고 있다. 사회문화는 변하지만, 인간의 기본적 욕구(안전, 존중, 자율성, 소속감)는 지속적으로 충족되어야 한다는 인본주의적 실천철학이다. 그리고 기술 발전과 문화 혁신은 이 욕구를 더 넓고 깊게 실현하기 위한 도구여야 마땅하다는 점에서 설득력이 크다.

여기에 강조점이 조금씩 다른 관점들을 꿰뚫어보도록 통합적 시각을 만들어야 한다. 그래야 그다음으로 전략적 접근(how to)이 이뤄진다. 그러므로 각 관점에서 강조하는 점들을 반드시 함께 포함해야 한다. 먼저 변화의

툭Q 숏A 시스템, 인간은 뭐지?

사회문화 시스템에서 가장 핵심적이며 역동적인 요소는 인간이다. 여기서 인간은 의미를 만들고 전파하며 다시 재구성하는 능동적 주체이다. 시스템 이론에서는 이를 '작동하는 노드(node)'로 본다. 따라서 문화는 인간 간의 관계와 상호작용을 통해 발생하고 진화하는 동태적 구조이며, 문화정책 역시 이 관계망을 어떻게 설계하고 조율할 것인가에 초점을 맞춰야 한다.

인간은 문화의 생산자이자 매개자이다. 따라서 정책은 모든 인간을 문화 주체로 인정하는 수평적 인식에서 출발한다. 이때 문화정책은 특정 집단의 지원체계를 넘어, 시민의 문화적 역량을 확장하는 정책을 편다.

인간은 문화의 감각기관이자 인지 구조를 구성한다. 문화는 특정 집단이 공유하는 감정, 상상력, 시간성을 바탕으로 작동한다. 도시의 어느 공간을 청소년은 놀이의 공간, 고령자는 회상의 공간, 예술가는 실험의 공간으로 다르게 체험한다. 그러므로 정책은 체험의 설계자가 되어야 하며, 인간의 다양한 문화적 감각을 수렴하는 구조를 가져야 한다. 인간은 문화 시스템 안에서 다양성과 갈등을 발생시키는 요소이며, 문화정책은 이 갈등을 조율하고 숙의할 수 있도록 해야 한다. 이때 문화는 단순한 표현의 장이 아닌, 사회통합의 실험장으로 기능할 수 있다.

따라서 인간은 문화 시스템의 중심이자 확산의 원천이다. 따라서 인간의 관계를 촉진·연결·반영하는 방향으로 정책을 설계해야 한다. 문화정책은 인간 사이의 연결망이 얼마나 자율적·창조적·지속가능한 방식으로 유지되는가에 성공 여부가 달려 있다.

수용 관점인데, 문화와 제도는 끊임없이 진화하며, 다양성과 유연성이 필수라고 보는 인식이다. 이어서 인간의 행복 추구인데, 이는 주체적 의미 구성, 관계성, 창조성의 실현을 바탕으로 행복을 실현할 수 있어야 한다고 본다. 그리고 지금 줄곧 논의하고 있는 시스템 문제인데, 이는 역시 개인-사회-환경을 하나의 생태계로 보는 시각을 포함해야 한다. 그리고 우리가 끝까지 함께할 것은 지속가능성이다. 이는 인간과 자연, 개인과 공동체가 함께 유지 가능한 구조를 추구해야 한다는 관점이다.

지금까지 계속 논의해온 사회문화의 변화 불가피성은 큰 전제이다. 따라서 그 변화가 인간의 행복과 지속가능성을 위협하지 않으려면, 단순한 발전 담론이 아니라 생태적이고 실존적인 통합 관점이 필요하다. 인간은 변화를 수용하면서도 관계성과 의미, 생태적 균형을 중심축으로 삼을 때 진정한 발전을 이룰 수 있다.

이런 나의 관점들은 몇 가지 공통된 특징을 갖는다. 다시 말하면, 나의 관점들은 시스템의 생성·소멸에 이르는 과정을 성찰하며, 그것이 변화하는 환경 속에서 왜곡되거나 소외를 유발할 수 있다고 보았다. 그러나 보수의 질서와 전통, 진보의 개혁과 의미 추구 양쪽 모두에 대해서는 비판적 공감을 갖는다. 그럼에도 핵심적으로는 인간의 행복과 지속가능성이라는 윤리적·실존적 기준을 가지고 시스템을 평가하고자 한다. 이런 복합적 성찰을 담을 수 있는 준거 틀로 두 가지 관점의 시스템을 구축해야 한다.

첫째는 인본적 의미 지속 시스템이다. 사회 시스템을 변화 가능성과 지속가능성의 긴장 속에서 인간의 의미 있는 삶과 공동선을 중심에 두고 바라보는 관점이다. 이 관점에 내포될 요소는 의미 중심성, 즉 시스템의 목적은 궁극적으로 인간의 '존재적 의미'와 연결되어야 하며, 사회·생태·문화의 균형적 유지 없이는 진정한 발전도 없다고 보는 지속가능성이다. 또한 시스템의 기능과 결과를 윤리적 시선으로 지속 점검해야 한다고 보는 구조 비판성이다. 아울러 전통과 질서를 존중하되, 필연적 개혁과 진화를 수용한다고 보는 변화 수용성이다. 그리고 보수·진보, 안정·변화, 개인·공동체의 이분법을 넘어 통합적 사고로 균형 있는 탐색을 견지해야 한다는 점이다. 이는 기존 이념의 구분을 뛰어넘는 철학적이자 실천적인 메타 프레임으로 작용할 수 있으므로 휘몰이 충격의 대가를 치르고서도 우리가 다시 주목해야 할 가치를 내세운다.

둘째는 문화가치 지속형 시스템이다. 함축적인 용어 해설을 곁들인다면, 여기서 문화는 인간 집단의 역사적 정체성과 삶의 방식, 상징체계, 공동체 규범을 뜻한다. 가치는 그 문화에 내재된 지속가능한 삶의 기준이며 오랫동안 주장해온 존엄, 공동체성, 생태적 균형 같은 것들이다. 또한 지속이란 단기적 기능보다는 장기적인 존속과 적응 가능성에 주목한다. 그리고 시스템이란 특정 제도나 조직이 아닌, 사회 전체 질서의 구조이다.

따라서 여기에 포함된 사유 방식은 변화와 진보는 피할 수 없지만, 그 변화는 문화적으로 축적된 가치들을 해체하지 않으면서 이어져야 한다는 점이다. 그리고 시스템은 효율성과 성장을 벗어나 공동체가 공유하는 깊은 가치들을 지속가능하게 만드는 구조여야 한다는 점이다. 이 관점에서 시스템의 역할은 문화를 운반해주는 활동체라고 비유할 수 있으며, 삶의 방식과 가치관을 내포한 생태적 구조라고 본다. 또한 가치의 지속이 곧 시스템의 건강성이라는 관점에서 의미·소속감·전통을 지키는 시스템이 진짜 지속가능하다고 본다. 아울러 문화라고 하는 것은 변하면서도 본질을 보존하므로 동적인 문화 변동 속에서도 중심 가치는 재조명되고 계승되어야 한다는 논리이다. 문화가치 지속적 시스템 관점이 자랑할 만한 점은 시스템을 단순한 기술적·경제적 장치가 아닌, 삶의 방식과 공동체의 정체성을 담

　　　　2부. 사회문화와 정책 시스템: 어울림을 생각하다

아내고 전승하는 구조로 본다는 점이다. 여기에서 철학적이고 깊은 통찰을 찾아내어 우리 사회가 겪는 의미 상실, 문화 단절, 시스템 과잉 현상에 대한 대안적 시각으로 활용해야 한다고 본다.

툭Q 숏A 기억과 기술, 공존 가능할까?

문화정책의 변화를 볼 때 필자는 시간 개념을 중시한다. 왜냐하면, 문화는 과거의 기억을 반영하고, 미래의 낙관적 상상을 담는 시간적 구조물이기 때문이다. 문화는 이 기억과 낙관을 기술과 매체를 통해 표현·보존·확산한다. 따라서 문화 시스템을 분석할 때는 기억과 기술이라는 두 축을 함께 다루고, 문화정책 설계에서 핵심 변수로 활용해야 한다.

기억은 문화의 심층구조이자 지속성의 기초다. 지역의 구전설화, 공동체의 노동요, 이주민의 언어 습관은 모두 제도 밖에서 축적되어온 문화적 기억들이다. 그러나 정책은 이러한 기억을 비공식적·비문서적이라는 이유로 주변화하고, 표준화된 기록물 중심의 문화유산만을 우선으로 다룬다. 이 때문에 기억의 권력은 특정 계층이나 제도적 틀에 종속되며, 다층적 기억의 다양성과 사회문화적 맥락을 지우게 된다. 따라서 문화정책에서 누구의 기억을 문화로 인정할 것인가를 중요시해야 한다.

한편, 기술은 문화의 매체이자 증식의 조건이다. 디지털 기술, AI, 플랫폼은 문화의 생산방식과 감수성 자체를 재구성하는 요소다. 디지털 전환으로 예술의 경계, 참여형 문화가 가능해졌다. 따라서 문화가 기술을 통해 어떻게 형식과 감각의 재구조화를 겪고 있는지 중시해야 한다. 예를 들어, VR 기반 공연예술, AI 작곡 시스템, 인터랙티브 아트는 기존의 장르 분류로는 포섭되지 않는 영역이다. 이러한 기술 기반 창작은 새로운 문화적 언어와 관객 경험을 창출하며, 문화 시스템의 창발성과 비예측성을 강화한다. 따라서 정책은 기술을 문화 시스템의 핵심 구성요소로서 제도적으로 수용할 필요가 있다.

1) 처방과 회복 실험: 과거에 대한 반동

문화정책은 인간적인 삶의 감각을 설계하는 정서적 활동이다. 감성정치, 감각문화, 정서 기반 문화복지 등이야말로 오늘날 문화정책이 추구하는 핵심 내용이다. 오늘날 감성은 사치가 아니라 생존 능력이다.

감성자원으로서의 문화가 갖는 의미나 비중은 휘몰이 충격 이후 사회문화 회복을 위한 문화정책 사회실험의 중요 지점이 되었다. 복합적 충격의 연속에서 감염병, 기후위기, 정보과잉, 혐오 확산, 기술 불평등이 줄줄이 이어지고 있다. 이러한 충격의 연쇄는 사회적 신뢰와 심리적 안정성의 기반을 심각하게 훼손했으며, 이는 사회 구성원의 내면에 깊은 불안과 감정적 피로를 남기고 있다. 이와 같은 시대적 정황에서 문화정책은 과거에 대한 반동으로 표출된 집단적 정서의 치유와 회복탄력성 증진을 위한 '감성자원'으로서의 문화에 주목해야 한다.

감성자원은 개인과 사회가 감정적 고통을 인식·표현·소통할 수 있도록 도와주는 상징적·체험적 자산이다. 이는 문화예술, 이야기, 공동체 의례, 장소적 기억을 포함한다. 특히 휘몰이 충격이 가져온 외로움, 단절감, 소외감은 의학적 치료나 물리적 복원만으로 회복되기 어렵다. 따라서 감성자원으로서의 문화는 사회정서적 치유의 기반이 되며, 문화정책의 새로운 방향성을 정립하는 데 있어 핵심축이다.

감성자원 중심의 정책

이러한 맥락에서 문화정책 사회실험은 일차적으로 과거에 대한 반동에서 나오는 감성자원을 발굴·활성화·확산하는 실험적 구조로 설계하는 것이 바람직하다. 예를 들어, 팬데믹 이후 많은 도시에서는 예술가와 시민이 협업하여 공공공간을 재해석하고, 기억과 감정을 담아내는 거리예술, 힐링 워크숍, 커뮤니티 아카이빙 프로젝트를 추진했다. 이러한 시도는 문화가 개인의 감정을 재구성하고, 상처 입은 공동체에 감정의 언어를 부여하며, 공동의 회복 서사를 생성하는 과정을 보여준다. 사회실험은 이러한 감성적 개입의 효과를 경험적으로 검증하고, 문화정책의 정서적 기능을 구조화하는 중요한 장치가 된다.

또한 감성자원은 문화적 형평성과도 깊이 연결된다. 특정 계층이나 지역은 정서적 회복을 위한 문화자원에 접근할 기회 자체가 제한적이기 때문이다. 따라서 문화정책 사회실험은 감성자원의 지역 간 불균형을 해소하고, 다양한 삶의 경험과 정서를 포괄하는 문화공공성을 재정립해야 한다. 여기에는 문화복지, 트라우마 치유 기반 문화 프로그램, 세대 간 감정 교류 플랫폼 구축이 포함될 수 있다.

문화정책이 감성자원을 중심축으로 하여 전환되기 위해서는 정책 패러다임의 전면적 재해석이 필요하다. 전통적인 문화정책은 문화산업 육성이나 창작 역량 강화에 집중되었으나, 휘몰이 충격 이후의 문화정책은 감성적인 인프라를 설계하고, 정서적 안녕을 공공재로 간주하는 새로운 접근이 요구된다. 이는 문화정책이 경제적·산업적 가치 외에도 감정, 연대, 회복 같은 비물질적 가치를 중심으로 옮겨가고 있음을 시사한다.

이처럼 감성자원으로서의 문화는 과거에 대한 반동으로서 휘몰이 충격 사회의 회복과 전환을 위한 핵심 자산이다. 문화정책의 전략적인 사회실험에서는 이를 제도화하고 정책화하는 경로이다. 문화는 감정의 언어이자 사회적 감각기관이며, 이를 전략적으로 활용할 때 문화정책은 공동체의 정서적 회복력과 사회적 연대를 동시에 강화할 수 있다. 따라서 감성자원을 중심에 둔 회복 관점의 문화정책 실험은 단순히 창의적인 시도에 그치지 않고, 시대적 상처와 흔적에 응답하는 문화적 치유의 실천이자 정책적 선언이 되어야 한다.

감성·기술·생태 조율의 사회실험

이 같은 전환기에 문화정책이 실험정신에 충실하게 구축된다면 사회는 작은 실패를 기반으로 큰 전환을 이루는 계기가 되는 셈이다. AI와 예술, 기후와 생활문화, 공공과 사적 감성의 융합이 이런 문제와 만나면서 돌봄예술, 지역감성 실험, 테크예술 치유를 이루게 되기 때문이다. 이런 맥락에서 이제 감성·기술·생태의 통합적 접근에 기반한 사회정책 실험, 또는 새로운 복합정책의 실험적 전기를 맞게 된다.

오늘날 사회문화정책은 복잡계적 사회현실, 다시 말하면 다중 위기의 병렬성과 상호작용성은 사회정책의 설계 방식에서도 근본적 전환을 요구하고 있다. 특히 감성, 기술, 생태는 사회정책이 효과성을 확보하기 위한 구조적 핵심축으로 통합되어야 한다. 이 세 요소의 교차점에서 설계되는 사회적 실험은 기존 정책의 단절적 오류를 극복하고, 인간중심적·지속가능한 정책 생태계를 모색하는 실험적 접근이 된다.

감성은 정책 대상자인 시민의 정서적 상태와 사회적 유대의 질적 조건을 의미한다. 최근 팬데믹, 사회적 단절, 정보과잉 상황 속에서 정서적 고립과 피로는 주요한 정책 문제로 떠올랐다. 사회문화정책은 이러한 감정적 조건을 고려하지 않으면 실질적 효용을 확보하기 어렵다. 정서적 회복, 공감 기반 정책 설계, 트라우마 치유형 커뮤니티 구축은 감성 기반 사회정책 실험의 주요 경로로 부상하고 있다. 특히 이러한 감성 기반 접근은 공공서비스 이용자의 만족도를 높이고, 정책에 대한 신뢰 형성과 공동체 복원력 증진에 중요한 기제로 작동한다.

기술은 이러한 감성의 표현과 조절, 사회정책 실행의 정밀화, 접근성 확대의 도구로 활용된다. 예를 들면, 인공지능 기반 심리케어 플랫폼, 빅데이터 기반 커뮤니티 감정 분석, 디지털 실험은 사회적 약자나 소외계층을 위한 감성 기반 정책의 실행력을 증대시킨다. 기술은 사회정책을 '경험 중심'으로 전환시키며, 시민과의 상호작용을 실시간으로 설계·수정 가능한 동적 구조로 변화시킨다. 이는 단순한 디지털화가 아니라, 정책의 감성적 품질을 매개하는 '기술-감성 융합의 사회실험'이라 할 수 있다.

생태 문제는 감성과 기술의 공간적·물리적 기반을 제공하는 동시에, 사회정책의 지속가능성을 가늠하는 최종 기준이 된다. 생태 기반 사회정책 실험은 더 이상 환경정책에만 국한되지 않는다. 예를 들어, 기후위기에 따른 불안과 우울, 생태적 상실감에 대응하는 '에코소셜 처방', 지역 생태 기반 커뮤니티 케어 모델, 도심 내 생태감수성 회복 프로젝트는 생태를 사회정책의 정서적·실존적 조건에 포함한 실험이다. 특히 생태계는 기술이 가속화하는 비인간적 정책 환경에 대한 조정 장치로, 인간의 감성적 경험을 '장소적·물질적 차원'에서 지탱해주는 실천 지평이다.

감성·기술·생태가 통합되는 사회정책 실험은 개별 정책 간의 '융합'이 아니라, 사회정책의 '구성방식'을 실험하는 일이다. 이러한 실험은 정책 설계 단계에서부터 다분야 간 협업구조를 전제해야 하며, 실험의 평가지표 또한 기존의 정량적 성과 외에 정서적 안정, 기술적 포용성, 생태적 영향도를 통합적으로 반영해야 한다. 예를 들면, 스마트시티 정책 실험은 감성-기술-생태가 동시에 작동하는 영역이다. 따라서 생체신호 기반 스트레스 모니터링(감성), AI 기반 에너지 절감 시스템(기술), 저탄소 생태공간 설계(생태)

를 통합한 구조로 설계되어야 한다.

감성·기술·생태의 통합적 접근은 복합위기 시대의 사회정책이 단절된 기능주의적 프레임을 벗어나 삶의 전면적 조건을 포괄하는 총체적 복지로 진화하는 경로이다. 사회문화정책 실험은 휘몰이 충격을 벗어나기 위해 이제 실험적 공간과 도구, 그리고 제도적 수용성까지 포괄하는 정책적 장치로 정비되어야 한다. 이러한 통합이야말로 사회의 정서적 안전망, 기술적 형평성, 생태적 지속가능성을 한 몸처럼 구성하는 패러다임적 실천이라 할 수 있다. 따라서 감성·기술·생태의 통합은 단순한 트렌드가 아닌, 정책 설계 자체를 혁신하는 핵심 인프라이자 전략적 접점으로 재인식되어야 한다.

문화적 회복력

지금 우리는 '과거에 대한 반동'으로서 필요한 문화예술의 '치유 기능'을 우선적으로 자리매김하는 관점에서 정책전환을 논의하고 있다. 휘몰이 충격의 사회문화 환경은 예술과 문화의 사회정서적 가치, 치유 가능성에 주목하도록 바뀌었다. 이와 같은 전환은 문화예술을 '사회정책의 치유 수단'으로 공식화·제도화하는 새로운 접근을 요구한다. 이는 치유심리의 공공화를 전제로 하며, 특히 정서적 취약성을 지닌 감성약자에 대한 대응력을 정책적으로 확보하려는 실천적 기획이다.

여기에서 문화예술은 개인적 감정의 외부화, 상처의 서사화, 정서의 전환을 가능하게 하는 상징적·심리적 통로이다. 미술치료, 연극치료, 예술 기반 집단상담 같은 방식은 문화예술이 심리적 회복력을 촉진하는 실질적 치유 수단임을 보여준다. 이러한 예술치유는 심리학적 기법에 기반을 두되, 언어 너머의 감각적 접근을 통해 감정을 조율하고, 상실이나 트라우마의 경험을 재구성하게 한다. 특히 언어화되지 않은 감정, 사회적으로 억압된 정서, 반복적으로 누적된 감정 피로를 예술적 매개로 전환하는 과정은 감성 중심 사회문제 대응의 핵심이다.

이러한 문화예술 기반 치유의 정책화를 위해서는 '치유심리의 공공성'을 제도적으로 수용해야 한다. 치유는 원래 사적인 정서 영역으로 간주되어 왔지만, 집단적 트라우마나 사회적 단절이 구조화된 요즘에 이르러서는 치유 역시 공공정책의 핵심 기능으로 이관되고 있다. 심리상담센터나 정신보건사업을 훌쩍 넘어 공공미술, 지역예술교육, 감성 기반 공동체 회복 프로그램은 예술과 치유의 공공화를 지향하는 실험적 정책 사례다. 나아가 '문화복지' 개념도 이제는 단순한 문화 향유의 기회 보장을 넘어, 정서적 안전망을 구성하는 복지로 적극적으로 재개념화되고 있다. 이 과정에서 문화정책은 감성 공공성의 주체로서, 정서적 불균형을 해소하는 복합 정책 영역으로 자리매김한다.

이러한 정책적 전환에서는 '감성약자'에 대한 명확한 인식과 대응이 특히 중요하다. 감성약자는 사회적 소외뿐 아니라 심리적 고립, 정서적 과잉소진, 표현력의 결핍으로 문화정책의 수혜로부터 이중으로 배제된 계층이다. 청소년, 고령자, 장애인, 이주민, 정신건강 취약군, 재난 경험자가 이에 포함된다. 감성약자를 위한 정책은 단순한 지원이 아닌, 감정을 표출하고 소통할 수 있는 '정서 기반 플랫폼'과 '예술 매개 공간' 조성을 필요로 한다. 또한 감성약자 스스로 자신의 감정을 인식하고 타인과 연결될 수 있도록 돕는 문화적 인터페이스 개발도 중요하다.

그렇다면 우리는 치유 기능이 직접적으로 요구되는 어떤 문제에 적극 우선 개입할 수 있을까? 먼저, 청소년 정신건강 문제가 심각하다. 학업 스트레스, 사회관계 결핍, 자기표현의 미숙으로 심화된 우울·불안·자해 등은 감성 기반 예술치료와 또래문화 프로그램으로 접근이 가능하다. 아울러 청년 세대의 무력감은 고용 불안, 경쟁 압력, 사회적 단절로 인해 감정 무감 각과 소진을 겪는 청년층을 위한 자기표현 기반 문화공간이 요구된다. 한 편, 고령층 비율이 늘어나면서 고립 노인의 정서 단절이 사회문제로 자리 하고 있다. 고령자는 정보기기 및 사회적 관계망에서 배제되며, 감정의 전 달 경로 자체가 단절된다. 이 때문에 지역 커뮤니티 기반의 회고예술, 회상 기록 프로젝트가 도움이 될 것이다. 이와 비슷한 맥락으로 장애인의 감정 표현 소외에 대해 관심을 가져야 한다. 여기에는 인지적·신체적 특성 때문 에 감정표현과 수용에서 제약을 겪는 장애인을 위한 감각 중심 예술활동과 대안적 소통 도구가 필요하다. 또한 전환기 과정에서 생겨난 트라우마 집 단의 심리회복도 예술과 스토리텔링을 통해 다룰 수 있다. 온라인 혐오 및 정서폭력이 빈번하게 등장하는 디지털 공간의 정서적 공격성과 혐오행동 은 예술 기반 디지털 리터러시, 감성훈련 프로그램으로 접근해야 한다. 도 시 빈곤지역의 정서 공동화 역시 심각한데 문화시설 부족, 사회서비스 취 약, 공동체 해체가 중첩된 지역에서는 예술 기반 치유 커뮤니티가 긴급히 필요하다. 기후위기로 인한 생태불안과 생태상실로 인한 심리적 무력감과 우울에 대해서는 환경예술, 생태감성교육, 공감형 전시를 늘려 대응할 수 있다.

이러한 문제들은 정량화되기 어려운 정서적 손상이므로 치유 기능을 지속가능한 공공 시스템으로 구축할 필요가 있다. 결국, 문화예술은 인간의 감정을 조율하고 정서공동체를 복원하는 '공공적 치유 수단'으로 정책화되 어야 한다. 치유심리의 공공성은 감성약자의 정서적 권리를 보장하고, 문화 정책을 사회복지·보건·교육과 연계하는 복합 플랫폼으로 진화시키는 기 반이 된다. 이로써 문화정책이 사회정서적 불균형에 적극적으로 개입하며,

감성 정의와 정서 복지를 구현하는 핵심 경로가 될 수 있다.

2) 융화체계의 구성: 미래에 대한 낙관

디지털 기술과 글로벌 네트워크의 급속한 확장으로 문화 간 경계, 나아가 학문과 장르, 세대 간의 경계를 허물며 융화는 문화정책의 핵심 어젠다로 떠올랐다. 이는 융합하되 융화의 미학을 갖추는 변화이다. 따라서 단순한 협업이나 협력 수준을 넘어 새로운 창조성의 발생 조건으로 작용하며, 문화생태계의 구조 자체를 시스템적으로 재구성해야 할 필요가 있다.

경계 해체와 의미 조직화

여기서 기본적인 것은 경계의 해체로 탈장르화·탈학제화·탈세대화를 지향하는 것이다. 융화의 체계란 서로 다른 체계 간에 내재된 이질성, 관점, 감수성을 조화롭게 '작동 가능한 상태'로 조직하는 것을 의미한다. 이러한 체계는 다음과 같이 구체화할 수 있다.

첫째는 다양한 학문 융합이다. 전통적 학문 체계는 각기 고유한 인식론과 방법론을 갖고 발전해왔지만, 인공지능, 생명공학, 디지털 예술 같은 새로운 담론에서 학문 경계의 해체 없이는 접근 자체가 불가능하게 되었다. 문화정책 역시 사회학·예술학·경제학·기술학을 복합적으로 통합하는 '학제적 인프라'를 요구한다. 예컨대, 미디어아트나 디지털 큐레이션은 기술과 인문이 접목된 대표적 융합 사례이며, 이는 기존 제도권 정책만으로는 포괄하기 어렵다.

둘째로 장르 간 융화가 반드시 필요하다. 장르 융합은 콘텐츠의 형식적 실험을 넘어, 의미 생성 방식 자체를 변화시킨다. 현대 예술에서는 음악과 영상, 무용과 게임, 문학과 코드가 뒤섞이며 복합 서사적인 경험을 생성한다. 문화정책이 이를 포착하려면 예술 창작 지원의 틀도 '분야'가 아니라 '문제 중심'이나 '형식 실험 기반'으로 전환돼야 한다. 이는 장르 간 경계 해체를 통한 새로운 창작 생태계 구성의 필요성을 시사한다.

셋째는 세대 간 융화다. 문화의 지속성과 확장성은 세대 간 기억과 감각의 공유에서 비롯된다. 하지만 기술·취향·참여방식의 급변 속에서 세대 간 단절이 심화되고 있으며, 이는 문화정책이 포괄해야 할 중요 변수다. 고령자의 전통 지식과 청년 세대의 디지털 감수성이 만나야 지속가능한 창조성이 발현된다. 정책적 관점에서 이는 '세대통합적 기획자' 양성이나 '세대 융합형 레지던시' 프로그램 등으로 구체화될 수 있다.

융화를 좀 다른 관점인 시스템적 접근으로 이해할 필요가 있다. 이는 상호작용의 네트워크를 새로 설계하는 것으로서 중요하다. 융화는 시너지를 목표로 해야 하며, 이를 가능케 하는 시스템적 조건이 필요하다. 시스템적 문화정책이란 우선 다층적 상호작용성(multilayered interactivity)을 말한다. 이 때문에 예술가, 과학자, 시민, 기술자 같은 다양한 주체가 네트워크 속에서 상호작용하도록 설계된 플랫폼이 필요하다. 이는 문화정책을 에코 시스템으로 보는 관점이다. 그 밖에 또 경계 횡단적 프레임으로 보고 법적·제도적 범주를 넘어선 유연한 정책기획 구조가 필요하다. 기존의 부처 간 칸막이를 벗어나 '융합형 거버넌스' 구축이 대표적이다. 이에 덧붙여서 또 하나 창의적 마찰의 장(Creative Friction Zone)이 중요하다고 앞에서 언급했다. 이는 서로 다른 주체 간의 충돌을 통해 창조적 긴장감을 유발할 수 있기 때문에 가능하다. 문화정책도 이를 조절하며 장려할 필요가 있다. '실패 허용 구조'

　　　　　2부. 사회문화와 정책 시스템: 어울림을 생각하다

나 '불확실성 지원 메커니즘'이 그 예다.

이러한 융합을 구조적·의도적으로 실험한 것은 네덜란드의 '창의산업재정(Creative Industries Fund)', 영국의 '예술·건강융합 창의클러스터(AHRC Creative Clusters)'가 정책적으로 융합을 구조화한 대표적 예다. 이들은 문화와 기술, 산업과 공동체를 연계하여 경제적·사회적 가치를 동시에 창출하고 있다.

융합·융화는 막연한 창작 트렌드가 아니다. 휘몰이 충격을 슬기롭게 헤쳐나가고 미래에 대한 낙관적 관점에서 마련해야 하는 새로운 문화정책 설계의 패러다임이다. 학문·장르·세대 간 경계 해체로 새로운 의미의 조직화를 가능케 하는 것이다. 창조성은 이질적 체계 간의 긴장과 조율, 협업 속에서 발생하는 '네트워크적 생산물'이다. 문화정책은 이러한 창조성의 발생 조건을 제도적으로 보장하고, 시스템적으로 관리할 수 있어야 한다. 여기에서 미래에 대한 낙관을 기대하고, 재구성하는 핵심 전략이 도출된다.

정체성의 상호변형

융합과 융화는 그 작동방식에서 어떤 차이가 있는가? 좀 더 들여다보면, 융합이 기술적·구조적 결합에 초점을 맞춘다면, 융화는 의미와 정체성의 내적 재구성, 즉 상호변형(mutual transformation) 과정을 포함한다. 특히 시스템적 문화정책의 비전을 설정함에 있어서 융화는 단순한 병렬적 통합이 아니라 각 요소의 '존재 방식' 자체가 변화하는 동적 과정으로 이해돼야 한다. 결국 융화는 의미·정체성의 상호변형이라는 점에 주목해야 한다.

그렇다면, 상호변형이란 무엇인가? 이는 문화정체성의 역동적 실재로 이해해야 한다. 정체성은 고정된 본질이 아니라 맥락 속에서 생성되고 변화하는 관계적 실체다. 융화란 이 정체성들이 서로 만나고 충돌하며, 기존의 자율성을 유지하지 못하고 재조정되는 과정을 말한다. 이때 발생하는 상호변형은 단순한 합의나 타협이 아니라, 제3의 상태를 창출하는 창조적 불안정성의 산물이다. 예를 들어, 전통 공예와 디지털 패션이 결합할 때 단순하게 시각적 양식을 혼합하는 데 그치지 않고, '노동에 대한 인식'이나 '장인의 주체성' 같은 문화적 감수성까지 변화한다. 흔히 전통적으로 '쟁이'라는 말로 설명하던 것이 다양한 경험과 지식의 축적 노하우로 의미변형이 일어난다. 이는 단순한 기술 융합이 아닌, 두 가지 정체성의 내부 규범이 상호 교란되고 재조정되는 '의미의 재편'에 해당한다.

그러므로 융화를 제대로 이해하려면 좀 색다른 작동 원리를 알아야 한다고 감히 말하고 싶다. 우선, 차이의 포용이 아닌 '차이의 재구성'으로 해석해야 한다. 융화는 차이를 그대로 수용하는 관용적 모델이 아니라, 차이를 변형시키고 해체하며 새로운 정체성을 산출하는 적극적 과정이다.

또 한편으로는 융화를 경계의 유예와 새로운 감각 질서의 생성으로 이해해야 한다. 융화는 문화 간 경계를 일시적으로 해체함으로써 고정된 문화 감각의 프레임을 유예한다. 예를 들면, 음식문화에서 한식과 양식의 융화는 단순한 메뉴의 결합이 아닌, 식사의 의미(시간성, 가족성, 공동체성)를 재구성하는 문화적 사건이다. 이는 융화를 '미각의 혼합'이 아닌 문화적 시간성과 정체성의 교차 현상으로 읽게 한다.

그리고 정체성의 '상호내파'와 새로운 주체성의 발현 관점에 대한 이해도 주목해야 한다. 융화 과정은 둘의 정체성을 유지한 채 결합하는 것이 아니라, 서로의 핵심 구성요소를 내부로 끌어들여 자기 구조를 바꾸는 내파적(transfigurative) 변형을 수반한다. 이로 인해 새로운 주체성이 탄생하며, 이는 기존의 문화정책 틀이 포착하지 못했던 '혼성적 시민성(heterogeneous citizenship)' 형성을 가능하게 한다.

이 같은 상호변형을 실제 나타나는 현상으로 보는 데 그치면 안 된다. 이는 나름대로 뜻깊은 정책적 함의를 지닌다. 그리고 나아가 정체성 유동성과 제도 설계의 과제를 우리에게 안겨준다. 이런 관점에서도 문화정책은 새로운 방식으로 재구성돼야 한다. 그동안 정체성 기반 정책으로 이뤄진 담론이나 정책 실제는 관계 기반 정책으로 전환되어야 한다. 문화정체성을 전통, 민족, 장르 등 고정된 범주로 규정하던 시대는 지나갔다. 오늘날의 문화는 '경험 기반', '참여 기반'으로 정체성을 구성하며, 이는 정책도 정체성을 사전에 규정하기보다 유동적인 관계 맥락 속에서 발생하도록 설계돼야 함을 뜻한다.

아울러 문화정책에서 '혼종적 주체'의 승인과 제도화가 현실적인 문제로 대두된다. 기존 제도는 참여자나 단체를 특정 정체성(예: 전통예술가, 디지털 창작자)으로 분류하고 지원했으나, 융화의 시대에는 이들이 상호 교차하고 이동할 수 있는 유연한 자격 조건과 예산 분배 구조가 필요하다. '다분야적 기획자', '교차영역형 창작공간'이 그 구체적 예다.

아울러 충돌과 갈등을 수용하는 정책 플랫폼을 구축해야 한다. 상호변형은 필연적으로 충돌과 마찰을 수반한다. 정책은 이를 회피하지 말고, '갈등 기반 창조'의 실험장으로 기능해야 한다. 다문화 교육, 탈장르 페스티벌, 세대혼합형 창작캠프 등이 그 실험적 모델이 될 수 있다.

이러한 상호변형적 융화의 실천을 융합예술캠프(Hybrid Art Camp, 오스트리아)에서 찾아볼 수 있다. 과학자, 철학자, 예술가가 공동으로 프로젝트를 수행하면서 정체성과 역할을 유동적으로 교환하도록 캠프를 설계했다. 캠프에 참가하는 사람들은 기존의 직능적 정체성을 벗고, 새로운 '사유의 수행자'로 재구성된다.

융화는 각 정체성과 의미체계가 서로의 내적 구조에 침투하여 존재 방식 자체를 재구성하는 실천적 미학 과정이다. 당연히 문화정책에서 이러한 상호변형의 가능성을 인정하고, 이를 제도화할 수 있는 유연성과 개방성을 갖춰야 한다. 창조성은 정체성의 불안정성과 이동성에서 촉발된다. 따라서 진정한 문화융화로 경계 너머에서 '새로운 존재 방식'을 발명하는 실천으로 나아가야 한다.

이질적 교차와 정책 작동방식의 전환

현대사회에서 글로벌 네트워크와 기술의 확산, 다문화주의의 심화, 디지털 감수성의 대두는 문화 생산과 향유의 조건을 근본적으로 변화시켰다. 이에 따라 문화정책 또한 이질 요소 간의 교차작용을 능동적으로 설계하고 유도하는 역량으로 전환할 필요가 있다. 오늘날의 문화정책은 이질적 영역 간 조우, 충돌, 연결을 조직하는 '구성자'로서의 역할이 필요하다. 이제 문화정책은 이질 요소 간 교차작용을 설계하는 역량이 필요하다. 여기서 교차작용이란 단순한 병존이나 공존이 아니다. 서로 상이한 체계, 감각, 가치, 기술, 기억이 의도적으로 마주하게 되는 조건을 창출하고, 그 상호작용을 통해 새로운 문화적 의미를 형성하는 과정이다.

이러한 작용 때문에 문화정책의 구조적 재설계가 중요해졌다. 우선 이질성 간 '중첩지대'를 전략적으로 조성해야 한다. 문화정책은 융합을 넘어 융화를 전제해야 한다. 이는 서로 다른 집단이나 실천이 마주할 수 있는 공간적·제도적 인터페이스를 생성하는 것이다. 예를 들면, 도시재생사업이 예술가와 이주민 공동체, 지역 노년층을 만나게 한다면, 이는 단순한 공간 재편이 아닌 문화적 중첩지대를 형성하는 전략이 된다. 교차작용은 이러한 중첩에서 발생하며, 문화정책은 이를 설계하고 조율해야 한다.

그리고 예측 불가능성과 비정형성을 어떻게 수용할 것인가도 중요하다. 이질 간의 접촉은 본질적으로 예측 불가능한 결과를 수반한다. 이로 인해 문화정책은 앞에서도 여러 번 말했듯이 기존의 '산출지표 중심 평가'에서 벗어나야 하며, 비정형적 교류, 우연성, 실패 가능성까지 수용하는 '열린 설계'가 필요하다. 예술+기술+커뮤니티의 융합 프로젝트는 그 결과물이 전통적 지표에 부합하지 않더라도 관계의 구조 변형이라는 잠재적 효과를 낳을 수 있다. 문화정책은 이제 이러한 잠재성에 투자할 수 있는 장기적 감각을 가져야 한다.

끝으로 문화정책은 중계자(intermediary)로서의 정책 플랫폼 역할을 더욱 강화해야 한다. 정책은 서로 다른 생태계를 매개하고 중계하는 구조로 작동해야 한다. 이는 철학자와 디자이너, 장인과 프로그래머, 청소년과 고령자 같은 다양한 주체가 '만나고', '협상하며', '공동으로 생산하는 과정'을 지원하는 역할이다. 이는 문화정책이 거버넌스를 넘어 '구성적 매개'로 진화해야 함을 의미한다.

이런 점에서 볼 때 이질적 교차작용을 유도하는 문화정책의 설계 역량은 구체적인 제도와 시스템 속에서 실현돼야 한다. 이를 위해서는 다영역적 기획 역량을 내재화해야 한다. 문화정책 담당자는 다양한 감각과 문해력(arts, science, technology, community)에 통합적으로 접근힐 수 있는 메타 기획자여야 한다. 이는 기획 교육의 전면 개편과 전문가 집단 재구성이 필요함을 시사한다.

이를 위해 정책 플랫폼은 느슨한 연계구조(loose coupling) 설계가 필요하다. 정책학에서는 느슨한 연계구조를 매우 중요하게 본다. 긴밀한 통제보다는 느슨한 네트워크로 각 주체가 자율적으로 움직일 수 있게 하면서도 교차 접점에서는 집중적인 개입과 자원을 제공하는 이중구조가 필요하기 때문이다. 이는 문화도시, 지역문화재단, 예술인 레지던시 같은 플랫폼을 정비하는 데 중요한 원칙이 된다.

교차 설계를 실제로 실천하며 추진된 사례 가운데 영국의 창의적인 사람들과 장소(Creative People and Places) 프로그램이 있다. 이는 비예술인 중심 지역에서 예술을 통한 커뮤니티 재편을 시도하여 예술기획자와 지역 리더, 기술 전문가가 공동 기획단을 구성하며, 이질성의 협업구조를 제도적으로 조직화한 것이다. 핀란드의 '정부를 위한 디자인(Design for Government)' 프로그램도 정책과 디자인을 연결해 공공문제를 해결하고, 이질적 체계인 행정·디자인·사용자 집단이 협업하여 교차설계 역량을 정부 구조 내에 제도화한 것이다.

미래 낙관적 관점에서 볼 때 이질 요소들 사이의 교차작용을 설계하는 역량은 이제 문화정책의 핵심적 전략 역량이다. 문화는 언제나 이질성과 충돌, 접속을 통해 재구성되어왔으며, 정책은 이를 통제하거나 보완하는 수준에 그치지 않고 창발성과 감응성의 장을 설계하는 창조적 주체가 되어야 한다. 이는 정책을 다중 주체적 실험의 공간으로 다시 자리매김하는 것이다. 문화정책은 사람과 기술, 장소와 기억, 이질성과 미래의 교차로를 설계하는 일이어야 한다.

💡 더 생각할 점

- 감성자원으로서의 문화는 어떻게 측정하고 평가할 수 있는가?
- 치유 중심 문화정책은 복지·교육과 어떻게 융화를 이룰 수 있는가?
- 학제 간 협업이 창조성에 미치는 영향은 무엇인가?
- 문화융화는 어떻게 사회적 갈등을 창조적 동력으로 바꾸는가?
- 세대 간 문화교류를 촉진하는 정책은 어떻게 설계할 수 있는가?

더 읽어볼 책

문상석(2023), 「지속가능발전과 공동체, 네트워크, 플랫폼: 춘천 청년 인식을 중심으로」, 지역사회학회.

송광일·남미순(2019), 「듀이의 창발적 교육철학」, 한국교육사상학회, 『한국교육사상연구회 학술논문집』 2019년 동계 학술발표회, 65-80쪽.

유미현·나주몽(2017), 「사회적 자본이 협력적거버넌스에 미치는 영향에 관한 연구」, 인문사회과학기술융합학회, 『예술인문사회융합멀티미디어논문지』 7(4), 37-46쪽.

이원태 외(2011), 「디지털 컨버전스 환경에서 정보격차 해소 및 미디어 리터러시 제고방안 연구」, 정보통신정책연구원.

패트릭 와이먼(2022), 장영재 역, 『창발의 시대』, 커넥팅.

3부

공진화 문화생태계, 좌표를 움직이다

오늘날 사회문화는 기존 패러다임으로 대응하기 어려운 복합적 전환기에 놓여 있다. 디지털 기술의 급격한 확산, 글로벌 네트워크의 재편, 환경위기의 압박, 사회문화적 갈등의 분출로 새로운 문화생태계를 필요로 한다. 이는 단순한 좌표 설정이나 조정이 아니라, 사회문화의 존재 방식과 사회적 역할, 문화 정책철학을 다시 규정하는 것이다.

사회문화의 좌표는 이제 단순히 문화예술적 성취에 머물지 않고, 사회적 차원으로 확장되며, 나아가 사회혁신의 기반으로 자리 잡아야 한다. 전통적인 문화정책은 문화적 자율성과 창의성 증진에 중요한 기여를 했으나, 급변하는 사회적 환경 속에서 한계가 드러나고 있다. 우선, 예술에서 사회문화로의 이동이 필요하다. 문화예술은 이제 지역사회와 생활세계 속에서 관계와 연대를 창출하는 힘으로 작동한다. 문화예술 활동이 공동체 행사, 시민 참여, 사회적 교육과 결합될 때, 그것은 더 이상 소수의 전유물이 아니라 모두의 문화가 된다.

또한, 사회문화는 곧 사회혁신의 토대가 된다. 문화예술이 생태계 가치를 증진할 때, 그것은 단순한 문화적 행위가 아니라 사회문제 해결을 위한 창의적 개입이 된다. 예술가와 시민, 제도와 지역이 협력하는 사회문화 활동도 사회혁신의 동력으로 발전한다. 따라서 예술-사회문화-사회혁신으로 이어지는 흐름을 설계해야 한다. 이제 새로운 좌표는 예술의 독창성을 기반으로 사회문화적 공진화를 거쳐 지속가능한 사회혁신으로 나아가는 삼중 구조를 이루어야 한다.

이제 새로운 사회문화정책 좌표의 중심기둥은 자기진화를 넘어서는 공진화이다. 문화는 사회적 제도, 경제적 구조, 생태적 환경, 기술적 조건과 분리된 채 존재하지 않는다. 각각의 체계는 서로 영향을 주고받으며 공동진화한다. 따라서 문화예술, 산업, 복지, 교육, 환경이 서로를 견인하며 조화롭게 발전하는 생태적 구조를 설계해야 한다. 이는 각 영역의 변화가 다른 영역의 새로운 가능성을 열어주는 동적 상호 진화의 좌표를 의미한다. 예를 들어, 환경위기정책과 문화정책이 연계될 때, 생태적 감수성을 예술과 생활양식 속에 내재화하는 새로운 문화적 동력이 창출될 수 있다.

그리고 융화를 중시해야 한다. 이제는 다양성 속의 조화를 실현하는 좌표를 가져야 한다. 전통과 현대, 지역성과 세계성, 기술과 인문, 개인의 창의성과 집단의 연대가 상호침투적 관계로 설계될 때, 새로운 문화 질서가 형성된다. 융화란 단순히 다른 요소들을 병렬적으로 결합하는 것이 아니다. 그것은 서로 이질적인 것들이 만나면서 새로운 정체성과 질서를 창조하는 과정이다. 예를 들어, 지역문화와 글로벌 플랫폼을 연결하는 정책은 지역 고유성을 소멸시키는 것이 아니라, 글로벌 교류 속에서 지역 정체성을 새롭게 재구성하는 융화의 과정을 만들어낼 수 있다. 이는 단순한 혼합이 아니라, 새로운 문화적 에너지의 재탄생을 의미한다.

이제는 창조와 더불어 창발이 중요하다. 복잡계적 사회 속에서 사회문화정책은 새로운 가치와 질서가 자발적으로 출현할 수 있는 조건을 조성하는 것으로 전환해야 한다. 창발의 좌표는 실험과 자율, 연결과 개방을 기반으로 한다. 문화정책이 공간과 제도를 제공하되, 그 안에서 시민, 예술가, 공동체가 자유롭게 상호작용할 때 예기치 못한 창발성이 등장한다. 이러한 창발적 좌표는 결과 중심에서 과정 중심으로, 규범적 목표에서 창발적 가능성으로 이동해야 한다. 이는 불확실성을 수용하는 동시에, 불확실성 속에서만 가능한 새로운 문화적 미래를 열어가는 전략이다.

또한 사회문화 전반적인 구조에서 나타나는 소멸위기를 넘어서는 공진화 철학이 요구된다. 사회문화의 소멸은 그저 사라지도록 결정된 것이 아니라, 진행되는 과정일 뿐이다. 그러므로 지역정책에서는 주목해야 할 핵심 과제를 먼저 선정하고 전략적으로 접근해야 한다. 그리고 공진화정책으로 해결가능한 문제를 단계적으로 풀어나가야 한다.

이와 같은 새로운 사회문화정책 좌표 설정은 정책 패러다임 자체의 근본적 이동을 뜻한다. 과거의 좌표가 산업 중심, 중앙집권, 양적 확대에 기초했다면, 이제는 복잡계적·생태적·창발적·균형적 좌표로 옮겨야 한다. 이러한 좌표 이동으로 사회문화정책은 사회문화적 진화를 안내하는 내비게이션, 다양한 가치가 충돌하고 융화하며 새로운 질서를 창출하는 플랫폼, 그리고 불확실한 시대에도 지속가능한 발전을 가능케 하는 미래지향적 생태계 설계도로서 기능하게 된다.

7장
문화예술에서 사회문화로

문화예술은 사회를 향한 실천행동이자, 공동체적 삶을 구성하는 힘으로 확장되고 있다. 오늘날의 진화 생태계는 문화예술이 사회와 직접 맞닿으며, 사회적 가치와 공동체적 지속성을 함께 빚어내는 장으로 변모한다. 이때 예술은 사회적 상상력의 연료이며, 문화정책은 그 상상력이 사회 속에서 구현될 수 있도록 하는 촉매제가 된다.

먼저 문화활동의 사회적 실천은 구체적 문제해결의 행위로 진행될 때 드러난다. 지역공동체의 재생 프로젝트, 환경위기에 대한 예술적 개입, 소수자의 목소리를 담아내는 문화활동은 모두 사회적 실천의 예다. 이는 문화의 언어가 사회적 갈등과 불안, 그리고 희망을 다루는 공적 장치로 자리 잡는다는 의미다. 문화활동은 사회를 비추는 거울을 넘어, 사회의 구조적 문제에 개입하는 열쇠로 진화한다.

지속가능한 사회문화 활동은 이 실천이 장기적 생태로 뿌리내리는 것을 의미한다. 이를 위해 활동이 사회적 순환구조 속에서 안정적으로 이어지도록 정책을 설계해야 한다. 예술가와 주민이 함께하는 생활문화 플랫폼, 청년 세대의 창작과 지역경제를 연결하는 프로젝트, 기후위기 대응을 위한 생태문화운동이 바로 지속가능한 사회문화 활동의 구체적 형태다. 지속가능성은 사회적 신뢰, 공동체적 참여, 환경과의 조화 속에서 문화가 꾸준히 살아 움직일 수 있는 조건을 말한다.

사회문화의 다원적 진화는 공진화적 시각에서 문화예술이 사회로 이동하면서 나타나는 또 하나의 특징이다. 문화는 다양한 세대, 지역, 계층, 문화권이 교차하는 장 속에서 서로 다른 가치가 충돌하고 조율되며, 그 결과 새로운 문화 형식이 출현한다. 이러한 다원적 진화를 거치면서 사회는 더욱 복합적이고 회복력 있는 구조로 만들어진다. 공진화란 이처럼 다원적 차원이 맞물리며 이루어지는 상호 성장을 뜻한다.

문화활동의 사회적 확장은 시민, 공동체, 사회적 가치가 중심이 되는 공진화 모델로 나아가는 패러다임의 전환이다. 문화활동은 사회적 실천이 되어야 하고, 그 실천은 지속가능성을 확보해야 하며, 결국 사회문화는 다원적 진화를 통해 새로운 균형점을 찾는다. 이 전환은 단순한 정책의 변화가 아니라, 사회와 문화의 생태적 재배치다.

따라서 이 장은 문화예술이 사회 속에서 어떤 역할을 해야 하는지, 그리고 사회가 문화와 함께 어떻게 새로운 진화 경로를 설계할 수 있는지를 탐색하는 나침반이 될 것이다. 결국 '문화예술에서 사회문화로' 이동하는 것은 문화와 사회가 함께 짝춤을 추는 진화 생태계의 새로운 국면을 뜻한다.

1. 뿌리 깊은 사회문화활동

1) 메시지 전달

전환기 이후 사회환경과 인간의 정체성에 대한 질문은 급변하고 있고, 예술가는 확실히 사회적 실천자로 변모했다. 문화예술활동가는 이제 사회에서 대화하고 연대하며 변화를 이끄는 사회적 행위자(social agent)로 바뀌고 있다. 이는 메시지 전달, 사회적 개입, 공동 창작 같은 방식으로 구체화된다. 시간의 흐름에 따라 전개된 사회문화 활동과 환경운동은 예술가에게 사회적 책임과 참여를 촉구했고, 이에 따라 예술의 경계와 기능은 크게 확장되었다. 이 과정에서 문화예술은 사회적 메시지를 전달하는 방법을 상징에서 행동으로 과감히 옮기는 데까지 나아갔다.

문화예술활동가가 사회적 메시지를 전달하는 방식은 다양하다. 가장 소극적인 방식은 상징적 재현(symbolic representation)이다. 예를 들면, 게르하르트 리히터(Gerhard Richter)는 추상화로 독일 현대사의 트라우마를 은유적으로 드러내며 집단기억을 환기시켰다. 또한 아이 웨이웨이(Ai Weiwei)도 조형물로 난민, 인권 억압, 권력 비판을 표현하며 메시지를 전달했다.

한편, 적극적인 방식으로는 행동 중심의 실천적 개입에 나서는 전달방식이다. 예를 들어, 아르헨티나의 여성 예술가그룹 라스 테시스(Las Tesis)는 거리 퍼포먼스를 통해 젠더 폭력에 대해 집단저항했고, 이는 전 세계로 확산된 문화운동이 되었다. 이들은 일종의 사회적 퍼포먼스, 행동적 선언으로 활용하며, 상징 차원을 뛰어넘어 구조적 변화를 촉진하는 수단으로 사용했다.

문화예술활동가의 역할 변화는 정체성의 재구성과도 직결된다. 그동안 창작자 또는 관찰자였던 참여자들은 중재자(mediator), 촉진자(facilitator), 조직자(organizer), 활동가(activist) 역할을 한다. 이렇게 바뀌면서 문화예술활동가는 사회적 관계를 형성하고, 커뮤니티와 협력하며, 실질적 변화 과정에 깊이 개입한다. 예를 들면, 공동체의 삶 자체를 바꾸는 과정에 참여한 흑인 여성 공동체와 협업하면서 인종, 젠더, 계급의 억압 구조를 예술활동으로 해체하려고 한다[예: 릴리아나 앙굴로(Liliana Angulo)의 프로젝트].

이렇게 사회적 실천가로 활동할 때는 그 활동이 구체화될수록 제도와 부딪치며 긴장이 발생한다. 또는 예술활동이 정부, 비영리단체, 기업의 자금 지원을 받다 보면, 어쩔 수 없이 제도에 흡수되기도 한다. 이는 활동 자체만 보면 위험한 짓이다. 예를 들어, 비엔날레나 공공미술 프로젝트에서 사회 참여형 예술은 종종 정치적 '포장'에 이용되거나 상업화되어버리는 경우도 있다. 따라서 예술가는 실천의 독립성과 비판성을 유지하면서도 제도와 전략적으로 협력하는 이중 과제를 수행해야 한다.

이처럼 문화예술활동가가 사회 메시지를 전달하는 실천적 행위자로 바뀌는 과정은 단순하게 역할 확대 관점으로만 보고 넘길 일은 아니다. 사회문화 환경 변화에 따르는 사회문화의 본질과 기능에 대한 근본적 재검토로 봐야 한다. 예술이 사회적 의미를 구성하고, 공동체와 소통하며, 현실에 개입하는 적극적 실천으로 진화한다. 그러므로 미래 예술인 또는 예술경영인을 배출하려는 교육은 이처럼 바뀌는 예술가의 정체성을 이해하고, 이들이 시대적 과제를 창조적으로 수용할 수 있도록 이론과 실천의 통합적 시야를 제공해야 할 것이다. 구체적으로 사회적인 실천을 위해 사회과학적 분석 능력, 공동체 조직 능력, 윤리적 감수성, 정책적 이해를 갖춰야 한다. 예술가는 이제 다학문적 사고와 연대 능력을 갖춘 복합적 주체로서 사회 속에서 기능해야 한다.

문화예술은 어떻게 공동체와 사회변화를 촉진하는가? 문화예술은 공동체 안에서 사회변화를 실현하기 위해 구체적인 사회적 개입을 시도한다. 구체적으로는 공동체 구성원 간의 관계를 재구성하고, 공공의 문제에 대한 집단적 인식을 유도하며, 새로운 사회적 상상력을 자극한다. 이처럼 사회문화활동이 '변화를 만드는 사회적 도구'로서 나서며 다양한 방식으로 구현하고 있다.

예를 들면, 커뮤니티 아트는 특정 지역공동체의 구성원이 직접 예술창작에 참여함으로써 그들의 경험과 목소리를 예술로 표현하고 사회적 연대를 만든다. 영국의 'Idle Women' 프로젝트는 북부 잉글랜드 여성들과 함께 수상보트 위에서 예술과 치유 프로그램을 진행한다. 지역 여성의 정체성, 사회적 억압, 트라우마 극복을 주제로 다룬다. 이로써 참여자들은 자기표현의 기회를 얻고, 공동체 치유와 자율성을 회복한다. 그러나 커뮤니티 아트는 예술성과 사회적 효과 사이에서 긴장을 피하기 어렵다. 참여와 과정을 지나치게 강조하다 보니 창작품의 예술적 질이 낮아질 수 있고, 일회성 이벤트에 그칠 위험도 있다.

공공예술도 사회변화 촉진을 유도하기 위해 예술작품을 도시 공간, 거리, 공공장소에 설치하여 불특정 다수를 대상으로 사회적 메시지를 전달하거나 장소에 새로운 의미를 부여한다. 미국 필라델피아의 '벽화예술 프로그램(Mural Arts Program)'은 낙후된 도시 공간에 벽화를 설치함으로써 지역 청소년과 협업하며 범죄 예방과 지역 자긍심을 높이는 데 기여했다. 이로써 도시재생과 공동체 정체성 형성이 새롭게 조명을 받았다. 그러나 행정이나 자금 지원에 지나치게 의존하다 보니 예술이 체제순응적 장식물로 전락하고, 정치적 위장을 위한 '도시 마케팅' 수단으로 활용된다는 우려를 낳았다.

또 일반적인 참여예술활동이 있는데, 이는 관객이 창작 과정에 능동적으로 개입하는 방식이다. 예술가는 촉진자로서 활성화를 이끈다. 브라질의 예술가 빅 무니즈(Vic Muniz)는 리우데자네이루 쓰레기 매립지에서 일하는 노동자들과 함께 폐기물을 예술작품으로 재구성하는 프로젝트를 진행했다. 이 과정에서 노동자들은 자신들의 삶과 일이 새로운 의미를 갖는 것을 체험하고 사회적 인식을 환기했다. 그렇지만, 참여예술은 참여자의 삶이 예술이라는 이름으로 소비될 가능성이 있다. 또한, 예술가가 무의식적으로

공공성, 예술로 살릴 수 있을까?

공공성은 무엇이며, 무엇을 실천하겠다는 것인가? 공공성의 기반에 대해 하버마스는 시민이 자유롭고 평등하게 의견을 교환할 수 있는 공간이라고 본다. 문화예술도 이러한 공론장의 일부로서 사회적 상상력과 담론 형성을 촉진할 수 있다는 것이다. 이와 비슷하게 니콜라 부리오(Nicolas Bourriaud)는 관계미학(relational aesthetics)이라는 우아한 개념을 통해 예술이 인간의 관계를 조직하고, 공동체적 경험을 구성하는 방식에 주목하여 설명했다. 이렇듯 공공의 실천에서는 예술을 시민사회의 일부로 기능하는 사회적 도구로 전환시키는 논리다.

이런 점에서 공공의 실천은 예술이 사회적으로 의미가 크다는 인식을 확대하고, 예술가를 사회적 관계의 조직자로 전환한다는 점에서 중요하다. 이는 예술의 윤리적 책임과 공동체에 대한 감수성을 강조하며, 예술을 '사회적 상상력의 실천장'으로 탈바꿈시키는 역할을 한다.

그러나 예술이 제도에 흡수되거나 행사성 이벤트로 소비되는 점, 참여나 협업이 형식적일 경우 진정한 공공성은 담보되지 못한다는 점에서 비난을 받는다. 또 예술가의 입장에서 보면, 예술 외적 역량(정책 이해, 커뮤니티 조직, 문화기획 등)을 이해하지 못하면 괴로운 활동임을 자백하게 한다.

공공문화정책 연구 관점에서 보면, 공공의 실천은 예술이 사회와 관계 맺고, 공공의 문제를 미학적으로 조명하며, 공동체적 의미를 재생산하는 훌륭한 활동이다. 그것은 단순한 자기표현이 아니라 '함께 살아가는 방식'에 대한 제안이다. 그리고 사회적 실천과 예술적 창조의 접점을 탐색해가는 과정으로 이해한다.

'구원자' 역할을 자처하거나, 참여가 형식적으로 동원되는 방식이라면 이 또한 한계로 나타난다.

우리는 문화도시 사업, 도시재생이라는 이름으로 지역과 연계된 예술 활동을 활발히 펼쳤다. 예를 들어 폐산업 시설이나 유휴공간을 예술을 통해 재해석하고(통영 리스타트 플랫폼, 서울 문화비축기지), 시민이 참여하는 문화적 거점으로 탈바꿈시켰다. 이는 지역경제 활성화와 도시 정체성 회복에 기여하고 있다. 그런데 비판적 관점에서는 젠트리피케이션(gentrification) 문제, 땅값 상승, 주민의 이탈 초래 같은 일이 생겨났다. 이런 실험을 거치면서 예술도 '개입의 윤리'를 충분히 고려해야 한다는 생각을 하게 된다. 예술의 사회적 실천이 다양한 윤리적·제도적·미학적 문제에 직면한다는 점은 문화예술정책 입장에서는 안타까운 현실이다. 예술은 도구가 아닌 주체적 실천이어야 하며, 치유나 장식에 그치지 않고 갈등과 긴장 속에서 공공성을 재구성하는 창의적 실천이 되어야 한다고 할 수 있다.

2) 공공의 실천

현대사회에서는 문화 활동의 사회적 실천과 공공가치창출이 중요하다. 그런데 사회의 변화 속에서 예술의 사회적 기능이 바뀌고, 실천직 가치와 공공성에 초점을 맞추게 되었다. 이 과정에서 사회 전반과 새롭게 연결되고 영향을 준다.

문화예술과 사회의 관계 변천을 보자면 감성의 표현에서 공공의 실천으로 움직인다는 것을 확연히 알 수 있다. 오랜 시간 동안 문화예술은 인간의 내면세계를 표현하는 도구였다. 문화예술은 주로 개인의 감성, 영감, 천재성을 기반으로 한 창작 행위로 이해했다. 따라서 창작자의 자율성과 내면세계를 핵심 요소로 여겼다. 이러한 경향이 극대화될 무렵, 예술가는 사회적 존재라기보다 고통받는 천재 이미지로 여겨졌다. 예술은 현실을 초월하는 숭고한 세계로 간주되었고, 이 때문에 예술은 사회적 현실과 일정한 거리를 두는 담론으로 이어지기도 했다.

그러나 사회 전반의 산업화·도시화·정보화로 인간 삶의 양식과 가치관이 빠르게 변하면서 예술은 더 이상 개인의 감정에만 머무를 수 없었다. 그래서 사회적 책임과 공공적 가치를 인식해야 한다는 요구가 부각되었다. 특히 포스트모더니즘 이후의 예술은 권위주의적 전통과의 단절, 일상성과 사회성의 수용, 소외된 목소리 반영을 중요 과제로 삼는다. 더구나 최근에 급격한 휘몰이 사회변동 속에서 변화의 내용과 속도가 이전과 다른 모습으로 전개되면서 문화예술의 사회적 실천 요구가 강해졌다.

최근 사회문화에서 가장 주목해야 할 변화는 바로 '사회적 실천'으로서 문화예술 개념이 떠오르는 시점이다. 단순하게 미적인 감상을 제공하는 정도에 그치지 않고, 사회문제를 인식하고 이에 반응하며 변화를 유도하는 '실천적 행위'로 전환되었다. 공동체의 참여와 협업을 통해 사회적 이슈를 드러내고 공론장을 형성하려는 시도인 것이다. 이로써 예술이 사회적 갈등, 환경 문제, 인권, 도시재생 같은 다양한 분야에 개입하는 모습으로 나타났다.

이러한 맥락에서 예술은 공공의 삶 속으로 적극적으로 들어가 사회와 소통하고, 갈등을 조율하며, 공동체적 상상력을 자극하는 도구 역할을 한다. 예술가 역시 사회적 중재자로서 새로운 정체성을 부여받는다. 예술은 공공성과 함께 교육, 치유, 소통, 변화라는 이름으로 지역사회와 직접 연결된다.

그렇다면 여기서 말하는 공공의 실천이란 무엇인가? 공공의 실천은 예술이 사회 속에서 특정한 공동체나 사회 집단과의 관계 속에서 작동하며, 사회적 의미를 구성하고 실천하며 확장하는 활동이다. 당연히 공적 영역에서의 소통과 개입, 시민 참여를 중시하는 문화예술 행위를 포괄한다. 다시 말하면, 예술이 사회문제에 반응하고, 공동체와 협력하며, 현실을 변형하려는 실천적 창조성(practical creativity)을 나타내는 것이다. 이 개념에 바탕을 둔 활동으로 사회참여형 예술, 커뮤니티 아트, 도시재생, 환경운동, 정의, 인권 실현 같은 다양한 사회적 의제가 퍼지고 있다.

휘몰이 충격과 전환기를 벗어나 문화정책은 이제부터 단순한 미학적 논의에 머무는 것이 아니라 문화예술의 실천성·사회성과 관련해서 다면적으로 논의해야 한다. 또한 어떻게 사회적 담론을 생산하고, 실질적인 변화를 이끌며, 공공문제에 책임을 질 수 있는지를 비판적으로 검토해야 한다. 동시에 사회문화적 실천활동이 직면한 한계점으로 문화의 정치도구화 위험, 제도화의 흡수, 효과성 문제에 대해서도 새롭게 인식해야 한다. 정말 중요한 것은 예술이 단순히 도구적 수단으로 전락하지 않고, 사회와의 긴장과 협력 속에서 고유한 창의성을 유지하면서도 새로운 의미를 창출할 수 있는가 하는 점이다. 이러한 사유의 전환에 대해서는 앞에서도 논의한 바 있지만, 이제 감성에서 시작되어 사회적 실천으로 완성되는 복합적이고도 열린 영역이다.

2. 문화로 지속가능사회를

문화예술은 사회적 환경 개선, 젠더 평등 촉진, 인권 의식 고양, 도시재생 참여 같은 다양한 영역에서 활동하면서 지속가능한 사회 구축에 중요한 기여를 하고 있다. 사회적 역할의 논리적 근거에서 볼 때 문화예술의 사회적 가치와 그 지속가능성은 무엇인가?

1) 사회 이슈에 대한 기여

문화예술의 사회적 기능 가운데 먼저 손꼽을 점은 공공의식과 공동체성 강화에 기여한다는 점이다. 다시 말하면, 문화예술은 공동체 내 다양한 구성원 간의 정서적 유대와 상호이해를 증진시킨다. 이는 문화예술이 감성적 매개체로서, 사회적 차이를 포괄하고 소통을 유도하는 능력에서 비롯된다. 리처드 세넷(Richard Sennett)은 공공성을 회복하는 방법 중 하나로 '예술적 참여'를 언급하며, 도시의 분절된 공간에 연대의 가능성을 제시한 바 있다. 논리적으로나 실천활동에 있어서 사회 이슈와 공동체 강화에 기여하는 바를 중시한다.

우선 논리적으로 또는 담론 형성과 비판적 사고 촉진에 있어서 사회 이슈에 기여한다. 또한 기존의 지배적 담론에 문제 제기와 대안 제시를 가능케 한다. 예를 들면, 페미니즘 아트나 인권 다큐멘터리 같은 예술 형식은 소외된 목소리를 드러내고 주류 담론의 균열을 촉진한다. 예술은 표현의 자유를 기반으로 공론을 확대하며, 비판적 사유 마당을 형성한다.

그리고 도시공간을 실제 활동 마당으로 바꿔 사용케 하며, 이를 바탕으로 주민 삶의 질을 개선하는 데 기여한다. 다시 말하면, 도시공간을 물리적으로 변화시킬 뿐 아니라 정체성과 장소성을 부여하여 도시재생의 지속가능성을 확보한다. 문화 기반 도시재생의 실천 활동으로, 도시의 낙후 지역이 문화 창작과 참여 공간으로 전환됨으로써 주민의 삶의 질을 개선하고 공동체 활성화를 이끄는 마당이 된다. 예를 들어, 시리아 난민 예술 프로젝트가 있는데, 유럽 전역에서 시리아 난민이 참여한 예술 프로젝트(Refugee Art Project)로서 난민이 자신의 이야기와 정체성을 예술로 표현하는 플랫폼을 제공했다. 이는 난민에 대한 고정관념을 없애고, 사회 구성원으로서의 존엄성과 권리 회복을 돕는 방식으로 인권 담론의 확대에 기여했다. 또한 베를린의 템펠호퍼 공항(Tempelhofer Feld)은 문화와 환경의 지속가능한 융합 활동으로 유명하다. 과거 공항이었던 이 지역은 시민 주도 문화예술 프로젝트와 도시 생태 재생을 결합하여 녹지·예술·커뮤니티 공간으로 다시 탄생했

다. 그 결과 이 공간은 페스티벌, 전시, 공동체 정원 같은 다양한 창작활동
이 이뤄지며, 도시의 사회적·환경적 지속가능성을 실현하는 대표적 모델
이 되었다.

　사회적 이슈를 대상으로 하는 이런 활동 사례는 많다. 서울 성북구 공
공예술 프로젝트는 공공미술 사업을 바탕으로 노후화된 주거지를 예술인
과 협업하여 '문화마을'로 탈바꿈시켰다. 이 과정에서 주민은 단순한 수혜
자가 아니라 공공예술 창작에 직접 참여하여 공동체성 회복에 기여했다.
이러한 참여 기반의 도시재생은 사회적 자본을 강화하고, 지역의 지속가능
한 발전으로 이어졌다. 또한, '위안부 기림의 날'과 여성 인권 예술 사례로
서 '평화의 소녀상'은 조형예술이 어떻게 젠더 폭력과 역사적 인권 문제를
사회적 의제로 전환시킬 수 있는지를 잘 보여줬다. 이 조형물은 단순한 조
각상이 아닌 사회적 기억장치로 기능하며, 여성 인권에 대한 담론을 형성
하고, 세대 간 연대를 이끌어낸다. 이는 예술이 기억과 정의, 치유공간을 구
성할 수 있음을 증명한다.

　생각해보면, 문화예술이 지속가능성에 기여한다는 것은 단순히 환경
이나 경제적 차원에 국한되지 않는다. 사회적 지속가능성의 하나인 포용
성, 형평성, 공동체 회복력 제고에 핵심적 역할을 수행한다. 유네스코는 문
화 다양성과 표현의 자유를 지속가능발전목표(SDGs)의 핵심 가치로 규정하
며, 문화예술이 이를 실현하는 핵심 수단임을 명확히 했다. 예를 들어, SDG
11(지속가능한 도시와 공동체)과 SDG 5(성평등)는 모두 문화예술의 실천적 개입으
로 구체화될 수 있다. 지역 기반 문화활동은 지역 경제를 활성화할 뿐 아니
라, 젠더와 인권 문제를 다룰 때 참여자 중심의 학습과 행동을 가능하게 한
다. 이러한 활동들은 지속가능한 사회를 위한 근본적인 기초를 마련한다.
문화예술은 사람과 장소, 기억과 미래를 연결하는 힘을 통해 더 나은 사회

로 나아가는 촉매가 되고 있다.

공동체의 소통과 치유

공동체가 지속가능성을 실현하려면 사회문화적 루저가 없어야 하고, 특히 사회적 약자나 소외된 계층이 목소리를 내고, 공동체 내의 상호이해와 통합을 가능하게 하도록 사회문화예술이 일정한 중심적 역할을 해야 한다. 문화예술은 공동체 속에서 단순한 감상의 대상이 아니라, 소통과 치유 도구로 기능할 수 있는 강력한 매개체로 중요하다.

이때 등장하는 예술치유 프로그램은 정신적·심리적 어려움을 겪는 이들을 대상으로 예술로 내면을 탐색하고 정서적 안정을 도모하는 데 기여한다. 대표적 사례로는 '예술로 마음 달래기' 또는 '미술로 마음 보기' 프로그램이 있다. 이는 정신질환을 경험한 이들과 함께 작품을 감상하고 표현 활동을 유도함으로써 자기표현 능력과 감정 조절력을 높이는 데 목적이 있다. 또한 '예술치유 프로젝트'로 노인이나 장애인 같은 사회적 약자들을 대상으로 감각 자극 중심의 미술활동으로 자존감을 회복하고, 삶의 활력을 되찾도록 지원한다.

예술을 바탕으로 트라우마를 회복시켜주는 활동도 있다. 세월호 참사 이후 진행된 '기억의 벽' 프로젝트는 유가족과 시민이 직접 참여해 설치미술을 제작한 사례다. 이는 예술을 바탕으로 공동체 차원에서 상실감을 수용하고 기억하는 방법을 제시했다. 이는 단순한 추모를 넘어 집단적 상처를 예술적으로 승화하고, 공감과 연대를 실현하는 상징적 실천이었다. 이러한 사례들은 문화예술이 공동체의 소통과 치유를 가능케 하는 사회적 자원이라는 점을 시사한다. 문화예술은 언어적 표현에 제약이 있는 이들에게도 감정과 생각을 전달할 수 있는 수단이어서 공동체 안에서 상호이해와 연대를 이끌어내는 창의적인 통로가 된다. 나아가 문화예술은 사회적 갈등이나 단절을 해소하고, 포용적 사회를 구축하는 데 기여하는 핵심적인 기제로 기능할 수 있다. 이렇게 하면서 공동체가 지속가능한 상태로 생태계를 구축해가는 것이다.

툭Q 숏A 예술치유, 철학은 있나?

문화예술이 공동체에서 소통과 치유의 도구로 활동하는 것은 어떤 논리인가? 이는 사회철학적 기반을 갖고 철학적 정당성과 이론적 뿌리를 두고 있다. 따라서 앞으로 더욱 확장될 수 있다고 본다.

위르겐 하버마스는 사회를 유지하는 힘은 전략적 행위(도구적 목적)가 아니라 의사소통 행위라고 보았다. 예술이 바로 이 의사소통 행위를 대표하는 실천이라는 것이다. 예술은 다른 사람들과 공감하기 때문에 도구적 이성이 아닌 상호주관성(inter-subjectivity)을 전제로 한 공동체적 대화를 유도한다. 예를 들어, 마을 연극, 공동체 벽화 프로젝트는 참여자들이 자신의 경험을 드러내고 서로 해석하는 과정을 바탕으로 사회적 이해를 증진시키는 공론의 장(public sphere) 역할을 한다는 것이다.

낸시 프레이저(Nancy Fraser)는 사회적 정의를 재분배(경제적 측면)와 인정(문화적 측면)의 두 축으로 설명한다. 예술활동은 이 두 가지를 동시에 다룬다. 예를 들어, 예술치유나 청소년 예술교육은 재정적 지원을 바탕으로 '재분배'를 실현한다. 동시에 소외된 정체성과 문화가 존중받고 드러날 수 있도록 함으로써 '인정' 기능도 수행한다. 이처럼 문화예술은 다양한 정체성을 존중하고, 사회적으로 주변화된 이들의 목소리를 회복하는 과정에서 정의를 구현한다는 것이다.

리처드 세넷(Richard Sennett)은 사회에서 공공성이 약화되는 이유는 사회적 접촉이 적어지고 공동체 감수성이 없기 때문이라고 본다. 그런데 바로 예술이 사람들의 감정적·신체적·공간적 접촉을 유도하며, 공공 공간을 회복시키는 감각적 실천을 펼친다는 것이다. 골목 벽화, 거리예술, 지역극장 등은 서로 다른 이들이 공존하는 방법을 익히는 공간이라는 것이다. 그래서 공동체의 감수성과 연대 의식이 되살아나는 사회철학적 행위라는 것이다.

또 다른 사례로서 소외계층의 청소년을 대상으로 하는 예술교육 프로그램도 문화예술의 치유 효과를 잘 보여준다. 지역의 많은 문화단체가 열고 있는 '청소년 연극학교'는 다문화가정 청소년이나 학교 밖 청소년들을 대상으로 한다. 이를 바탕으로 자아를 탐색하고, 타인의 입장을 이해하는 능력을 기를 수 있도록 돕는다. 이 과정은 참여자의 사회적 소외감을 완화시키고, 공동체 안에서 각자 역할과 존재 가치를 인식하게 한다는 점에서 매우 의미가 있다.

그리고 사회통합을 꾀하는 것도 주목할 만하다. 이는 특정 지역사회나 계층이 함께 예술창작에 참여함으로써 공동체성과 소속감을 회복하는 데 도움이 된다. '마을극장' 프로젝트는 지역주민과 예술가들이 함께 공연을 제작하여 운영함으로써 주민 간의 소통을 증진시키고, 공동의 기억을 예술로 승화하면서 심리적 유대감을 높이게 된다. 그리고 도시 골목에서 펼치는 '골목미술 프로젝트'는 낙후된 주거지역에 벽화를 함께 그리는 활동으로 골목의 미관을 개선하고 공동체 정체성을 강화한다.

2) 지속적 협력 플랫폼

사회문화예술은 이처럼 여러 측면에서 공동체의 가치와 지속가능한 삶의 방식을 확산시키고 있다. 이들은 지속가능한 문화생태계 조성에 연관되며 지역, 사회, 경제의 교차점에서 다양한 실천과 실험으로 그 가능성을 모색한다. 아울러 지역 기반 예술 프로젝트, 사회적기업, 공정예술시장 활동을 중심으로 활발히 활동하고 있다.

이 가운데서 지역 기반 예술 프로젝트는 바로 공동체 회복과 더불어 문화생태계 만들기의 출발점이다. 이는 특정 지역사회의 고유한 정체성과 자원을 예술적 콘텐츠로 전환하여 지역주민의 삶과 예술이 직접 연결되도록 설계된다. 예술가가 주민과의 협업을 통해 공동 창작과 공유의 과정을 거치면서 지역에 뿌리내리는 방식이다. 예를 들어, 서울의 '마을 예술 창작소', 광주의 '예술로 주민 되기' 프로젝트는 지역공동체와 예술가가 장기간 관계를 맺고, 사회적 이슈나 공간의 재해석을 예술로 풀어가는 좋은 사례이다.

이러한 프로젝트는 문화 향유 기회를 확대할 뿐 아니라, 예술이 공동체를 재구성하는 정치적 매개로 작용할 수 있음을 보여준다. 또한, 예술과 비예술의 경계를 흐리며 '참여형 예술' 또는 '사회적 예술'의 전형으로 기능하게 된다. 그러나 여전히 일회성 이벤트나 전시 중심 기획이 많고, 예산을 장기 확보하지 못하면 지속가능성에 큰 제약으로 작용한다.

또한, 사회적기업 활동은 예술이 갖는 사회적 가치를 경제 시스템에 통합하는 활동으로 생태계를 조성하는 데 기여한다. 사회문화예술은 사회적기업과 결합할 때 더욱 확장된 지속가능성을 확보할 수 있다. 문화예술 기반 사회적기업은 창작과 소비, 교육과 복지, 도시재생 같은 다양한 분야와 연계되어 사회적 약자를 포함한 시민 모두 문화적 주체가 되도록 지원한다. 예를 들면, 예술교육을 통해 청년 일자리를 창출하는 예술기업, 예술치유 프로그램을 운영하는 복지형 기업, 지역 예술상품을 유통하는 플랫폼형 기업들이 바로 이에 해당한다. 이러한 기업들은 예술을 상품화해서 사회적 가치창출의 도구로 전환하며, 수익 재분배 구조로 공동체의 복리증진에 기여하려고 한다. 그러나 현실적으로는 예술과 경영의 접점을 찾기 어려운 경우가 많다. 또는 자본시장에서의 생존경쟁이 녹록지 않아 사회적 가치와 수익성 사이의 균형을 맞추는 것이 쉽지 않다.

아울러, 공정예술시장을 조성하여 창작자의 권리 보호와 문화 유통 구조의 혁신을 기하는 것이다. 공정예술시장이란 문화예술 분야에도 '공정무역' 개념을 적용하려는 시도이다. 간단히 말하면 창작자 중심의 유통 구조를 지향하는 것이다. 이로써 예술작품이나 활동이 적절한 보상을 받을 수 있고, 창작 자율성과 지속가능한 창작 환경을 보장하는 데 주안점을 둔다. 이를 위해 예술품 거래의 투명성, 계약서 작성, 중개자의 적절한 수수료 체계, 창작자의 노동조건 보장이 주요한 요소라고 본다. 예를 들면, 예술인복지재단이 추진하는 표준계약서 도입과 문화예술협동조합 중심의 직거래 플랫폼, 지역 기반의 예술장터가 있다. 그러나 여전히 시장 구조는 대형 기획사와 상업화된 갤러리 중심으로 운영되고 있다. 따라서 신진 작가나 독립 예술가가 공정한 대우를 받는 데는 한계가 많고, 예술가 스스로 권리를 인지하고 요구할 수 있는 법적·교육적 지원이 부족한 점도 해결해야 할 과제이다.

지속가능성 실현은 말처럼 그리 쉬운 일은 아니다. 지속가능한 문화생태계를 형성하는 데 여전히 현실적인 장애물이 많다. 그 가운데서 단기성과 중심의 문화행정 행태, 예술가의 노동환경과 창작권 저해, 지역공동체의 인식 부족이 지속가능성 실현을 가로막는다. 이런 상황에서 새로운 문화행정 방향으로 나아가려면, 공공 지원 자체가 단순 보조금보다는 지속적인 협력 플랫폼 구축으로 이어지도록 추진해야 한다. 또한 예술의 사회직 가치에 대한 인식이 모든 분야에서 제고되도록 교육기관과 연계하며, 시민이 문화의 생산자로 참여하는 구조를 만들어야 한다.

3. 사회문화의 다원적 진화

사회문화에서 말하는 다원적 진화는 흔히 말하는 생물학적 진화 개념과 차이가 있고, 사회와 문화의 변화 과정을 설명하는 데 도움이 된다. 또한 흔히 사회진화론에서 전통을 벗어나 근대화로 이어지는 직선적 발전론을 뛰어넘는 개념이다. 실제 사회문화의 역사는 단선적·보편적 경로가 아니라, 다원적이고 복수적인 진화로 전개되기 때문이다. 예를 들어 우리나라의 단기 고속발전은 서구 모델을 단순 모방한 것이 아니라 유교, 농촌 공동체, 산업화·민주화가 교차하며 특수한 경로를 밟아 이뤄낸 다원적 진화로 이어진 것이다. 이는 오늘날의 복잡계 이론, 공진화, 다중현실(multiple modernities) 개념과도 연결된다.

문화정책에 이 논의를 적용한다면, 지역 맥락에 맞는 문화정책 설계가 필요하고, 문화다양성을 존중해야 한다. 또한, 예술·경제·환경·기술·정치가 서로 영향을 주며 다원적으로 진화한다는 점에서 공진화적 관점이나 연계적·생태적 접근이 필요함을 설명하는 데 도움이 된다. 휘몰이 충격을 거치고 난 뒤 지금, 급변하는 사회환경(기후위기, 디지털 전환, 인구 구조 변화)에 따라 다양한 시나리오를 열어두는 유연한 정책 설계를 뒷받침하는 지속가능 사회문화의 진화를 기대하는 논의이다. 자연생태와 마찬가지로, 문화활동은 단일종 독점보다 다양한 종의 공존 속에서 회복력과 창발성을 가져온다. 문화정책도 집중형 성장모델보다 다원적 생태계를 조성하여 서로 다른 문화가 공존·교류·융합할 수 있도록 하는 것이 바람직하다.

1) 다층적 형태

사회문화적 진화는 단일한 수준에서만 일어나는 현상이 아니다. 고전적 다원주의가 개체 수준의 적자생존을 강조했다면, 현대 진화이론은 진화가 여러 층위(multi-level)에서 동시에 작동한다는 점을 강조한다. 이를 다층적 형태의 진화(multilevel evolution)라고 부를 수 있다. 여기서 층위란 집단, 생태계, 그리고 인간의 사회문화에 이르기까지 서로 다른 조직 수준을 의미한다. 각 층위에서 작동하는 진화의 원리는 유사하지만, 상호작용을 통해 새로운 패턴과 질서가 창발한다.

인간은 상징과 문화를 창조하는 사회적 존재다. 따라서 인간의 진화는 생물학적 층위를 넘어, 언어·제도·기술·가치체계가 복제·변이·선택되는 문화적 층위에서도 진행된다. 이러한 진화 과정은 디지털 네트워크의 휘몰이 속에서 급격히 가속화된다. 온라인 커뮤니티, SNS, 메타버스는 새로운 문화적 틈새를 형성하며, 다층적 진화를 촉진한다. 한 개인은 물리적 공동체의 구성원이면서 동시에 디지털 집단의 일원일 수 있다. 따라서 진화는 개체·집단·네트워크라는 복합적 층위에서 동시에 전개된다. 문화적 진화의 특징은 속도와 병렬성이다. 생물학적 진화가 수만 년의 시간 스케일에서 일어나는 반면, 문화적 진화는 몇 년 또는 몇 달 만에 나타난다.

이 같은 다층적 진화의 상호작용은 중요한 개념이다. 사회문화적 진화는 문자와 기록, 과학과 기술로 인간의 적응 전략을 변화시켰고, 다시 인구 구조와 환경을 바꿔버렸다. 이처럼 생물학적 진화와 문화적 진화는 상호 피드백을 이룬다.

이와 같은 다층적 진화는 단순히 자연과학의 문제가 아니라, 사회정책·교육·기술혁신에도 깊은 뜻이 담겨 있다. 정책을 설계할 때 개체 수준의 이익만 고려할 것이 아니라 집단 수준, 세대 간 수준, 그리고 생태계 수준까지 고려해야 한다. 또한 문화적 층위의 빠른 변화 속도를 감안하여 적응적·실험적 접근이 필요하다.

휘몰이 충격 이후 세상과 인간사회가 직면한 복잡성과 불확실성을 이해하기 위해서는 바로 이러한 다층적 진화의 관점을 채택해야 한다. 사회문화가 얽힌 복합적 현실을 더 깊이 이해해야 비로소 미래를 낙관적으로 보고 적응할 전략을 설계하게 된다.

다원적 확장과 다중현실

사회문화의 다원적 확장과 다중현실은 정책 좌표의 이동과 어떤 관련이 있는가?

사회문화적 현상은 단순한 현실 속에서 작동하지 않는다. 디지털 네트워크, 인공지능, 메타버스, 초국적 경제체계가 동시 작동하고, 그 결과 개인과 집단은 다중적인 정체성과 세계관을 동시에 수행하게 된다. 이를 한마디로 사회문화의 다원적 확장과 다중현실의 출현이라 부를 수 있다. 진화론적 시각에서 보면 이는 단순한 혼란이 아니라 복제, 변이, 선택, 적응이라는 진화의 기본 원리가 사회문화 차원에서 구현된 과정이다.

사회문화는 일종의 밈(meme) 단위로 복제되며, 각 밈은 새로운 환경과 조건 속에서 변이와 재조합을 이룬다. SNS와 온라인 네트워크는 복제 속도를 가속화하고, 변이의 확산을 촉진한다. 결국 특정 사회문화 양식은 집단적 공감, 알고리즘적 노출, 제도적 제약에 따라 선택되거나 도태된다. 이러한 과정에서 형성되는 결과가 바로 다중현실(multireality)이다. 현실은 더 이상 단일하게 공유되지 않고 물리적 공동체, 온라인 커뮤니티, 초국적 집단이 각각 고유한 질서를 형성한다.

사회 속 조직이나 인간은 단순히 환경에 적응하기만 하는 존재가 아니라, 스스로 환경을 재구성하는 측면도 있다. 가상현실, 메타버스, 디지털 경제는 인간이 새롭게 구축한 사회적 생태 모습이다. 따라서 사회문화는 단 하나의 생태계가 아니라, 서로 다른 규칙과 질서를 가진 다수 생태계가 병렬적으로 공존하는 다중현실 구조로 변한다. 이 다중현실 속에서 여러 정체성을 수행하게 된다. 개인 단위에서 유리한 전략이 집단 단위에서는 불리할 수 있고, 특정 집단에서 노태된 문화가 다른 집단에서는 적응적일 수 있다.

이러한 맥락에서 정책의 좌표 또한 이동해야 한다. 과거 정책은 단일 사회질서를 유지·통제하는 데 초점을 두었다. 그러나 다중현실이 일상이 된 시대에는 정책도 분산적·적응적 방향으로 전환되어야 한다. 그러므로 우선, 단일 중심에서 다중 중심으로 이동해야 한다. 중앙정부와 국가 단위의 정책뿐 아니라 지역공동체, 온라인 커뮤니티, 초국적 네트워크가 각

각 정책적 실험과 자율성을 보장받아야 한다. 또한, 규범 지향에서 적응 지향으로 이동해야 한다. 정답을 미리 정해두고 사회를 맞추는 방식이 아니라, 시뮬레이션과 실험을 통해 정책을 설계하고 피드백으로 끊임없이 수정하는 체계가 필요하다. 이는 생물학에서 변이와 적응을 통해 종이 진화하는 원리와 동일하다. 그러므로 정책 좌표의 이동은 사회문화적 다중현실을 인정하고, 그 속에서 안정성과 다양성을 동시에 확보하는 방향으로 이루어져야 한다. 진화적 관점에서 종 다양성이 생태계 안정성의 핵심 요인이듯, 사회문화적 다양성 역시 사회 전체의 회복탄력성을 강화하는 자원이 된다. 따라서 정책은 다중현실이 서로 충돌하지 않고 공존할 수 있는 생태적 조정자로 좌표를 옮겨야 한다.

2) 다원적 경로

그동안 사회문화 발전은 일정한 보편적 경로를 따른다고 여겨왔다. 사회문화적 근대화 역시 사회가 궁극적으로 서구적 산업화·민주화 모델로 수렴할 것이라 가정했다. 그러나 이러한 단선적 발전론은 강력한 비판을 받았다. 각 사회는 고유한 역사·환경·문화적 맥락 속에서 발전하며, 단일한 종착점으로 향하지 않는다. 오늘날 우리는 사회문화 발전을 다원적 경로(plural pathways)로 이해해야 한다.

다원적 경로란 사회문화가 발전하는 과정이 단일 선형 모델이 아니라, 복수의 궤적과 다양한 조합을 통해 전개된다는 것을 말한다. 사회는 동일한 기술이나 제도를 공유하더라도 그것을 해석하고 활용하는 방식이 상이할 수 있으며, 이로 인해 서로 다른 결과가 나타난다.

예를 들어 민주주의는 세계적으로 보편화되었지만, 서구·아시아·라
틴아메리카에서 다양한 변형과 경로로 나아간다. 마찬가지로 경제발전 역
시 동일한 자본주의 체제를 따르더라도 미국식 시장 중심 모델, 유럽의 복
지국가 모델, 동아시아의 국가 주도형 모델처럼 상이한 궤적을 보인다.

왜 이런 일이 생겨날까? 우선은 역사적 특수성, 다시 말하면 특정 사
회의 식민 경험, 종교 전통, 혁명이나 전쟁의 경험이 독자적 궤적을 만든다.
그리고 지리·생태적 환경(자연환경, 자원 조건, 인구 구조)이 사회문화 발전의 차
이를 낳는다. 사회문화적으로 동일한 기술이나 제도가 도입되더라도 사회
적 가치와 신념 체계에 따라 선택·변형된다. 그리고 최근 글로벌 상호작용
이 격심하게 영향을 미치며 세계화 과정에서 문화 간 교류와 갈등이 새로
운 혼합 경로를 만들게 되었다.

다원적 경로의 사회문화 진화는 생물학적 진화에서 다양한 환경에 적
응하면서 여러 형태로 분화하듯이 사회문화도 동일한 보편적 도전을 마주
하지만 각자의 방식으로 대응한다. 다층적 진화 이론을 적용하면, 개인, 집
단, 국가, 글로벌 체계라는 서로 다른 수준에서 상이한 선택 압력이 작용한
다. 예를 들면, 개인은 디지털 기술을 통해 새로운 정체성을 구성하고, 집
단은 전통적 공동체 방식을 유지하며, 국가는 이를 법제화하거나 통제하는
방식으로 대응한다. 이 과정에서 사회문화 발전은 단일한 방향이 아니라,
다수의 교차적 경로를 형성한다.

휘몰이 충격을 거치면서 다원적 경로의 사회문화 발전은 정책·국제
관계·교육·기술혁신에 중요한 의미를 지닌다. 이는 전에 없이 중요한 선
택인데, 획일적 제도 이식보다 현지 맥락에 따른 맞춤형 접근방식의 정책
좌표가 필요하다. 글로벌 충격에 대응하도록 다양한 경로를 인정하는 다원
주의적 질서로 갈등을 줄이고 협력을 촉진하도록 한다. 그리고 기술혁신의

중요성을 감안해 동일한 기술이 사회마다 다른 함의를 가질 수 있음을 인식하고, 다원적 적용 방안을 설계해야 한다.

휘몰이 충격에 대응하면서 다원적 경로의 사회문화 발전은 다양한 현실과 가치 속에서 각자의 방식으로 진화하는 존재로서의 좌표 설정이 중요함을 잘 보여준다. 충격은 단순한 혼란이 아니라, 인류사회의 복원력과 창의성을 강화하는 전략적 다양성이다. 따라서 미래사회를 낙관적으로 설계하도록 좌표를 보편성 속의 다양성, 그리고 공존하는 다중 경로를 어떻게 관리·연결할 것인가에 주목해야 한다.

 **더 생각할 점**

- 다원적 진화 관점에서 문화정책 설계는 어떻게 달라져야 하는가?
- 다층적 진화 이론은 디지털 사회에서의 문화변화를 어떻게 설명할 수 있는가?
- 다중현실 시대에 정책이 안정성과 다양성을 동시에 확보하려면 무엇이 필요한가?
- 글로벌 충격 상황에서 다원적 경로 접근이 갖는 전략적 의미는 무엇인가?
- 사회문화적 공진화는 기술혁신과 어떤 방식으로 상호작용하는가?

더 읽어볼 책

강경남 외(2025), 『새로운 질서 새로운 성장』, 페가수스.

김광억(1998), 『문화의 다학문적 접근』, 서울대학교 출판부.

제임스 M. 재스퍼(2016), 박형신·이혜경 역, 『저항은 예술이다: 문화, 전기, 그리고 사회운동의 창조성』, 한울.

제프 굿윈, 제임스 M. 재스퍼, 프란체스카 폴레타(2012), 박형신·이진희 역, 『열정적 정치, 감정과 사회운동』, 한울아카데미.

久永公紀(2023), 『宮澤賢治の問題群: 感情移入と持續可能社會を巡って』, 幻冬舍 メディアコンサルティング.

鈴木祐(2025), 『社会は、静かにあなたを「呪う」: 思考と感情を侵食する"見えない力"の正体』, 小學館クリエイティブ.

8장
자기진화에서 공진화로

개인이나 단일조직 차원의 발전을 자기진화라고 한다. 휘몰이 충격의 시대인 현재, 이러한 자기진화의 한계가 드러나고 있다. 기후위기는 어느 한 개인이나 국가가 홀로 해결할 수 없는 문제이며, 팬데믹은 경계와 국적을 넘어 인류 전체를 흔들었다. 인공지능과 디지털 기술 역시 특정 영역의 진보가 아니라, 사회 전반의 질서를 바꾸는 문명적 전환으로 나타난다. 따라서 이제 필요한 것은 자기진화가 아니라 공진화이다.

공진화의 핵심은 집단 창조성이다. 협업 연구, 집단 토론, 디지털 플랫폼 위의 네트워크 협력적 창조(협창)가 새로운 아이디어를 잉태한다. 이로써 서로 다른 배경과 지식을 가진 이들이 만나 예상치 못한 새로운 결과를 낳는다. 문화예술 현장에서는 다학제적 협업, 시민참여형 프로젝트, 예술과 과학의 만남이 이러한 집단 창조성을 보여준다. 공진화는 바로 이러한 창조성의 사회적 확장을 더욱 가능하게 한다.

동시에 공진화는 인간 회복의 생태계와 연결된다. 문화는 인간의 회복을 위한 중요한 생태적 장치가 된다. 예술 활동은 마음의 상처를 치유하고, 공동체 활동은 사회적 신뢰를 회복하며, 자연과의 만남은 인간이 생태적 존재임을 다시 일깨운다. 공진화적 시선에서 회복은 단순한 치료가 아니라 인간과 사회, 자연이 서로의 힘을 북돋아주는 생태적 공존을 의미한다. 문화정책이 인간 회복의 생태계를 설계하는 도구가 될 때, 사회는 충격을 헤쳐나가고 회복력을 갖추게 된다.

공진화는 지역과 글로벌의 상호 성장 속에서 완성된다. 공진화 관점에서 지역은 세계와의 교류를 통해 새롭게 정의되며, 글로벌은 지역적 다양성을 존중할 때 풍성해진다. 지역문화는 글로벌 무대에서 새로운 의미를 획득하고, 동시에 글로벌 가치와 언어가 지역 현장에서 새로운 형식으로 재창조된다. 공진화는 지역과 글로벌을 분리하지 않고, 서로를 길러내는 상호작용의 생태로 이해한다. 이제 진화는 혼자만의 진보가 아니라, 서로의 존재를 조건으로 삼는 상호 과정이다. 문화예술에서 사회로, 사회에서 생태계로, 지역에서 세계로 이어지는 이러한 상호작용의 흐름 속에서 비로소 공진화라는 새로운 패러다임이 화려하게 꽃핀다. 그것은 단순한 협력의 구호가 아니라, 인류가 위기 시대를 건너 살아남기 위해 필요한 생명정치적 전략이다.

결국 자기진화에서 공진화로의 좌표 이동은 문화정책 철학적 전환점이자, 사회가 선택해야 할 생존의 분법이나.

1. 사회창조성 넓히기

1) 창조적 리듬

창의성에 대한 인식은 오랫동안 개인 중심의 모델에 기초해왔다. 창조적 활동은 예술가, 과학자, 철학자 같은 소수의 천재적 인물들이 내면적 영감과 탁월한 사고 능력을 바탕으로 새로운 아이디어와 형식을 산출해내는 것으로 이해했다. 그러나 급격하고 다양한 사회문화적 변화, 지식 생산과 혁신의 실제 작동 방식을 이러한 인식으로 설명하기에는 지나치게 좁아졌다. 더구나 기술·환경·사회구조의 복잡성을 충분히 논의하기 어렵다.

오늘날 복잡한 휘몰이 충격 속에서 창조성은 다중적 요소의 상호작용 속에서 구성되는 집단적·협력적 창조로 전환되고 있다고 본다. 이때 그 창조가 어떤 관계망과 상호작용 과정에서 어떻게 발생했는가를 집중 관찰해야 할 것이다. 따라서 창조를 하나의 동적인 과정으로 탐구하고, 그것이 개인 능력 중심의 창의성에서 다층적 상호작용을 바탕으로 발생하는 창발의 구조로 전환하는 것을 중점적으로 살펴봐야 한다.

창발적 혁신은 어떤 상태에서 발생할 수 있을까? 창발성은 관계적 역동성으로 생겨난다고 앞에서 논의했다. 실제로 창발적 혁신이 발생하는 조건은 정적인 개인 능력의 총합이 아니라 다양한 행위자와 자원, 맥락, 기술이 복합적으로 얽혀 있는 네트워크 구조 안에서의 상호작용에 있다. 예를 들면, 오픈소스 소프트웨어 개발의 경우, 수많은 개발자, 사용자, 기술 구조, 법적 장치, 문화적 가치들이 끊임없이 교류하고 피드백하는 가운데 혁신이 발생한다. 이러한 구조에서는 누구도 완전히 통제하거나 예측할 수 없는 방식으로 아이디어가 생성되고 변한다. 결과적으로는 각 개인이 의도하지 않았던 방식으로 새로운 질서나 가치가 출현한다. 이는 창조가 상호작용 에너지의 집중과 분산, 조율과 충돌, 실패와 반복을 바탕으로 비선형적으로 발생하는 창발적 질서임을 뜻한다.

그렇다면 창조는 어떻게 발생하는가? 다시 말하면 어떤 구조 안에서, 누구와 함께, 어떤 조건에서 발생하는가 하는 관점이 중요하다. 창조 생태계는 바로 집단적 협력과 네트워크 구성을 어떻게 하느냐에 따라 다르게 만들어지기 때문이다. 정책 좌표는 바로 여기에 주목해서 이동해야 한다. 창발성 조건을 생각해본다면, 이는 창발적 혁신과 마찬가지로 집단적 협력과 네트워크적 관계 안에서 구성된다고 본다. 아울러, 수직적 지시와 명령이 아닌 수평적 상호작용과 정보 공유, 피드백 순환이 중요한 요소로 작용한다.

특히 기술 기반 창조 활동에서의 플랫폼 구조는 이러한 네트워크 협업의 기반에 맞춰야 하지 않을까. 예를 들면, 유튜브나 위키피디아, 깃허브(Github) 같은 협업 플랫폼은 정보 저장소가 아니라 수많은 주체가 지식을 공유하는 곳이다. 그뿐만 아니라, 서로의 창의성을 자극하고, 집단지성 형태로 발전시키는 창발의 장으로 기능한다. 이러한 협업은 설계자와 사용자의 경계를 허물고, '창작자'와 '관람자', '생산자'와 '소비자'의 역할이 유동적으로 교차하는 구조를 형성한다. 이처럼 창조적 혁신은 나층적인 네드워크 안에서 역할과 경계의 해체, 지식의 순환, 집단적 조율이라는 과정을 바탕으로 출현한다.

그런 창조성이 어떤 과정을 거쳐 사회적으로 확산하는가? 창발은 집단이나 기술 내부의 상호작용에 국한되지 않는다. 그것은 언제나 사회적·생태적·역사적 환경과 깊은 연관 속에서 발생한다(이홍재, 2014). 이는 창조가 특정한 맥락 속에서 이루어지며, 그 맥락이 구성하는 조건과 제약이 창의성의 촉매로 작용할 수 있다는 점을 시사한다. 예를 들어, 기후위기 대응을 위한 도시 디자인 프로젝트라면 기술자, 생태학자, 주민, 정책 담당자들이 협력하는 가운데 예상치 못한 해결책이 창발적으로 구성될 수 있다. 이때 환경은 외부 조건이 아니라, 창조적 사고가 반응하고 조율하는 생태적 인프라로 작용한다. 또한 창의성을 억제하지 않고, 다양성을 인정하고 실패를 수용하는 사회문화 분위기에서는 집단적 창발성이 활성화된다. 따라서 창조를 사회구조와 감수성, 제도적 개방성이 모두 맞물릴 때 비로소 실현 가능한 복합 과정으로 이해해야 한다. 이러한 조건을 갖췄을 때 사회적·환경적 맥락과 감응이 이뤄진 것이라고 할 수 있다.

이런 관점을 '과정으로서의 창조'라고 말할 수 있겠다. 여기에서 무엇보다 중요한 것은 창조적 활동을 결과 중심의 산출로만 보는 관점을 넘어, 지속적인 상호작용과 감응을 바탕으로 무엇인가로 '되어가는' 과정으로 이해하는 것이다. 창발성은 목적을 명확히 설정하고 그것을 향해 효율적으로 나아가는 직선적 경로가 아니다. 예측 불가능한 흐름 속에서 관계가 새롭게 배열되고, 가치가 전환되며, 의미가 생성되는 비선형적 흐름이다.

이러한 관점에서 창조는 행위자의 능력보다 관계 형성, 충돌의 해석, 감정의 공명, 실패의 반복을 바탕으로 전개되는 일종의 '창조적 리듬'으로 이해할 수 있다. 이제부터는 창의성을 근본적으로 재정의하고, 창발적 질서가 어떻게 생성되고 유지되는지를 탐색하는 과정 중심의 접근으로 좌표를 설정해야 한다.

기술 진보는 이 같은 변화를 특별히 더 가속화한다. 인공지능은 창작 파트너이자 데이터 기반 분석 도구로 작동하며, 클라우드 기반 협업 도구는 지리적 거리를 뛰어넘는 실시간 공동 창작을 가능하게 한다. 여기서 중요한 것은 창조적 결과물이 참여자 각각의 기여를 단순 합계한 것이 아니라, 그 상호작용 속에서 예측 불가능한 창발적 결과로 나타난다는 점이다. 이는 '네트워크 지능' 혹은 '분산적 창의성'이라는 새로운 담론을 낳는다. 이러한 맥락에서 문화예술, 사회정책, 교육 같은 다양한 분야의 창조적 기획은 '관계의 설계'에 더 많은 관심을 기울이게 된다. 예를 들면, '디자인 씽킹'은 다양한 배경을 가진 집단이 문제해결에 참여하도록 하여 창의적 해결책을 도출하는 대표적 방법론이다. '리빙랩'은 실제 사용자와 함께 실험하고 학습하는 집단지성의 장이다. 이러한 것들은 모두 '창조'가 고정된 능력이 아니라, 열려 있는 구조와 생태 속에서 발현되는 동적 과정임을 보여준다.

바람직한 미래사회에서 창조는 관계망 속에서 그 가능성을 찾을 수 있다. 창조는 다양한 요소가 연결되고 충돌하며, 예기치 못한 방식으로 상호작용하는 복잡한 관계망 안에서 자생적으로 발생하는 '과정적 사건'이다. 협력과 네트워크, 환경과 감응을 바탕으로 창조가 창발로 전환된다. 이것이 바로 사회가 요구하는 열린 창의성, 집단적 감수성, 생태적 조율의 원리이다. 혹시 이런 관점을 창조를 좀 더 넓게 해석하는 것쯤으로 보면 안 된다. 창조의 구조 자체를 다시 설계하는 사고의 전환이 요구된다. 개인의 독창성이 중요한 것이 아니라, 그 독창성이 관계 안에서 배치되고, 타인과 조율하며 새 질서를 생성해가는 것이 '창조에서 창발로' 전환하는 핵심이다. 죄표는 당연히 여기에 초점을 맞춰야 한다.

2) 공동 창작의 확장

우리 사회의 전환은 디지털 기술과 네트워크 인프라를 기반으로 이뤄진다. 이러한 전환은 창작 방식뿐만 아니라, 창작의 주체와 가치의 구조 자체를 근본적으로 변화시킨다. 오늘날의 창작은 다수의 '참여'와 '연결'을 바탕으로 이루어지는 집단적 창발의 형태로 진화하고 있다. 특히 디지털 기술이 제공하는 플랫폼과 네트워크 구조는 '공동 창작(co-creation)'과 '분산된 창조(distributed creativity)'를 가능하게 하며, 이는 단순한 생산 활동을 넘어 사회적 가치로 작동한다.

이러한 공동 창작은 사회문화적으로 어떤 방식으로 이뤄지는가? 공동 창작은 여러 개인 혹은 집단이 서로의 아이디어를 실시간으로 교환하고, 협업을 바탕으로 창작물을 공동으로 만들어내는 방식이다. 유튜브, 오픈소스, 나무위키, 크라우드소싱 플랫폼에서는 창작 주체의 위계가 수평화되고, 참여자 모두 '공저자'가 되는 구조를 띤다. 이로써 그 자체가 '공유와 협력의 미학'을 형성한다. 그리고 예술과 지식 생산방식에 민주성을 부여한다. 특히 예술창작에서는 참여자가 함께 서사와 이미지를 구성하는 '참여형 서사'가 확대되고 있다. 예를 들면, VR 기반 인터랙티브 시네마, 참여형 전시, 팬덤의 재창작 활동인 팬픽션(fan fiction)은 단일 저자가 아닌 다수의 참여자가 창작 과정에 기여하며 그 의미를 증폭시킨다. 이처럼 공동 창작은 창작 결과물뿐만 아니라 '과정' 자체에 가치를 부여하며, 사회적 관계를 매개하는 중요한 문화적 실천으로 자리 잡는다.

그렇다면 분산된 창조는 어떻게 일어나는가? 분산된 창조는 특정한 중심이 아닌, 여러 지점에서 동시다발적으로 창의적 활동이 이루어지고 서로 영향을 주고받는 구조이다. 이는 디지털 기술이 촉진한 정보의 비선형적 흐름, 탈중심화된 커뮤니케이션, 알고리즘 기반 큐레이션을 바탕으로 가능해진다. 블록체인 기반 아트 플랫폼, AI 공동 창작 시스템, 메타버스의 사용자 생성 콘텐츠(UGC)는 모두 분산된 창조의 대표적 사례다. 이러한 구조에서는 창작의 권위와 소유 개념이 새롭게 정의된다. 창작물은 고정된 완성물이 아닌 지속적으로 진화하는 열린 텍스트로 이해된다. 여기에서 창조라는 것은 정지된 것이 아니라 관계 속에서 살아 움직이는 것이라고 보는 창발적 관점을 반영한다. 사회적으로는 다양한 배경의 사람들이 이러한 창작 생태계에 참여하게 되며, 이는 사회통합을 이루고 다원적 표현의 기반을 확장하게 되는 셈이다.

이처럼 디지털 환경에서 공동 창작과 분산된 창조가 일어나면 당연히 개인 중심이 아닌 '집단 중심'의 창발성으로 이행된다. 여기서 중요한 점은 단순한 '다수 참여'가 아닌, 다양한 시각과 경험이 상호작용한다는 점이다. 그러므로 자연히 새로운 통찰이나 구조가 출현한다. 이것이 바로 창발의 본질이다. 예를 들면, 한 프로젝트에 여러 사용자의 데이터를 바탕으로 새로운 패턴이 발견되고 그 패턴이 다시 창작물로 승화되는 경우, 이는 그간의 창작 방식으로는 불가능했던 새로운 가치를 창출하는 셈이다.

이러한 이행은 창작 주체의 권한을 분산시키는 동시에 문화의 민주화와 사회적 연대를 촉진한다. 더 나아가 디지털 공동체 내에서의 신뢰, 감정의 공유, 윤리적 책임이 창삭 일부에 포힘되면서 창작 행위는 사회적 실천으로 확장된다. 이는 궁극적으로 문화예술이 공공의 삶과 보다 더 깊이 연결되는 길을 제시한다.

이렇게 되면 결국 디지털 기술과 네트워크는 창작의 지형을 바꾸게 된다. 공동 창작과 분산된 창조는 창작 주체를 다수화하고, 과정을 공유하며, 개방된 흐름 속에 결과물을 함께하는 것이다. 이로써 창작성과가 사회적 상호작용과 집단적 지성의 산물로 확장된다. 이러한 변화는 문화예술의 영역을 넘어 지식 생산, 정책 설계, 사회운동에까지 파급된다. 그 뒤에 이어지는 것은 '창조는 곧 연결'이라는 새 창조 패러다임이다. 그래서 결국 창작의 민주화와 창발 윤리는 디지털 시대 문화정책의 새로운 가치 축이 될 것이다.

공동체적 창작

디지털 기술과 온라인 커뮤니티의 발달에 따라 문화예술의 개인 창작자 활동이 공동체적 창작으로 확장된 사례가 늘어나고 있다. 이를 단순한 협업으로 보면 안 된다. 창작의 개념 자체를 새롭게 정의하고 예술의 생산·소비 방식에까지 주목해서 살펴봐야 한다. 여기에는 오픈소스 예술 프로젝트 형태, 팬 기반 창작 집단, 그리고 K-팝 팬덤의 밈 및 리믹스 문화가 포함된다.

먼저, 오픈소스 기반 예술 플랫폼의 공동 창작 모델인 프로세싱(Processing) 같은 유형이 있다. 프로세싱은 디자이너 케이시 리아스(Casey Reas)와 벤 프라이(Ben Fry)가 2001년 MIT 미디어랩에서 시작한 오픈소스 프로그래밍 언어이자 시각예술 툴이다. 원래 두 창작자의 실험적 프로젝트로 출발했으나, 점차 수많은 개발자, 디자이너, 예술가들이 이를 확장하는 방식으로 공동체적 예술 생태계로 성장했다. 커뮤니티는 코드, 튜토리얼, 예제 작품을 깃허브(Github)에서 자유롭게 공유하며, 사용자가 수천 개의 시각화 프로젝트를 생성해냈다. 당연히 개인 창작이 아니라 '공동 창작 문화'로 확장된 것이다. 그리고 아티스트뿐 아니라 교육자, 개발자, 학생 같은 다양한 참여자가 프로그래밍을 통한 예술 활동에 기여한다. 이와 같이 프로세싱은 오픈소스 커뮤니티의 협력 방식이 예술 창작에도 직접 영향을 줄 수 있음을 보여준다. 초기 창작자가 만든 기반 위에서 공동체가 자율적으로 참여하여 기능·작품을 확장하는 이러한 구조는 기술 기반 예술에서 매우 강력한 협업 모델이 된다.

또 다른 사례로는 팬 기반 공동 창작 사례인 Archive of Our Own(AO3)을 들 수 있다. AO3는 팬픽션 커뮤니티가 자발적으로 조직한 웹사이트로, 수천 명의 작가와 편집자가 집단적으로 콘텐츠를 생성하고 관리한다. 그 결과 개별 팬 작가의 글쓰기 정도에 머물지 않고 공동 창작 문화를 제도화하는 데 성공했다. 이용자는 각자 글을 쓰지만, 그 위에 다른 이용자가 속편이나 리믹스 버전을 제작하기도 하고, 태그와 큐레이션을 바탕으로 이야기를 연결하는 방식으로 참여한다. 이러한 구조는 전통적 창작의 소유권 개념을 흐리게 하며, 창작을 네트워크적인 관계 활동으로 전환시킨다. 우리가 주목할 점은 AO3는 개인의 창작이 팬 커뮤니티 안에서 유기적으로 재창작·재배치되며 공동체적 이야기 구조를 형성한다는 점이다.

덧붙여서, 문화 생산의 집단화를 가져온 K-팝 팬덤의 리믹스 문화를 살펴보자. K-팝 팬덤은 팬들이 자발적으로 창작하는 밈, 팬영상(FMV), 팬아트를 바탕으로 기존 아티스트의 콘텐츠를 재구성한다. 이는 새로운 콘텐츠로 확장하는 독특한 집단 창작 문화로 자리 잡았다. 예를 들면, BTS 팬덤(ARMY)은 뮤직비디오의 분석 영상을 공동으로 제작하거나, 소셜미디어 캠페인을 공동 기획하는 집단적 창삭을 일상화했다. 그러다 보니 여기서 팬은 단순한 소비자가 아니라, 의미를 공동 구성하고 재해석하는 창작자가 된다. 이러한 새로운 문화는 창작 주체가 팬덤 전체로 확장된 구조를 형성하며, 이는 기존 대중문화의 일방향적 생산-소비 관계를 재편성한다. K-팝 팬덤은 이처럼 수많은 개별 팬의 활동이 디지털 매체를 바탕으로 상호 연결되고 집단 창작으로 수렴되는 문화 생산의 새로운 특징을 잘 보여준다.

위에서 살펴본 것들은 어떤 의미가 있는가? 이들은 공통적인 시사점을 보여준다. 먼저, 다수의 참여자에 의해 분산된 창작 모델인 창작의 분산화 유형으로 많이 이동하고 있다는 점이다. 또한 새로운 기술이 매개 역할을 하면서 인터넷, 오픈소스 플랫폼, 디지털미디어는 공동 창작을 실현한다. 그리고 공동체 창작은 참여자 간의 규칙, 가치, 커뮤니티 윤리를 형성하며 집단 정체성과 윤리의식을 동시에 강화한다.

그렇다면 공동체 창작으로의 확장은 사회문화적으로 어떤 가치를 창출하는가? 이러한 확장은 누구나 창작에 참여할 수 있는 문화적 구조를 만들면서 문화의 민주화를 앞당긴다. 이는 예술의 문턱을 낮추고, 전문가 중심에서 대중 중심으로 창작 권한이 이동하는 과정을 보여준다. 앞의 프로세싱이나 AO3 유형에서처럼 기존에 주변화되던 집단(예: 비전문가, 팬, 아마추어)이 중심 창작 주체로 등장함으로써 문화 생산의 민주화가 실현된다. 다시 말하면, 창작의 평등성 확대, 표현의 자유 보장, 자율적인 문화 생산 기반 조성의 정책가치를 가져온다.

또한 팬덤 현상에서 나타나는 것은 집단지성의 활성화와 창의성의 확장으로 공진화를 가져온다. 여러 사람의 창의성과 관점이 결합해 새로운 차원의 창작물로 진화한다. 팬덤의 리믹스 영상, 오픈소스 예술 프로젝트는 집단적 상상력의 결과물이다. 이는 기존과 다른 공유 기반 창의성을 강조한다. 협업을 통한 문제해결 능력 강화, 다양한 문화 배경을 반영한 다층적 콘텐츠 생산의 가치를 실현한다.

그리고 공동 창작은 창작자 사이의 연결을 강화하고, 공통 관심사를 중심으로 한 커뮤니티를 형성한다. 다시 말하면, 디지털 공동체 형성과 사회적 연대를 강화한다. 앞에서 보았듯이 AO3나 팬덤 커뮤니티처럼 협업은 단순한 창작을 넘어 관계 중심 네트워크를 형성하며 정체성과 소속감을 창

지속발전(Sustainable Development)이란 단순한 환경보호나 경제성장 개념을 넘어, 현재 세대의 필요를 충족시키면서 미래 세대가 자신의 필요를 충족시킬 수 있는 능력을 해치지 않는 방식으로 사회, 경제, 환경을 균형 있게 발전시키는 것이다. 이는 1987년 UN 세계환경개발위원회(브룬트란트 보고서)의 정의에서 비롯되었으며, 현재는 국제사회 전체에 걸쳐 기본적인 발전 철학으로 자리 잡고 있다.

이는 단순히 정책 목표를 말하는 것이 아니다. 적어도 철학적·문화적으로 어떻게 함께 오래 살아갈 것인가에 대한 집단적인 질문이다. 더구나 이는 인간 중심에서 벗어나, 지구 공동체적 시각(planetary consciousness)으로 대처해야 한다. 그러면서 문화와 예술, 교육, 기술이 이러한 가치 전환을 촉진하는 역할을 한다는 데 주목한다. 지속발전은 이처럼 현재와 미래를 잇는 윤리적 책임이자, 전 지구적 협력의 원칙이다.

지속발전의 핵심에 해당하는 사회문화적 지속발전은 사회적 지속성, 공정성, 포용성, 인권 보장, 교육 기회 확대, 젠더 평등, 지역공동체 강화 같은 것이다. 다른 환경적 지속성이나 경제적 지속성 이외의 중요성이 따로 있다. 지속가능한 환경과 사회의 균형 속에서 인간의 삶의 질을 장기적으로 향상시킨다는 것이다.

이를 향상시키기 위해 UN은 2015년부터 2030년까지 달성해야 할 17개 지속가능발전목표(SDGs)를 수립했다. 이는 빈곤 종식, 기후행동, 양질의 교육, 지속가능한 도시를 포함한다. 국가, 기업, 개인 모두 지속가능성에 대한 실천이 필요한 상황이다.

출한다. 이는 코로나19 팬데믹의 휘몰이 충격과 물리적 제약이 크던 시대에 더욱 중요하게 작용했다. 사회문화적으로 사회적 고립 해소, 협업 중심의 공동체 윤리를 형성한 것이다.

공동체 창작은 기존 산업 구조(예: 출판사, 미술관, 음반사)를 해체하고, 새로운 유통·생산 방식을 제안한다. 예를 들면, 오픈소스 기반 플랫폼은 새로운 비즈니스 모델(후원, 라이선싱, NFT)을 만들어냈다. 팬덤 콘텐츠는 브랜드 가치, 팬 커머스, 바이럴 마케팅에서 핵심 역할을 하고 있다. 이로써 창작 노

- 창의성이 개인의 능력에서 집단적 네트워크 속 창발로 전환된다는 관점은 기존 창의성 개념과 어떻게 다른가?
- 플랫폼 기반 협업이 집단 창조성의 장으로 작동할 수 있는 구조적 요인은 무엇인가?
- '과정으로서의 창조' 관점에서 볼 때, 실패와 충돌은 창발적 창의성에 어떤 역할을 하는가?
- 디지털 공동체에서 형성되는 '창작의 윤리'는 어떤 사회문화적 가치를 창출하는가?
- 지속발전 관점에서 집단 창의성과 공동 창작은 어떤 방식으로 미래 세대의 문화적 지속가능성을 촉진할 수 있는가?

동의 새로운 경제적 모델을 정착시키고, 창작자 중심 수익 구조를 창출하는 문화 산업 혁신의 기반을 제공했다.

2. 인간 회복의 생태계 공진화

1) 사회·기술·환경의 관점

산업 중심 사회에서는 인간을 중심에 놓고 자연과 기술은 '도구'로 간주해왔다. 인간의 욕구 충족과 효율적 생산이 기술 발전의 주요 동력이 되었고, 자연환경은 이를 뒷받침하는 자원 창고로 보는 것이었다. 이는 자기 진화의 모델이라고 할 수 있다. 사회는 자체적으로 발전하고 적응하며 기술을 '수단'으로 활용해 문제를 해결한다고 여겼다.

이러한 인간 중심적 시각에서 자연은 인간의 생존과 번영을 위한 자원이고, 기술은 인간의 불편을 해소하고 효율성을 극대화하기 위한 수단으로 발전해왔다. 산업혁명 이후 증기기관과 화석연료 기반의 대량생산 기술은 인간에게 물질적 풍요를 가져다주었지만, 그 이면에는 기후변화와 생태계 파괴가 축적되어왔다. 이 모델은 자연을 '외부 환경'으로 간주하며, 인간사회의 변화는 인간 내부의 필요와 전략에 의해 주도한다.

이러한 접근은 기술 진보와 사회 발전이 지속가능성을 담보할 것이라는 낙관에 기대며, 기술을 바탕으로 모든 위기를 해결할 수 있다는 '기술 결정론'의 태도이다. 하지만 이는 기술이 야기한 위기를 기술로 되돌리는 일종의 순환 오류에 빠질 가능성이 크다.

실제로 기후위기, 생물다양성 붕괴, 팬데믹 같은 복합적 휘몰이 충격이 연쇄적으로 터지면서 이러한 자기중심적 진화의 한계가 속속 드러났다. 그러다 보니 이제부터는 사회, 기술, 환경이 서로 영향을 주고받으며 함께 진화하는 공진화 모델로의 전환이 필요해졌다. 이는 단순히 인간이 자연에 적응하거나 자연을 통제하는 방식이 아니다. 인간과 자연, 기술이 상호의존적 존재임을 인식하고, 공동의 생존과 번영을 위한 조화로운 상호작용을 설계하는 접근이다.

한편, 생태계 중심적 관점에서는 인간을 어떻게 보는가? 인간 역시 생태계의 일부이며, 기술과 사회 역시 생태계에 내재된 하위 체계로 본다. 이 관점은 자연의 고유한 가치와 복잡성을 인정하며, 인간-기술-자연 간 경계를 허물고 상호작용의 그물망으로 보는 것이다. 여기에서 공진화란 생물학적 진화 개념을 넘어 사회제도, 기술체계, 생태환경이 상호작용 속에서 함께 적응하고 변화해나간다는 의미로 확장된다. 스마트 농업에서 IoT 기술은 단순한 생산성 증대 도구가 아니라, 기후변화에 민감하게 반응하고 생태계 건전성을 고려한 시스템 설계로 발전하고 있다. 이처럼 기술은 더 이상 인간의 요구만을 충족하는 도구가 아니라, 생태계의 회복과 공존을 위한 '중재자' 역할을 하게 된다.

휘몰이 충격을 거친 지금은 어떻게 해야 할까? 우리는 먼저 선형적 발전의 서사를 넘어, 다양한 행위자들과 피드백 루프 속에서 변화하는 복잡계로서의 사회를 이해해야 한다. 사회-기술-환경 체계는 개별 요소가 아니라 상호작용의 총체로 진화한다. 이 과정은 상호 의존적이며, 예측보다는 민감성과 적응력이 핵심이 된다.

이러한 공진화적 사고에서는 설계·정책·교육 영역에서 패러다임의 전환이 필요하다. 현장에서 도시계획은 에너지 효율이나 인간의 편의만이 아니라 생물다양성, 탄소중립성, 시민의 생태적 감수성을 고려해야 한다. 이는 새로운 유형의 리더십과 융합적 사고를 필요로 한다.

다시 말하면, 인간 중심에서 생태계 중심으로 전환해야 한다. 이는 단순한 가치관의 변화가 아니라, 시스템 전반의 설계 논리를 바꾸는 혁신적 전환이다. 여기서는 자연, 인간, 기술이 대등한 주체로 서로 적응하고 변화하며 새로운 균형을 찾아가는 공진화 과정으로 진행된다. 이 과정에서 인간은 연결된 일부로 다시 자리매김하게 된다. 따라서 사회, 기술, 환경을 하나의 상호작용 생명체로 보고, 지속가능하고 회복력 있는 미래를 설계해야 한다. 이것이 공진화의 핵심이며, 다음 세대를 위한 문명적 과제이기도 하다.

공진화의 틀에서 사회문화 변화는 단순한 진보나 발전의 직선적 궤도가 아니라, 다양한 요소 간 상호작용 속에서 자연스럽게 형성되는 비선형·동태 과정이다. 기술 ↔ 사회구조 관계에서 디지털 기술의 발전은 새로운 커뮤니케이션 양식을 형성하고, 이는 다시 계층, 정체성 등의 사회적 구성을 재편한다. 환경 ↔ 문화 관계에서 기후위기는 지속가능한 삶의 방식에 대한 문화적 재구성을 유도하며, 이는 식문화·소비문화 같은 다양한 문화 실천을 변화시킨다. 정책 ↔ 시민참여 관계에서 시스템 변화가 정책으로만 주도되는 것이 아니라, 시민의 요구와 행동이 시스템 구조 자체에 영향을 미치며 변화를 창출한다.

2) 생태계 간 균형

큰 틀에서 보면, 인간사회는 생태계 서비스에 의존하고 있다. 생태계 서비스란 생태계가 인간에게 제공하는 다양한 혜택으로, 식량 생산, 기후 조절, 수질 정화, 문화적 영감 같은 것들이다. 이러한 생태계 서비스는 자연의 건강성이 유지되어야만 가능하다. 그런데도 인간은 활동하면서 이러한 서비스를 파괴하거나 악화시켜왔다. 아마존 열대우림의 파괴는 지구 탄소 순환의 불균형을 야기했고, 이는 기후변화로 직결된다. 이는 다시 인간의 건강과 생계에 악영향을 미치며, 특히 저소득국가의 농업 기반 생존권을 위협한다. 따라서 인간 활동이 자연의 회복력을 초과할 경우, 그 여파는 다시 인간에게 나쁜 영향으로 되돌아오게 된다.

인산과 생태계 간의 균형을 위해서는 환경윤리 강화와 통합적 생태 관리가 필요하다. 환경윤리는 인간 중심주의를 탈피하고 자연과의 공존을 기반으로 한 철학이다. 인간은 자연의 지배자가 아니라, 생태계 일부라는 인식을 정책에 반영해 확산시켜야 한다. 또한 통합적 관리는 경제, 사회, 환경을 통합적으로 고려한 정책과 실천이 요구된다. 이는 생태계 기반 관리 같은 접근을 바탕으로 실현될 수 있다.

균형을 실현하기 위해서는 제도적 틀을 갖춰야 한다. 예를 들면, 지속 가능발전목표(SDGs), 탄소중립정책, 자연기반해법(NbS: Nature-based Solutions) 이 있다. 이러한 정책은 단기적 이익보다 장기적 회복과 조화를 중심에 두고 설계한다. 또한 시민 참여적 거버넌스가 병행되어야 한다. 생태계의 보전과 복원은 정부 주도만으로는 불가능하며, 지역공동체, 기업, 시민의 참여와 협력이 핵심이다.

흔히, 지속가능한 발전에서 문화를 간과하기 쉽지만, 인간과 자연 간의 관계를 재정립하고 새로운 가치관을 형성하는 데 있어 사회문화와 기술의 역할은 매우 중요하다. 특히 문화정책은 생태적 감수성을 사회 전반에 확산시키는 매개체로 작용하며, 기술은 그 구현을 가능케 하는 도구이다.

문화예술은 또한 인간과 자연의 관계를 상상력과 감성의 차원에서 재조명한다. 예를 들어, 생태 시각예술, 커뮤니티 아트에서 정서적 공감과 가치 전환을 유도한다. 이러한 예술은 정책 변화나 대중 인식 개선에도 영향을 미친다. 생태예술의 확산은 도시재생, 환경 교육, 지역 생태보호운동과 연결되어 실질적 행동을 촉진할 수 있다.

기술은 문화예술과 결합될 때 생태 감각을 증폭시키는 매개체로 기능할 수 있다. 인터랙티브 설치예술, 증강현실(AR), 데이터 시각화 기술을 활용한 전시는 관객에게 자연의 복잡성과 위기 상황을 체험적으로 이해시킨다. 디지털 기술을 활용해 관람객이 가상 생태계를 걸으며 체험하게 하는 전시를 한다면 여기에서 자연과 인간의 관계를 새롭게 사유하게 될 것이다.

실제 정책현장 정책에서 모든 공공예술 프로젝트의 환경영향 평가를 의무화하고, 친환경 건축과 예술 프로그램을 연계하면 도시 전체가 생태적 상상력을 실현하는 문화 기반이 될 것이다. 또는 공공예술 지원에서 생태 예술 활동에 대한 지원을 강화하도록 한다. 기후예술 공모, 탄소중립 미디어아트 프로젝트를 바탕으로 예술가가 환경 이슈에 창의적으로 대응할 수 있도록 지원한다. 이로써 예술을 통한 생태 시민교육으로 기능하며, 지역 커뮤니티와의 협력도 포함되어 지속가능한 사회 실현에 기여할 수 있다. 문화예술과 기술은 생태적 균형을 보존의 관점에서가 아니라, 새로운 삶의 감각을 창조하고 사회를 재구조화하는 도구로 사용할 수 있다. 특히 문화정책은 이러한 창조적 시도를 제도적으로 가능하게 만드는 장치로서 기능하며, 단기적 캠페인을 넘는 지속적 생태전환의 기반이 된다.

3) 공진화 생태계 모델 형성

생태환경 문제에 곧바로 맞닥뜨리는 도시에서 일어나는 발전은 기술, 환경, 사회, 그리고 문화가 서로 유기적으로 연계되는 복합적 양상으로 나아간다. 그러면서 스마트시티, 재생 가능한 에너지 시스템, 순환경제 같은 지속가능한 도시 발전 패러다임은 이제 문화정책을 품고 공진화 모델로 전개되고 있다. 이러한 변화는 도시의 물리적 인프라와 디지털 기술의 융합뿐 아니라, 인간 중심의 문화생태계 구성과도 밀접하게 연관된다.

한때 관심을 끌던 스마트시티 정책은 도시의 인프라에 정보통신기술을 통합하여 효율성과 지속가능성을 제고하려는 것이었다. 당초에는 에너지 절감, 교통 효율화, 공공서비스 개선 같은 기술 중심에 머물렀다. 그러나 이제는 시민의 삶의 질, 문화적 다양성, 공동체의 창의성 같은 문화적 차원을 중심으로 진화하려고 한다. 예를 들면, 센서 기술이나 빅데이터 분석을 기반으로 한 문화 이용 행태 분석은 도시 문화정책의 정밀도를 높이며, 문화자원의 접근성과 분포를 개선하는 데 기여한다. 이는 문화정책이 기술의 수혜자가 아니라, 기술 발전과 동등한 진화 주체로 기능하고 있음을 의미한다.

특히, 재생에너지 기술(태양광, 풍력, 지열)은 단순한 에너지 수단의 전환을 넘어, 생활양식이나 가치체계의 전환을 동반하는 문화적 프로젝트로 이해된다. 기술적·정책적 변화와 함께 에너지 소비 주체로서의 시민 참여와 공동체 기반의 문화적 실천을 강조하는 경우에 효과가 크다. 이는 지속가능성을 단순한 자연환경 문제가 아니라 문화적 실천의 일부로 재정의하는 흐름으로 보려는 것이다. 재생 가능 에너지의 확산은 지역 문화의 자율성과 환경윤리를 문화정책의 핵심 가치로 수용하도록 유도하며, 에너지 시스템과 문화 시스템 사이의 공진화적 관계를 형성한다.

경제적 관점에서만 보면, 순환경제는 자원의 재사용과 폐기물 최소화를 중심으로 하는 새로운 경제모델이다. 기존의 선형적 소비 방식에서 탈피해 지속가능한 생산-소비-재생 시스템을 지향한다. 이는 단순한 산업 모델이 아니라, 문화적 감수성과 창조적 사고의 개입을 요구하는 새로운 사회적 상상력이다. 예술, 디자인, 커뮤니티 기반 실천이 이 과정에 개입하며, '업사이클링'이나 '제로 웨이스트 문화 행사' 같은 새로운 형태의 문화활동이 증가하고 있다. 이러한 실천으로 문화정책은 전통적 예술지원 중심에서 벗어나 생활문화 기반의 구조적 전환 정책으로 확대된다. 문화정책이 이렇게 순환경제 모델의 핵심 촉매제로 작동하게 한다. 이처럼 문화정책은 단순히 문화영역에 머무르지 않고, 기술과 환경을 매개로 다른 시스템과 유기적으로 진화하는 중핵적 위치를 차지한다.

이러한 공진화의 흐름 속에서 문화정책은 도시 전체 전략의 핵심축으로 자리하고 있다. 그동안 거론되던 창의도시, 문화생태계, 시민 주도형 문화 플랫폼은 바로 이러한 변화의 결과물이다. 문화정책은 지속가능한 도시를 실현하는 핵심 경로로 에너지, 환경, 기술, 경제와 통합된 방식으로 설계되는 것이 바람직하다. 이는 단순히 문화의 외연을 확대하는 것이 아니라, 문화 자체가 도시 발전의 프레임워크로 전환되는 것을 의미한다. 이제는 기술적 진보에 머무르지 않고 문화정책과 상호작용하며 새로운 도시 생태계와 사회적 가치를 구성하는 공진화적인 거버넌스 체계로 구성해야 한다. 이러한 통합적 접근은 미래 도시 전략에서 문화의 위치를 근본적으로 재정립하고 있으며, 문화정책 역시 이러한 복합적 변화에 능동적으로 대응해야 한다.

💡 더 생각할 점

- 기술이 생태계 회복의 중재자가 되려면 어떤 설계 원칙과 윤리 기준이 필요한가?
- 공진화적 문화전채 전환을 위해 정책 설계자가 우선시해야 할 과제와 도구는 무엇인가?
- 인간 중심주의 탈피를 위해 사회 시스템은 어떻게 변해야 하며, 전환 과정의 저항은 어떻게 나타나는가?
- 선형 계획의 한계와 피드백 루프 기반 공진화 모델이 정책에 어떻게 적용될 수 있는가?
- 문화예술이 감각적 생태의 시민성 형성에 기여하려면 어떤 창조적 방법과 지역 연결이 필요한가?

3. 지역과 글로벌의 공진화

1) 지역자원의 글로벌 가치창출

지역은 보유 자원이 갖는 정체성과 특수성을 기반으로 새로운 가치를 창출하고, 문화적 다양성의 확산에 기여하는 전략적 문화정책에 관심이 많다. 문화자원의 글로벌 가치창출이란 이처럼 특정 지역의 고유한 문화적 요소를 세계 시장에서 통용 가능한 문화콘텐츠로 전환시키는 활동을 말한다.

지역 문화자원은 로컬리티를 담고 있는 전통예술, 건축유산, 민속공예, 향토음식, 설화에 이르기까지 수많은 유·무형자원으로 구성된다. 이들은 해당 지역의 역사적 서사와 삶의 방식이 집약된 결과물이다. 그러나 이러한 자원은 때로 지역 내부에서조차 그 참값을 제대로 인정받지 못하거나, 전통에 대한 외면 속에 점차 소멸되기도 한다. 오늘날 여러 분야에서 아우성치는 소멸 문제 가운데 전통문화와 문화자원의 소멸은 역사적으로 큰 죄를 짓는 것이다. 이에 따라 지역문화의 보존과 동시에 글로벌 시장에 진입하기 위한 전략적 공진화 정책이 중요하다.

디지털 시대를 맞으면서 전통 한지는 어떤 대우를 받고 있는가? 그동안 실용성과 미학을 겸비한 전통 종이로 평가받아왔는데, 최근에는 AI 기반 디자인 패턴과 융합되어 고급 인테리어 자재나 예술상품으로 재탄생하며 해외 전시와 수출 사례가 늘고 있다. 이는 단순한 기술결합이 아닌 한지의 질감, 지속가능성, 자연친화적 가치가 글로벌 시장에서 '프리미엄 가치'로 평가된 결과이다.

또한 전국 방방곡곡에 흩어져 있는 지역 설화나 민속놀이 같은 비물질적 자산도 글로벌 콘텐츠 산업에서 스토리텔링 요소로 사랑받고 있다. 한국 전통 설화는 넷플릭스 오리지널 시리즈나 모바일 게임 속 세계관의 핵심 서사로 구현된다. 이미 지역 정체성을 기반으로 한 글로벌 시장 진출 가능성을 넘어섰다. 이러한 과정에서 가장 중요한 것은 콘텐츠를 문화적으로 해석하는 역량이다. 전통의 정서를 유지하면서도 글로벌 수용자가 이해할 수 있도록 재맥락화하는 능력이 요구된다.

지역 문화자원의 글로벌화는 지역주민에게는 자긍심을 부여하고, 청년층의 지역 정착을 유도하는 사회적 효과도 가져온다. 지역 문화예술인을 중심으로 문화 브랜딩이 강화되면, 외부의 관광객 유입과 함께 새로운 지역경제 모델이 형성될 수 있다. 이렇게 지역 문화자원의 글로벌 가치창출은 창조산업, 관광산업, 디자인산업 같은 다양한 분야와 융화하며 다각적 확장 가능성을 보여준다. 이 과정은 지역 고유성을 해치지 않으면서도 세계가 공감할 수 있는 새로운 문화자산으로 자리매김하게 하는, 창의적 전략이자 문화생태계 공존의 핵심 동력이 된다.

이때 글로벌가치를 높이는 데 영향을 미치는 것은 무엇인가? 더 말할 것 없이 전통문화와 현대기술의 융합이 한몫한다. 이는 문화의 현재성과 미래성을 재해석하고 이를 바탕으로 새로운 창조산업으로 확장한다. 전통문화는 각 지역과 민족이 오랜 시간 동안 형성해온 고유한 삶의 방식과 가치체계를 반영하며, 이는 공예, 설화, 음악, 의복, 음식처럼 다양한 형태로 존재한다. 이것들을 새로운 매체와 플랫폼을 바탕으로 새로운 방식으로 구현하고 확장할 수 있는 도구를 제공한다. 생활문화로 내려오던 자개공예나 도자기 제작 같은 수공예 기술은 3D 스캐닝과 AR 기술을 바탕으로 디지털 콘텐츠로 재구성된다. 그리고 사용자와의 상호작용을 기반으로 한 체험형 전시나 게임으로 확장된다. 이러한 기술 활용은 단순한 복제나 기록에 그치지 않고, 과거의 미학을 현대의 감각으로 재해석함으로써 새로운 예술 형태와 공진화하게 된다. 나아가 기존의 장인문화와 대중문화 사이의 거리감을 줄이고, 문화 향유의 대상을 넓히는 데 기여한다. 더 나아가, 전통 설화를 바탕으로 한 게임 개발이나 애니메이션 콘텐츠는 국내외에서 긍정적인 반응을 얻고 있다. 이는 우리의 정체성을 담은 콘텐츠가 글로벌 문화시장에서도 경쟁력이 있다는 것을 보여준 것이다. 예를 들어, 고전 문학은 게임의 내러티브 구조와 접목되며 젊은 세대에게 친숙한 방식으로 재탄생하고 있다. 이와 같은 디지털 전환은 과거와 현재를 잇는 문화의 진화를 상징한다.

이때 기술을 지나치게 활용한다면, 이는 전통문화 고유의 맥락과 의미를 왜곡하거나 상업적 목적에 의해 단편화될 위험도 있다. 따라서 문화와 기술 간 융합은 기술적 진보에 앞서 전통에 대한 올바른 이해와 해석이 선행되어야 하며, 이는 학제적 협력과 커뮤니티 기반 참여를 바탕으로 보완될 수 있다.

이렇게 전략적으로 로컬 네트워크 기반의 공진화 사례를 만들어낼 수 있다. 로컬 네트워크 기반 공진화는 지역 내 민간, 공공, 시민사회, 학계의 다수 행위자가 협력과 상호작용을 바탕으로 문화적·경제적 진화를 함께 이루는 구조이다. 적합한 예를 든다면, 강릉은 원래 커피와 특별한 인연이 없었으나 커피를 매개로 한 지역문화 브랜드를 구축했다. 바리스타 교육, 지역 축제, 창업 지원 프로그램을 바탕으로 한 것이다. 이는 지역주민, 소상공인, 지방정부, 관광 주체들이 협력하고 조율한 결과로서, 지역 브랜드의 공진화적 형성 사례로 평가된다. 또한, 제주 지역은 고유 설화 콘텐츠를 기반으로 애니메이션과 웹툰을 제작하여 청소년 교육 콘텐츠와 글로벌 플랫폼으로 연계하고 있다. 이 과정에서 지역 예술가, 공공기관, 콘텐츠 기업의 협업 네트워크가 작동하며, 지역 정체성 보존과 함께 산업적 성장의 길을 모색하고 있다. 또는 근대문화유산 기반 도시재생사업은 주민 참여 중심의 운영위원회와 문화기획자 간 협업을 바탕으로 유휴공간을 문화예술 거점으로 재활용하고, 지역 자산의 가치를 재발견하는 모델로 작동했다. 이처럼 공진화는 지역 주체들 간 신뢰와 자원 공유를 기반으로 한 장기적 관계가 필수이다.

2) 고밀도의 지역·글로벌

서구 모델을 중심으로 따라가던 성장 패러다임은 어떤 성과를 남겼는가? 전 세계 국가들이 허겁지겁 뒤따르며 이에 못 미치면 미개발이고 벗어나면 낙후된 루저로 취급당했다. 이때는 선진국 아니면 개발도상국이라는 구도 속에 놓였으므로 비서구 세계의 역사, 문화, 공간적 특수성은 존중받지 못했다. 그러나 시대가 바뀌면서 다원성과 복합성을 중시하는 패러다임으로 휘몰이 전환되고, 특히 지역성과 글로벌성 간의 상호작용을 재조명하는 시도가 많아졌다.

획일적 발전의 표준화된 발전모델에서는 지역적 다양성을 억누르며, 사회·문화적인 긴장을 불러일으켰다. 그리고 환경파괴와 노시 문세, 사회적 불평등이 드러나면서 경제 중심 발전 모델이 지속가능하지 않다는 점도 드러났다. 글로벌화는 국경을 넘는 연결 기회를 늘렸지만, 동시에 문화적 동질화와 경제적 종속이라는 부작용도 가져왔다. 이런 상황에서 각 지역의 고유한 정체성과 필요를 고려한 '다원적 발전'을 자연스레 모색하게 되었다.

다원적 발전이란 지역이 스스로의 정체성과 자원을 바탕으로 세계와 상호작용하며, 자신만의 발전 경로를 창출해나가는 능동적 주체로 자리매김하는 과정을 뜻한다. 예를 들어, 지역의 전통을 현대적 감각으로 재해석하여 새로운 산업으로 창출하는 로컬 크리에이티브 산업이 여기에 해당한다. 여기서는 지역 특성 보존을 넘어서 글로벌 문화 속에서 경쟁력 있는 새로운 가치를 창출한다는 점에 주목해야 한다.

지역성과 글로벌성은 종종 대립적인 것으로 인식되지만, 오늘날의 현실은 두 요소의 공진화 가능성을 높게 평가한다. 공진화라는 것은 한편으로 지역이 글로벌한 흐름 속에서 자신을 재정의하고, 다른 한편으로는 글로벌 네트워크가 지역적 다양성에 기반해 풍요로워지는 상호적 관계를 형성한다는 뜻이다. 흔히 말하는 글로컬리제이션(glocalization)으로, 세계화가 획일화가 아니라 지역 특성이 전 세계적 맥락 속에서 새롭게 가치를 갖게 되는 과정을 촉진할 수 있다.

이러한 관점에서 생태계 발전은 문화적 정체성의 보존, 지역 커뮤니티의 회복력, 지속가능한 생태 구조, 주민의 삶의 질 같은 다양한 요소를 핵심 지표로 잡아야 할 것이다. 지역은 더 이상 글로벌 흐름에 종속되는 단위가 아니라, 세계와의 유기적 관계 속에서 새로운 변화를 창조하는 거점이 되어야 한다. 다원적 발전으로의 전환은 단순한 발전 이론의 문제가 아니라, 세계를 이해하고 설계하는 방식을 전면적으로 재구성하며 공진화한다. 이러한 문제의식은 정책, 학문, 시민사회를 포함해 다양한 영역에서 적용되며, 특히 지역 기반의 지식 생산과 실천이 중요하다.

이질적 다층 공진화

휘몰이 충격의 장단점을 모두 겪으면서 문화예술 생태계는 전례 없는 다층적 공진화의 국면에 진입했다. 문화예술 분야에서 서로 다른 주체나 시스템이 지속적인 상호작용을 바탕으로 공동으로 진화하며, 예술가, 디지털 플랫폼, 지역사회, 기술 생태계가 상호 긴밀하게 얽혀 있다. 이들 간의 관계는 단순한 협력 관계를 넘어 구조적 변화와 상호적응을 동반한다. 예를 들어, K-콘텐츠, 지역 기반 문화예술 프로젝트, 탈중앙화된 예술 생태계가 서로 공진화하도록 얽혀 진행되는 것을 표현하는 말이다.

이에 힘입어 K-콘텐츠는 글로벌 문화시장에서 큰 성장을 보여주었다. 그 중심에 있는 넷플릭스, 유튜브, 틱톡 같은 글로벌 디지털 플랫폼, 플랫폼의 알고리즘, 추천 시스템, 사용자 행동 데이터와 긴밀하게 맞물려 글로벌 팬덤과 소비망을 형성했다. 플랫폼은 K-콘텐츠의 독창성과 팬덤의 글로벌 확장성에 주목하며 전략적 투자를 강화했고, 이는 다시 우리나라 제작 환경의 고도화로 이어지는 순환구조를 형성했다. 넷플릭스가 한국에 자체 제작 인프라를 구축하며 콘텐츠의 질적·양적 확장에 기여한 것을 보면 알 수 있다.

K-팝 역시 공진화의 중요한 사례다. BTS와 블랙핑크를 비롯한 K-팝 아티스트들은 유튜브, 트위터, 틱톡 같은 소셜미디어 플랫폼을 바탕으로 글로벌 팬덤 문화를 구축했고, 이는 플랫폼이 팬 기반 커뮤니티 기능, 실시간 인터랙션, 디지털 굿즈 판매 기능을 발전시키는 데 결정적으로 기여했다. 다시 말해, K-팝의 콘텐츠 전략과 플랫폼의 기술적 진화가 상호작용하며 동반 진화한 것이다.

또한, 지역 기반 문화예술 프로젝트에서는 더욱 밀도 높은 공진화 관계가 나타난다. 산업화·도시화의 결과로 유휴화된 공간들을 문화예술적으로 재해석·재활용하는 정책실험에서 이것이 잘 나타난다. 오랫동안 문화도시 타이틀을 지닌 전주는 팔복예술공장을 기반으로 과거 산업시설을 지역 예술가의 창작공간으로 전환한 프로젝트를 펼쳤다. 예술가 레지던시 프로그램과 시민 참여형 전시가 유기적으로 운영되며 예술-지역사회 간 상호 학습이 일어난다. 또한 인제지역의 트리엔날레는 자연과 예술의 접점을 바탕으로 지역의 관광, 문화, 생태 가치를 연결하는 공진화 모델을 구현했다.

이러한 사례들에서 연구자들은 예술가와 행정, 지역사회가 각각의 가치와 자원을 동원하면서도 결과적으로 새로운 창의적 공간과 네트워크를 공동 창출하는 구조를 보이고 있다. 이렇듯 지역 기반 문화 프로젝트는 지역성이라는 고유성을 기반으로 탈중심적이고 자율적인 예술 생태계를 구성하는 중요한 동력이 된다.

최근 블록체인 기술, NFT, DAO(탈중앙화 자율조직)의 등장으로 예술 생태계는 또 다른 차원의 공진화를 맞고 있다. 이러한 흐름의 핵심은 '소유 구조'와 '거버넌스 구조'의 변화에 있다. 기존의 중앙화된 유통과 평가 시스템은 해체되고, 참여자 기반의 분산형 생태계가 나타나고 있다. 예를 들면, 플레저다오(PleasrDAO)를 들 수 있다. 이 조직은 고가의 디지털 예술작품을 커뮤니티 기반으로 공동 소유하며, 수익 분배, 큐레이션, 기획을 분산된 참여자들이 함께 결정한다. 이는 예술작품이 커뮤니티의 공유 자산으로 인식되는 새로운 관점을 제시했다. 여기에서 예술가와 수요자 사이의 관계 또한 수평화된다. 또한 테조스(Tezos) 기반의 히크엣눙크(Hic et Nunc) 플랫폼은 NFT 아트의 친환경적 유통을 표방하며, 작가가 직접 자신의 작품을 가격 설정, 판매, 재판매 수익 설정까지 할 수 있게 설계된 탈중앙형 마켓이다. 이 플랫폼에서는 커뮤니티 큐레이션이 핵심 기능으로 작용하며, 탈중심적 예술 생태계의 모델을 구체화하고 있다. 이와 비슷하게 조라(ZORA) 플랫폼은 크리에이터가 플랫폼의 구조 자체를 수정하고 커스터마이징할 수 있도록 설계되며, Web3 기술의 예술 응용을 실현하고 있다.

이러한 탈중앙화된 실험들은 전통적 미술관, 갤러리, 기획자의 권위가 상대적으로 약화되고, 창작자와 커뮤니티가 중심이 되는 새로운 형태의 예술 생태계로 이행하고 있음을 시사한다. 이는 거버넌스 구조와 경제적 보상 시스템이 예술의 생성, 유통, 소비 전반에 걸쳐 재설계되고 있음을 보여주는 이질적 다층 공진화의 구체적 장면이다.

이러한 공진화는 예술이 단순한 창작과 소비의 대상에서 벗어나 사회적 관계와 기술적 조건, 경제적 구조 속에서 유기적으로 진화하는 생태적 존재임을 확인시켜준다. 향후 AI, XR, Web3 기술이 더욱 정교화될수록 이러한 공진화는 더욱 복잡하고 다면적인 양상을 띠게 될 것이다. 아울러, 이에 대한 학문적·정책적 탐구는 계속 필요할 것이다.

이러한 흐름에서 공진화 양상은 더욱 다양하게 나타나고 있다. 특히 K-컬처가 다양한 지역의 고유한 문화적 요소들과 결합하면서 창조적 혼종화와 공동체적 감응을 유도하는 실천 구조로 작동할 때 분명하게 드러난다. K-컬처는 이제 '한류'라는 중심적 문화의 수직적 확산이 아니라 지역의 문화성과 역사성, 감수성과 창조성에 기반한 상호결합을 촉진하는 문화생태계의 매개체가 되고 있다. 이는 문화의 수출이 아니라 문화의 협업과 공진화에 가까운 방식이며, 결과적으로 새로운 유형의 글로벌 문화공동체 형성을 가능하게 한다.

구체적으로 예를 들면 유럽 중부 지역의 도시문화 프로젝트에 참여한 K-팝 팬 커뮤니티와 지역 전통무용 단체 간의 공동 창작 프로그램을 볼 수 있다. 이 프로젝트에서는 단순한 공연이 아닌 워크숍 기반의 상호문화 예술교육과 창작 과정이 중심이 되었으며, K-팝 안무와 슬로바키아 민속무용을 동등한 비중으로 실험한 것이다. 결과적으로 무대에서 선보인 최종 공연은 하나의 '융합 콘텐츠'가 아니라, 각 문화가 서로의 리듬과 몸짓을 해석하고 다시 구성한 다층적 감각의 산물이었다. 이는 문화의 수용자나 소비자가 주체가 아니라, 창조적 공동체의 일원으로 전환되는 문화공동체 형성의 구체적 예시라 할 수 있다.

또한 남미 일부 지역에서는 지역 청년 예술가들이 K-드라마의 서사 구조를 차용하여 자신들의 지역사회 문제를 영상 콘텐츠로 재해석하는 프로젝트가 운영되었다. 이 프로젝트는 K-드라마 특유의 감정 진폭, 가족주의, 계급 갈등 같은 요소를 남미의 정치사회적 맥락에 이식하면서 새로운 스토리텔링 방식으로 전개되었다. 중요한 점은 이러한 과정이 한국 문화를 단순히 따라 하거나 모방하는 것이 아니라, 지역의 현실을 재구성하는 매개로서 K-컬처를 활용했다는 점이다. 이는 문화융합을 넘은 문화적 '동반 창조' 사례로서, K-컬처가 자신만의 문화정체성을 고수하기보다 타자의 문화와 공동의 언어를 발명해낼 가능성을 보여준다.

또 다른 흥미로운 예는 동남아시아 도시에서 진행된 K-뷰티와 지역 전통 약초학의 융합 사례에서 찾아볼 수 있다. 현지 연구자들과 뷰티 브랜드 전문가, 한국의 피부과학 기술자가 공동으로 참여한 이 협업은 K-뷰티의 과학적 기술을 기반으로 하되, 해당 지역의 식물학적 지식과 전통 의학적 요소를 통합한 새로운 유형의 친환경 화장품을 개발하는 데 목적을 두었다. 이 제품은 단순한 '한류 소비재'가 아니라 지역 정체성과 한국 기술의 공동 브랜드로 만들어졌으며, 제품 출시와 함께 지역 여성 창업 프로그램, 공정무역 기반의 원료 공급 시스템까지 포함하는 문화경제 공동체를 형성했다.

이러한 사례들은 K-컬처가 단순히 특정 국가에서 생산되어 세계에 일방적으로 소비되는 콘텐츠가 아니라, 지역적 삶과 감수성 속으로 들어가 '함께 만들어가는 문화'로 전환되고 있음을 보여준다. 이는 문화의 혼합이나 교환에 머무르는 것이 아니다. 공동 창작과 공동 실천, 그리고 감정의 공유를 바탕으로 새로운 공동체적 감각을 형성하는 문화적 융화의 진화된 형태로 바뀌고 있다고 본다.

문화사회학적 관점에서 보면, 이러한 흐름은 '문화의 장소성'을 존중하는 동시에, '글로벌 감정공동체'를 구성하는 이중 구조를 지닌다. 이는 문화의 보편성과 특수성이 충돌하는 것이 아니라, 서로를 매개로 하여 새로운 관계성과 정체성을 생산하는 창발적 과정이다. 문화경제적 차원에서도 이는 소비자 중심의 문화자본 논리를 넘어 생산자-참여자-지역공동체 사이의 수평적 가치망을 형성하는 대안적 모델을 제시하며, 장기적으로 지속 가능한 문화 순환 구조를 가능케 한다.

또한 이러한 융화적 K-컬처는 국가 중심의 문화외교를 넘어, 비공식적이며 자율적인 시민 간 문화외교의 장을 형성한다. 팬덤, 커뮤니티, 지역 예술가, 소규모 브랜드가 중심이 되어 상호문화 교류의 주체로 나설 때, 그것은 문화정책의 도구를 넘어 생활 속에서 문화공동체를 실천하는 주체로서 기능하게 된다. 이때 K-컬처는 그저 한국이 낳은 콘텐츠가 아니라 다른 문화와 감각을 연결하고, 함께 살아가는 방식을 재구성하는 '관계의 플랫폼'으로 기능하게 된다.

이제 K-컬처는 단순한 수출 상품이나 문화제국주의의 도구가 아니다. 그것은 새로운 공동체를 창조하고, 새로운 감각의 언어를 발명하며, 새로운 윤리를 실험하는 문화적 동반자의 위치로 이동하고 있다. 지역문화와의 결합을 바탕으로 형성되는 글로벌 문화공동체는 단일한 중심을 가진 제국적 구조가 아니라, 다중의 주체가 감응하고 참여하는 개방된 네트워크형 문화

생태계이다. K-컬처가 이러한 방향으로 진화할 때, 그것은 '성공한 문화수출 모델'이 아니라, 미래 세계의 공존과 창조를 위한 문화적 공진화 실험으로 볼 수 있다.

더 생각할 점

- 지역 문화자원의 글로벌 가치창출에서 전통과 현대기술 융합의 핵심 역할은 무엇인가?
- 로컬 네트워크 기반 공진화가 지역 문화산업 발전에 미치는 구조적 영향은 무엇인가?
- 다원적 발전 패러다임에서 지역과 글로벌의 상호작용은 어떤 의미를 갖는가?
- 디지털 플랫폼과 탈중앙화 기술이 문화예술 생태계 공진화에 미치는 변화는 어떻게 설명할 수 있는가?
- K-컬처와 지역문화의 융합이 글로벌 문화공동체 형성에 기여하는 방식은 무엇인가?

더 읽어볼 책

김성수(2025), 「문화원형론, 지역문화콘텐츠론, 그리고 얼과 사람됨: 개념들의 관계에 대한 이론적 설명을 중심으로」, 글로벌문화콘텐츠학회, 『글로벌문화콘텐츠』 62, 17-39쪽.

김은일(2018), 『문화 간 의사소통과 언어』, 글로벌 지역학 총서 1, 한국학술정보.

롤런드 로버트슨(2013), 이정구 역, 『세계화: 사회이론과 전 지구적 문화』, 한국문화사.

이상은 외(2023), 『대전환기 한국사회 디지털, 세계질서, 기후, 인구의 변화와 대응』, 학지사.

이흥재(2014), 『문화정책론』, 박영사.

일리야 프리고진, 이사벨 스텐저스(2011), 신국조 역, 『혼돈으로부터의 질서: 인간과 자연의 새로운 대화』, 자유아카데미.

9장
융합을
넘어
융화로

사회문화적인 활동 대부분은 단순한 기술적·산업적 융합을 뛰어넘어 다양한 요소가 유기적으로 결합하여 조화롭게 발전하고 있다. 이러한 결합보다 가치를 덧붙인 것이 융합이며, 융합이 조화롭게 발전했을 때 '융화(融和)'라고 부를 수 있다. 이처럼 융화란 상호적응과 변형을 바탕으로 새로운 가치와 지속적인 관계를 창출하는 과정으로 진행되는 것임에 주목해야 한다. 이제 전환기를 거친 문화정책은 이러한 지속가능한 관계 맺음과 상호적응을 바탕으로 융화로 나아가는 과정을 살펴 좌표를 이동해야 한다. 그리고 기술과 예술, 인간과 환경, 지역과 세계가 융화를 이룰 수 있는 문화생태계를 추진해야 한다.

융합에서 융화로 바뀌는 것은 관계 중심의 통합적 전환이다. 단순한 병렬적 결합이 아니라, 구성요소 간의 상호적응과 변형을 통한 관계적 창발성을 중시하는 새로운 융합 개념이다.

융합은 과학기술, 예술, 인문사회 분야 전반에 핵심적 화두였으며, 휘몰이 충격 이후에도 새로운 출구전략으로 자리 잡았다. 이는 디지털 기술과 생명과학, 인공지능과 문화예술, 산업과 생태 같은 이질적 영역들이 결합함으로써 창의성과 혁신을 도모하려는 흐름과 깊은 관련이 있다. 그러나 이러한 융합은 기능적 결합이나 일회성 협업에 그치고 만다. 더구나 지속가능한 변화나 생태계 전환을 담보하지 못한다는 비판도 제기되어왔다. 그런 점에서 기존의 융합 개념이 내포한 도식적 결합 구조와 기능주의적 사고를 대체할 수 있는 관계 기반의 '융화' 개념을 새 좌표로 마련해야 한다.

융화는 서로 다른 존재들이 각자의 정체성을 유지하면서도 안정적으로 상호 영향을 주고받으며 유기적으로 재구성되는 방식이다. 이는 생태학적 상호작용, 문화 간 상호이해, 기술과 감성의 교차 지점에서 나타나는 복합적 변화를 수반한다. 그 결과 새로운 질서와 가치를 창출하는 창조적 과정이면서 동시에 미래 지속가능성을 해치지 않는 것으로 이해할 수 있다.

특히 실질적인 문제들은 기술-예술, 인간-환경, 지역-세계의 삼중 범주를 중심으로 융화의 실제 양상을 가져온다. 예를 들어, 미디어아트를 바탕으로 자연생태를 표현하는 작업은 기술과 감수성의 상호적응을 바탕으로 감성적 공명을 이끌어내며, 단순한 재현을 넘어선 문화적 융화를 실현한다. 또한, 지역공동체가 주도하는 생태 디자인 프로젝트는 전통과 현대기술이 서로를 보완하며 지속가능한 지역 생태계 회복의 모델로 기능한다. 블록체인 기술을 활용한 로컬푸드 유통 시스템도 지역성과 세계기술의 균형적 통합을 바탕으로 관계 기반의 가치 흐름을 형성한다.

융화는 이러한 다양한 실천을 바탕으로 단순한 기술혁신을 벗어나, 관계 지능(relational intelligence)에 기반한 윤리적·생태적 전환을 도모하는 논리이다. 이는 생태계 다중 존재 간의 상호관계성과 감응성을 핵심으로 한다. 융합이 서로 다른 요소들의 기능적 조합인 데 비해 융화는 요소 간의 상호

적응, 관계성 기반의 지속가능한 통합에 중점을 둔다는 점을 다시 강조해 두고 싶다. 융합이 효율성, 혁신, 공존에 목표를 둔다면, 융화는 지속가능성, 새로운 가치창출에 목표를 둔다. 그리고 이를 달성하는 방식도 융합이 병렬적 결합(additive)이라면 융화는 유기적 결합, 상호변형(transformative)으로 추진한다. 이런 점에서 융화를 보는 시각은 상호적응성에 중점을 둔다. 또한 기술이 예술적 감수성을 이해하고, 예술이 기술적 논리를 변형시키며 서로 적응하게 된다. 그리고 지속가능한 관계와 새로운 가치의 창출에 주안점을 둔다는 특징이 있다.

1. 사회문화적 융화

1) 맥락적 상호적응

문화예술과 정보기술은 원래 경계가 뚜렷했으나 점차 허물어지면서 마침내 새로운 현상으로 융합예술이 등장했다. 미디어아트, VR 기반 공연, 인터랙티브 설치작품은 융합이 낳은 새로운 장르로 주목받았다. 그런데 이러한 융합이 창의적 공진화를 무한정 이끌어낸 것은 아니었다. 오히려 예술이 기술 진보에 종속되거나, 단순히 시각적·청각적 보완에 그치는 한계도 보였다. 이 때문에 '기술의 도구화'라고 할만하다. 그 결과 예술의 철학적·사회문화적 맥락을 충분히 반영하지 못한 채 기술의 신기함을 즐기고 소비하는 방식으로 이어졌다.

물론 이 자체로도 대단한 것이었다. VR 기술을 접목한 공연예술은 관객의 몰입감을 높이고, 무대 환경을 확장하는 효과를 주었다. 그러나 예술적 내러티브와 주제 의식의 심화에는 실패했다. 또한, 의미를 서로 변형하거나 상응하는 방식에 문화적·사회적 맥락을 공유하거나 공진화하지 못한 채 소모적 결합으로 그치는 경우가 있다.

이러한 배경 속에서 제기되는 새 개념이 바로 융화다. 융화는 단순한 기술과 예술의 병행배치나 결합이 아니다. 서로 영향을 주고받으며 정체성과 기능, 표현 양식 자체를 재구성해나가는 상호적응적 융합 방식이다. 이 과정은 단순히 기술이 예술을 확장한다는 일방적 관점이 아니다. 예술의 감수성과 문화적 맥락이 기술의 방향성과 사용 방식을 변형시키는 쌍방향적 공진화 과정으로 이해된다. 결국 융화는 '기술의 예술화'이자 '예술의 기술화'를 동시에 수반하는 형식과 내용의 전면적 재구성 과정이다.

기존의 융합 사례들은 대체로 기술 장치를 이용해 감각적 자극을 제공하는 데 집중하지만, 작품의 개념적 구조나 사회적 맥락과의 연계에서는 미흡한 경우가 많다. 이처럼 기술이 사회문화와 예술의 맥락을 고려하지 않고 일방적으로 진입하는 구조가 문제다. 이러한 기술 중심적 접근은 일시적인 호기심과 주목을 끌 수는 있으나, 지속적인 미학적 감응이나 사회문화적 의미 생성에까지 발전하지 못한다. 이는 예술이 당초 지니고 있던 가치나 비판성, 성찰성, 공동체적 소통 기능을 희석시키는 결과로 이어진다.

융화는 기존 융합의 기계적·병렬적 결합 방식을 비판하며, 상호적응성을 중심으로 한 유기적 관계성을 강조한다. 기술은 예술의 내재적 논리, 맥락, 감수성을 이해하고 이에 맞춰 형식과 알고리즘을 조정해야 한다. 또한, 예술은 기술의 확장 가능성을 수용하여 자신의 표현 방식과 감각 체계를 재구성할 필요가 있다. 현장에서 전통 문화도시를 기반으로 한 VR 다큐멘터리 프로젝트를 펼친다면, 단순히 고화질 영상을 제공하는 데 그치지 않고, 지역의 역사와 공동체 기억을 어떻게 기술적으로 재현하고, 어떻게 예술적으로 해석할 것인지에 대한 윤리적·미학적 판단도 함께해야 한다. 이때 기술은 효과가 아니라 문화적 기억의 매개체로 작동하고, 예술은 관객과 커뮤니티가 참여하고 해석하는 열린 구조를 창출한다. 이러한 방식에 힘입어 예술이 사회적 치유와 공동체 형성의 통로가 될 수 있음을 보여준다. 이로써 기술을 둘러싼 권력, 윤리, 역사적 맥락에 대해 예술이 개입하는 새로운 융화의 방식으로 이해되어야 한다. 또는 관객이 자유롭게 극 중 공간을 이동하며 자신의 관점으로 이야기를 구성하는 VR 연극은 예술의 서사구조와 기술적 구현 방식이 서로를 변형시키며 공진화하는 대표 사례로 볼 수 있다.

이렇게 본다면 융화는 기술이 문화와 공동체에 내재하는 윤리적 가치와 감수성을 수용하고, 예술이 기술적 매체에 대한 깊이 있는 이해를 바탕으로 새로운 형태의 표현과 소통을 시도하는 공진화 과정으로서도 중요하

융화, 어디서 볼까?

이이남 작가의 디지털 병풍 시리즈는 미디어아트 + 생태 복원 작품이다. 이는 전통 회화를 디지털 기술과 결합했지만, 단순 재현이 아닌 문화적 의미의 재해석과 동시대적 메시지의 생성으로 융화한 것이다. 제주도의 마을 기반 디자인 프로젝트(돌담을 활용한 태양광 설치)는 지역공동체 + 지속가능 디자인으로서 지역성과 기술을 지역 정체성과 환경에 맞춘 설계로 융화된 것으로 이해한다. 인공지능을 활용한 전통 음악 보존 및 현대화 프로젝트는 기술 + 전통문화 보존이 특징인데, AI가 전통을 모방하는 데 그치지 않고 전통 음악의 철학과 감성까지 반영하여 새로운 감성을 창출했다는 점에서 융화에 가깝다. 로컬푸드 운동과 블록체인 기술의 결합에서 나타난 세계와 지역의 융화에 착안해보면, 이는 지역 농산물 유통을 블록체인으로 추적하면서 글로벌 기술과 지역공동체의 지속가능한 융화 시도이다.

다. 이를 기술결합으로 보지 않고, 공존의 감각과 관계의 지성에 기반한 통합적 세계관으로 보는 것이 중요하다. 이때, 휘몰이 충격 이후 앞으로 전개될 고도 기술사회에서 문화예술이 수행할 수 있는 비판적이고 창조적인 역할의 핵심축이 될 것이다.

2) 삼각 공진화 구조

이처럼 기술과 예술은 더 이상 독립적 범주로 작동하지 않는다. 기술은 예술의 표현 매체를 급격히 변화시키고 있으며, 예술은 기술의 사회적 영향과 철학적 함의를 비추는 거울이 된다. 여기에 사회적 맥락이 결합될 때, 단순한 융합을 넘어선 '삼각 공진화 구조'가 형성된다. 그 결과, 기술과 예술이 상호 영향을 주고받으며 사회적 구조와 문화적 가치까지 재편하는 융합과 융화의 진화된 형태가 나타난다.

기술과 예술의 융화로 AI 기반 예술 창작은 무엇을 새로 보여줄 수 있는가? 아마도 인간·기계·창작성의 재구성을 제대로 보여주게 될 것이다. AI는 예술의 창작 방식뿐만 아니라, 창작 주체에 대한 근본적인 질문을 야기한다. 생성적 적대 신경망(GAN: Generative Adversarial Networks), 트랜스포머(transformer) 모델 같은 고도화된 생성형 인공지능 기술은 인간의 개입 없이도 음악, 미술, 시 같은 다양한 예술 콘텐츠를 생성할 수 있게 되었다. 이제는 인간의 창작성과 기계 알고리즘 사이의 새로운 창작 생태계를 열어가고 있다. 젊은 미디어아티스트 레픽 아나돌(Refik Anadol)의 작품들은 AI를 단순 도구가 아닌 창작의 동반자로 활용하는 대표적 사례다. 그는 뉴럴 네트워크를 활용하여 도시의 실시간 데이터를 시각화하고, 이를 몰입형 미디어 설치작품으로 구현함으로써 기술-예술-도시(사회)의 연결 지점을 제시한다. 이러한 작업은 단순히 AI로 예술을 흉내 내는 것이 아니라 인간-기계-환경 사이 관계의 미학적 재조직을 수행하며, 공공과 기술의 윤리를 예술적 감수성으로 풀어내는 융화적 구조를 보여준다. 이 같은 AI 예술은 기술적 진보, 예술적 실험, 사회적 수용이라는 '삼각 변화'를 동시에 자극하며, 공진화의 전형적 양상을 드러낸다. AI는 예술의 확장을 가능케 하며, 예술은 기술의 방향성과 활용 윤리를 규정짓는다. 한편, 사회는 이러한 상호작용을 바탕으로 창작 주체성, 감정의 자동화, 인간의 예술성이라는 근본적 질문에 응답하게 된다.

또한, 2021년 이후 급부상한 NFT(Non-Fungible Token) 예술은 디지털 창작물의 소유권 보장, 창작자 중심의 경제모델 형성, 분산형 유통 생태계라는 세 가지 혁신 요소를 갖추고 있다. 이로써 기술(블록체인), 예술(디지털 창작물), 사회(소비자와 커뮤니티)의 공진화 구조가 본격화되었다. 예를 들어, 비플(Beeple, 본명은 마이크 윈켈만)의 NFT 아트워크 《Everydays: The First 5000 Days》는 디지털 시대의 일상과 모험을 표현한 작품인데, 경매에서 약 6,930만 달러에 낙찰(2021.3)되어 그야말로 센세이션을 불러일으켰다. 이는 단순한 가격 문제가 아니라, 디지털 아트워크가 소유될 수 있는 '자산'이자 '커뮤니티 기반 가치'로 작동할 수 있음을 보여준 것이다. 블록체인 기술은 예술가가 중개자 없이 자신의 작품을 유통하고, 스마트 계약을 바탕으로 재판매 수익의 자동 분배 같은 새로운 권리구조를 가능하게 만든다. 예술은 이에 기반하여 경제적 자율성과 실험성을 동시에 확보하며, 사회는 디지털 기반 커뮤니티를 바탕으로 작품의 가치와 의미를 재해석하고 확산한다. 다시 말하면, 기술이 창작과 유통 방식을 바꾸고, 예술이 표현의 방식을 다변화하며, 사회가 참여자이자 소유자로 기능하는 삼중의 변형이 일어난다. 또한, NFT 커뮤니티는 단순한 소비자가 아니라 창작의 공동 주체로 기능하기 시작했다. PFP(Profile Picture) 기반 NFT 프로젝트는 예술작품을 바탕으로 사회적 정체성과 소속감을 강화하며, 예술 소비가 곧 사회적 행동으로 확장되는 사회적 참여예술의 디지털 전환을 보여준다.

이처럼 놀라운 변화 속에서 우리는 왜 디지털 예술의 공공성 확장에 주목해야 하는가? 이런 활동으로 기술 기반 예술의 사회적 실천을 직접 확인할 수 있기 때문이다. 다시 말하면, 기술 기반 디지털 예술이 기존 미술관과 갤러리를 벗어나 공공 공간과 사회적 맥락 속에서 전개된다. 이제 예술은 더 이상 폐쇄적 담론에 머물지 않고, 사회적 개입과 공동체 형성의 실천적 수단이 된다. 이는 디지털 기술의 접근성과 확장성을 활용하여 예술이

툭Q 슉A AI+VR, 문화생태계 바꿀 수 있을까?

AI·VR 기반 문화는 새로운 문화생태계를 형성한다. 예를 들면, 교육에서 가상 캠퍼스와 몰입형 시뮬레이션이 학습 경험을 문화적으로 확장시키고, 의료에서는 정신치료와 정서 조절을 위한 VR 예술 프로그램이 활용된다. 노동과 경제 구조를 보면, 메타버스 기반의 예술 활동이나 AI 콘텐츠 제작은 새로운 창작 노동의 형태를 만들어낸다. 이로써 예술가, 프로그래머, 디자이너, 사용자 사이의 역할 경계를 흐리는 협업형 생태계를 구성한다. 한편, 사회적 소외의 해소라는 긍정적 측면에도 주목할 필요가 있다. 물리적 제약으로 문화 접근이 어려웠던 이들에게 VR은 새로운 문화적 접근성을 제공하며, AI는 언어 번역과 음성인식을 바탕으로 다양한 문화 집단 간의 이해와 연결을 촉진한다.

이러한 연결 형태 확장은 다른 측면에서 새로운 문제의식을 동반한다. AI에 의한 창작은 저작권과 예술가의 정체성 문제를 야기하며, VR 기반의 몰입형 문화는 현실 회피와 중독, 감각의 피로라는 윤리 문제를 불러온다. 또한, 생성형 AI는 알고리즘의 편향성과 데이터 독점 문제 때문에 문화의 다양성을 제한할 위험도 있다.

결국 AI·VR 기반의 문화는 기존 문화의 연장이 아니라 문화와 사회의 관계 구조를 재정립하는 전환 도구다. 이로써 감각적 체험, 서사 구조, 창작 방식, 사회적 연결성을 모두 변화시키며, 사회와 문화가 상호작용하며 진화하는 공진화적 관계를 형성한다.

공공성·교육성·치유성 등의 사회적 기능을 수행하는 방식으로 발전한 결과다. 팀랩(TeamLab)의 몰입형 전시 《보더리스(Borderless)》는 관람객이 예술작품 안에서 물리적·심리적으로 이동하며 감각적 경험을 형성하는 방식이다. 여기서 관객은 단순한 감상자에서 참여자이자 해석자로 전환되는 경험을 즐긴다. 이는 기술을 통한 미학적 감응의 확장인 동시에, 공공성과 관객 주체성에 대한 재설정으로 볼 수 있다. 또한, 도시재생 프로젝트와 연계된 디지털 미디어아트 사례는 지역공동체의 기억, 정체성, 그리고 사회적 관계를 기술적으로 가시화함으로써 예술이 공동체 복원과 사회적 연대 형성에 실질적으로 기여할 수 있음을 입증한다. 이 과정에서 기술은 도구 이상의 사회적 매개체로 기능하며, 예술은 그 매개 과정을 바탕으로 사회의 구조적 문제나 감정의 지형에 개입한다.

이러한 공진화적 패러다임으로 예술은 기술의 미래를 사유하고, 사회가 예술을 바탕으로 공동윤리를 실험하는 장을 마련한다. 이로써 융합과 융화의 궁극 목적인 지속가능하고 포용적인 관계의 설계를 실천 가능하게 만드는 것이 아니겠는가.

3) 초학제적 접근

휘몰이 충격이 가져다준 사회적·환경적·기술적 문제들은 이처럼 점점 더 복잡해지고 다층적인 양상으로 나아간다. 그런데 기후위기, 인공지능의 윤리 문제, 지속가능한 도시 설계, 감염병 대응, 그리고 문화적 다양성과 사회통합 문제는 단일 학문이나 전통적인 전문성만으로는 해결할 수 없는 과제들이다.

이에 따라 다양한 분야의 학문이 서로 협력하고 통섭해야 해결할 수 있다. 이러한 방식을 '다학제적 접근'이라고 하는데, 이미 일반화되고 있다. 다학제는 복수의 전문가들이 각자의 관점과 방법론을 가지고 하나의 주제를 공동으로 탐구하는 구조이다. 그렇지만 이때 각 학문의 본질적 틀은 거의 유지된다. 그러다 보니 협력은 가능하지만 지식 생산의 방식이나 학문 간 관계 자체를 근본적으로 재편하는 데는 한계가 있다. 이는 곧, 다학제가 일정 수준의 협업에서는 유효하지만, 급변하는 현실 문제에 대한 전면적이고 유연한 대응체계를 갖추기에는 부족하다는 것이다.

이러한 인식을 딛고 새로이 등장한 것이 바로 초학제적 접근(transdisciplinary approach)이다. 초학제는 다학제 수준을 벗어나 기존 학문 구조의 경계를 허물고, 문제 자체를 중심에 두며, 새로운 방식의 지식 구성을 지향한다. 여기서 핵심은 학문 외부에서 발생하는 복합적인 사회적 문제를 해결하기 위한 지식 형성 과정에 학자뿐만 아니라 시민, 기술자, 예술가, 정책 결정자 같은 다양한 행위 주체가 동등한 참여자로 포함된다는 점이다. 다시 말해, 초학제는 이론 중심의 협업이 아니라 실천과 참여를 중심에 두는 지식의 공동 생성 방식이다.

초학제적 전환은 현대 학문 체계가 가지고 있는 분과주의적 위계와 폐쇄성을 근본적으로 문제 삼으며 출발한다. 이는 단순히 학문 간 연결을 넘어, 기존의 지식 구조 자체를 재편하거나 새로운 방식의 문제해결 전략을 설계하는 방향으로 나아간다. 초학제적 사고는 현실과의 거리에서 비롯되는 전통 학문들의 이론적 고립성을 벗어나기 위한 시도이며, 다양한 주체 간의 협력적 실천을 바탕으로 지식을 사회 속에서 살아있는 존재로 재구성하려는 적극적인 접근이다.

초학제적 접근으로 주목을 받는 것은 휘몰이 충격에 흔들리던 팬데믹 상황에서 확인할 수 있다. 전 세계적 감염병 확산은 의학, 생물학, 데이터과학뿐만 아니라 정치학, 윤리학, 도시계획, 문화연구 같은 다양한 분야가 함께 협력해야 해결 가능한 문제였다. 그러나 이때 단순히 여러 분야의 전문가들이 정보를 공유하고 조율하는 것만으로는 한계가 있었다. 시민의 참여, 디지털 기술의 활용, 커뮤니케이션 전략이 포함된 보다 유기적이고 통합적인 대응이 요구되었다. 초학제적 사고는 이처럼 문제해결의 중심을 실제 사회적 조건과 공동체의 상호작용에 둠으로써 이론과 실천의 틈새를 좁히고, 새로운 지식 흐름을 형성하는 데 기여한다.

또 다른 사례로는 탈탄소 전환과 에너지 정의를 중심으로 한 도시 혁신 프로젝트를 들 수 있다. 북유럽 국가들에서는 에너지 소비를 줄이고 재생 가능 자원을 확대하기 위해 공학자, 환경과학자, 도시설계자, 그리고 지역주민이 함께 협력하는 실험적 연구를 다양하게 진행했다. 여기서 시민은 단순한 수혜자가 아니라, 생활 현장에서 문제를 인식하고 대안을 제안하며 실험에 참여하는 지식의 공동 생산자였다. 이러한 흐름은 학문적 통섭에 머무는 것이 아니라, 실생활 문제와 긴밀하게 연결된 방식으로 현실 개입적 지식을 생성하는 초학제적 구조로 기능했다.

이 같은 초학제적인 전환은 교육과 연구 방식에도 크게 영향을 미친다. 그간 학문은 지식을 정형화하고, 축적하며, 분류해왔다. 그렇지만 초학제적 접근은 문제 중심의 모듈형 사고, 실천 기반 학습, 협업 중심의 거리큘럼을 강조했다. 이는 대학과 연구기관의 구조 자체에 도전하며, 정규 학과 중심의 제도적 경계를 넘어선 유연하고 다층적인 학습공동체 형성을 지향한다. 실제로 몇몇 선도 대학에서는 전공 구분 없이 프로젝트 기반 수업을 중심으로 커리큘럼을 재편하며, 학생들이 현실 문제해결을 위한 창의적 아이디어와 실천적 실행을 결합할 수 있도록 독려했다.

이러한 초학제적 접근은 학문 내부의 전통적 위계뿐만 아니라, 지식 생산의 권한과 주체성에 대해 의문을 갖는다. 이제 지식은 대학과 연구소의 전유물이 아니라, 현장에 기반을 둔 시민적 활동과도 밀접하게 연결되어야 하지 않을까? 사실상 도시 거버넌스, 식량 시스템, 지역문화 재생 같은 다양한 분야에서 시민과 전문가, 기술자, 예술가가 공동으로 참여하는 형태의 지식 생산이 점차 확산하고 있다. 이 같은 실천적 초학제 연구는 새로운 감각의 학문, 즉 공동체적이고 참여적인 지식 생산 체계를 구축할 가능성을 제시한다.

이제 초학제적 변화에서는 지식을 특정 분야에 국한시키지 않고, 사회 전체와 함께 다시 구성하고 실천해야 한다. 그래야 융합을 넘는 깊이 있는 융화 실천 모델로 확장될 수 있다. 초학제적 변화는 지식이 사회를 향해 열리고, 사회가 지식을 주도적으로 생성하는 새로운 생태계를 연다. 그래서 오늘날 우리가 추구해야 할 통합적 사고와 지속가능한 지식 실천의 핵심 원리로 자리 잡게 되는 것이다.

💡 더 생각할 점

- 기술-예술-사회 융화에서 '지속가능성'은 어떻게 확보되어야 하는가?
- '기술의 도구화'가 아닌 '예술의 기술화'를 실현하기 위한 윤리적 조건은 무엇인가?
- 기술-예술-사회적 맥락의 삼각 공진화 구조에서 '사회'는 단순한 배경이 아닌 실질적 참여자인가?
- 초학제적 접근이 단순한 협업을 넘어서려면, 어떤 구조적 전환이 필요한가?
- AI · VR 기반 문화생태계에서 '예술가의 정체성'은 어떻게 재정립되어야 하는가?

2. 글로벌 공동체적 융화

1) 공동체 감수성과 윤리

지금, 글로벌 사회가 나날이 다원성과 연결성의 강화로 나아간다는 특징은 융화의 필요성이 많다는 것을 뜻한다. 문화적 정체성도 단일 형태로 유지되기보다 다양한 가치, 언어, 삶의 양식들이 혼재하는 다문화적 구성이 보편적이다. 바로 기술발전이 이러한 차이와 다양성을 물리적으로 가깝게 만들어줬다. 정보 네트워크, 글로벌 이주, 관광, 기후위기로 인간은 한 지역이나 국가의 구성원만으로는 살 수 없게 되었다. 이런 배경에서 문화적 다원성과 보편적 공동체 감각 사이의 긴장을 이해하고, 그것을 조화롭게 통합하려는 공동체적 융화가 요구된다.

그렇다면 '다원적 문화'란 무엇인가? 이는 문화 간 경계가 열려 있고, 서로 다른 가치관과 정체성이 공존하는 상태를 의미한다. 그런데 세계화와 지역화가 동시에 전개되는 오늘날의 사회에서는 다양한 문화적 배경을 가진 사람들이 하나의 사회에서 상호작용하는 빈도가 높아졌다. 이 때문에 문화 간 이해와 갈등 조정을 해결할 새로운 방식이 중요해졌다.

이러한 맥락에서 새롭게 검토할 점이 바로 '공동체적 융화'이다. 다시 말하면, 다원적 문화에서 공동체적 융화로 나아가도록 인간, 지역, 세계의 연결을 살펴야 한다는 것이다. 이는 단순한 동일화나 동화가 아니라 서로 다른 문화가 각자의 정체성을 유지하면서도 상호 존중과 감응을 바탕으로 관계를 재구성하고, 지속가능한 상생 구조를 만들어가는 창조적 과정을 의미한다. 이는 인간-지역-세계가 서로 유기적인 관계망을 형성하며, 공동의 삶의 기반을 재구축하는 실천적 비전을 지향한다.

공동체적 융화 개념은 정체성과 연대성, 감정과 기억, 생활양식과 지향성의 층위에서 작동한다. 이는 각자의 문화적 배경을 유지하면서도 새로운 공동체적 감수성과 윤리를 구성하려는 노력이다. 또한, 지역성과 세계성을 이분법적으로 나누기보다 지역의 삶이 세계적 연결성 속에서 변용되고, 세계적 가치가 지역의 현실 안에 구체화되는 방식으로 실현된다.

흔히 볼 수 있듯이, 지역 전통예술이 글로벌 미디어 기술을 바탕으로 재해석되고, 이를 기반으로 새로운 교육 프로그램이나 커뮤니티 활동이 생성된다. 또는 이주민 공동체가 기존 지역사회와 협력하여 축제를 공동 기획하고 운영한다. 이처럼 융화는 제도적 동질화가 아니라 공감과 상호적응하면서 관계적 통합으로 나아가는 것이다.

이렇듯 다원적 문화에서 공동체적 융화로 전환하는 것은 문화적 다양성의 수용을 넘어, 서로 다른 인간과 공동체가 함께 살아갈 수 있는 세계를 어떻게 상상하고 설계할 것인가에 대한 전환이다. 이는 기술 중심의 융합을 인간 중심의 융화로 재구성하는 핵심이다. 또한, 지역에서 출발해 세계로 확장되는 새로운 관계적 지형을 그리는 실천적 사유이다. 인간-지역-세계는 더 이상 단절된 단위가 아니라 상호 연관된 삶의 조건으로 이해되어야 하며, 이러한 이해를 기반으로 한 공동체적 융화만이 진정한 지속가능성과 공존의 기반이 될 수 있다.

글로벌 감성공동체

현대 첨단기술은 글로벌 사회 구성원인 인간의 삶 모든 영역에 깊숙이 침투하고 있다. 디지털 기기, 인공지능, 소셜미디어, 가상현실, 빅데이터 같은 방식은 물론 문화 소비, 공공서비스, 인간관계 형성에 이르기까지 그 영향도 폭넓기 그지없다. 그러나 한편으로 기술의 확산은 인간적 관계의 단절, 정서적 고립, 사회적 파편화에 대한 우려를 함께 불러일으켜왔다. 특히 소셜미디어 플랫폼이 피상적 관계를 양산하고, 알고리즘 중심의 커뮤니케이션이 공감과 공존의 가능성을 약화시킨다.

그런데 기술이 본질적으로 추구하는 바는 인간적 관계를 단절시키는 것이 아니다. '인간관계의 밀도'는 이제 기술이 어떻게 설계되고, 어떻게 사용되며, 어떤 글로벌 사회 맥락 속에서 작동하느냐에 달려 있다. 기술은 사회문화적 가치와 관계구조를 재구성할 수 있는 실천적인 도구이며, 공유와 협업의 윤리를 기반으로 얼마든지 재조정될 수 있다.

더구나 기술은 인간의 감각과 정서를 확장하고 연결하는 문화적 장치다. 디지털 기술은 예술, 교육, 놀이 같은 다양한 글로벌 문화 활동 속에서 공감과 연대의 구조를 형성하는 플랫폼으로 작동한다. 예를 들면, 팬덤 커뮤니티, 시민참여형 미디어, 협업 기반의 디지털 창작 플랫폼은 정서적 소속감과 공동체적 의미를 생성하는 글로벌 문화 공간으로 진화하고 있다. 또는 팬아트 플랫폼이나 온라인 합작 영상 프로젝트는 전 세계 사용자가 감정적 교류와 상호 존중의 관계를 형성하게 만든다. 또한 디지털 기술을 활용한 커뮤니티 아트 프로젝트는 지역주민이 자신의 이야기를 기술로 표현하고, 이를 바탕으로 공동 정체성과 사회적 유대를 사랑한다. 이처럼 새로운 형태의 문화적 감응과 글로벌 공동체적 상상력을 활용하는 것은 공동체의 감수성을 높이는 데 중요하게 작동한다.

감성기술은 글로벌 사회적 구조 안의 포지셔닝과 관계성을 강화한다. 이는 기술을 기반으로 하는 새로운 관계성 회복과 집단 간 경계의 재조정을 가능하게 하는 글로벌 사회활동을 활발하게 만들고 있다. 특히 글로벌 공동체 기반의 기술 활용 방식은 사회적 신뢰 회복과 상호작용 구조의 재설계를 바탕으로 인간관계를 재활성화할 수 있다.

구체적인 예로, 코로나19 이후 글로벌 사회에 확산된 온라인 지역 커뮤니티 플랫폼은 매우 중요하게 작동했다. 이들 플랫폼 덕분에 공공정보 공유, 지역 소상공인 지원, 자원봉사 모집, 공동구매 같은 다양한 활동이 가능했다. 그리고 이를 바탕으로 공간적으로 멀어진 사람들 사이의 사회적 연대를 회복하는 구조를 만들어냈다. 또한 장애인, 고령자, 이주민 같은 디지털 소외계층을 위한 사용자 맞춤형 커뮤니케이션 기술은 단절 위험을 줄이고, 기술을 바탕으로 사회적 포용을 실현하는 계기가 될 수도 있었다. 이는 글로벌 공동체적 융화활동을 촉진시켜 거둔 성과이다.

글로벌 사회문화적인 관점에서 어떤 사회적 가치, 제도, 관계성을 강화하는가에도 주목해야 한다. 힘겨운 휘몰이 충격으로 특히 사회적 플랫폼 설계에서 사용자 참여와 공동 규칙 생산의 메커니즘을 강조하면서, 우리는 관계성을 강화하는 매개체로 활용했다.

행정학적 관점에서는 이를 정책설계와 글로벌 사회적 연대 촉진 관점으로 파악할 수 있다. 행정학에서는 기술을 공공성과 사회적 책임성을 내포한 글로벌 정책 도구로 본다. 특히 디지털 기술이 공공서비스와 시민의 삶을 매개하게 되는 오늘날, 기술은 글로벌 시스템 내에서 정보의 투명성, 시민참여, 공동체 기반 정책 설계를 가능케 하는 수단이 된다.

이를 위해서는 기술이 인간관계를 단절하지 않도록 정책 설계 단계에서부터 글로벌 사회적 연대와 협업을 전제로 한 기술 사용 구조를 마련해야 한다. 디지털 행정 시스템을 설계할 때 글로벌 시민 의견을 반영한 사용자 중심 설계(User-Centered Design), 지역주민이 직접 참여하는 정책 설계 프로세스(Co-Design), 지역 단위 공공플랫폼 구축이 이뤄진다. 이러한 구조에서 글로벌 시민사회는 기술의 기획과 운영, 규칙 형성에 적극적으로 개입하여 글로벌 감성공동체의 플랫폼으로 구현한다.

특히 디지털 시민참여 플랫폼이 글로벌 사회의 자율성과 연대를 강화할 수 있도록 한다면, 행정 기술은 시민 간 상호 협력과 신뢰를 형성하는 구조적 촉매로 작동하게 된다. 이와 같은 행정학적 설계는 기술을 둘러싼 글로벌 사회적 관계 구조 전체를 설계하는 정책적 상상력을 요구한다.

사회문화적으로 기술은 감정의 흐름과 창조적 감응을 매개하고, 사회학적으로는 불균형한 구조를 재조정하며, 행정학적으로는 공공성과 참여 기반의 연대를 설계할 수 있는 실천적 가능성을 갖는다. 이를 위해서는 기술 개발 단계에서부터 글로벌 사회적 가치와 문화적 맥락, 공동체적 요구를 고려한 설계철학이 필요하다. 기술이 함께 살아갈 수 있는 새로운 인간관계와 공존 방식을 설계하기 위한 도구로 자리매김할 때, 비로소 미래 글로벌 공동체에 긍정적으로 기여할 수 있을 것이다.

2) 공존과 협력의 융화

글로벌 사회에서 인종, 민족, 언어, 종교, 문화가 얽히고 포개지는 다문화·다인종적 현실을 문화정책 좌표로 선성한 시는 꽤 오래되었디. 이미 세계화, 디지털 네트워크의 확장, 기후변화나 전쟁은 그간 동질적 집단으로 구성되어 있던 국가나 지역사회에 이질적인 문화적 주체들이 상존하는 상황을 만들어냈다. 더 이상 문화융합을 피할 수 없고, 공존과 협력을 바탕으로 관계를 재편하고 공동체적 연대를 실현하는 융화로 나아갈 수밖에 없다.

사회문화적으로 다문화는 문화적 다양성 공존과 긴장이 축적되기 마련이다. 다원적 문화가 물리적으로 존재한다고 해서 곧바로 의미 있는 사회통합이 이루어지는 것은 아니다. 오히려 서로 다른 문화적 배경과 생활양식, 역사적 기억이 충돌하거나 불균형하게 위계화될 경우, 문화 간의 위계·차별·배제 구조가 재생산될 수 있다. 문화 사이의 융합이 진정한 융화로 발전하기 위해서는 글로벌 사회의 각 문화가 동등한 관계 속에서 자신을 표현하고 타자를 수용할 수 있는 존중과 감응의 구조가 전제되어야 한다. 이는 문화적 공존을 선언하는 것을 넘어, 제도적·정서적·상징적 공간에서 이뤄지는 상호작용이 유기적으로 작동해야 가능하다.

사회심리적으로 개인이 겪는 정체성의 불안정성, 타문화에 대한 위협감, 집단 간 거리감은 융화에 있어서는 큰 장애 요인이다. 이 때문에 구성원 사이의 신뢰와 공감 형성을 어렵게 한다. 이를 해결하려면 글로벌 사회에서 타문화에 대해 인지적 개방성과 정서적 공감을 형성할 수 있는 심리적 안전지대가 필요하다. 교육, 미디어, 커뮤니티 활동은 이러한 문화 간 상호이해를 촉진하고, 고정관념과 편견을 해체하는 정서적 촉매제로 기능할 수 있어야 한다. 감정과 관계의 차원에서 공존과 협력이 촉진되어야 하는 과정이 필요하다.

문화경제적 관점에서 보면, 다양한 글로벌 문화가 만나는 지점은 문화자본의 교환이 일어나는 경제적 잠재력을 가진다. 다인종 사회에서 이주민 공동체가 생산하는 문화콘텐츠, 음식, 패션, 예술은 새로운 소비시장과 창조산업의 핵심 동력이 되기도 한다. 그러나 이러한 경제적 융합이 실질적인 문화 간 협력으로 이어지기 위해서는 문화적 자산의 상품화 과정에서 불균형한 가치 배분과 착취 구조가 발생하지 않도록 해야 한다. 문화융화는 문화의 자율성과 존엄을 보장하고 지속가능한 교류체계 설계를 포함해야 가능하다. 이를 바탕으로 문화는 시장의 논리에만 종속되지 않고, 지역

     3부. 공진화 문화생태계, 좌표를 움직이다

성과 공동체성을 강화하는 매개로 기능할 수 있다.

미래에 다문화·다인종 사회가 성공할 것인가 여부는 사회가 얼마나 유연하고 복합적인 정체성을 수용할 수 있는가에 달려 있다. 이제는 다층적 정체성, 복수 소속감, 경계의 유동성을 전제로 하는 사회 모델이 필요하다. 이에 따라 문화융합도 차이 속에서 공존하고, 갈등 속에서 협력하며, 상이한 세계관들이 서로를 변형시키는 '융화의 생태계'를 구축해야 한다.

현실적으로도 이주 정착민의 정치 참여 확대, 다문화 교육, 이중언어 사용 환경의 정착, 다문화 예술공간의 운영으로 문화융화가 제도적·실천적 수준으로 확장될 수는 있다. 그러나 이러한 노력이 진정한 융화로 이어지기 위해서는 사회 전반의 구조와 인식의 전환이 필요하다. 문화적 차이를 인정하고 포용하는 것이 개인의 도덕적 미덕이 아니라, 사회적 시스템과 정책 설계의 핵심 가치로 정착되어야 한다.

미래의 낙관적 관점에서 본다면, 문화 간 융합은 결국 공존과 협력을 기반으로 한 관계적 융화로 나아가야 한다. 이는 경계 위에서의 대화와 협상을 지속하고, 새로운 정체성과 공동체 감각을 함께 구축하는 과정을 거치기 마련이다. 사회문화적으로 상호 존중의 공간을 형성하고, 사회심리적으로 공감과 신뢰를 회복하도록 해야 한다. 문화 간 융합이 진정한 사회적 융화로 이어지기 위해서는 기술과 제도, 예술과 감정, 정치와 일상이 모두 연결된 복합적 실천 체계가 필요하다.

- 문화적 정체성과 공동체적 감수성은 어떻게 양립할 수 있는가?
- 기술은 감정적 고립을 해결할 수 있는 공동체적 도구가 될 수 있는가?
- 정치적 제도와 행정 설계는 문화 간 신뢰 형성에 실질적으로 기여할 수 있는가?
- 공존과 협력이 지속가능한 융화로 전환되기 위한 '관계적 생태계'란 무엇인가?
- 문화자원의 상품화는 융화의 가능성을 강화하는가, 약화시키는가?

3. 지속가능한 생태계 융화 모델

1) 문화와 환경의 지속가능

그동안 기술은 휘몰이장단에 맞춰 고속개발되며 발전해왔고, 디지털, 바이오, 나노, 인공지능 같은 첨단기술로 사회 전반의 구조와 패러다임을 근본적으로 이끌어왔다. 정보통신기술과 자동차산업의 결합은 '스마트카'라는 새 제품들을 만들어냈고, 바이오기술과 화학산업의 융합은 헬스케어 분야에서 혁신을 이끌었다. 이러한 산업적 융합은 효율성과 경쟁력을 강화하고, 시장의 다변화와 경제 성장을 촉진하는 데 크게 기여해왔다.

그러나 이러한 기술 중심의 산업 융합은 지속가능성이라는 관점에서 적지 않은 한계를 드러낸다. 기술의 가속적 진보와 산업적 수익성에 초점을 맞춘 융합은 환경을 파괴하고, 도시화와 문화 동질화, 농산어촌 지역 소외 문제를 일으키기도 한다. 이는 결국 혁신의 뒤쪽에서 웅크리고 있는 지속가능하지 못한 구조를 드러냈다. 융합이라고 하는 것이 문화적 감수성과 생태계적 책임성을 내포한 통합적 사고로 확장되어야 함을 강하게 시사한다.

이러한 맥락에서 주목할 개념이 바로 생태계적 융화(ecological integration)이다. 이는 산업 중심의 기술 융합을 넘어 인간, 기술, 환경, 문화가 상호 적응하고 상생할 수 있는 복합적 생태계 구조 속에서 지속가능한 관계를 재구성하게 이끌었다. 그뿐만 아니라 생태계적 융화는 단순히 환경친화적인 기술 도입 수준을 벗어나 기술의 개발과 적용, 소비와 폐기의 전 과정에 사회문화적·환경적 가치판단을 통합하는 포괄적 모델을 지향한다.

산업적 융합이 수직적 효율성과 생산성 극대화에 집중했다면, 생태계적 융화는 수평적 관계성, 순환구조, 지역성과 공공성 확보에 주목한다. 이는 단기적 혁신보다 장기적 생존 가능성과 공동체적 삶의 질 향상에 초점을 맞춘다. 다시 말하면, 지속가능한 융합 모델은 기술과 산업의 협력 구조를 넘어 인간과 자연, 문화와 지역, 글로벌과 로컬 간의 유기적 조화 속에서 설계되어야 하는 새로운 통합 패러다임이다.

이와 같은 생태계적 전환을 설명하기 위해 몇 가지 실제적인 사례를 살펴볼 필요가 있다. 먼저, 순환경제의 원리를 적용한 기술-디자인-환경 융합 프로젝트가 대표적이다. 유럽연합의 '새로운 유럽 바우하우스(New European Bauhaus)' 프로젝트는 기술과 디자인, 지속가능성, 지역공동체를 연결하여 건축과 도시를 환경적으로 지속가능하고 문화적으로 풍요롭게 만드는 방식을 제안한다. 이 프로젝트는 지역 고유의 문화자산과 공동체 감수성을 반영한 건축 설계기술을 바탕으로 융합과 융화의 통합 모델을 실천하고 있다.

또한, 농업 분야에서 '스마트 농업' 사례 역시 생태계적 융화로의 상큼한 전환을 보여준다. 초기의 스마트 농업은 센서 기술과 자동화를 중심으로 농업 생산성을 높이는 데 집중했으나, 최근에는 지역 생태계 보존, 토착 지식과 기술의 융합, 농촌공동체 삶의 질 향상을 함께 고려한다. 이러한 움직임은 농업을 지역문화·생태계·사회적 관계망을 통합하는 복합적 생명시스템으로 이해하려는 시도다. 이는 기술과 생태, 지역성과 공동체라는 여러 차원의 요소들이 조화롭게 공진화할 수 있는 새로운 융화 모델이다.

이 밖에 지속가능한 패션산업에서 기술적 융합으로 생태계적 사고의 확장을 보여주는 사례도 있다. 3D 프린팅, 바이오 기반 소재, 디지털 유통 시스템이 융합되며 패션산업의 효율성과 창의성을 증대시키는 동시에 폐기물 저감, 노동윤리, 전통 섬유 기술의 재발견 같은 문화적·환경적 요소와 결합하는 방향으로 진화하고 있다. 이는 기술혁신이 시장의 요구나 충족시키는 그런 수단이 아니라, 윤리적 책임과 환경적 지속성을 실현하는 수단으로 재정의되고 있음을 시사한다.

이러한 흐름 속에서 과거에는 융합이 기능적·구조적 통합의 의미에 머물렀지만, 이제는 관계 중심적 사고를 바탕으로 기술과 문화, 산업과 환경, 개인과 공동체가 서로를 존중하고 조율한다. 이 점이 바로 새로운 질서를 창출하는 생태적 융화의 가치를 덧붙이게 되었다. 결국 시야를 넓혀서 보면, 문화와 환경을 고려한 지속가능한 모델로 확장된 것은 단순한 진화가 아니라, 사회와 기술의 윤리적 관계 재구성이라는 보다 근본적인 변화를 의미한다. 이와 같은 생태계적 융화는 기술적 진보와 산업적 혁신을 보다 넓은 맥락과 책임 속에 위치시키려는 시도이다. 그래서 궁극적으로는 사람과 기술, 환경과 공동체가 공존할 수 있는 미래를 설계하는 핵심 원리로 작동하게 될 것이다.

2) 지속가능성 디자인

　융합은 궁극적으로 환경, 경제, 문화 같은 다양한 영역에서 사회 전체의 지속가능성과 관계성을 심화하는 방향으로 확장되고 있다. 이러한 융합은 개별 분야의 발전을 위한 도구적 수단을 넘어 복합적인 사회적·생태적 생태계를 이끌어가는 핵심 원리로 작동한다. 이를 실천하는 사례들이 스마트시티, 생태예술, 지속가능한 디자인 분야에서 문화와 유기적으로 얽혀 나타난다. 그렇다면 융합은 어떻게 전통적인 경계를 허물고, 사회 전반에 새로운 질서를 형성해나갈까?

　도시는 다양한 융합이 빈번하게 일어나는 공간이고 그 가운데 스마트시티는 ICT, 빅데이터, IoT, AI를 기반으로 도시를 운영한다. 이런 융합으로 에너지 효율화, 교통 최적화, 공공서비스 개선, 시민참여 같은 다양한 문제를 기술 기반 솔루션으로 해결한다. 환경 측면에서 보면, 스마트센서를 활용한 에너지 모니터링 시스템, 스마트 조명, 친환경 교통 시스템은 도시의 탄소 배출을 줄이고, 에너지 소비를 최소화한다. 경제적 측면에서는 인프라 관리비 절감, 신기술 기반 일자리 창출, 경제 순환구조 형성 효과가 창출된다. 문화적으로도 데이터 기반의 커뮤니티 플랫폼, 시민참여형 도시계획, 공공 미디어아트를 바탕으로 도시문화의 디지털 전환과 참여적 공공성을 가능하게 한다. 그런데 완벽한 스마트시티를 유지하려면 기술과 인프라의 결합을 넘어 시민 주체성, 환경 감수성, 지역문화 존중 같은 비기술적 요소들과 통합적으로 접근할 필요가 있다. 스마트시티는 도시 환경과 인간 삶의 질을 조화롭게 설계하는 생태적·사회문화적 융화로 전환되어야 지속가능성을 확보할 수 있기 때문이다.

　생태와 예술이 환상적으로 만나는 생태예술은 말 그대로 자연환경, 생태계, 기후위기 문제를 예술적으로 접근하여 관객의 감수성과 인식을 전환시키는 활동이다. 기술적 매체를 활용하여 인간과 자연의 관계를 재정립하는 것이다. 예를 들어, 해안 침식지역에 생물다양성을 복원하는 설치예술이나, 버려진 산업공간을 식생 예술로 되살리는 프로젝트는 환경 보전과 예술적 창의성이 융화를 이룬 형태이다. 이러한 작업은 예술을 매개로 하여 환경 문제에 대한 감정적 공감과 집단적 실천을 유도한다는 점에서 기존 환경운동과도 차별화된다. 사회문화적으로 생태예술은 환경과 공동체 기억, 감정, 전통을 연결하는 통합적 표현 방식을 바탕으로 현대 예술의 범주를 확장하고, 예술과 사회의 거리를 좁힌다. 이처럼 생태예술은 환경적 실천, 문화적 연대가 결합하여 지속가능성을 높여간다.

환경적으로 지속가능한 디자인은 환경적 책임성과 사회적 윤리를 고려한 설계철학이다. 자연 환기와 채광을 최적화한 건축 설계, 재활용 소재를 활용한 제품 디자인, 지역 생산망을 고려한 공급 체계 구축이 여기에 해당한다. 이러한 디자인은 기술과 미학, 자원 순환과 경제 구조, 사용자의 삶과 문화적 맥락이 하나의 체계로 통합되는 결과를 낳는다. 더구나 재료 사용의 최소화, 에너지 절감, 생물다양성 보존 효과를 가져온다. 사회문화적으로는 디자인이 지역성과 공동체 정체성을 담는 문화적 언어이자 사회적 상징체계로 작동함으로써 사용자의 감정적 공감과 사회적 연대를 촉진한다.

이러한 지속가능 디자인들은 기술과 인간, 환경과 문화, 생산과 윤리의 관계를 재조정하려는 시도를 담고 있다는 점이 고무적이다. 그 활동 대상이 도시 공간이든, 감성과 생태이든, 일상 사물이든 지속가능을 염두에 둔 실천행동이자 철학이라는 것이다. 이러한 디자인은 결국 인간과 기술, 자연과 문화, 로컬과 글로벌이 상호 존중과 협력 속에서 공진화하는 새로운 세계 질서를 설계하는 것이다.

3) 관계망과 생태계

융화를 새로운 사회적 관계망과 생태계를 형성하는 과정으로 이해할 수 있을까? 그동안 융합 기반의 다양한 과학기술 덕분에 신제품·신산업·신시장 창출이 발생했고, 경제성장을 도모하여 경쟁력을 강화해왔다. 그러나 융합을 기술과 산업의 '혁신'으로만 이해하지 말고 좀 더 광범위한 사회문화적 가능성으로 해석해야 한다고 본다. 무슨 말인가 하면, 실제로 융합은 기술 진보나 기능적 결합은 물론이지만, 사회문화적 관점에서 새로운 관계성 창출과 구조적 생태계 형성이라는 사회적 과정을 만들었다. 이로써 기술이 인간, 공동체, 환경, 문화와의 복합적 상호작용 속에서 새로운 가치, 새로운 삶의 방식, 새로운 제도와 관계의 패턴을 만들어간다.

사회적 관계망 형성의 또 다른 의미를 찾는다면, 융합은 이렇게 사회적 작용을 일으키고, 인간과 공동체 간의 연결을 새롭게 조직한다. 예를 들어 스마트팜 기술의 융합은 농민과 소비자, 지역사회, 기후 시스템 간의 관계 구조를 새롭게 만들고 유지한다. 이는 기술 융합이 곧 사회적 생태계 구축의 한 융화 형태가 된다는 것으로 확대 해석할 수 있나

이 과정에서 융화는 사회적 감수성, 문화적 맥락, 환경적 조건을 포괄하는 다층적인 생태계 설계 과정으로 확장된다. 이러한 사고는 기술 자체의 발전보다 그 기술이 작동하는 관계망의 구조와 가치체계에 대한 성찰을 전제로 한다. 또한, 결과적으로 기술이 사회 안에서 어떤 방향으로 진화해야 하는지를 결정하는 윤리적 판단의 기준이 되기도 한다.

실용적 측면에서 보더라도 이러한 접근은 휘몰이 충격 여파의 문제를 사회적 신뢰, 협력, 참여, 연대 같은 비물질적 자산의 복원과 강화로 대응한다는 것이다. 이러한 인식적 접근 없이는 지속가능한 혁신도 불가능하다. 이때 서로 다른 사회적 주체, 제도, 문화, 지식 체계들이 어떻게 새로운 관계를 맺고 작동하는지를 설계하는 포괄적 과정으로 접근해야 한다. 예를 들어, 도시 내에서 스마트 기술을 적용한 에너지 플랫폼을 개발했는데 지역주민의 생활 방식, 주거 형태, 문화적 선호, 공동체 속 신뢰 구조와 충돌한다면 기술은 오히려 갈등과 소외를 초래할 수 있다. 지속가능하지 못하고 공진화할 수 없는 구조가 되는 것이다. 한편, 이러한 플랫폼이 지역주민과 협력하여 설계되고, 시민의 감수성과 의견이 반영되며, 공동체가 참여할 수 있는 구조를 갖춘다면, 그 기술은 단순한 도구가 아니라 공동체 내 사회적 신뢰와 지속가능성을 형성하는 기반으로 작용하게 된다. 이는 곧 융합이 사회구조의 재조정과 생태계 구축이라는 확장된 지평으로 나아갈 수 있음을 보여준다.

이론적으로 사회생태학(social ecology)이나 기술의 사회형성 이론(Social Construction of Technology, SCOT)에서는 기술이 사회적 가치, 제도, 문화, 인간관계와 함께 구성된다고 본다. 기술은 중립적인 것이 아니라 그것이 사용되는 맥락에 따라 사회적 성격을 띠며, 결국 기술 융합도 사회적 실천으로 해석한다. 기술의 진보를 절대적인 선으로 간주하지 않고, 그 기술이 촉진하거나 방해하는 관계 구조와 생태적 균형을 분석하고 설계하는 작업이 병행되어야 한다는 점을 강조한다.

이와 같은 융화는 문화예술 영역에서 더 중요하다. 예를 들어, 디지털 예술과 지역 커뮤니티가 융합된 '커뮤니티 기반 미디어아트' 프로젝트들은 흔히 공동체 형성과 사회적 기억의 재구성 과정으로 작동한다. 여기서 기술이 지역사회의 감정, 기억, 역사, 갈등 구조를 어떻게 매개하고, 이를 바탕으로 어떤 새로운 소통과 관계가 형성되는가 하는 점이 중요하다. 이처럼 예술과 기술의 융화는 공적 공간의 재해석, 문화적 치유, 사회적 포용 같은 관계 기반의 가치 실현으로 이어진다.

융화로 사회문화의 복잡성과 관계적 요구에 대응하려면, 사람과 사람, 사람과 기술, 사람과 환경 사이의 새로운 관계를 설계하는 총체적 과정으로 디자인해야 한다. 이러한 관계망과 생태계는 단기적 혁신보다 장기적 공존을, 일회성 성과보다 지속가능한 생태계로 추구해야 한다. 그리고 사회 전체의 구조적 전환을 향한 창조적 실험이자 실천으로 진행한다. 이러한 융합적 생태계 형성은 학술적 이론이 아니라 정책, 디자인, 문화예술, 도시계획, 교육, 건강, 돌봄 같은 다양한 영역에서 실제로 구현 가능하다. 이런 점에서, 향후 인류가 지속가능한 미래를 설계하는 데 있어 핵심적인 방법론이자 실천 전략으로 매우 중요하다.

💡 더 생각할 점

- 기술 중심의 산업 융합을 생태계적 융화로 전환하기 위해 어떤 원칙을 갖고 설계해야 하는가?
- 생태적 감수성과 공동체 기반 문화가 통합된 스마트시티는 어떻게 설계되어야 하는가?
- 관계 기반 생태계 설계에서 '기술의 윤리적 위치'는 어떻게 재조정되어야 하는가?
- 지속가능한 디자인은 어떻게 로컬 문화, 생태, 산업을 통합하는 새로운 가치 생산 체계를 구축할 수 있는가?
- 융화는 사회구조를 어떻게 전환시키며, 이 전환을 위한 협력적 생태계는 어떻게 구축될 수 있는가?

더 읽어볼 책

김진석(2022),『문화지능 기반 글로벌시민교육』, 한국문화사.

손상영·이원태·김희연·문정욱(2018),『안전한 초연결사회를 위한 사회문화적 조건:
초연결사회의 지속가능성을 위한 사회문화적 조건과 한국사회의 대응』, 진한엠앤비.

정구종(2009),「내셔널리즘을 넘어 글로벌 공동체로」, 고려대학교 글로벌일본연구원,
『일본연구』11, 59-65쪽.

조성은·양수연·최진원(2019),『초연결 사회의 기술기반 창작도구의 활용에 따른
사회문화제도 고찰』, 진한엠앤비.

최성환·서영지·조영미·강명주(2021),『문화다양성과 교육』, 중앙대학교
다문화콘텐츠연구소 기획, 경진출판.

3부. 공진화 문화생태계, 좌표를 움직이다

10장

창조와
더불어
창발로

휘몰이 충격을 맞아 예측하기 어려운 상황이 발생하면, 그 창조적 상호작용 활동으로 문화가치를 추구하기는 쉽지 않다. 그러므로 개인이나 특정 집단의 창조적 활동이 어떻게 상호작용 속에서 새로운 의미와 가치를 창출하는 창발의 과정으로 전환되는지를 알아야 한다. 단순히 새로운 것을 만들어내는 창조가 아니라 집단적·사회적·생태적 맥락에서 예상하지 못한 혁신과 변화가 어떻게 발생하는지를 알고 준비해야 하기 때문이다.

창조와 더불어 발생하는 창발은 사회·문화·기술 전반에서 예측 불가능한 방식으로 상호작용하면서 새로운 가치가 형성되는 과정이다. 창발성이란 단순한 혁신의 개념이 아니라, 미래사회 문화적 변화의 핵심 원리이다. 그동안 창조는 예술가, 과학자, 발명가 같은 독창적 개인이 새로운 아이디어, 사물, 개념을 생성하는 것으로 여겨왔다. 그러나 휘몰이 충격으로 바뀐 복잡한 시스템과 다중 행위자 간 상호작용 때문에 사회구조가 변했다. 여기서 창조적 활동은 다양한 주체 사이의 관계성과 상호작용을 바탕으로 예측 불가능한 방식으로 출현한다. 이 새로운 지평에서 주목해야 할 개념이 바로 창발(emergence)이다.

창발이란 기존의 요소들만으로는 설명되지 않는 새로운 질서나 특성이 시스템 수준에서 자생적으로 발생하는 현상이다. 이 창발은 집단, 사회, 기술, 생태 같은 다층적 주체의 상호작용 속에서 비선형적으로 발생하는 변화이다. 창발의 핵심은 바로 '예측 불가능성'과 '관계의 자기조직화'에 있다. 따라서 창발은 사회문화적 변화의 동역학적 원리이자, 미래사회를 이해하고 설계하기 위한 사고의 전환점이다.

이러한 창발적 사고는 교육, 행정, 도시계획, 조직이론, 생태윤리 같은 다양한 분야에서 핵심적인 분석 프레임으로 부상하고 있다. 디지털 플랫폼 기반의 집단지성, 생태적 회복력을 중심으로 한 도시 생태계 설계에서는 새로운 의미와 질서가 형성되는 창발적 구조를 볼 수 있다. 이때 중요한 것은 창발의 의미와 가치, 연결과 관계의 방식 자체를 재구성하는 총체적 변화이다.

창발이라는 것은 특정 계획이나 규범적 설계로 완전히 통제될 수 없다. 그것은 일정한 조건, 환경, 제약 안에서 자율성과 상호성에 기반하여 발생하는 질서이다. 이 때문에 창발을 다루기 위해서는 과정 중심의 이해, 비선형적 감응과 조율 감각으로 전환함이 바람직하다. 여기서 창발은 혁신과 구별된다. 혁신은 목적성과 방향성을 내포한 결과 중심의 개념인데, 창발은 예측 불가능한 흐름 속에서 새로운 가능성이 스스로 드러나는 현상이다. 이 점에서 창발은 동시대 사회가 요구하는 열림, 감응, 조율, 공진화의 핵심 원리로 작동할 수 있다.

한편, 창발로의 전환을 관계성의 개념으로 살펴볼 수도 있다. 사회적 관계는 네트워크 안에서 관계 맺고, 영향을 받고, 다시 영향을 주는 역동적인 교차 속에서 실현된다. 창발은 다중 행위자들이 만들어내는 복합적 생태계의 운동이다. 그리고 이는 새로운 사회적 질서를 형성하는 잠재적 거점으로 작동한다.

이렇게 보면 창발이라는 것은 단순한 창의성의 진화가 아니다. 인간과 사회, 기술과 환경이 상호적응하고 변화하는 과정에서 출현하는 새로운 가치 생성의 원리이다. 이 원리는 예측을 벗어난 미래를 사유하고, 설계할 수 있는 틀을 제공한다. 더구나 이 과정을 둘러싼 여건을 개방된 생태적 관계성의 구성으로 이동시킨다. 따라서 앞으로 전개될 문화정책에서는 창조에서 창발로의 인식 전환이 갖는 철학적·사회적·기술적 의미를 다층적으로 분석해야 한다. 그리고 다양한 사례를 바탕으로 어떻게 창발성이 미래 사회문화적 변화의 핵심 동력으로 작용할 수 있는지를 심층적으로 탐색해야 할 것이다.

1. 협력과 네트워크의 힘

1) 오픈소스 문화

창발이라는 것은 그 속성으로 보면 소수의 전문가나 조직 내부에서만 발생하는 것이 아니다. 오히려 외부의 불특정 다수가 자발적으로 참여하고 협력하며 공유하는 과정에서 기존에 예측할 수 없었던 방식으로 새로운 질서나 가치가 출현하는 창발적 변화가 활발히 나타난다.

이처럼 중요한 창발적 변화를 유도하여 이끌어가는 방식은 무엇인가? 흔히 오픈소스 문화, 크라우드소싱, 집단지성이 창발성의 구조적 원리이며, 대표적인 실천 모델이 될 수 있다고 본다. 이것들은 공통으로 중앙집중적인 제어 없이 다양한 행위자의 상호작용, 자율성, 공유지향성을 기반으로 예상치 못한 혁신을 유도한다.

이러한 오픈소스 문화란 어떤 특징을 갖는가? 이는 원래 소프트웨어 개발 영역에서 출발했지만, 현재는 디지털 디자인, 교육, 바이오테크놀로지, 도시계획 같은 다양한 분야로 확장되고 있다. 그 핵심은 소프트웨어의 원천 코드나 창작물의 구조를 공개하고 공유함으로써 누구든지 자유롭게 수정·배포·재창조할 수 있도록 허용하는 개방적 시스템에 있다. 이러한 구조는 기존의 폐쇄적 소유권 모델과 달리 지식과 기술을 공공재로 전환하여 공동의 혁신 기반을 구축하는 특징을 지닌다.

그렇다면 오픈소스는 어떤 방식으로 창발성을 유도할까? 참여자의 다양성과 자율성이 높아질수록 예측 불가능한 문제해결 방식이 등장할 가능성이 커진다. 이는 참여자들이 서로 다른 기술 배경, 관심사, 사용 목적을 바탕으로 각자의 방식으로 문제를 정의하고, 새로운 해법을 실험하는 과정에서 발생한다. 오픈소스 프로젝트는 일반적으로 중앙 통제 없이 분산된 협력 네트워크를 기반으로 운영된다. 특히, 고정된 경로가 아니라 다중 피드백 루프 속에서 코드와 구조가 진화하는 메커니즘을 만든다. 결과적으로 오픈소스 생태계에서 전체 참여자의 상호작용과 기여가 집합적으로 창발적 혁신을 유도하는 시스템이 된다. 리눅스(Linux) 운영체제는 특정 기업이 아닌 전 세계 개발자들이 자발적으로 참여하며 발전시켜온 대표적 창발 사례이다. 협업과 지식공유에서 위키피디아나 리브레오피스, 웹서버에서 아파치, 언어에서 파이썬, 협업에서처럼 그 사례는 많다. 이는 창조의 중심이 특정 개인이나 조직이 아닌, 공유된 문제의식과 상호 피드백 구조 안에서 생성된 창발적 질서로 생성된 것이다.

한편, 크라우드소싱(crowdsourcing)은 기존의 아웃소싱과 달리 조직 내부가 아닌 외부 불특정 다수의 집단지식과 자원을 동원하여 문제를 해결하거나 아이디어를 수집하는 방식이다. 디지털 플랫폼 기술의 발달과 함께 크라우드소싱은 정책 설계, 제품 개발, 예술 창작, 과학 실험 같은 다양한 분야에서 활용되고 있다. 이는 기존의 폐쇄적 혁신 모델에 비해 훨씬 더 개방적이고 창발적인 경로를 열어준다. 크라우드소싱이 창발성을 유도하는 방식은 문제 설정 자체를 외부화한다는 데 있다. 이는 내부 전문가 집단이 문제를 정의하고 해결하는 방식에서 벗어나, 외부 참여자들이 문제 자체를 재구성하고 그 해석 범위를 확장함으로써 완전히 새로운 해결 방식을 가능하게 하는 구조다. 아울러, 참여자들이 자율적이고 비동기적으로 작동하기 때문에 시장논리나 조직위계가 통제하지 못하는 다양한 아이디어와 방식이 동시에 실험될 수 있다. 더불어, 실패조차 학습과 축적의 재료로 삼으며, 전체 시스템이 끊임없는 시도와 반응 속에서 진화할 수 있는 유연한 생태계를 형성한다. 한 예로, NASA는 'Centennial Challenges'라는 크라우드소싱 프로그램을 바탕으로 특정 기술 문제에 대해 전 세계의 일반인, 연구자, 학생, 기업인이 자유롭게 아이디어를 제출하고 실험할 수 있도록 장을 열어왔다. 이러한 구조에서는 결과보다 문제해결 과정의 다양성과 사빌성, 그리고 협력의 네트워크 구조 자체가 핵심 동력이 된다. 결국, 크라우드소싱은 문제해결의 경로를 다변화하고, 창발적 구조를 수용하는 방식으로 제도와 조직의 경계를 유연하게 재구성하는 가능성을 보여준다.

아울러, 집단지성(collective intelligence)도 성공적인 개방구조이다. 이는 개별적으로는 한계가 있는 다양한 구성원이 협력하고 상호작용할 때, 개인의 능력을 뛰어넘는 새로운 통찰이나 판단, 창조적 결과물을 만들어내는 현상이다. 이는 그저 많은 사람의 의견을 수집하는 것이 아니라 구조화된 네트워크 안에서 정보의 흐름, 상호 피드백, 평가와 조정 과정을 바탕으로 새로운 질서가 형성되는 체계이다.

집단지성이 창발적 변화를 유도하는 방식은 우선 지식의 분산과 연결의 확대에서 찾을 수 있다. 서로 다른 배경의 사람들이 서로 다른 방식으로 사고하고 해석함으로써 기존에 없던 지식의 조합이나 관계성이 형성된다. 그리고 이 과정은 종종 계획되지 않은 경로로 진화하며, 의도하지 않은 방향에서 새로운 해석과 응용이 출현할 수 있다. 온라인 플랫폼이나 커뮤니티는 이러한 집단지성이 작동할 수 있는 기술적 기반을 제공하며, 참여자끼리 실시간 소통과 협업을 가능하게 한다. 널리 알려진 대표적인 사례로는 위키피디아(Wikipedia)가 있다. 이는 세계 각지의 참여자들이 자발적으로 편집하고 검토하며 구성해가는 집단지성의 플랫폼이며, 중앙 통제 없이도 신뢰도와 정보의 질을 유지하며 성장하고 있다. 또한 모든 참여자가 동일한 권한으로 수정할 수 있지만, 검토 메커니즘과 피드백 시스템을 바탕으로 비정형적인 질서와 안정성, 그리고 예측 불가능한 지식의 확장을 동시에 실현한다.

이처럼 오픈소스 문화, 크라우드소싱, 집단지성은 형식은 각기 다르지만, 자율적인 참여자들이 개방된 구조 속에서 상호작용한다. 그리고 새로운 질서나 해법이 상향식으로 생성되는 창발적 과정이라는 공통점을 갖는다. 휘몰이 충격을 극복하고 미래지향적인 정책구조를 만들어갈 때 협력과 네트워크를 이끌어갈 개방구조를 바탕으로 해야 할 논리는 충분하다. 이제는 협력, 피드백, 공유, 실패의 수용이라는 원리를 바탕으로 복잡하고 유기적인 혁신 생태계를 형성해야 한다. 기술적인 도구에 그치는 것이 아니라, 창조를 개인 능력이 아닌 네트워크 속 관계성과 맥락 안에서 이해하는 인식의 전환을 바탕으로 한다. 이처럼 창발성은 의도되지 않은 경로, 집단적 실험, 반복되는 조정의 흐름 속에서 형성되므로 미래지향적인 정책 설계에서 이러한 창발성 유도 구조를 중시하도록 의도적으로 추구하거나 생태계를 구축해야 할 것이다.

2) 복합 생태계

우리 사회는 지금 복잡하게 얽힌 기술 구조, 경제 시스템, 사회적 요구가 상호작용하는 유기체처럼 작동하고 있다. 이것들은 서로 영향을 주고받으며, 때로는 예상치 못한 방식으로 새로운 의미와 가치를 생산한다. 이것을 우리는 창발적 구조로 바뀌는 모습이라고 본다. 특히 창발이 일어나는 원리로 본다면, 특정한 목적을 전제로 하지 않았음에도 다양한 주체와 매개 요소들이 동시적·비선형적으로 작용하고, 획기적인 아이디어, 감각, 조직 모델이 자생적으로 출현하고 있다는 점에 주목해야 한다.

이러한 창발은 특정 분야의 내부적 역량만으로는 설명될 수 없다. 사회적 협력, 기술적 인프라, 예술적 감수성, 경제적 지속가능성 같은 다층적 요소가 복합적으로 맞물려 작동한다. 그러면서, 기존의 문제해결 방식이니 창조 모델로는 도달할 수 없는 새로운 질서를 출현시킨다. 어떤 문제에서 어떤 방식으로 이런 일들이 일어나고 있는가? 그 안에서 예술과 기술, 경제와 사회가 어떻게 상호작용하는가를 찾아서 생태계로 자리매김해야 할 것이다.

이 같은 복합 생태계는 어떤 특징을 갖는가? 이를 도시 공간에서 소리와 청각적 공간 재구성의 창발을 이뤄내는 프로젝트에서 살펴보겠다. 도시 사운드 아틀라스(Urban Sound Atlas) 프로젝트는 여러 도시의 소리를 수집·공유하고 이를 예술적 데이터로 재구성하는 글로벌 시민참여 프로젝트이다. 참여자들은 스마트폰이나 녹음기를 이용해 자신이 살고 있는 지역의 소리(시장 소음, 새소리, 지하철 진동음)를 기록하여 플랫폼에 업로드한다. 이러한 소리는 환경음의 아카이빙에 그치지 않고, 사운드 아티스트들이 이를 리믹싱하여 전시 작품, 사운드 퍼포먼스, 데이터 시각화 작품으로 재창작한다. 이 프로젝트에서는 기술적으로 GPS, 모바일 앱, 오디오 분석 알고리즘이 작동하며, 예술적으로는 청각적 공간 감수성을 확장시키는 매체 실험이 이루어진다. 사회적으로는 참여자들의 도시 경험에 대한 감각적 공유와 공동의 정체성 구성이 형성된다. 또한, 경제적으로는 작품 전시 및 음원 라이선싱을 통한 지속가능한 수익 구조가 만들어진다. 이 프로젝트는 예술과 기술이 환경을 매개로 사회적 경험과 경제적 순환을 결합하는 복합적 창발 모델이라 할 수 있다. 그리고 이러한 창발은 최초의 참여자나 기획자가 예측하지 못했던 구조로 진화하며, 특정 소리의 문화적 의미나 공간적 문맥이 상호 피드백을 바탕으로 새롭게 해석되는 과정을 바탕으로 실현된다. 결과적으로 '청각적 도시성'이라고 부르는 새로운 문화적 개념이 등장하게 된 것이다.

또한, 요즘 유난히 사회문화적 관심을 끄는 바이오아트(Bio-Art)에서 생명과학, 예술, 지역사회 협업과 복합 생태계 모습을 볼 수 있다. 이는 예술가가 실험실에 들어가 유전자 조작, 세포 배양, 미생물 배양을 창작 재료로 활용하는 활동이다. 이 가운데 독일의 '커뮤니티 바이오랩 베를린(Community BioLab-Berlin)'은 특히 주목할 만한 창발적 혁신 구조를 보여준다. 이 랩은 과학자, 예술가, 생명윤리학자, 지역시민이 힘께 협력하여 생녕과 예술, 사회 문제에 대한 새로운 접근 방식으로 공동창작을 한다. 한 프로젝트에서는 지역의 산업 폐수에서 분리된 세균을 이용해 생물 발광(bioluminescence) 작품을 만드는 실험이 진행되었다. 여기서 과학자는 유전자 조작 기술을 제공하고, 예술가는 빛의 움직임을 설계하며, 시민은 지역 환경오염 문제를 제기하고 자신의 이야기를 나누는 구성원으로 참여했다. 그 결과 이 작품은 지역사회의 생태 문제를 드러내고, 기술과 윤리, 정서가 교차하는 담론의 장이 되었다. 이는 생명과학의 입장에서만 보더라도 생명과학의 민주화를 실천하는 성공 사례지만, 사회문화적으로는 베를린의 창의성과 협력문화를 반영한 점에서 주목받게 된다. 이 경우 창발은 새로운 기술이나 창작물이 등장하는 데서 그치지 않는다. 예술과 기술의 경계를 넘는 협업 속에서 새로운 사회적 관계, 윤리적 성찰, 환경 인식이 함께 형성되는 복합적 질서가 자생적으로 나타났다는 데 그 본질이 있다. 또한 이 프로젝트는 지역 기반 공공 지원, 시민참여, 크라우드펀딩 같은 경제적 지속성도 확보하면서 예술-기술-사회-경제의 통합된 생태적인 실천 모델을 구성했다.

또 다른 복합 생태계 사례는 예술·기술·경제·사회가 통합되어 작용한 것으로 분산형 디자인 플랫폼 '팹시티(Fab City)'를 들 수 있다. 이는 도시 기반 창발 혁신 생태계이다. 2011년 스페인 바르셀로나에서 시작된 글로벌 프로젝트로, 도시 단위에서 로컬 생산과 글로벌 협업을 결합한 분산형 창조 시스템을 구축하는 실험이다. 이 프로젝트는 디지털 제소 기술(3D 프린팅, CNC 가공)을 활용하여 시민이 직접 디자인하고 제작에 참여하는 '도시형 창작 생태계'를 형성하는 데 목적이 있다. 여기서 중요한 것은 예술·기술·경제·사회가 통합적으로 작동하며 창발적 혁신을 유도하는 방식이다. 또한 디자이너, 기술자, 예술가, 시민활동가, 도시 행정가가 함께 '디지털 공방'을 운영하며, 폐자원 업사이클링, 도시 농업 장비 디자인, 커뮤니티 기반 전자

제품 개발 같은 다양한 실험을 수행한다. 각 프로젝트는 사회적 필요(기후, 에너지, 자원)에 응답하면서도 미학적 감수성과 기능적 설계를 결합한다. 시민은 창작의 수혜자가 아니라, 직접 제작 과정에 참여하고 학습하며 결과물의 윤리와 사용 방식에 대해 토론한다. 경제적 측면에서도 이 프로젝트는 전통적인 생산-소비 구조가 아닌, 디지털 파일 공유와 지역 자원 활용을 통한 순환경제 모델을 실현하고 있다. 이와 같은 실천은 시민 중심의 탈중앙적 창조 인프라와 지역 정체성 기반의 자생적 도시 창발 구조를 형성한다.

이러한 사례 분석에서 얻은 결론은 창발은 경계를 넘나드는 협업의 복합생태 구조에서 비롯된다는 점이다. 이제 예술·기술·경제·사회는 창조의 조건으로서 유기적으로 얽혀 있으며, 이들 사이의 비선형적 상호작용이 창발적 변화를 유도하는 핵심 동력이 된다. 중요한 것은 이들 구성요소 각각이 단일한 목적에 종속되거나 통합되는 것이 아니라, 각자의 고유한 논리와 역할을 유지하면서 상호 감응하고, 긴장과 협력을 바탕으로 새로운 질서를 공동 생성한다는 점이다. 창발은 이제 관계의 재조정, 경계의 해체, 가치의 공동 형성이라는 과정 중심의 패러다임 전환을 가져온다. 이는 창조를 바라보는 기존의 '개인-작품-소유' 중심 관점에서 벗어나, 생태적이고 분산적이며 감응적 공동 생성의 방식으로 이행하고 있다. 이러한 구조는 문화적 창조 차원을 넘어 지속가능한 도시 구성, 사회통합, 기술윤리의 실천 같은 미래 사회문화 변화를 설계하는 창발정책 실험의 장으로 확장될 수 있다. 무엇보다 상호연결작용이 만들어낸 복합 생태계가 창발적으로 활동하는 사회를 만들어갈 것이라는 점에 주목하여 좌표를 설정해야 할 것이다.

2. 이끌어갈 힘

1) 우연성

흔히 말하는 창조는 특정 문제를 해설하거나 새로운 아이디이 또는 산출물을 생산하기 위한 계획적인 과정으로 이뤄진다. 그런데 이 같은 접근은 인과관계가 명확하고, 출발점에서 종착점까지의 경로가 예측 가능하며, 창조의 주체가 명확히 규정되는 체계에서 가능하다. 특히 합리성을 중시하는 사회문화에서 창조란 곧 혁신과 마찬가지였으며, 이는 주로 효율성과 목적성, 성과 중심의 논리로 평가했다.

그러나 휘몰이 충격과 소용돌이 환경에서는 복합적이고 유동적인 사회문화가 휘몰아친다. 따라서 현실 변화의 양상을 파악하기 어렵다. 복잡계 이론, 생태적 사고, 네트워크 사회에서 일어나는 관련 현상들은 단일 인과관계로 환원될 수 없다. 당연히 수많은 요인과 상호작용, 환경적 조건, 예측 불가능한 변수가 작동하는 다층적 현실이다. 바로 이 때문에 창발이라는 개념을 설명할 수 있다. 창발은 목표지향적 창조와 달리 다수의 행위자와 요소들이 비선형적으로 상호작용하면서, 의도하지 않던 새로운 의미가 출현하는 과정이다.

예측 가능성이 있는 혁신과 창발은 다르다. 혁신은 기존 시스템 내에서 목표 달성을 위한 최적 경로를 설정하고, 성과를 극대화하기 위한 전략을 동반한다. 이때 혁신은 기본적으로 '이미 상정된 미래'를 구현하는 기술적 과정에 가깝다. 반면, 창발은 '미지의 가능성'을 전제하며, 출발점에서 종착점을 미리 상정하지 않는 유기적이고 열린 구조로 이해된다. 이 과정에서 나타나는 우연성, 실패, 교차, 감응, 혼란은 배제 대상이 아니라 오히려 새로운 질서 형성을 위한 본질적 요소로 작동한다. 이 점이 중요하다.

이러한 창발의 특성은 비선형적 사고(non-linear thinking)와 밀접하게 연관된다. 선형적 사고는 원인과 결과 사이에 명확한 방향성과 시간적 흐름을 부여한다. 그러나 비선형적 사고는 원인과 결과가 고정되어 있지 않으며, 하나의 사건이 시스템 전체에 예기치 않은 영향을 미친다. 디지털 네트워크 환경에서 하나의 밈(meme)이나 영상 콘텐츠가 바이럴하게 확산하는 현상은 누구도 의도하거나 조정할 수 없는 창발적 흐름이다. 네트워크 효과를 지니고 자연발생적으로 급속하게 퍼져 주목을 받는 이 과정은 사용자 간 상호작용, 알고리즘, 감정적 반응 같은 수많은 요인의 복합적 작용을 바탕으로 이뤄진다.

이런 관점에서 창발을 다시 살펴보면, 이는 확실히 과정 중심적인 개념이다. 이는 '무엇이 만들어졌는가?'보다 '어떻게 만들어졌는가?', 그리고 '그것이 형성되는 과정에서 어떤 관계와 변화가 발생했는가?'에 주목한다. 이때 창발은 진화하는 관계망 속에서 지속적으로 형성되고 재형성되는 우연이거나 유동적 질서이다. 그러므로 창발은 어떤 관계, 의미, 맥락, 제도, 감정 같은 다양한 차원의 변화가 복합적으로 얽힌 생태적 전환을 가리킨다.

특히 휘몰이 충격에 연관된 다양한 분야의 창발적 변화는 공통으로 여러 요소의 상호작용, 예측 불가능한 경로, 개방된 구조를 기반으로 한다. 지역 예술인, 도시 정책 관련자, 데이터 분석가가 협업하여 도시의 사라지는 기억을 아카이빙하고, 이를 공공예술로 전환하는 프로젝트를 고려할 수 있다. 이때는 모든 구성원이 서로의 감각과 지식, 필요에 반응하면서 구성해내는 창발적 구조라 할 수 있다. 이 변화는 관계의 방식, 공간의 의미, 공동체의 정체성까지를 포함하는 다차원적 층위에서 발생한다.

이러한 창발적 변화들은 미래사회 전체의 변화 방식을 사유하는 새로운 좌표이자 틀로 작동한다. 특히 복잡성과 불확실성이 일상이 된 오늘날에는 기존의 선형적 혁신 모델이 제시하는 효율성과 경쟁 중심의 논리에서 벗어나 새 좌표를 기대한다. 이에 따라 창발성의 원리를 이해하고 수용하는 방식이 중요하게 부각된다. 그 밖의 다른 영역에서도 창발적 사고를 바탕으로 계획의 유연성을 확보하고, 우연성과 감응을 반영한 구조 설계에 대한 좌표 이동 요소가 점점 더 커지고 있다.

다층적인 상호작용 속 우연성이 모두 창발로 연결되는 것은 아니지만, 창발에는 단순히 표현상의 차이나 수준의 요소가 자리할 틈이 없다. 그 이면에 인식론적·실천론적·윤리적 지형의 전환이 존재한다. 무엇보다 창발은 열린 구조 속에서 관계와 의미가 유동적으로 생성되는 흐름을 만들어내는 좌표가 중요하다. 이 흐름 속에 지금 우리가 새로 설정해야 할 좌표의 이동이 담겨있다. 이는 사유 방식 자체의 전환을 의미하며, 선형적 혁신이 아닌 복합적 감응의 창발을 바탕으로 미래를 구성할 가능성을 여는 것이다. 이런 점에서는 사유의 도약이라고까지 말할 수 있다.

2) 경계면 충돌

문화예술·사회적 창의성에서 창발적 혁신은 어떻게 일어나는가? 복잡계 이론을 기반으로 해서 볼 때 창발성이 일어나는 데 영향을 미치는 작동원리가 몇 가지 있다. 이를 설명하는 배경에는 복잡계 이론이 바탕에 깔려있다. 그동안 창의성이나 혁신에 대한 논의는 주로 인과관계, 중심 제어, 선형적 발전이라는 관점에 기반해서 이루어졌다. 이전에는 소중한 한 명의 천재가 독창적인 아이디어를 제시하고, 이것이 사회적으로 확산하며, 문화적 흐름이 발생하는 구조로 이뤄진다고 보았다. 그러나 전환기 이후 사회는 앞에서 여러 차례 이야기했듯이 다차원적이고 예측 불가능한 변화 모습을 보이고 있다. 이러한 복잡한 현실을 이해하고 설명하기 위해 등장한 것이 바로 복잡계 이론이다.

복잡계 이론은 자연과학·생물학·경제학 분야에서 발전해온 이론 체계다. 여러 구성요소가 상호작용하며 전체로서의 행동이나 질서를 자생적으로 형성해가는 시스템을 연구한다. 여기에서 나타난 핵심은 전체는 단순히 부분을 합쳐놓은 것이 아니라, 상호작용 속에서 새로운 특성과 질서를 '창발'한다는 점이다. 다시 말하면, 복잡계에서는 개별 구성요소가 어떻게 구성되어 있는가만으로는 전체 시스템의 작동 방식이나 결과를 정확히 예측할 수 없다. 이러한 특징은 문화예술과 사회적 창의성에도 그대로 적용된다.

문화예술에서 창발은 일정한 규칙보다 흐름이 중요하다고 하는 복잡계 작동원리에 먼저 주목해야 한다. 문화예술 영역에서는 본질적으로 정형화된 법칙보다 유동성과 감수성, 맥락성이 중시된다. 예술적 창조는 흔히 무에서 유를 만드는 천재적 행위로 여겨왔지만, 실제로 예술의 역사와 실천은 수많은 요소의 복합적 상호작용과 감응 과정 속에서 생성되는 흐름이었다. 복잡계 이론은 바로 이 흐름의 본질을 설명해준다. 예를 들어 한 도시의 스트리트 아트가 단순한 낙서에서 출발해 세계적인 예술운동으로 발전하는 과정은 예술가 개개인의 창의성뿐 아니라 사회적 저항, 도시공간 정책, 미디어 확산, 시민의 정서적 반응 같은 다양한 요소가 연결되고 충돌하며 형성된 창발적 결과이다. 연결과 충돌의 경계면에서 생겨난 것이다. 따라서 시스템의 경계에서 발생하는 자율적 변화와 다중 행위자 사이의 동시적 작용에 주목해야 한다. 이때 경계면에서 중요하게 나타나며 지속적으로 변화하는 상호작용의 '리듬'과 '패턴'을 중시해야 한다.

우리가 주목하는 미래사회에서 일어날 사회적 창발성도 다수의 행위자 간 상호작용이 축적되고 재조합되면서 발생할 것이다. 미래 정책좌표 설정에서는 이 점에 주목해야 한다.

복잡계 작동원리를 적용한 또 다른 중심은 비선형성(non-linearity)이다. 예를 들면, 한 지역공동체가 환경문제 해결을 위해 작은 커뮤니티 가드닝 프로젝트를 시작했다. 여기에서는 예술가와 기술자, 시민단체, 정책가들이 협업하면서 전시와 교육, 생태 설계, 지역 브랜드화로 이어지게 된다. 이 과정을 단일 원인으로 설명하기는 어렵다. 여기서 생겨나는 사회적 창발성은 단순히 문제 → 해결책 → 확산으로 설명되지도 않는다. 더구나 휘몰이 충격 사회에서는 작은 변화가 전체 시스템에 큰 영향을 미치기도 하고, 반대로 큰 자원이 투입되어도 변화가 전혀 일어나지 않는 경우도 있다. 이러한 민감성과 역동성 때문에 창발성을 단순한 결과가 아니라, '생성되는 관계의 흐름'으로 이해한다. 특히 예술 프로젝트, 시민참여 플랫폼, 디지털 커뮤니티에서 나타나는 실시간 반응과 피드백은 복잡계의 동적 조절 원리를 생생하게 보여준다. 이처럼 창발성은 예측 불가능한 조건 속에서 유연하게 적응하고 반응하며 구성되는 유기적 과정이다.

사회적인 창발성을 기대할 때는 무엇보다 경계면에서 생기는 창발에 주목해야 한다. 다시 말하면, 하위체계 간의 교차점에서 나타나는 새로운 질서로 생겨나게 되는 창발성에 유의해야 한다는 말이다. 복잡계 이론에서 특히 강조하는 개념 가운데 하나인 경계면(edge of chaos)에 주목해야 한다. 이는 시스템이 완전히 무질서하지도, 완전히 질서정연하지도 않은 상태에서 가장 창발적인 변형이 일어날 가능성이 크다는 것이다. 예술과 사회 창발성 역시 하나의 영역 안에서보다는 서로 다른 영역이 만나는 경계에서 더욱 활발하게 출현한다. 예를 들어, 디지털 기술 기반의 예술 창작은 예술, 컴퓨터공학, 윤리학, 미디어학, 심지어 정치학이 교차하는 복합적 경계 지대에서 발전해왔다. 이 경계면 내지 교차점에서는 각 영역의 논리가 충돌하거나 조율되며, 전혀 예상치 못한 방식으로 새로운 미학이나 문화적 의미, 사회적 담론이 생성된다. 복잡계 이론은 이러한 교차성과 다중적 긴장을 창발의 필수 조건으로 간주한다. 따라서 다양한 지식과 감성, 언어가 충돌하고 재구성되는 다학제적·초학제적 상호작용의 장을 정책적으로 만들어내는 것에 주목해야 한다(이흥재, 2012).

복잡계에서는 자율성과 피드백에 주목해야 한다. 이는 창의적 생태계의 자기조직화로 가는 길이다. 다시 말하면, 관료적 구조나 규범적 통제보다 훨씬 유연하며, 새로운 문제에 대해 보다 적응적이고 회복력 있는 대응 구조를 형성하는 것을 뜻한다. 예술과 사회가 공동으로 직면하는 복합적 과제를 풀기 위해서는 바로 이러한 자기조직화적 사고와 실천이 요구된다. 이런 점에서 창의적 생태계란 바로 이러한 자기조직적 네트워크를 바탕으로 살아 움직이는 시스템이다. 이는 복잡계 이론의 또 다른 핵심 원리로서, 외부의 통제 없이 시스템 내부의 구성요소들이 자율적으로 질서를 형성하는 과정을 의미한다. 예를 들어, 문화정책이나 예술 축제에서 상향식으로 기획되고, 시민이 스스로 자원봉사를 조직하며, SNS를 바탕으로 홍보하고, 피드백을 반영하여 프로그램을 변화시켜나가는 일련의 흐름이 네트워크 구성원 간의 자율성을 가져오는 창발적 축제 구조로 중요하다. 이 구성이야말로 지속가능성을 담보할 수 있는 구조일 가능성이 크다.

간단히 말하면, 복잡계에서 생겨나는 경계면 충돌은 새로운 질서를 향한 중요 요소 가운데 하나이다. 복잡계 이론은 이처럼 문화예술과 사회적 창의성을 보다 정교하고 실천적으로 설명할 수 있다. 여기서 창조적 혁신은 수많은 요소와 주체, 맥락이 상호작용하고 반응하며 구성해내는 자생적 질서의 결과이다. 문화예술은 이제 기술, 경제, 사회적 가치와 결합하는 복잡계의 시선이 특히 의미 있다. 이러한 작동원리를 잘 탐색해 좌표화해야 한다.

3) 새로운 질문과 감각

정책학에서 정책개발은 문제해결(problem-solving)을 위해 시작하고 정책과 비전으로 이어진다고 말한다. 이는 특정한 문제 상황이 존재하고, 그에 대한 합리적인 분석을 바탕으로 현실과 이상 사이의 틈을 메꾸는 가장 효율적인 해결책을 도출하는 방식이었다. 특히 고도산업화 이후에 이 방식은 과학기술, 경영전략, 정책 설계, 교육 프로그램같이 거의 모든 창의적 실천의 기반이 되었다. 그러나 디지털 전환, 인공지능 기반의 창작, 휘몰이 충격 같은 현상 앞에서 문제해결 구조만으로는 설명되지 않는 흐름이 새롭게 떠오르고 있다.

이는 문제의 복잡성이 증가했기 때문만은 아니다. 핵심은 혁신이 예측 불가능성과 다층적 상호작용 속에서 형성되는 열린 생성 과정이기 때문이라는 점에 있다. 여기에서 열린 생성 과정에 주목해야 하고, 이에 대한 대응은 어떻게 해야 하는지 관찰해야 한다. 그런데 우리가 지금 이야기하는 창발성은 문제 자체를 새롭게 구성하고, 정해진 해답이 아니라 새로운 질문과 감각의 지형을 열어주는 과정으로 작동하고 있다.

이 새로운 질문과 감각의 개방이라고 하는 점은 특히 디지털 예술 영역에서 전환이 더욱 선명하게 나타난다. 알고리즘 기반의 창작, 생성형AI, 인터랙티브 시스템, 실시간 피드백 기반은 모두 예측 불가능성과 상호작용을 기반으로 하는 창발적 구조를 구현하는 실험들이다. 이 작업들은 해결해야 할 명확한 문제를 전제하지 않는다. 오히려 관찰자와 시스템, 인간과 비인간, 코드와 감성 사이의 관계에서 새로운 의미가 발생하는 순간 자체를 추구한다.

이때 생성적 시스템(generative systems)이라는 개념을 먼저 짚고 넘어가자. 이는 창작자가 모든 결과를 직접 통제하지 않고, 특정한 알고리즘이나 규칙을 설정한 뒤, 시스템이 자율적으로 새로운 결과를 생성하게 하는 방식을 말한다. 이 방식은 디지털 예술, 사운드 아트, 실험적 디자인에서 많이 활용되고 있으며, 작가와 시스템 사이의 권한 분산을 바탕으로 창작 주체의 범주를 재구성한다. 한마디로 통제를 포기하고 조건만 설정하는 창작 방식을 말한다.

예를 들어, 한 예술인이 특정 수학적 알고리즘을 기반으로 선과 색이 스스로 변하는 시각예술 프로그램을 구성할 경우 더 이상 작품의 형태를 결정할 필요가 없다. 그 예술가는 '환경'과 '조건'을 설계할 뿐이고, 그 안에서 시스템이 스스로 변주하고 성장하며, 예상치 못한 결과를 산출하는 유기적 구조가 형성된다. 이때의 창작은 생겨나 있는 문제의 해결이 아니라, 새로운 조건과 가능성의 공간을 여는 일이다. 생성의 결과는 언제나 부분적이고 불완전하며, 그것이야말로 창발성을 가능하게 하는 동력으로 작동한다. 여기에서 조건과 가능성을 열어두는 방식은 전에 없던 새로운 접근이므로 쉽지는 않다. 그러나 생성적 시스템에 대한 이해를 전제로 한다면 당연한 것이다.

좀 더 살펴보면, 디지털 창작의 핵심에는 알고리즘이 있다. 알고리즘은 흔히 논리적이고 수학적인 것, 감성과 거리가 먼 것으로 인식되고 있다. 그러나 오늘날의 예술에서는 알고리즘이 오히려 감성적 경험을 유도하는 설계자이자 파트너로 기능하고 있다. 알고리즘이 특정 패턴이나 사용자 반응, 실시간 데이터를 해석해 그에 따라 시각, 소리, 움직임을 구성하는 방식은 예술을 정적인 결과물이 아닌, 동적인 감응 구조로 탈바꿈시킨다. 예를 들면, 실시간 심박수 데이터에 따라 시각적 패턴이나 음악이 변화하는 공연 시스템을 상상해보자. 관객 개개인의 생리적 반응이 작품의 구조에 영향을 미치며, 작품은 매번 다르게 출현하고, 감상자와 창작자가 동시에 작품 형성에 관여하게 된다. 이 경우 창작은 문제해결이 아닌, 다중적 상호작용을 매개로 끊임없이 변화하고 감응하는 미적 생태계 형성이다. 알고리즘적 감성, 다시 말하면 수치와 감정의 상호작용이다.

감각의 상호작용에 대해 좀 더 살펴보면, 문화예술에서 지금 나타나는 중요한 것은 관객의 참여가 작품의 일부가 되는 상호작용성이다. 작품은 고정된 메시지를 전달하는 것이 아니라, 관객의 반응에 따라 계속해서 질문과 감각을 찾아가며 의미가 재구성되고, 그 속에서 새로운 질서가 창발된다. 놀랍게도 이 상호작용은 부차적인 요소가 아니라, 작품의 성립 조건이 된다는 것이다. 예를 들어, 어떤 디지털 설치예술은 관람객이 공간 안에서 움직일 때마다 주변 영상과 사운드가 변하는데, 그 변화는 입력값에 비례하지 않는다. 그 대신 시스템은 이전 관람객의 패턴, 시간대, 조도, 온도 같은 복합 요소를 분석해 '예측할 수 없는 방식'으로 반응한다. 이는 일종의 '행동 기반 감성 알고리즘'이라 할 수 있으며, 고정된 메시지가 아닌 의미의 발생 자체를 중심으로 하는 예술 실천이다. 그런데 더 놀라운 점은 이러한 상호작용 예술이 사회적 창의성과도 긴밀하게 연결된다는 점이다. 작품 구성 행위는 참여자에게 자기표상의 기회를 제공할 뿐 아니라, 사회적 연결과 협업의 감각을 일깨우는 촉매 역할을 한다. 다시 말해, 예술은 새로운 질문, 사회적인 상상력, 감각의 개방, 관계의 패턴을 창출하는 실천활동의 장이 된다. 따라서 상호작용의 미학을 염두에 두고 참여자에 의해 다시 쓰이는 문화예술을 만들어가도록 감각을 개방하는 구조를 설계해야 한다는 것이다.

이러한 개방은 종종 '실패'나 '불완전함'을 가져오므로 일단은 불안정하다. 그간의 사회문화활동은 줄곧 완성도와 통제력을 추구해왔지만, 창발적 예술에서는 오류, 노이즈, 무작위성, 그리고 실패조차 새로운 형식과 의미의 토대가 될 수도 있다. 이는 '가능성 중심의 감응 구조 설계'라고 말하는 것이다. 예를 들어, 머신러닝 기반의 음악 생성 시스템이 인간의 예술 감성과 완전히 일치하지 않는 결과를 낼 수 있다. 그러나 이 '어긋남'은 새로운 청각적 감수성을 낳고, 인간 창작자는 그 미세한 어긋남을 해석하거나 보완하며, 기계와의 협업을 바탕으로 전통적 음악 구조를 뛰어넘는 새로운 형태를 창조하게 된다. 여기에서 핵심은 실패의 회피가 아닌, 실패를 창의적 자원으로 전환하는 역동성이다.

이제 우리 사회에서는 사유 방식 자체가 변하고 있다. 창발성을 위해서는 해답을 아는 것이 아니라 새로운 문제를 감각하고 질문할 수 있는 능력, 그리고 다른 존재자들과의 상호작용을 수용하고 응답하는 감응성을 갖춰야 한다. 이러한 전환은 사회 여러 영역의 정책 설계, 교육 혁신, 조직문화 같은 다양한 사회적 영역에서 의미 있게 다가가고 있다. 복잡한 세계에서 가장 중요한 창의적 자산은 정답을 아는 것이 아니라, 지속적으로 감응하고 적응하며 연결을 새롭게 구성할 수 있는 '관계적 상상력'이다. 더 이상 문제를 푸는 것이 아니라 문제와 해답의 구도를 새롭게 바꾸는 일이며, 이는 비로소 창발의 시대를 여는 창발적 태도가 된다.

💡 더 생각할 점

- 우연싱과 비선형성에 대한 감수성을 현재의 전책·기획 구조에 어떻게 통합할 수 있는가?
- 창발이 일어나는 '경계면'은 어떻게 감지되고 설계될 수 있는가?
- 기존의 '문제해결 중심 사고'에서 '조건과 감응의 생태 설계'로 전환할 때 어떤 정책 감각을 요구하는가?
- 창발적 질서를 인식하는 '감각적 문해력'은 어떻게 키울 수 있는가?
- 창발을 위한 '자기조직화적 생태계'는 제도나 조직 운영에서 어떤 방식으로 구현 가능한가?

3. 창발적 생태계

1) 지속적 진화

이러한 창발적 혁신이 지속가능한 발전과 연결되려면 어떻게 해야 할까? 지금까지 논의한 내용을 바탕으로 생각해보면, 복잡계 상황에서 창조된 것이 단순한 결과물이 아니므로 이를 지속적으로 진화하는 생태계로 바꾸어야 하지 않을까 생각한다.

그동안 우리 사회가 발전하는 데는 창조나 혁신 같은 것들이 원동력으로 작용해왔다는 것은 확실하다. 창조적 활동의 성과물뿐만 아니라 기술 발명, 서비스 모델, 정책 프로그램 같은 다양한 창조적 결과물들이 함께했다. 그런데 이들은 사회환경 변화와 요구에 응답하면서 새 가치를 만들어내는 데도 기여했다. 더구나 휘몰이 충격이 닥쳐서 소용돌이를 치는 와중에서 우리 사회는 이러한 창조적 활동 성과물 외에도 더 깊고 복합적인 층위에 존재한다는 사실을 점차 인식하게 되었다. 특히 지속가능한 발전이라는 가치가 사회 전반에서 중요해지면서, 지속적으로 진화하고 관계망을 형성하는 생태계로 발전할 필요성이 대두되고 있다고 본다. 이러한 관점에서 우리는 단순히 창작 결과물의 수준에 집착하지 말고, 오히려 창발적 생태계로의 전환을 염두에 두고 새로운 좌표로 삼아야 할 것이다.

그간의 창조 개념에서는 작가나 개발자 같은 특정 주체가 자신의 역량으로 무언가를 '산출'해내는 방식이었다. 이때 얻어낸 창작물은 명확한 경계를 지닌 완성된 결과로 간주되었고 단순했다. 그리고 그 효용이나 가치는 평가와 소비의 대상이 되었다. 그런데 창발적 혁신의 관점에서는 창작물이 끝이 아니라 오히려 또 다른 시작으로 간주된다. 창조된 결과물이 다른 주체와 연결되고, 환경과 상호작용하며, 새롭게 재구성되고 진화해나가는 과정 전체가 창발적 활동의 본질이기 때문이다. 다시 말해, 지속가능한 창발은 다양한 주체 간의 협력과 관계, 자원의 순환, 감응적 적응 과정에서 살아있는 생태계로 작동할 때 비로소 실현된다.

여기서 단순한 창작성과물 하나가 창발적 생태계로 진화하는 과정을 생각해볼 수 있다. 지역의 한 예술가가 특정 지역의 생태 문제를 소재로 영상 설치작품을 제작한다고 하자. 이 작품이 지역의 전시장에서 전시될 경우, 그것은 시각적 콘텐츠 하나에 그칠 수 있다. 그러나 이 작품은 지역주민의 환경 인식을 자극하고, 시민 토론회로 이어지며, 청소년들이 환경 캠페인을 기획하고, 지역 행정이 관련 정책을 실험하는 계기로 이어질 수도 있다. 그렇다면, 이 창작물은 더 이상 고정된 결과물이 아니라 다양한 주체들이 상호작용하는 지속적 생태계로 기능하게 된다. 이것이 바로 창발적 생태계의 핵심 구조이다.

이러한 관점에서 볼 때 창발적 생태계에서는 개방성이 중요하다. 이 창발적 생태계는 다른 주체가 개입하여 수정하고 재해석하며 지속적으로 변할 수 있는 유연한 구조를 갖는다. 대표적인 사례가 앞에서 살펴본 오픈소스 예술 플랫폼이다. 특정 예술 코드나 툴킷이 공개되어 다양한 창작자들이 그것을 기반으로 새로운 결과물을 생산해내면, 이 원천 창작물은 생명력을 가지며 자기복제를 넘어 관계적 확장과 진화를 가능하게 하는 플랫폼이 된다.

또 하나 덧붙일 것은 '순환성'이라는 특징이다. 지속가능한 창발은 재료와 의미, 자원이 순환하는 구조 안에서 이루어진다. 최근 디자인 분야에서는 지속가능한 디자인(sustainable design) 개념에 따라 폐기물 재활용, 생분해

소재 사용, 지역 자원의 재해석을 중심으로 하는 창작 활동이 활발하다. 이러한 작업은 지역 경제, 시민 인식, 정책 흐름을 연계하며 문화적 지속성을 설계하는 창발적 생태계의 일부로 기능한다.

그리고 지속적으로 진화하려면 참여 주체가 다중 주체(multi-agency)여야 한다. 창발적 생태계에서는 앞에서 보았듯이 행정, 기술자, 디자이너, 예술가, 사용자 같은 다양한 주체가 상호 협력과 감응으로 창작물의 의미와 활용을 공동 구성해나가는 참여구조를 형성한다. 예를 들어, 도시재생 프로젝트 예술가, 주민, 기술자, 시 당국이 참여자로 나서게 되면, 단일 예술 프로젝트가 복합적인 사회문화 및 정치적 생태계로 변모하게 된다. 이처럼 다중 주체가 감응하며 지속적으로 관계를 재조정하는 흐름이 창발적 생태계의 지속발전을 이루는 토대가 된다.

이러한 생태계적 접근은 공공정책이나 지역 개발에서도 지역 내 문화 자원을 발굴하고 연계하며, 시민의 역량과 참여를 촉진하는 구조가 장기적으로 더 효과적이라는 인식이 확산하고 있다. 이 또한 창작물에서 생태계로 전환되는 사고의 연장선상에 있다. 여기에 디지털 환경 역시 창발적 생태계를 보다 촉진하는 기반으로 작용한다. 예를 들어, 블록체인 기반의 문화 플랫폼은 예술작품이나 창작물의 소유권을 다중 참여자가 공유하는 구조를 가능하게 하며, 작품 유통과 사용이 분산되고, 새로운 협업 형태가 창발할 수 있는 조건을 제공한다. 다시 말하면, 창작물의 생태계적 진화를 가능하게 하는 환경적 요인으로 작동한다.

이렇게 보면, 창발적 생태계는 유연하고, 다층적이며, 감응하는 구조로서 오늘날 문화와 사회혁신의 지속가능성을 가능하게 하는 핵심 틀이라 할 수 있어 새로운 좌표로서 중요한 사항이다.

2) 다면적 작용

　사회적 혁신과 문화예술은 휘몰이 충격을 맞으면서 점점 더 깊은 방식으로 상호 연결되고, 상호 진화하는 경로를 보인다. 특정 기술적·예술적 변화가 사회적 구조를 바꾸고, 동시에 사회의 변화가 예술의 내용과 형식을 다시 변화시키는 다면적 순환 구조를 설명하는 데 유용하게 사용된다. 이와 같은 공진화 구조는 문화예술이 사회적 구조와 감각, 제도, 관계, 제안의 형식 자체를 바꾸며 사회 속에서 다면적 작용으로 기능함을 의미한다.

　예를 들어 공동체 기반 창작활동은 지역사회 구성원들이 예술가와 함께 공동 생산자로 기능하는 방식이다. 이는 자기정체성과 권리, 사회적 인식을 변화시키는 혁신적 실천이 된다. 이주민이나 난민과 지역 예술가들이 함께 다국어 극장을 만들어 상연하고, 이 과정을 바탕으로 지역주민과의 갈등 해소, 언어 교육, 정서 회복을 동시에 달성하는 사례가 바로 이러한 것들이다. 이렇게 문화예술이 사회구조를 바꾸는 살아있는 매개체로 작동한다.

　또한 지역문화와 기술의 융합으로 지역 정체성을 재구성하고, 동시에 지역사회 문제를 해결하는 도구로 활용하는 움직임이 늘고 있다. 예를 들어, 핀란드의 한 농촌 지역에서 주민이 전통 민요, 설화, 무형문화를 디지털화하여 AI 기반 내비게이션 프로그램과 연동시킨 '지식 풍경 시스템'을 구축했다. 사용자는 스마트폰을 바탕으로 지역의 고유한 노래나 이야기를 실시간 위치와 연계해 들을 수 있으며, 그 정보는 지역 관광·교육 콘텐츠로도 재활용된다. 이 프로젝트는 디지털화 과정을 바탕으로 지역주민이 자신의 문화적 자산을 새롭게 인식하고 다시 정의하게 만든다는 점에서 사회적 인식 전환을 유도하는 혁신적 실천이었다. 여기서 기술은 공동체 내 관계망을 새롭게 조직하는 사회적 행위의 구성요소가 된다.

그 밖에도 창작 생태계가 공공기관, 교육기관, 민간 기업, 기술 전문가, 시민, 플랫폼 운영자 같은 매우 다양한 주체가 긴밀히 협력하며 문화 생산과 소비의 순환 구조를 구성하는 실천적 장으로 바뀌는 경우가 있다. 예를 들어 네덜란드의 위트레흐트(Utrecht)에서는 시청, 예술학교, 사회복지기관, 기후 NGO가 협력하여 생태-문화 클러스터(Eco-Culture Cluster)를 설계했다. 이 클러스터는 기후변화 교육과 예술 창작, 지역 커뮤니티 지원, 청년 직업 훈련을 동시에 수행한다. 이렇게 문화예술은 다양한 행위자가 연결될 수 있도록 설계된 이른바 '사회적 감응 시스템'으로 작동한다. 중요한 것은 문화예술은 그 자체로 사회적 혁신이자, 공공성과 경제성을 재조정하는 실천적 구조로 전환된다는 것이다.

이러한 공진화 구조의 핵심에서 구조 재설계에 주목할 필요가 있다. 다양한 요소가 동등한 지위로 상호작용하며, 예측 불가능한 방식으로 새로운 다면적 구조를 형성하게 된다. 예술을 사회적 감각을 실험하고 확산시키는 공공적 실천으로 보게 된다. 결국 서로가 서로를 변화시키고, 새로운 질서와 감각 구조를 함께 구성하는 공진화 실천이다. 이 구조 안에서 창작은 진화하는 관계의 흐름이며, 열린 의미의 실험과 재구성의 장이 된다. 문화예술은 사회적 변화와 연결망을 설계하는 동역학적 장치로 기능하며, 이러한 변화야말로 지속가능한 사회를 위한 핵심적 기제로 작동되도록 좌표를 정해야 한다.

3) 새로운 가치체계

　　창발성 생태계에서 주목해야 할 점은 서로 독립적인 구성요소들이 예측할 수 없는 방식으로 상호작용한다는 점이다. 그리고 그 개별 요소에서는 도저히 도출될 수 없는 새로운 질서와 의미, 가치를 창출하는 과정이 있다. 이렇듯 창발성의 핵심은 상호 관계성이다. 이와 관련해서 또 하나 중요한 포인트는 통제 불가능한 변수 간의 관계 맺기에서 출현하는 동역학적 생성성을 중시한다는 점이다. 그런 점에서 기존의 가치 구조 자체를 흔드는 질적 전환의 계기로 작동한다. 특히 오늘날 디지털 기술과 문화예술 영역 역시 이와 긴밀히 연동되어 새로운 가치체계를 형성하는 실험의 장이 되고 있다.

　　이 논의에서 공유경제 관점을 접목시켜 문화예술 가치의 재분배를 설명할 수 있다. 예술은 작품 생산자와 소비자가 명확히 구분되고, 유통구조 역시 제한적 권력 중심으로 작동해왔다. 그러나 공유경제의 원리는 자원의 공유, 교환, 협업을 중심으로 한 분산적 네트워크 구조를 만들어냄으로써 창작의 접근성과 영향 범위를 획기적으로 넓히고 있다.

　　예를 들어, 예술 장비나 공간을 소유하는 대신 공유 플랫폼을 바탕으로 임시로 대여하거나, 다수의 창작자가 각자의 콘텐츠를 공동 편집해 디지털 전시를 구성하는 방식이 있다. 이는 소유권의 개념을 재정의히고, 창작의 비용과 리스크를 분산시킨다. 이로 인해 예술 활동은 특정 집단이나 계층의 전유물이 아니라, 다양한 사회 주체가 감각적 실험에 참여할 수 있는 사회적 확장성의 창발 조건이 된다. 이러한 구조에서 생산 수용의 경계는 허물어지며, '참여자'라는 새로운 문화적 행위자가 등장하고, 이로부터 새로운 가치 구조가 구성되고 창발적 생태계의 출발점이 된다.

공유경제 기반 문화예술은 단순히 물리적 자원의 공유에 그치지 않고 지식, 감성, 시간, 주체성의 공유로까지 확장된다. 예술 워크숍이나 집단 창작 과정에서 참여자들은 창작의 감각적 조건 자체를 바꾸는 주체가 된다. 이 과정은 작품으로 나타나는 성과보다 함께 만드는 관계, 서로 듣는 감각, 공유된 경험이라는 비물질적 가치를 중심으로 구성된다. 이것이야말로 현대 문화예술의 새로운 가치창출 방식이라 할 수 있다.

또 하나 중요한 논의사항은 중앙화에서 벗어나는 구조적 특징을 기반으로 한 '창발적 창작 생태계'이다. 탈중앙화는 특정 기관이나 개인에게 집중되어 있던 권한과 자원을 네트워크 전반으로 분산시키는 구조다. 이 흐름은 점점 더 뚜렷해지고 있으며, 특히 기획자 중심의 전시, 상업 중심의 유통, 전통 매체 중심의 생산 방식이 도전을 받는 전환 국면을 맞고 있다. 예를 들어, 세계의 디지털 아티스트들이 인터넷 플랫폼을 바탕으로 스스로 전시를 기획하고, 관객과 직접 소통하며, 후원과 피드백을 바탕으로 지속가능한 작업을 수행한다. 이 구조는 기존의 갤러리-평론가-자본가로 이어지던 수직적 예술 생태계의 위계를 분해하고 재구성한다. 이러한 구조에서는 예술적 기준조차 제도적 판단이나 시장 가치에 의해 좌우되지 않는다. 오히려 실험성, 공동성, 정치성, 생태적 감수성 같은 새로운 가치들이 자연스럽게 수면 위로 부상하게 된다.

이어서 탈중앙화된 창작 생태계는 또한 지리적 제약과 권력적 기준의 해체도 가져온다. 한 지역의 소수 언어 사용자가 만든 디지털 서사물이 글로벌 네트워크에서 감각적 지지를 얻고, 재해석을 거치며, 또 다른 창작물로 확장된다. 이는 기존 권력 구조에서는 상상하기 어려운 현상이다. 이처럼 창발성은 기존 질서가 배제하거나 무시해온 주변부의 감각과 실천이 새로운 중심성을 형성하는 조건을 마련한다. 결과적으로 탈중앙화는 기술적 분산보다 창의성과 가치 평가의 기준 자체를 전환시키는 창발적 메커니즘이 된다. 이 점 또한 창발적 생태계 관점에서 주목해야 할 좌표이다.

최근 등장해 관심을 끌고 있는 블록체인 기술을 기반으로 확산되고 있는 탈중앙화 자율조직(DAO: Decentralized Autonomous Organization) 구조도 창작과 유통 방식에 또 다른 창발성을 불어넣고 있다. DAO란 코드화된 규칙을 기반으로 운영되는 자율 조직체로, 그 구성원들은 특정 조직이나 개인의 지시 없이도 공동의 목적을 위해 투표, 결정, 자원 배분을 수행할 수 있는 네트워크 시스템이다. 문화예술활동에서 DAO는 예술을 어떻게 조직할 것인가, 누가 예술적 가치를 판단할 것인가, 예술활동이 사회에 어떤 방식으로 기여해야 하는가에 대한 근본적 재구성 논의를 불러온다. 예를 들어, DAO 예술 커뮤니티에서는 특정 주제에 공감한 참여자들이 제안서를 작성하고, 투표를 바탕으로 자금이 분배되며, 프로젝트의 결과물은 다시 그 커뮤니티 안에서 토론되고 진화한다. 이 과정에서 예술의 정의, 예산의 우선순위, 평가기준은 고정되어 있지 않고 지속적으로 협의되고 수정되는 유기적 문화 생태계가 구성된다. 여기에서 가장 큰 특징은 자율성과 신뢰 기반 협력 구조이다. 구성원들은 전통적인 '지시와 명령'에 따르기보다 스마트 계약을 기반으로 한 알고리즘적 약속에 따라 자율적으로 활동하며, 투명한 기록과 피드백 시스템을 바탕으로 지속적인 창의적 실험과 감응이 보장된다. 이때 창발성은 단순히 예술의 내용이 아니라 예술이 조직되고 확산하는 방식 전체에서 발생하며, 그 자체가 새로운 문화적 질서로 기능한다. 이 또한 창발적 생태계 구축에서 주목해야 할 좌표이다.

창발성의 가능성을 예시할 수는 있지만, 전망하기는 어려울지도 모른다. 창발성이 바로 무엇이 가치 있는지, 왜 그것이 중요하며, 누구에 의해 그것이 결정되는지를 재구성하는 실천적 힘을 지니고 있기 때문이다. 공유

경제 기반의 프로젝트나 DAO 네트워크는 조직화 방식 자체를 창의적 실험의 장으로 만든다. 이 모든 과정에서 창발성은 고정된 구조를 유동적이고 다원적인 문화적 생태계로 전환시키는 촉매로 작용한다. 상호 연동되고 작동하면서 새로운 가치체계를 만들어내기에 놀라운 것이다. 지속적으로 열린 질문을 던지고, 새로운 연대의 가능성을 탐색하는 살아있는 문화적 역동성에 좌표를 맞춰야 할 것이다.

💡 더 생각할 점

- 창작물이 '완성된 결과'가 아니라 '관계의 시작점'이 되려면, 창작 주체는 어떤 역할을 해야 할까?
- 순환성과 감응성을 갖춘 창발적 생태계에서 기존의 '소유' 개념은 어떻게 해체되는가?
- 공진화 맥락에서 문화예술-기술-사회제도는 어떤 방식으로 새 질서를 출현시키는가?
- 창발적 생태계에서는 기존 가치판단 기준(시장성, 예술성, 공공성)이 어떻게 바뀌는가?
- 디지털 기반의 탈중앙화 생태계(블록체인, DAO)는 창작구조와 협업 방식을 어떻게 바꾸는가?

더 읽어볼 책

강원택(2025), 『벼랑 끝 민주주의를 경험한 나라: 분열의 정치를 넘어 새로운 질서를
　　　설계하는 시간』, 21세기북스.

낸시 폴브레(2023), 윤자영 역, 『돌봄과 연대의 경제학: 가부장제 체제의 부상과 쇠락,
　　　이후의 새로운 질서』, 에디토리얼.

마크 레빈슨(2023), 최준영 역, 『세계화의 종말과 새로운 시작: 2세기에 걸쳐 진화한
　　　세계화의 과거, 현재, 미래』, 페이지2북스.

신동엽·대훈(2022), 『초연결 패러독스: 팬데믹 이후의 새로운 질서와 전략』,
　　　클라우드나인.

이흥재(2012), 『현대사회와 문화예술』, 푸른길.

피터 헤더, 존 래플리(2024), 이성민 역, 『제국은 왜 무너지는가: 로마, 미국 그리고 새로운
　　　세계 질서』, 동아시아.

헨리 키신저, 에릭 슈미트, 크레이그 먼디(2025), 이현 역, 『새로운 질서: AI 이후의 생존
　　　전략』, 윌북.

11장
소멸위기를 넘어
공진화로[*]

소멸은 단순히 인구 감소나 행정구역의 축소를 의미하는 데서 그치지 않는다. 그러므로 소멸 논의에서는 지역공동체의 삶의 방식과 정체성이 해체되는 과정에 주목해야 한다. 저출산, 고령화, 청년층의 지속적인 유출은 지역사회적 관계망의 붕괴와 문화적 단절을 동반한다. 그 결과, 지역이 더 이상 자생적인 재생산이 불가능한 생태계로 바뀌게 된다. 소멸 때문에 물리적 기반은 쇠퇴하며, 지역 구성원이 스스로를 이해하고 미래를 상상하는 능력조차 무기력해진다. 이 때문에 지역이라는 개념 자체가 존재론적으로 흔들리는 지경에 이른다.

그동안 지역정책은 인구 유입이나 경제 활성화 같은 외부 자극을 기반으로 하는 단기 처방에 머물렀다. 그런데 이는 지역의 고유한 사회문화적 맥락을 반영하지 못하고, 오히려 지역 내 피로감을 가중시키며 정주의식조

---

*   이 장은 한국소멸학회 창립기념 포럼 〈다가올 소멸, 현재의 위기〉(제1권 1호, 2025)에서 발표한 저자의 원고에 바탕을 둔 것임

차 약화시키는 결과를 가져왔다. 이에 따라 최근에는 지역 내부의 자생적 역량을 회복하고, 주민 주도의 사회문화적 기반을 강화하는 방향으로 정책 패러다임이 바뀌고 있다. 또한 지역에서 사라져가던 전통적 생활문화나 공동체 기반의 자원을 재조명한다. 그리고 이를 기반으로 새로운 형태의 사회적 실험을 통해 공동체를 재구성하려고 시도한다. 이들은 지역 내 세대 간 교류, 생활기반 예술 활동, 공유 공간 운영으로 과거의 유산과 현재의 수요를 연결하며, 정체성과 연대의 회복을 꾀한다.

이런 흐름 속에서 소멸을 넘어서는 새로운 이론적·실천적 접근으로 공진화 개념이 적합하다고 본다. 공진화는 지역과 외부, 인간과 환경, 전통과 혁신이 상호작용하면서 함께 진화해나가는 과정으로서 지역을 끊임없이 재구성하는 관계적 실체로 인식한다. 공진화 관점에서의 지역정책은 단지 소멸을 방지할 뿐만 아니라, 지역이 스스로 변화의 주체가 되어 새로운 생태적·문화적 균형을 창출하도록 지원하는 데 목적을 둔다. 사회문화적 공진화는 특히 지역 고유의 감수성, 생활양식, 공동체의 기억을 시대의 요구에 맞게 전환하고 다시 맥락화하는 과정을 거치면서 실현된다.

여기에서는 소멸을 사회문화적 관점에서 재해석하고, 이를 넘어서기 위한 전략으로서 공진화적 접근을 중심으로 논의한다. 다양한 문화현상이나 지역에서 나타나는 사례들을 일반화된 패턴으로 분석하고, 이론적 배경과 실천적 의미를 통합적으로 제시한다. 이로써 앞으로 전문가들이 문화정책이나 지역 전략을 설계하는 데 있어서 보다 총체적이고 맥락화된 접근을 가능케 하고자 한다.

1. 소멸에 대한 예의

1) 새로운 관점에서의 접근

소멸은 물리적 파괴나 생물학적 죽음인가? 아니면 의미, 관계, 정체성, 문화적 구조가 점차 사라지는 사회적 과정인가?

여기에서는 소멸을 사회문화적 맥락에서 보고, 특정한 사회적 실체나 문화적 체계가 역사적·경제적·기술적 변화로 그 기능을 잃고 존재 기반이 해체되는 현상으로 논의한다. 그냥 사라지는 것이 아니라 의미, 관습, 공동체적 연대 같은 비물질적 요소가 점차 약화되어 사회적 실체로서 유지될 수 없게 되는 과정을 말한다. 여기에 환경요소를 더해 동태적으로 보면, 사회문화적 구조에서 일정한 가치·관계·기호체계가 역사적 변화나 외부 충격으로 지속성을 잃고 더 이상 재생산되지 못하는 과정을 말한다.

이런 관점에서 나타나는 실체적 핵심은 무엇인가?

먼저, 존재적 측면에서는 사회적 실체(공동체, 문화, 전통)가 실질적으로 사라지는 현상(예: 농촌공동체의 해체, 지역 언어의 소멸)에 주목할 만하다. 또한 의미적 측면에서 보면 사회 구성원이 공유하던 상징과 의미체계가 붕괴되는 현상(예: 전통 가치관의 약화, 공동체적 정체성의 상실)을 말한다. 나아가, 구조적 측면에서 보면 제도·경제·기술의 변화로 유지 기반이 사라지는 현상(예: 산업화로 인한 마을공동체의 해체, 디지털화로 인한 오프라인 관계의 감소)에 주목한다.

이런 현상은 활동 영역마다 다르게 나타나지만, 구체적인 소멸 형태와 예시를 찾아볼 수는 있다. 먼저, 문화적으로는 전통 문화·언어의 사라짐(예: 소수 언어의 멸종, 지역 축제의 중단)이 중요하다. 공동체 측면에서 보면, 사회적 연대의 약화(예: 농촌·마을 공동체의 해체) 현상에 주목해야 한다. 정체성 측면에서는 사회적 자아의 불안정화(예: 온라인 정체성의 유동화, 세대 간 가치 단절)를 중시해야 한다. 그리고 공공성 관점에서는 공적 공간·담론의 소멸(예: 커뮤니티 붕괴, 개인화된 사회구조)도 주목해야 한다.

이러한 관점과 개념을 보다 사회문화적 실천 관점에서 해석한다면, 사회문화적 소멸은 단순한 결핍이 아니라 기존 질서에서 새로운 질서로 이행하는 전환기적 현상이라고 보는 것이 타당하다. 소멸은 파괴이자 재구성의 전조(예: 전통 공동체 소멸은 디지털 커뮤니티나 새로운 네트워크형 공동체의 등장 촉진)이다. 그것이 갖는 의미·정체성·관계망이 역사적·구조적 변화로 지속성을 잃는 과정이다. 그저 단순한 '사라짐', '끝'이 아니라 사회적 변형, 변동과 재구성의 한 모습으로 해석하는 것이 적합하다고 본다.

2) 결정론과 과정론

사회문화적 소멸 뒤에는 과연 무엇이 남을까? 이를 보는 관점은 결정론적 입장과 과정론적 입장의 두 가지로 크게 나눠볼 수 있겠다.

먼저, 결정론적 입장에서 볼 때 소멸 대책이 실패했다면 그것은 인구, 경제, 문화의 축이 제대로 작동하지 못한 것을 뜻한다. 그래서 사람이 떠나고, 생산이 멈추며, 문화의 실마리가 끊긴 것을 말한다.

그 뒤 변화는 단계적으로 전개된다. 먼저, '탈공동체화'가 일어나 사람들이 떠나며, 마을의 관계망이 무너지고, 가족과 이웃의 유대가 약해진다. 사회적 기능이 마비되면서 공동체라는 개념이 흔들린다. 그다음에 '문화 공백기'가 생겨 전통과 언어, 의례가 전승되지 않고 기억조차 희미해져 '문화 암흑기'가 올 수 있다고 본다.

그러다가 일정 시간이 지나면 '재구성의 단계'가 시작된다. 외부에서 들어온 사람들, 혹은 기술과 디지털 플랫폼이 중심이 되어 사라진 문화를 복원하려는 시도가 이뤄진다. VR, AI, 아카이브 기술로 사라진 언어와 풍습이 재현된다. 이렇게 복원된 문화는 과거와 동일하지는 않지만, 기억의 재현(virtual heritage)으로서 새로운 의미를 가진다.

그 뒤에는 '융합의 시기'가 온다. 남아 있는 전통과 외래문화, 그리고 디지털 문화가 섞이며 포스트로컬(post-local) 정체성이 형성된다. 사람들은 더 이상 고향이나 지역이 아니라 취향과 가치, 의제 중심의 네트워크 공동체로 정체성이 바뀐다.

툭Q 숏A 기억이 중요한가?

소멸 그 뒤의 사회는 기억의 단절에서 재구성으로 이행하는 변이의 시대로 이어진다. 사라진 전통은 단절로 끝나지 않고, 디지털 기억과 새로운 문화적 상상력 속에서 다시 태어난다. 물리적 공동체는 소멸하지만, 그 자리를 기억, 데이터, 가상성으로 이루어진 새로운 문명 구조가 뒤따라 채우게 된다. 이것이 바로 소멸 뒤의 세계로, 인간이 물리적 장소에서 벗어나 의미와 기억 중심의 존재로 진화하는 사회의 미래 모습이다.

소멸 뒤에 오는 것은 종말이 아니라 전환의 과정인 셈이다. 인간의 삶터는 분명히 줄어들지만, 문화적 상상력의 공간은 오히려 확장된다. 그리고 기억은 끊기지만, 그 잔재로부터 새로운 정체성이 태어난다. 결국, 소멸은 끝이 아니라 기억이 이어가는 새로운 문명 형태의 서막이다.

기억 문제도 정책 과제다. 지역의 비물질문화유산은 전통, 구술 기억, 세대 간의 이야기로 이어지는 공동체의 뼈대였지만, 사라져가는 문화다. 이와 관련해 기록 아카이브, 지역 스토리텔링, 관광·콘텐츠 산업과 연계해야 한다. 이 점에서 문화자원을 보존하고 재활용하는 정책 시도가 필요하다. 단순한 보존을 넘어, 문화자원이 현재의 지역사회에서 어떻게 재맥락화될 수 있는지를 고민해야 한다.

그 변화 끝에서 사회는 '정체성의 재구조화'를 겪는다. 물리적 공동체가 해체된 자리를 디지털 네트워크 공동체가 대체하고, 인간의 기억은 이제 데이터로 저장되며, 문화는 사라진 전통이 아니라 '보존된 콘텐츠'로 존재한다. 일부 지역은 완전히 사람이 사라져 생태 복원지나 기술 실험지로 바뀌고, 인간이 아닌 기계나 생태계 중심의 공간, 즉 '포스트휴먼적 지역사회'로 전환될 가능성도 크다.

한편, 과정론적 입장에서 던지는 기본적인 질문은 '소멸 뒤에도 문화는 살아남을 수 있는가?', '그렇다면 어떻게 살아남는가?', '실제 겪어온 사례가 있는가?' 하는 것들이다. 이는 실제로 몇몇 지역에서 어떻게 나타나고 있는지를 보면 실감이 난다.

소멸은 끝이 아니라 재조립으로 볼 수 있다고 거듭 말했다. 급격한 인구 감소로 마을 기능이 완전히 마비되며 소멸위기 지역을 리조트 도시로 재생하면서 완전히 다른 정체성(예: 일본 홋카이도의 도마무 지역)을 갖게 되었다. 이러한 재편의 핵심은 단순한 경제 회복이 아니라 문화적 전환인 셈이다. 과거 농촌공동체로서의 전통은 사라졌지만, 대신 자연과 공존하는 새로운 라이프스타일이라는 브랜드를 내세워 외부인이 모이는 문화적 거점으로 변모했다. 소멸된 전통적 공동체가 '새로운 문화적 내러티브'로 재조립되어 물리적 소멸이 새로운 형태의 의미공동체로 바뀐 것이다.

또한, 사라진 문화가 디지털로 다시 태어나기도 한다. 지역에서 사라질 위기에 처한 언어를 정부와 지역공동체가 디지털 아카이브, 라디오 방송, 온라인 교육 플랫폼으로 언어를 복원하는 것이다(예: 뉴질랜드 마오리어). 지금은 앱으로 누구나 그 언어를 배우고, AI 음성인식 기술로 마오리어 문장을 재구성할 수 있게 되었다. 이는 소멸 직전의 문화를 데이터 기반으로 재생산한 디지털 복원 사례이다. 기억의 데이터화로 문화가 되살아나는 과정이다.

사라진 공간의 의미가 예술로 재탄생하기도 한다. 그 공간에 과거 광부들의 생활 도구, 기록, 사진을 전시하고, 예술작품과 설치미술이 함께 어우러지게 했다(예: 정선 삼탄아트마인 예술 복합문화공간). 경제적·사회적으로 소멸된 공간이 '기억의 미술관'으로 부활한 사례이다. 여기서 중요한 것은 단순한 재개발이 아니라 이 장소가 지닌 과거의 기억이 현대적 언어로 재해석되고, 소멸된 기억의 재조립이 예술로 구현된 것이다.

또한, 물리적 소멸을 넘어선 네트워크 정체성을 되살려내 공동체를 만들어내는 활동으로 문화 네트워크를 재구성한 경우도 있다. 전쟁과 이주로 마을과 공동체가 물리적으로 사라졌지만, 전 세계의 관련자들이 SNS와 온라인 포럼으로 자신들의 언어, 노래, 의복, 요리 방법을 공유하게 된 것이다(예: 우크라이나 디아스포라 공동체). 이로써 디지털 커뮤니티에서는 실제 마을이 존재하지 않아도 정체성을 이어주는 가상고향 역할을 한다. 이는 소멸이 곧 분산된 공동체의 시작이라는 점을 잘 보여준다. 공간은 사라졌지만, 네트워크를 바탕으로 문화가 재구성된 것이다.

인간이 완전히 떠난 뒤에 마을을 복원해낸 활동도 있다. 주민이 떠난 지역은 '소멸지대'로 남아 있었는데, 40년이 지난 뒤 오히려 유럽에서 가장 활발한 생태 복원지가 되었다(예: 1986년 체르노빌 원전사고 뒤 만든 생태 복원지). 멸종위기종이던 늑대, 들소, 수리부엉이가 돌아왔고, 학자들은 이를 비인간적 재생의 모델로 부르게 되었다. 이는 인간사회의 소멸 이후에도 자연이 스스로 질서를 회복하는 '비인간적 문화의 재진화' 가능성을 보여줬고, 사회적 소멸이 끝이 아니라 다른 생명체의 문명이 이어지는 시작임을 잘 알려주었다.

이렇듯 소멸 이후의 세계는 없어진다기보다 형태를 바꾼다. 사람이 떠난 자리에 새로운 기억이 쌓이고, 문화는 기술로 복원되거나 예술로 재해석되며, 심지어 인간이 아닌 자연이 그 자리를 이어받게 된다. 결국 소멸은 파괴가 아니라 재배열, 즉 문명의 변이이다. 사라짐이 아니라 다시 짜이는 과정이다. 사람이 떠난 공간은 예술과 기술로 다시 의미를 얻고, 끊어진 언어는 데이터로 되살아나며, 공동체가 해체된 자리는 디지털 네트워크가 메워간다. 결국 소멸은 문명의 죽음이라기보다 또 다른 형태의 생명 작동이다. 기억은 방식만 달라질 뿐 완전히 사라지지 않는다.

💡 더 생각할 점

- 소멸을 '끝'이 아니라 '전환'으로 본다면, 각 정책의 목적은 무엇이 달라져야 하는가?
- 지역이 사라질 때, 그 공간보다 먼저 소멸하는 것은 무엇일까?
- 소멸 담론은 언제 문화적 회귀가 아닌 구조적 진화를 촉진하는가?
- 공진화 개념은 인간–비인간 행위자 간의 상호작용 속에서 어떻게 재정의될 수 있는가?
- 결정론적 사고와 과정론적 시각은 지역소멸 현상을 이해하는 데 어떤 인식론적 한계를 갖는가?
- '정의로운 소멸'이라는 개념은 현실적으로 가능한가?

2. 지역의 정책 중점

1) 관심 확대

지역정책이 마주한 오늘의 과제는 단순한 행정적인 개입이나 경제적 대책을 넘어선 것들이다. 지금은 사회 전반에 걸쳐 소멸과 해체 과정을 마주하고 있다. 그 출발점은 공동체와 관계의 소멸이다. 지역사회는 더 이상 연대의 장이 아닌, 고립된 개인의 집합으로 변하고 있다. 농촌은 빠르게 도시화되며, 그 안의 공동체는 뿌리째 흔들리고, 1인 가구와 비혼화 확산으로 돌봄과 가족의 기능이 재구성되고 있다. 노동 현장도 플랫폼 기반의 유동적 고용으로 바뀌며, 우리는 '함께 일하는 사회'의 기억을 잃어가고 있다. SNS 시대의 인간관계는 얕으며, 익명성과 속도의 관계는 쉽게 끊기고 잊힌다.

이와 맞물려 문화의 소멸과 전환이 동시에 진행 중이다. 오래된 지역 언어, 전통 지식, 의례, 예술은 점점 아카이브 속 유물처럼 남아 있고, 그 자리를 AI가 만든 예술과 가상현실 속 전시, 알고리즘이 추천하는 문화가 채운다. 이러한 변화는 단지 과거의 유실이 아니라, 문화의 '살아있는 감각'을 잃어버리는 일이기도 하다.

기억과 시간의 소멸도 예외는 아니다. 집단기억은 세대 간 단절 속에서 점차 희미해지고, 역사의 서사는 유튜브 알고리즘보다 덜 설득력 있게 느껴진다. 디지털 기술은 기억을 기록하는 데 탁월하지만, 동시에 '망각'할 능력을 빼앗고 있다. 잊힐 수 없는 시대에 우리는 오히려 너무 많은 것을 기억하며 방향을 잃는다. 이 속에서 박물관과 아카이브는 단순한 저장고가 아닌, 기억의 정치와 감각을 재구성하는 공간으로 재탄생한다.

정체성과 인간성의 소멸은 기술 발전과 직결된다. AI는 감정을 흉내
내고, 사이버 신체는 몸의 의미를 재정의하며, 인간다움은 점차 추상적 개
념으로 밀려난다. 인간은 과연 주체적 존재인가, 아니면 알고리즘이 유도한
감정을 소비하는 존재인가. 감정은 개인의 것이 아니라 시스템에 의해 디
자인되고 유통되는 또 하나의 콘텐츠가 되어가는 세태이다.

생태적 소멸은 단지 자연의 문제만은 아니다. 기후위기는 생태계 붕괴
뿐 아니라 인간 내면의 감각, 감정, 삶의 방식에까지 균열을 일으킨다. '기후
슬픔', '생태적 애도'라는 새로운 정서들이 생겨나고, 지역 생태문화의 복원
운동은 인간 중심의 사고를 넘어서려는 윤리적 실천으로 확장되고 있다.

경제와 도시의 소멸도 그 연장선에 있다. 인구 불균형은 도시와 지방
간의 생존 조건 자체를 다르게 만들며, 산업이 빠져나간 도시는 폐허의 미
학을 소비하는 장소로 변한다. 이 속에서 자본주의는 더 이상 지속가능한
시스템이 아니라, 불안정성을 전제로 유지되는 구조로 작동한다.

마지막으로, 언어와 상징체계의 소멸은 말과 글의 해체로 나타난다.
디지털 시대의 언어는 점점 더 가볍고, 짧고, 즉각적이다. 밈과 해시태그,
인공지능이 만든 문장은 의미를 풍부하게 하기보다 빠르게 소비되도록 설
계되며, 결국 '말' 자체가 신뢰를 잃어가는 사회에 도달해 있다.

이 모든 소멸 징후들은 지역이 직면한 문제를 단순한 쇠퇴로 볼 수 없
게 한다. 오히려 이러한 해체 현장을 새로운 창조의 가능성으로 선환할 수
있다면, 우리는 소멸 그 뒤를 상상할 수 있다. 이제 필요한 것은 보존도 복
원도 아닌, 공진화적 상상력이다. 지역은 기억과 정체성, 관계와 생태, 언어
와 문화가 서로 영향을 주고받으며 살아 숨 쉬는 하나의 복합 생명체로서,
새로운 방향으로 '함께 진화'할 수 있어야 한다.

2) 주목할 정책과제들

소멸은 이제 지역의 삶 전체가 지속가능성을 위협받는 총체적 위기를 가져왔다. 이러한 흐름 속에서 정책은 영역별로 어떤 문제를 직시하고, 어디에 중점을 두어야 할까?

무엇보다 지역 인구의 구조적 불균형은 지방소멸 담론의 핵심 배경이 된다는 데 유의해야 한다. 출산율 저하, 고령화 심화, 청년층의 대도시 유출이 지역사회를 장기적으로 약화시키는 요인으로 작용하고 있다. 지금까지의 정책은 인구 유입에 초점을 맞추거나 일시적 대책에 의존해왔지만, 이제는 인구·산업·생활 기반을 유기적으로 연계한 통합적 생태계 모델을 바탕으로 지역의 지속가능성을 다시 설계해야 한다. 지역균형발전 전략, 청년 정착을 위한 실질적 지원, 지방대학의 생존과 재구조화 정책도 함께 검토되어야 한다.

이와 더불어, 산업구조의 변화는 지역경제의 기반을 흔들고 있다. 전통 제조업을 중심으로 성장해온 지역들은 탈산업화와 탄소중립 전환 정책에 따라 중심 산업이 급격히 사라지는 상황을 맞고 있다. 특히 석탄, 조선 같은 산업은 전환 과정에서 고용위기, 복지 공백, 지역공동체 붕괴를 동반하면서 복합적인 사회문제로 바뀌고 있다. 정부 주도의 산업전환 정책이 단기적 폐업 보상에 머무르지 않고, 정의로운 전환의 원칙 아래 고용과 복지를 아우르는 통합 정책으로 발전할 필요가 있다.

공공서비스 유지 문제 역시 빼놓을 수 없다. 농촌이나 도서 지역에서는 학교, 병원, 교통, 행정 서비스가 하나둘 사라지며 주민 삶의 기본 조건이 무너지고 있다. 이러한 현상 뒤에는 공공 인프라 운영의 수익성 논리가 자리 잡고 있으며, 이는 사회적 불평등을 심화시키는 중요한 원인 중 하나다. 더구나 디지털 전환이 가속화되면서 정보 접근성과 이용 능력의 격차가 새로운 불균형을 만들어내고 있다. 따라서 공공성을 유지하기 위한 최소 기준의 재설정, 형평성과 지속가능성의 균형을 고려한 공공 인프라 정책이 절실하다.

지역정체성과 감정 차원에서도 중요한 변화가 감지된다. 지역공동체가 해체되고 일자리가 사라지는 과정에서 주민은 상실과 분노, 체념의 감정을 경험한다. 이는 공동체에 대한 소속감과 존재감의 상실로 이어지며, 정책에 대한 불신과 탈정치화로도 연결된다. 따라서 감정적 상실을 정책적으로 다룰 수 있는 새로운 틀이 필요하다. 사회적 애도 개념을 바탕으로 한 정서 회복 정책, 공동체 기반의 감정 거버넌스는 지역 회복력과 연대 회복 관점에서 적극적으로 검토되어야 한다.

끝으로, 정책 결정 과정 자체의 위기도 중요한 이슈다. 중앙집권적 정책 구조는 지역이 자율적으로 판단하고 결정할 수 있는 권한을 지속적으로 약화시켜왔다. 이는 단지 행정적 비효율의 문제가 아니라, 민주주의의 질적 위기와도 직결된다. 주민 참여가 실질적으로 작동하는 정책 설계 모델, 즉 공동 설계(co-design), 공동 생산(co-production)을 기반으로 한 참여 거버넌스가 대안으로 제시된다. 지역이 스스로의 미래를 결정할 수 있는 권한과 구조를 회복하는 것이 소멸을 넘어 지속가능한 사회문화를 만드는 핵심 열쇠가 될 것이다.

소멸을 지역정책으로 다룬다는 것은 '무엇이, 왜, 어떤 정책적 구조 속에서 사라지고 있는가? 그리고 국가와 사회는 그 소멸을 어떻게 관리하거나 수용해야 하는가?'를 묻는 근본적인 탐구다. 지역정책학은 지역사회의 문제를 해결하기 위한 공공의 의사결정 체계이자 사회적 선택 과정을 제도화한 학문이다. 이 관점에서 소멸은 우연한 현상이 아니라, 국가와 제도가 특정 지역·공동체·산업·인구집단을 지속시키지 못한 결과로 읽힌다. 따라서 소멸에 대한 정책적 접근은 지속 불가능한 것을 정리하고 새로운 사회적 질서를 설계하는 일로 확장된다.

어떤 정책은 소멸을 관리하려 하고, 어떤 정책은 그 과정을 전환의 계기로 삼는다. 결국 지역정책학에서의 소멸은 '소멸의 관리'와 '전환의 기획'이라는 두 축 사이에서 이해된다.

소멸에 관련한 정책학적 논리와 실리는 결국 소멸의 윤리를 묻는 것과 같다. 정책 개입의 핵심 쟁점은 언제, 어떻게 소멸에 개입할 것인가이다. 정책은 소멸을 예방할 것인지, 아니면 수용하고 새로운 국면으로 전환시킬 것인지의 기로에 선다. 이 과정에서 등장하는 개념이 바로 '정의로운 소멸(just disappearance)'이다. 무엇을 살리고, 무엇을 자연스럽게 보내야 하는가의 판단은 단순한 행정 결정이 아니라 윤리적 선택의 문제다.

그렇다면 정부는 소멸을 다루는 관리자인가, 아니면 애도자인가? 정책의 목표가 단순히 소멸을 막는 것에 있다면, 그것은 생명 연장의 행정에 불과할 것이다. 그러나 정책이 새로운 생태로의 전환을 돕는 방향으로 설계된다면, 소멸은 재생 과정이 될 수 있다.

이를 위해 제시되는 개념이 전환정책(transition policy)과 문화생태정책(cultural-ecological policy)이다. 전환정책은 사라진 산업이나 공동체를 새로운 문화적 자원으로 전환시키는 것을 목표로 하며, 폐허의 미학을 지역 재생의 상징으로 끌어올린다. 문화생태정책은 인간 중심의 발전 패러다임을 넘어, 공진화 중심의 지속가능성으로 이행하려는 시도다. 여기에서 정책은 '성장'이 아니라 '공존'의 철학 위에서 다시 설계된다.

또한 최근에는 기억과 감정의 정책화가 중요한 연구 의제로 부상하고 있다. '기억의 정책 대상화'는 사라져가는 문화와 장소를 단순히 보존하는 것이 아니라 그 기록과 교육, 전승을 통해 시간 속에 남기는 방식으로 전환하는 것을 의미한다.

반면 '감정의 정책화'는 소멸이 남긴 상실·향수·불안을 사회적 치유 영역으로 끌어올린다. 문화예술로 애도의 감정을 공공의 회복력으로 전환시키는 일은 소멸 이후 사회가 스스로를 재구성하는 과정이자 새로운 공공성의 형식이다.

정책학적 연구 방법은 매우 다양하게 접근하면서 소멸을 실증하고 설계한다. 소멸을 다루는 정책학적 연구는 실증과 해석, 그리고 설계의 세 차원을 아우른다.

우선 정책분석 방법을 통해 소멸 관련 정책의 효과성과 형평성을 검토한다. 비용-편익 분석, 로직 모델, 성과평가는 소멸 방지나 전환 정책이 실제로 지역사회를 변화시키는지 측정하는 도구로 활용된다.

거버넌스 정책에서도 소멸 대응 정책의 의사결정 구조를 분석한다. 중앙정부, 지방정부, 기업, 시민사회가 어떤 네트워크 속에서 협력하거나 충돌하는지를 파악하며, 이해관계자 분석이나 행위자 기반 모델링을 통해 정책 네트워크의 동학을 해명한다.

정책담론분석은 정책언어가 '소멸'을 어떻게 구성하는가를 살피는 연구이다. 담론지도(mapping)와 프레임 분석으로 정부 문서, 언론 보도, 공공 캠페인 속에서 소멸이 '위기', '기회', 혹은 '전환'으로 어떤 언어석 틀에 배치되는지를 분석한다.

또한 정책실험(policy experiment)은 지역 단위의 회복정책을 시험적으로 운영함으로써 현장 기반의 학습과 혁신을 가능하게 한다. 리빙랩(Living Lab)이나 시민참여 실험은 정책을 '만드는' 것이 아니라 '함께 살아보는' 과정으로 전환시키는 실험적 민주주의의 장이다.

이와 더불어 통계자료와 질적 연구를 병행하는 혼합 방법 연구를 활용한다. 인구통계 분석과 심층 인터뷰, 지역 사례 비교를 결합함으로써 소멸의 구조적 요인과 경험적 실체를 동시에 조명할 수 있다.

3) 접근 방법

소멸은 단순히 '사라짐'의 현상을 다루는 분야가 아니다. 이는 현대사회의 구조적 변동, 인간관계의 해체, 의미의 재편성을 포괄적으로 탐구하는 시도이다. 그러므로 사회문화적 해체의 기록자이자 미래사회 변동의 예측자로서, 소멸 연구는 사라지는 현상을 단순히 '잃어버린 것'으로 규정하지 않는다. 그보다 그것이 드러내는 사회구조의 균열, 가치체계의 전환, 감정의 지형 변화를 분석함으로써 사회 변동의 내적 논리를 읽어내려 한다. 소멸은 종말이 아니라 전환이며, 하나의 세계가 사라지는 자리에 또 다른 질서가 생성된다는 점에서 그 과정을 근본적인 사회 재구성의 장으로 이해해야 한다.

소멸 연구는 여러 관점에서 볼 수 있다. 소멸학은 존재론적·과정적·생성적이라는 세 축을 따라 전개된다. 우선 존재론적 축은 '무엇이 사라지는가'에 주목한다. 공동체, 문화, 기억, 가치, 인간성 같은 사회의 근원적 층위가 해체되는 과정을 탐구하면서 존재의 의미가 어떻게 변화하는지를 성찰한다.

과정적 축은 '어떻게 사라지는가'를 묻는다. 기술의 진보, 자본의 논리, 제도의 변화, 탈맥락화의 흐름 속에서 사회적 실체들이 해체되어가는 과정을 추적한다. 소멸은 특정 시점의 사건이 아니라, 권력·기술·자본이 얽힌 구조적 변화의 연속적 과정으로 이해된다.

생성적 축은 '소멸 뒤에는 무엇이 생겨나는가'를 탐색한다. 사라진 자리에 새로운 질서와 문화가 어떻게 출현하는지를 관찰하며, 디지털 공동체, 하이브리드 문화, 네트워크적 인간관계의 등장을 소멸 이후의 생성적 진화로 해석한다. 이 축은 소멸을 단절로 보지 않고, 전환과 생성의 연쇄로 파악하게 한다.

이렇듯 소멸정책에서는 다양한 방법으로 접근한다. 우선 민속지적 접근(ethnographic approach)을 가장 많이 쓰게 된다. 이는 사라져가는 공동체와 생활문화를 현장에서 기록하고, 그 속에서 나타나는 해체의 징후와 감정의 층위를 관찰한다. 장기적인 현지조사와 구술사 수집으로 공동체의 붕괴가 인간의 정서, 기억, 관계망에 어떤 흔적을 남기는지를 탐구한다. 이렇듯 사라져가는 농촌 마을의 생활양식 조사나 전통 장인의 기술·의례의 기록화는 단순한 문화 보존이 아니라 소멸의 사회문화적 맥락을 해석하는 학문적 실천이다. 이러한 현장 연구에서는 소멸을 살아 있는 인간 경험 차원에서 사유하게 한다.

소멸 연구의 또 다른 핵심 영역은 기억 연구이다. 기억 연구는 '무엇이 기억되고, 무엇이 잊히는가?'라는 질문에서 출발한다. 사회는 기억을 통해 자신을 구성하지만, 동시에 망각을 통해 새로운 질서를 창조한다. 이 연구는 집단기억과 세대기억의 단절 혹은 지속성을 탐색하며, 기억의 장소 개념에 따라 사회적 기억이 어떻게 형성되고 재구성되는지를 분석한다. 구술 인터뷰, 세대 간 비교, 미디어와 기록물에 나타난 기억의 재현 연구는 시간 속에서 변하는 정체성과 감정의 흐름을 파악하는 중요한 도구가 된다. 일제강점기나 산업화 시기의 기억이 세대마다 다르게 재현되는 양상, 또는 지역소멸과 함께 사라진 의례와 언어의 복원 시도는 기억의 사회적 역동성을 보여주는 대표적 사례다. 이러한 연구는 단순히 과거를 회상하는 행위가 아니라, 기억을 통해 사회가 스스로를 다시 구성하는 과정을 드러낸다.

이처럼 소멸 연구는 사라짐을 애도하는 것이 아니라 소멸을 통해 생성되는 새로운 질서와 감정, 기억의 형성 과정을 탐구하는 것이다. 사라짐을 기록하면서 동시에 미래의 가능성을 그려내어 소멸 뒤의 사회가 어떤 가치와 감정, 그리고 새로운 공존 방식을 선택할 것인가에 대한 깊은 사유의 문을 열어준다. 따라서 소멸학은 상실의 학문이 아니라, 전환의 인문학이자 생성과 지속을 함께 사유하는 문화적 미래학이라 할 수 있다.

소멸은 단순한 현실적 현상이 아니라 사회가 그것을 어떻게 말하고, 어떻게 기억하며, 어떻게 재현하는가에 따라 의미가 달라진다. 즉, 소멸은 언어와 감정, 권력과 기술, 그리고 예술의 장(場) 속에서 담론적으로 구성되는 현실이다. 소멸 담론에 대한 분석은 '무엇이 사라지는가'보다 '그 사라짐이 무엇을 뜻하고 표현되는가'에 초점을 맞춘다. 언론과 정책, 문화 담론 속에서 '소멸'은 단순한 사실 기술이 아니라, 특정한 사회적 의미망 속에 구성된 언어적 사건이다.

신문 기사와 방송 보도, SNS 담론에 나타난 '소멸', '지속가능성', '회복' 등의 언어 사용 패턴을 분석함으로써 사회는 어떤 감정과 가치의 구조 속에서 사라짐을 해석하는지를 밝힌다. '지방소멸'이라는 표현도 인구 감소 현상뿐만 아니라 지역 불균형, 정치적 책임, 문화적 상실감이 얽힌 언어적 프레임으로 작동한다. 또한 노스탤지어 문화의 확산은 사라짐을 애도하는 동시에 과거를 상품화하는 사회적 기능을 수행한다는 점에서 소멸 담론의 복합적 성격을 드러낸다.

그리고 감정사회학적으로 접근하면, 소멸은 단지 제도나 구조의 문제가 아니라 감정의 사회적 형성 과정이기도 하다. 사라져가는 것들에 대한 불안, 향수, 애도는 개인의 내면을 넘어 사회적 결속이나 분열을 낳는 정동적(affective) 에너지로 작용한다. 감정사회학적 접근은 이러한 정서가 어떻게 사회구조와 상호작용하는지를 탐구한다. 심층 인터뷰와 감정지도, 그리고 소셜미디어 감정 분석을 통해 사람들이 느끼는 '사라짐의 감정'이 사회적 관계와 문화적 서사 속에서 어떤 의미를 형성하는지를 살핀다. 폐촌 지역 주민의 향수는 단순한 과거 회귀가 아니라 공동체 상실에 대한 정체성의 재구성이며, 디지털 세대의 '관계 피로감'은 기술문명 속에서 관계 자체가 소모되고 사라지는 현상을 상징한다. 이러한 감정의 지형은 소멸이 단지 외부적 사건이 아니라, 감정적 사회구조의 결과임을 보여준다.

또한 비평적 문화연구 방법으로 소멸의 구조를 드러내기도 한다. 소멸의 이면에는 권력과 구조 문제가 존재한다. 그러므로 비평적 문화연구는 자본, 기술, 제도 같은 구조적 요인이 소멸을 어떻게 생산하고 정당화하는지를 분석한다. 소멸은 권력의 비가시적 작동 방식이 문화 속에서 드러나는 것으로 이해하고 광고, 영상, 예술 같은 다양한 문화 콘텐츠 속에서 '폐허의 미학'이 소비되는 양상을 보여준다. 또한 플랫폼 자본주의가 인간관계를 '데이터 관계'로 환원시키는 현상은 관계의 소멸을 구조적으로 재생산하는 새로운 권력 메커니즘으로 읽힌다.

한편, 디지털 인류학적 접근으로 기술이 무엇을 사라지게 하고, 무엇을 남기는가를 본다. 이로써 기술이 인간의 기억과 관계, 정체성을 어떻게 재구성하는지를 탐구한다. 사실 디지털 기술은 한편으로는 사라진 것들을 영구히 저장함으로써 기억을 연장하지만, 다른 한편으로는 삭제와 망각을 통해 존재의 부재를 새롭게 구성한다. 온라인 커뮤니티의 참여 관찰과 데이터 보존·삭제 관행 연구를 통해 '잊힐 권리'와 '기억의 영속성' 사이에서 벌어지는 사회문화적 갈등을 분석한다. SNS에서 나타나는 '디지털 애도' 현상은 물리적 부재를 감정적으로 재현하려는 새로운 애도 방식이자, 기술이 인간의 존재 방식을 어떻게 변형시키는지를 보여주는 상징적 장면이다.

소멸, 예술적으로 어떻게 표현할까?

소멸도 예술적으로 접근하며 기록하고 해석할 수 있다. 미학적 · 예술적 접근은 소멸을 기록하고 해석하는 또 하나의 인문학적 실천이라고 본다. 사진, 영상, 사운드 아카이빙 같은 예술 기반으로 소멸 현장을 시각적 · 청각적으로 포착한다. 그리고 감각의 층위에서 이를 깊이 이해하려 한다.

흔히 폐허를 촬영한 사진으로 시간과 존재, 기억의 흔적을 예술적으로 재현한다. 지역 문화의 사라짐을 주제로 한 인터랙티브 아트는 관객의 참여를 통해 '사라짐' 자체를 하나의 공동체적 경험으로 확장한다. 이처럼 예술은 소멸의 아카이브이자, 사라짐을 새롭게 느끼게 하는 감각의 문법이다.

결국 소멸을 통해 사라지면서 새로 드러나는 사회의 심층 구조와 감정의 지형, 그리고 생성의 가능성을 함께 사유하는 현대 예술로 인문학을 확장시키는 것이라 할 수 있다.

💡 더 생각할 점

- 지역 공진화를 위해 행정 주도의 일방향 정책이 아닌 '주민 참여형 거버넌스'는 어떻게 구축될 수 있을까?
- 청년층의 '일시적 귀촌'이 아닌 '장기적 정주'를 이끌어내기 위한 핵심 조건은 무엇인가?
- 지역 간 경쟁이 아닌 협업 기반의 네트워크 형성은 어떤 방식으로 촉진될 수 있을까?
- 지방소멸 담론은 지역주민의 정체성과 주체성을 어떻게 재구성하는가?
- 외부 인재 유입과 내부 자원 활성화는 어떤 균형 속에서 이루어져야 지속 가능한가?
- 소멸 감정(불안, 향수, 애도)을 공공정책 영역으로 다루는 것은 어떤 의미가 있는가?

3. 공진화 정책적 대응

1) 적합한 관점인가

소멸을 단지 멈춰야 할 '문제'로 보는 시각에서 벗어나, 그것을 공진화의 과정으로 이해하는 관점을 갖는 것은 매우 중요하다. 공진화 정책은 생태학, 기술정책, 문화정책을 서로 연결하는 복합적 패러다임 위에서 성립한다. 이는 소멸을 억제하거나 되돌리려는 것이 아니라 사회와 문화, 기술과 환경이 상호작용 속에서 새로운 균형을 찾아가는 진화적 과정의 일부로서 바라보는 관점이다.

공진화란 본래 생태학에서 한 종(체계)의 변화가 다른 종의 변화와 상호 영향을 주고받으며 함께 진화하는 과정을 뜻한다. 이 개념을 정책학에 적용하면, 사회·문화·기술·환경이 서로의 변화를 촉발하고 조정하며 동시적 변화를 만들어내는 역동적 체계를 의미한다. 이때 소멸은 단절이 아니라 불균형적 진화의 결과로 해석된다.

따라서 정책의 목표는 '유지'나 '복원'이 아니라, 변화된 조건 속에서 새로운 균형으로 재조정을 이끌어가는 데 있다. 공진화 정책은 소멸을 억누르기보다 새로운 생명력과 사회적 질서를 싹틔울 환경적 조건을 설계하는 정책이다.

공진화 정책이 소멸 대응에 적합한 이유

소멸은 고립된 사건이 아니라, 사회 각 부문이 얽혀 일어나는 연쇄적 변화의 결과이다. 인구 감소, 지역경제 쇠퇴, 문화 단절, 생태 파괴는 서로 분리된 문제가 아니라 하나의 복합적 시스템 속에서 상호작용하는 과정이다. 따라서 인구정책, 문화정책, 산업정책처럼 단일 부문의 접근으로는 근본적인 대응이 어렵다. 공진화 정책은 이러한 상호연결성을 전제로 하여 정책 간 경계를 넘어서는 통합적 대응체계를 지향한다.

공진화는 또한 사라짐과 생성의 순환 구조를 수용한다. 생태계에서는 한 종의 소멸이 다른 종의 생존 조건을 마련하듯, 사회문화적 차원에서도 한 형태의 사라짐은 새로운 문화, 산업, 관계 생성으로 이어진다. 따라서 정책은 이러한 순환을 억제하기보다 조정과 돌봄의 방향으로 개입해야 한다. 그 목표는 특정 대상을 무조건 보존하는 것이 아니라, 변화의 흐름을 조화롭게 이행시키는 사회적 리듬을 설계하는 데 있다.

또한 공진화적 관점은 정책 간 학제적 통합을 가능하게 한다. 소멸은 경제·사회·문화·환경이 교차하는 복합적 문제이기 때문에 공진화 정책은 여러 부처, 학문 분야, 지역 행위자들이 협력하여 공동 설계하는 새로운 거버넌스 체계가 필요하다. 이러한 거버넌스는 정책의 주체를 국가에서 지역과 시민으로 확장하며, 정책을 '관리'에서 '공진적 창조'로 전환하는 제도적 기반이 된다.

공진화 정책의 핵심은 소멸을 막는 것이 아니라, 소멸을 통해 드러난 사회의 불균형을 새로운 조화의 단계로 전환시키는 것임을 거듭 강조한다. 이 관점에서 정책은 방어가 아니라 '진화의 중개자'이며, 소멸의 흔적 속에서 새로운 문화적 질서와 생태적 연대를 설계하는 공동의 실험이다. 결국 공진화 정책은 사라짐과 함께 그 속에서 사회가 다시 살아가는 방식을 배우는 지혜의 정치학이라 할 수 있다.

2) 공진화 정책에 포함할 핵심 내용

공진화 정책은 변화의 흐름 속에서 사회 각 영역이 함께 적응하고 진화할 수 있는 생태계를 조성하려는 새로운 정책 패러다임이다. 소멸에 대한 공진화 정책의 목표는 유지나 보존이 아니라, 공동 적응(co-adaptation)에 있다. 지역과 국가, 전통과 기술, 인간과 환경이 상호 조응하며 변화에 대응하는 구조를 설계하고, 그 과정에서 지속가능성(sustainability)과 적응 가능성(adaptability)을 정책의 최우선 가치로 둔다. 다시 말하면, 공진화 정책은 변화에 대한 두려움이 아니라 변화 속의 공존을 모색하는 정책철학이다.

공진화 정책의 출발점은 앞에서 보았듯이 소멸에 대한 인식의 전환이다. 소멸은 실패나 상실의 징후가 아니라, 새로운 시스템이 등장하기 위한 진화적 전조로 이해되어야 한다. 정책은 이러한 전환이 무질서한 붕괴가 아니라, 점진적이고 공정한 과정으로 일어나도록 조율하는 역할을 맡는다.

이때 정책의 철학은 '유지의 행정'이 아니라, '진화의 윤리'로 확장된다. 사라짐을 관리하는 대신, 변화가 사회 구성원 모두에게 공정한 기회와 새로운 균형으로 다가가도록 설계해야 한다.

그렇다면 공진화 정책은 어떤 구조로 진행될까? 공진화 정책은 상호인식 → 상호적응 → 상호생성의 3단계 과정을 거치며 작동한다. 이는 정책을 단일 행정 주체의 결과물이 아니라, 사회 각 체계가 상호작용하며 스스로 조정하는 진화적 과정으로 보려는 것이다(이홍재, 2018).

공동인식 단계에서는 상호인식으로 나타나는 변화의 상호관계를 진단한다. 지역소멸이 기술 구조, 환경 변화, 인구 이동과 어떤 순환을 이루는지 분석하고, 각 영역 간의 연동성과 의존성을 데이터와 사례로 드러낸다. 이는 문제의 '원인'을 찾기보다 변화의 '네트워크'를 해석하는 단계다.

공동시동 단계에서는 상호적응하면서 정책 간의 교차적 조정을 살펴본다. 문화정책이 기후정책과, 산업정책이 인구정책과 서로 영향을 주고받으며 정책 목표와 수단을 동시 수정하는 정책 공진화 과정이 이루어지는 것이다. 이 단계에서 정책은 더 이상 수직적 명령 체계가 아니라, 수평적 조정 메커니즘으로 작동한다.

공동창발 단계에서는 상호생성되는 새로운 관계와 질서를 공동 설계한다. 사라진 마을을 예술생태로 재구성하거나, 폐산업시설을 문화 인프라로 전환하는 등 소멸의 흔적을 기반으로 새로운 공존 질서를 창발시킨다. 이 단계에서 정책은 행정이 아니라, 공동 창작의 플랫폼으로서 기능한다.

핵심 정책 영역의 통합적 실천

소멸에 대한 공진화 정책은 여러 부문이 동시에 협력하는 통합적 방식이 바람직하다. 이때 각 영역은 소멸위기를 전환의 기회로 바꾸는 실험실이 된다.

먼저 지역정책에서는 소멸 지역을 새로운 생태 실험지로 전환하는 관점에 주목해야 한다. 폐허 마을의 경우는 리빙랩(Living Lab)으로 운영하거나, 지역 전환센터를 설치하여 지역주민과 외부 전문가가 함께 지속가능한 생태 실험을 수행한다. 문화정책에서는 사라짐을 단순히 기록하는 데 그치지 않고, 새로운 문화생태로 연결한다. '기억-전환 예술 프로젝트' 같은 프로그램은 소멸의 감정을 창의적 자원으로 변환시킨다. 산업정책 관점에서는 쇠퇴산업을 생태문화산업으로 재편한다. 지역 순환경제 모델을 구축하여 산업의 종말이 곧 지역의 재생으로 이어지게 한다.

교육정책에서는 소멸 지역의 경험과 지식을 미래 세대의 학습 자원으로 전환하도록 한다. 지역기억교육, 전환학교 등은 지역의 역사를 살아있는 교재로 되살린다. 환경정책 관점에서는 인간 중심 개발을 넘어 생태적 균형 회복으로 방향을 돌려 생태기억 복원 프로그램을 통해 인간과 자연의 관계를 다시 쓰는 새로운 환경윤리를 구현한다.

이와 같은 다섯 가지 정책 부문은 각각 독립된 정책이 아니라, 서로 물결치며 진화하는 하나의 시스템이다. 그러므로 정책 거버넌스로 공진화 네트워크를 설계해야 한다. 공진화 정책의 거버넌스는 단일 행위자 중심이 아닌 다층적 협력 구조(multilevel governance)로 설계되어야 한다.

중앙정부는 정책의 방향과 규범을 제시하고, 지방정부는 지역 특성에 맞춘 실험과 조정을 주도한다. 시민사회, 예술가, 학계는 감시자이자 공동 설계자로 참여하여 정책 과정의 투명성과 다양성을 보장한다. 이러한 구조는 '명령과 통제'의 행정이 아니라, 공동학습과 공동창발의 시스템으로 진화한다. 공진화 거버넌스는 단기적 대책의 집합이 아니라, 사회 전체가 스스로 적응하고 회복하며 진화하는 지속적 메커니즘을 구축한다. 결국 공진화 정책은 소멸의 시대를 살아가는 사회가 '변화에 대응하는 법'이 아니라 함께 진화하는 법을 배우는 새로운 정치적 실험이라 할 수 있다.

공진화 정책의 실천적 주제

공진화 정책은 단순한 정책 패러다임이 아니라, 사회가 스스로의 변화 능력을 실험하고 확장하는 진화적 실천의 장이다. 소멸은 종말이 아니라 새로운 생태적 질서의 출발점이므로 정책은 그 과정이 균형과 조화를 이루도록 돕는 조율자 역할을 수행한다.

이를 실제 정책으로 구현하기 위해서는 몇 가지 실천적 과제를 중심으로 접근할 필요가 있다.

우선, 소멸과 탄생의 상호작용을 분석하는 것이 핵심이다. 소멸산업이나 사라져가는 문화가 어떤 새로운 생태를 낳는지를 추적하는 일은 소멸을 단순한 상실이 아닌 생성의 조건으로 이해하게 한다. 예를 들어, 한 산업의 쇠퇴는 새로운 지역문화나 순환경제 생태의 기반이 될 수 있다. 정책은 이러한 순환의 흐름을 발견하고, 사라짐이 만들어내는 새로운 생명력의 통로를 제도적으로 열어야 한다.

다음으로, 공진화 정책은 변화의 속도와 방향을 단일한 행위자가 통제할 수 없다는 인식에서 출발한다. 따라서 지역 간, 산업 간, 세대 간에 걸친 적응 네트워크(adaptive network)를 구축해야 한다. 이 네트워크는 각 주체가 서로의 경험을 학습하고, 다른 영역의 변화를 자신의 전략에 반영할 수 있도록 돕는다. 다시 말하면, 공진화는 중앙의 명령이 아니라 상호학습 구조로 설계되어야 한다. 정책은 이러한 학습의 순환을 지원하는 플랫폼이자, 지속적 소통의 생태계를 형성하는 매개체가 된다.

아울러, 소멸과 진화는 짧은 시간의 효율성으로 다룰 수 없는 문제이다. 공진화 정책은 단기적 성과 중심의 대응을 넘어, 세대 간 공진화 관점에서 시간의 리듬을 재구성해야 한다. 정책의 시간성은 '즉각적 대응'보다 '점진적 전환'을 중시한다. 이때 정책 타임라인은 하나의 세대가 아닌 세대 간 대화의 시간축으로 설계되며, 그 안에서 변화의 연속성과 사회적 기억이 자연스럽게 이어지도록 조정해야 한다.

나아가, 공진화 과정을 정량적으로 이해하고 평가할 수 있는 도구가 필요하다. 이를 위해 '공진화지수(co-evolution index)' 같은 것을 개발하여 사회적 적응력, 상호작용의 정도, 변화 간의 연계성을 계량화하는 것이 중요하다. 이 지수는 단순한 성과평가가 아니라, 사회의 복합적 상호성(相互性)을 수치화함으로써 정책이 어느 정도 공진화의 방향으로 작동하고 있는지를 진단하는 진화의 척도가 된다.

또한, 공진화는 기술적 조정만으로 이루어지지 않는다. 그 기반에는 소멸을 존중하며 새로움을 도모하는 공공윤리가 자리해야 한다. 공진화 윤리는 생존경쟁을 넘어, 사라지는 존재와 새로 태어나는 존재가 서로의 자리를 인정하는 사회적 감수성을 말한다. 정책은 이러한 윤리를 제도 속에 스며들게 하여 소멸을 애도하면서도 새로운 질서를 두려움 없이 맞이할 수 있는 정의로운 전환의 기반을 마련해야 한다.

마지막으로, 소멸정책 패러다임의 재정립인데, 소멸을 공진화로 다룬다는 것은 정책 패러다임 자체를 바꾸는 일이다. 이러한 접근은 소멸을 멈추려는 정책이 아니라, 소멸을 바탕으로 사회가 스스로 진화하도록 돕는 정책을 뜻한다. 유지 중심의 정책에서 전환의 정책으로, 보존 중심의 정책에서 상호학습의 정책으로 이동하는 것이 핵심이다. 소멸은 공진화의 한 장면이며, 그 장면이 정의롭고 지속가능한 균형으로 이어지도록 설계하는 것이 공진화 소멸정책의 궁극적 과제이다. 이런 점에서 공진화 정책은 인간사회가 스스로의 변화를 받아들이는 지혜를 제도화하려는 시도다. 그 목표는 균형의 재발견, 새로움의 순환, 공동적응의 문화다. 따라서 공진화 소멸정책은 소멸의 시대에 인간과 사회가 어떻게 함께 살아남을 것인가를 넘어, 어떻게 함께 새로 태어날 것인가를 묻는 정책철학의 실천이 된다.

- 공진화 관점이 실제 정책 현장에서는 어떻게 왜곡되거나 희석될 가능성이 있는가?
- 공진화 정책은 지역 간 불균형을 해소하기 위한 '수단'인가, 아니면 또 다른 차별화 전략인가?
- 공진화 거버넌스에서 중앙·지방·시민사회의 협력은 어떤 신뢰 기반과 제도적 장치가 필요한가?
- 공진화 윤리는 소멸을 존중하는 윤리인데, 기술, 도시, 기후정책의 맥락에서 실질적으로 구현되기 위해서는 어떠한 가치 전환이 필요한가?
- 공진화 정책은 기존의 지역주민성과 새로운 외부 주체 간의 갈등을 어떻게 조율할 수 있는가?
- 소멸을 바탕으로 진화하는 정책 중에서 우리 사회가 선택해야 할 추진 전략은 무엇이라고 생각하는가?

더 읽어볼 책

권혁인(2025), 『가치 소멸을 넘어서: 다시 인간을 중심에 놓기』, 한경사.

김재훈(2025), 『지방 소멸과 수도권 집중의 경제학: 지속가능한 대한민국을 위한 해법』, 한울.

마스다 히로야(2015), 김정환 역, 『지방소멸: 인구감소로 연쇄붕괴하는 도시와 지방의 생존전략』, 와이즈베리.

박우현·박누리(2025), 『뉴 로컬 컬처 키워드: NO 지역소멸 YES 지역 재생, 지방에 부는 새로운 바람』, 북바이북.

엄상용(2024), 『지역의 반란: 지방소멸 위기에서 되살아난 한국과 일본의 15개 지역』, 컬처플러스.

우치다 타쓰루 외(2023), 김영주 역, 『인구 감소 사회는 위험하다는 착각: 저출산, 저성장 시대를 맞이하는 미래 세대를 위한 처방전』, 위즈덤하우스.

유디트 샬란스키(2022), 박경희 역, 『잃어버린 것들의 목록: 소멸을 통해 우리가 기억해야 하는 것들』, 뮤진트리.

이흥재(2018), 『4차산업혁명과 소셜디자인 문화전략』, 푸른길.

전영수 외(2022), 『소멸 위기의 지방도시는 어떻게 명품도시가 되었나?: 지역과 미래를 되살린 일본 마을의 변신 스토리』, 라의눈.

정영효(2025), 『소멸하는 일본 최후의 해법: 저출산·초고령화 국가 일본에서 찾는 한국의 생존 전략』, 한국경제신문.

카트린 뵈닝게제, 프리데리케 바우어(2024), 이미옥 역, 『종의 소멸: 생물다양성 상실이 초래할 미래』, 에코리브르.

한병철(2022), 전대호 역, 『사물의 소멸: 우리는 오늘 어떤 세계에 살고 있나』, 김영사.

4부

맺음말

12장. 균형 잡힌 정책, 지속가능 미래

지금까지 문화와 가치의 전환을 위한 구조적 사유를 거쳤다. 그렇다면 새로운 문화정책은 어떤 것이어야 할까? 새 문화정책은 균형 잡힌 지속발전을 좌표로 하여 지속가능한 정책으로 자리해야 한다. 문화정책은 단기적 성과주의와 산업적 효율성에 머물지 않고, 세대 간 정의와 생태적 책임, 문화적 다양성을 동시에 고려해야 하기 때문이다.

균형 잡힌 좌표는 경제적 성장과 문화적 가치의 균형, 기술혁신과 인간 중심성의 균형, 지역성과 세계성의 균형, 현재 세대의 필요와 미래 세대 권리 사이의 균형과 함께 작동한다.

새로운 좌표는 특정한 가치의 극대화보다 다양한 가치의 공존과 상생을 통해 지속성을 확보하는 방향이어야 한다. 이는 문화정책을 단순한 보조 수단에서 사회 전체를 지탱하는 기반 구조로 격상시키는 의미를 갖는다.

12장
균형 잡힌 정책, 지속가능 미래

그동안 우리 사회는 '속도' 우선으로 발전을 추구해왔다. 고도산업화와 지식정보화 과정을 거치며 고속성장을 누렸고, 이를 국가 경쟁력과 사회 진보의 상징으로 여겼다. 효율성과 생산성을 극대화하는 것이 정책과 제도의 최우선 가치였다. 그러나 지금, 우리는 고속발전이 가져온 부작용과 한계에 부딪치고 있다. 환경파괴, 심리적 고립, 사회 양극화, 문화의 획일화, 생태계 위협 같은 휘몰이 충격이 불어닥쳤다. 이는 모두 속도 지향 발전이 지속가능성을 간과했을 때 발생하는 구조적 문제다. 이에 따라 '속도' 가치보다 '균형'과 '지속성'을 중시해야 한다는 논의가 많다. 다시 말하면, '균형 있는 지속가능발전'에 대한 요구이다. 다행히 이 요구는 지금 세계적으로 확산하고 있으며, 경제 전략의 조정만이 아닌 사회문화 가치관의 심층적 전환을 요구하는 문명사적 과제로 등장하고 있다.

지속발전으로 바꾸는 것은 사회 전체가 추구하는 삶의 방식과 의미체계, 조직 구조에 대한 총체적 재구성을 요구하는 것이다. 이는 순환적 시간, 상호의존성, 생태적 감응성을 핵심 개념으로 구성된다. 여기에서는 사회문화적 감수성의 변화와 상상력의 전환이 선행되어야 한다.

이 같은 전환기 상황에서 사회문화는 지속가능한 사회를 설계하고 실현하는 핵심 매개로서 중요한 위치를 차지한다. 문화는 사회가 '무엇을 소중히 여기는가'를 결정하는 가치체계를 구성하며, 예술은 그러한 가치를 구체적으로 경험할 수 있도록 돕는 상징적 실천의 장이다. 다시 말해, 지속발전은 어떤 삶이 바람직한가에 대한 질문과 답을 재구성하는 사회문화적 작업이다. 예를 들면, 생태위기에 대응하기 위해 에너지 전환 정책이나 탄소중립 계획을 추진하는 것은 필수다. 그렇지만, 사람들의 생활 균형감각과 정체성, 공동체적 책임의식이 수반되지 않은 채 제도를 만들어봐야 그 제도는 지속되기 어렵다. 이때 문화예술은 데이터나 설계로는 전달하기 어려운 '공감'과 '감응'을 생성함으로써 지속발전을 생활세계의 일부로 전환시킬 수 있다.

또한 지속발전 수요는 경제 개념에서도 사유의 전환이 필요하다. 고속경제 발전은 GDP, 수출, 고용률 수치를 중심으로 구성되어 있다. 그러나 균형 잡힌 지속가능발전은 삶의 질, 생태적 균형, 문화적 다양성, 심리적 안녕, 공동체 유대 같은 정성적인 요소들을 포괄한다. 이처럼 삶의 의미와 방향에 대한 문화적 상상력과 비판적 사유를 복원하는 과제인 셈이다. 여기에서 사회문화는 그 실험적 모델이자 실천의 촉매 역할을 한다.

특히 고속발전이 중심-주변 구조, 대도시 위주의 성장, 획일화된 표준을 추구해왔다면, 지속발전은 지역성, 다양성, 비중심성, 분산화, 생태윤리 같은 중심 가치를 전면에 재배치한다. 이때 지역문화 자원, 전통적 생태 지식, 공동체 기반 창작은 지속가능한 발전을 위한 문화적 자산이자 살아있는 지식 체계이다. 예를 들어, 지역공동체가 오랜 시간 축적해온 전통 농업 지식이나 생물다양성에 대한 감각은 단순히 과거 유산이 아니라 기후위기 시대의 지속발전 해법이 될 수 있는 살아있는 문화 기술로 다시 조명받는다.

이러한 변화는 관계의 변화를 전제로 하며, 효율 중심의 산업 논리에서 관계성 중심의 문화적 논리로 바꿀 필요가 있다. 그 과정에서 문화와 예술은 새로운 감각 질서, 가치 구조, 사회적 연결성을 창출하는 전방위적 장치가 된다. 지속발전은 '덜 성장하는 것'이 아니라 '다르게 성장하는 것'이며, 그 다름은 감성, 윤리, 공동체, 예술, 그리고 시간에 대한 새로운 이해가 동반되기를 기대한다.

1. 그리 어렵지 않은 지속가능성

1) 성장에서 성숙으로

성장중심 산업화 과정에 나타난 사회문화적 휘몰이 충격 현상은 그 자체로 고속성장의 뒷모습과 부작용이며, 지속가능하지 않은 발전 구조의 폐해를 드러내는 민낯이었다. 특히 국가나 대도시에서 경제는 성장했지만 인간적인 삶의 질은 오히려 떨어지는 일도 나타났다. 이 때문에 발전 개념을 질적 전환과 사회적 성숙으로 재정의해야 할 필요가 더 커졌다.

여기서 '질적 성장'이란 성장의 방향성과 목적 자체를 재설계하는 근본적인 가치 전환을 포함한다. 다시 말하면, 다양성의 존중, 사회적 포용성 강화, 생태적 균형 회복, 인간관계의 재조직, 심리적 안정성과 정체성의 존중 같은 삶의 질과 공동체적 삶의 지속가능성에 주목하는 발전 방식이다. 바꿔 말하면, 성숙 개념에 가깝다. 이러한 성숙 개념은 특히 문화와 사회라는 층위에서 더욱 중요하게 논의되어야 한다. 문화는 사회가 무엇을 소중하게 여기며, 어떤 삶을 지향하는지를 규정하는 가치적 토대이기 때문이다.

성숙 개념 바탕의 지속가능한 질적 발전은 문화적 감수성과 사회적 합의 없이는 실현될 수 없다. 그래서 오늘날의 도시는 걷기 좋은 거리, 자연과의 접점, 문화예술 공간, 지역공동체의 참여성 같은 질적 요소들을 중심에 두고 설계한다. 이는 도시가 삶의 질과 인간관계의 깊이를 담보하는 생태적 단위로 전환되고 있음을 시사한다. 이러한 도시 구조는 인프라의 문제가 아니라, 사회적 성숙도를 기반으로 한 문화적 감각의 전환에서 출발한다.

또한 질적 성숙으로의 전환에서는 교육, 복지, 행정, 경제 전반에 걸쳐 새로운 판단기준이 필요하다. 기존에는 '얼마나 많은 사람을 교육시켰는가?'가 핵심 지표였다면, 이제는 '교육을 바탕으로 어떤 정서적·문화적 성숙이 이루어졌는가?'가 더 중요하다. 복지 제도도 단순한 재분배보다 사회적 존엄성과 참여의 기회를 확장하는 방식으로 진화해야 한다. 경제 역시 단기적 수익보다 장기적 공동체 가치와 생태적 책임을 중심으로 평가받아야 한다. 이는 곧 질적 성장의 기준이 '관계'와 '의미', '감응'과 '책임성' 같은 문화적 가치에 의해 재편되어야 함을 의미한다.

AI 격차를 넘어서 포용적 AI 시대를 열어가는 전략의 하나로 '인간 중심 AI'로 만들어가는 지속가능한 복지 생태계를 전개·융합해야 한다. 그리고 이를 추진하는 데 있어 데이터 속에서 인간중심성을 추구해야 한다. 공공의사결정 체계는 AI 시스템이 분석·제안하면 전문가가 최종결정하게 된다. 이때 AI 제안에 대해 근거와 논리를 인간이 이해 가능한 수준으로 제공하면 관련 사항에 대한 설명이 가능하게 된다. 그리고 AI 결정의 편향성과 정확성을 판단해 지속 모니터링하면서 인간과 인공지능이 협력체계를 구축하게 된다.

또한, 이런 점에서 문화정책도 이제는 단순한 지원, 육성, 보호, 조성, 규제 같은 기존 정책수단을 뛰어넘어 지속가능한 문화생태계를 설계하는 구조적 사고로 이동해야 한다. 문화는 일정한 주체가 일방적으로 생산하고 소비하는 대상이 아니라, 다양한 사회 구성원이 상호작용하며 만들어내는 살아있는 생태적 구조이기 때문이다. 따라서 질적 성장의 조건은 문화적 다양성과 사회적 포용성을 제도화하고, 일상 속에서 창의적 감수성과 공존의 윤리를 실천하는 시스템을 구축하는 것이다.

2) 창조적 지속가능 프로그램

그동안 문화예술과 사회는 자본주의 소비 패러다임 속에서 상호 구조화되었다. 대중문화는 산업 논리 속에서 대량생산되고, 예술작품은 시장 가치와 브랜드 인지도에 따라 계량되었으며, 문화는 도시 경쟁력과 관광 자산으로 활용되었다. 이러다 보니 문화의 창조적 본질을 소진시키고, 사회의 미적 감수성을 일방적 소비 형식으로 고착시켰다. 문화예술은 '체험 상품'이 되고, 공동체가 '소비자 집단'으로 전락한 상황에서 문화예술은 더이상 새로운 삶의 의미를 제안하기보다 소비자를 위한 정서적 서비스로 축소되었다.

그러나 이러한 소비 중심 문화의 한계로 드러난 감정의 피로, 창의성의 고갈, 공동체 해체, 생태위기 같은 사회 전반의 위기 때문에 삶의 방향성을 전환할 필요가 생겼다. 이 과정에서 사회문화도 '지속가능한 삶의 감각과 관계를 복원하는 실천'으로 새롭게 자리매김하고 있다.

리페어 문화와 창조적 순환의 미학을 살린 프로그램을 예로 들어보자. 프랑스 리옹 근교에 위치한 라 페루즈 아틀리에(La Pérouse Atelier)는 지역주민과 예술가, 기술자, 노인층 장인들이 협업해 고장 난 물건을 수리하고, 그 과정을 예술적 프로젝트로 전환하는 커뮤니티 기반 창작 플랫폼을 만들었다. 이곳에서는 낡은 가전제품, 가구, 자전거 수리보다 개인의 기억과 공동체의 이야기를 담는 작업에 더 진심이다. 이러한 방식은 소비에서 창조로의 전환을 선명하게 보여준다. 물건을 고치고, 그 과정에서 이야기를 나누고, 그것을 다시 전시함으로써 순환적 감각과 지속가능성, 미적 실천이 통합된다. 이 아틀리에는 유럽 각지의 예술대학과 지속가능 디자인 연구자들이 필드워크를 진행하는 장소로 자리 잡았으며, '버릴 것 없는 삶'이라는 윤리를 예술과 기술의 실천으로 구현하고 있다.

이처럼 지역을 기반으로 하는 창작과 생태 사업은 사회적인 지속성과 상상력을 돋우는 성숙된 힘이 강하다. 예를 들면, 일본 도야마의 작은 마을 야쓰오에서 매년 여름에 열리는 '야쓰오노오도리'를 보자. 이곳의 테마는 '오와라 카제노봉(おわら風の盆)'이라는 전통적인 춤 축제다. 이 축제에서는 청년 예술가와 주민이 협력하여 지역의 풍력 자원, 사운드 아트, 도시 조명 기술을 접목한 창작형 퍼포먼스로 재구성한다. 이러한 실천은 단순한 축제 소비보다 지역문화의 창조적 갱신과 기술적 상상력이 접목된 지속가능한 문화 실험으로 확장된다. 관광객은 이 지역의 기후 특성과 역사, 주민과의 관계 속에서 축제를 경험하게 되고, 마을은 축제를 바탕으로 장기적인 문화 자립과 공동체 정체성을 강화하게 된다. 이 사례는 문화예술이 지역사회의 지속가능성과 정서적 회복력을 동시에 구현할 수 있는 구조를 보여준다.

또한, 이미 폐허가 되어버린 공간에서 문화생태계로 바꿔가는 사업으로서 브라질 상파울루의 '파브리카 데 크리에이션(Fábrica de Criação)'이 주목받는다. 이는 낙후된 산업 지대에 위치한 버려진 공장 공간을 예술가, 도시농부, 교육자, 디지털 인프라 개발자가 함께 공공문화 창작소로 재탄생시킨 지속가능 예술 프로젝트다. 이 공간은 예술 창작, 생태 워크숍, 도시농업 교육, 디지털 기술 실험실, 청년 창업 허브를 통합하여 운영되며, 문화와 경제, 생태와 공동체가 공진화하는 복합 생태계를 구성한다. 여기서 창작은 사회적 소외계층과의 협력, 자원 순환 시스템, 도시재생의 감각적 표현을 포함한 구조화된 실천으로 이해된다. 중요한 것은 이 공간이 매우 자립적인 운영구조를 갖고 있으며, 지역 예산에만 의존하지 않고, 창작된 콘텐츠의 일부는 지역 통화나 지역 바터시스템으로 유통되어 자생력 있는 문화경제순환 구조를 형성한다는 점이다. 이 사례는 문화예술이 지속가능한 지역 생태계 구축의 핵심 인프라가 될 수 있음을 실증적으로 보여주었다.

디지털 환경 속의 창작 공유 생태계를 이끄는 사업에서도 이런 특징은 잘 실천되고 있다. 인도의 '툴박스 포 크리에이티브 커먼즈(Toolbox for Creative Commons)'는 인도 방갈로르에서 시작된 것으로, 다양한 예술가와 프로그래머, 디자이너들이 협력해 디지털 기반의 창작 도구와 매뉴얼을 자유롭게 공유하는 플랫폼을 구축한 프로젝트이다. 이 프로젝트는 창작 자원을 오픈소스화함으로써 기술이나 장비가 부족한 지역에서도 창작이 가능하도록 문화적 접근성을 높이고 있다. 이는 파일을 공유하는 데서 그치지 않고 참여자들이 이 툴박스를 활용해 교육 커리큘럼을 만들고, 거리예술과 퍼포먼스를 결합하며, 디지털 격차 해소와 창작의 민주화를 동시에 추구한다. 이 플랫폼은 소비 중심의 디지털 콘텐츠 생태계에서 벗어나 공유와 협업을 중심으로 한 '창조적 공공성'을 성숙하게 실현하고 있으며, 참여자들은 창작을 통한 공동체 재구성 과정에 깊이 개입하고 있다.

이러한 프로그램은 문화예술이 창조적 삶의 방식과 사회 생태계를 회복하는 핵심 인프라로 전환될 수 있음을 잘 보여준다. 특히, 리페어 문화, 지역 기반 창작, 폐허 공간의 문화화, 디지털 창작 공유 생태계는 경제적 지속성, 생태적 윤리, 공동체적 감성, 기술 민주화를 통합적으로 실현하는 장이 된다.

중요한 것은 이들이 사회적 관여와 감응을 핵심 원리로 삼고 있다는 점이다. 이러한 실천은 고속생산과 일회적 소비를 넘어 시간을 들여 함께 창조하고, 의미를 나누며, 관계를 지속시키는 윤리로 전환되는 문화적 전환점이다. 앞으로 문화예술은 이처럼 어떻게 지속가능한지가 중심이 되어야 하며, 그러한 전환 속에서 우리는 문화예술이 사회의 미래를 설계하는 본질적 실천의 장임을 재확인하게 된다.

3) 커뮤니티 기반 가치창출

문화가 이처럼 질적 성숙과 지속가능성을 구현하는 핵심 자원으로 재조명되고 있다면, 어느 분야에 적용할 수 있을 것인가? 앞의 논의들에서는 그 구체적 실천 대상으로서 전통문화의 현대적 계승, 지역 커뮤니티 기반 문화 발전 모델, 공공예술을 통한 사회적 가치창출을 다뤘다.

이때 문화정책은 지속가능성을 고려해서 전통문화를 창조적으로 계승하고, 동시대의 문제의식과 연결함으로써 문화적 시간성을 확장하는 방식으로 접근했다. 이는 보존뿐만 아니라, 재해석하고 재맥락화함으로써 새로운 문화적 감각을 창출하는 '과정'이다.

예를 들어, 전통 설화나 민속 기술을 현대 미디어 예술, 무용, 디자인, 디지털 서사 형식과 결합함으로써 세대 간의 감각을 연결하고, 지역 정체성과 창의성을 함께 강화하는 방식이 가능했다. 또한, 판소리나 탈춤 같은 전통 예술을 현대극, 애니메이션, VR 콘텐츠로 재구성하는 실험들도 활발히 진행되고 있다. 이러한 가치창출은 과거와 현재, 지역과 세계, 보존과 창조 사이의 문화적 역동성을 가시화하며, 문화유산이 살아있는 사회적 자산으로 기능하게 한다. 특히 이러한 현대적 계승은 지역주민의 참여와 기억을 매개로 할 때 더욱 의미가 깊다. 지역주민의 경험, 구술, 참여적 아카이빙을 바탕으로 공동의 문화유산이 재해석될 때, 그것은 지속가능한 정체성 자원으로 기능하며 문화공동체의 기반을 강화한다.

지속가능한 문화사회는 생활하는 공간에서 문화 감각이 어떻게 조직되고 유지되며 성장하는지가 중요하지 않을까? 이러한 관점에서 지역 커뮤니티 기반의 문화 발전이 또다시 주목을 받는다. 이는 지역주민 스스로 자신의 문화적 필요를 정의하고, 공동체 내부의 자원과 관계를 바탕으로 문화적 삶을 실현하는 방식이다. 이러한 모델은 과정, 관계, 참여의 구조를 중시한다. 예를 들어, 마을회관을 문화공유 플랫폼으로 재구성하거나, 동네 상점이나 골목을 공연·전시 공간으로 전환하는 사례들은 물리적 공간의 재창조와 사회적 관계망의 복원을 동시에 달성하는 실천이다. 여기서 문화는 사람들 사이의 의미 있는 만남과 지속되는 상호작용 구조 자체가 된다. 또한 커뮤니티 기반 모델은 지역 특유의 자원과 감각을 활용해 독자적인 문화정체성을 구축할 수 있다는 점에서 중요한 가치가 있다. 이는 지역 내부에서부터 시작되는 자율적 문화생태계 형성을 가능하게 한다. 지속가능성은 바로 이 자율성과 관계의 복원에서 출발한다.

　이처럼 공공예술을 바탕으로 한 사회적 가치창출 활동에서 사회적 관계를 어떻게 연계하는 것이 바람직할까? 최근 공공예술은 사회적 가치를 창출하고, 공동체의 참여와 연대를 촉진하는 실천적 예술로 변하고 있다. 이는 예술가의 창작이 공간의 재구성, 사람 사이의 관계 회복, 사회적 의제 형성까지 포괄하는 구조로 확장되는 흐름과 맞물려 있다. 예를 들어, 버려진 공간에서 청년과 노인이 함께 도시정원을 조성하고, 그 과정을 미술가가 기록하고 전시하는 프로젝트는 사회적 관계를 형성하고 자존감을 회복하며, 공동체 내부의 균열을 치유하는 미적 실천이다. 공공예술은 이처럼 사회적 약자나 주변부의 목소리를 드러내고, 도시 안에서 보이지 않는 문제들을 감각화함으로써 문화가 사회문제 해결의 촉매로 나설 가능성을 제시한다.

　특히 지속가능한 공공예술은 전시 한 번에 그치지 않고, 지속적 운영 구조와 주민참여, 지역기관과의 협업을 바탕으로 예술이 생활세계 속에 뿌리내리는 구조를 만든다. 여기서 창조성은 공동체 속 관계의 조직, 감정의 공유, 사회적 상상력 확산을 가능하게 하는 과정 중심의 실천인 셈이다.

　사회문화는 이처럼 사회가 지속가능하게 존속할 수 있는 정서적·상징적·구조적 기반을 마련하는 실천으로 커뮤니티 가치를 창출한다. 우리가 마주하고 있는 새로운 시대는 속도가 아닌 연결, 확장이 아닌 깊이, 결과가 아닌 과정의 의미를 중심에 둔다. 이러한 시대에 문화를 기반으로 다양한 주체가 서로 감응하고 살아가는 생태계가 형성되어야 비로소 균형 잡힌 지속발전이 가능하다.

2. 조화로운 생태문화

1) 자연 공존형 지속

최근 국제사회와 다양한 학문, 실천 영역에서는 자연과 공존하며 지속가능한 삶을 실현하는 방향으로 전환하는 움직임이 늘고 있다. 이 전환의 핵심은 물론 경제 시스템을 바닥에 깔고 있지만, 생활양식, 문화적 감수성 전반을 포함한 거대한 인식 전환과 가치 형태로 나타난다. 이러한 가치 이동은 경제학, 생태학, 사회학, 문화예술학이 상호 교차하는 결절점에서 의미를 갖는다. 그리고 순환경제와 생태문화(ecological culture)라는 두 축을 바탕으로 한다.

순환경제는 재사용, 재활용을 바탕으로 자원을 순환시킴으로써 자원의 지속가능성과 환경 부담을 최소화하는 경제 시스템이다. 이는 경제와 생태의 통합적 사고방식을 갖고, 동시에 사회 시스템의 구조적 혁신을 수반하는 실천 활동이다. 예를 들어, 도시에서 순환경제를 실현하려고 건축 자재의 모듈화와 재사용, 음식물쓰레기의 바이오에너지화, 지역 내 물순환 시스템 구축, 지속가능한 교통체계 설계를 통합적으로 추진하는 것을 말한다. 기업 차원에서는 제품의 생산에서부터 '재순환'을 고려한 디자인(eco-design)과 포장 감축, 에너지 절약형 유통 방식, 폐기물 회수 시스템을 구축한다. 이때 중요한 점은 순환경제가 단순한 친환경 기술의 집합보다 경제 활동의 목적과 방식 자체를 재구조화하는 패러다임 전환이라는 사실이다. 이 전환이 성공하기 위해서는 법 제도와 기술, 시민의 문화적 감수성과 생활 방식 같은 생태문화의 실천이 병행되어야 한다.

한편, 생태문화라고 하는 것은 자연과 인간, 사회와 환경의 상호 의존성을 인식하고, 그 속에서 윤리적·감성적 관계를 회복하려는 문화적 태도를 말한다. 이는 자연과 공존하고 조화롭게 살아가는 존재로 인식하는 자연관을 사회적으로 공유하고 실천하는 과정이다. 이러한 생태문화는 교육, 예술, 공동체 활동, 도시 계획, 식생활처럼 삶의 다양한 영역에서 구체화될 수 있다. 예를 들면, 학교 교육에서 플라스틱 줄이기, 텃밭 가꾸기로 생태 감수성 키우기, 지역 축제에서 지역 자원과 전통 방식의 음식문화 되살리기, 예술가가 폐기된 물건을 활용해 재생 조형물을 만드는 것 등이 있다. 이는 삶의 구조 속에서 생태적 실천을 문화로 정착시키는 구체적 사례들이다. 여기서 생태문화가 지속가능한 사회를 설계하는 감성적 기반이자 공동체 윤리의 핵심이라는 점이 중요하다.

그렇다면 이러한 것들을 유지하는 방식은 무엇인가? 생태문화 기반 전환의 통합 정책은 시민의 문화적 습관과 공동체 감각을 바탕으로 한 생태문화 시스템을 설계하는 것이다. 자전거 이용 장려, 지역 기반 농산물 소비, 시민참여 예산제, 재생에너지와 예술 프로젝트의 결합이 대표적이다. 인도 케랄라주의 '피플스 플랜 캠페인'은 지역주민이 생태계 보호를 위한 문화 프로그램을 직접 설계·운영하는 모델로, 행정과 공동체, 문화와 환경의 긴밀한 연계를 보여주는 정책이다. 이는 지역 강과 숲을 중심으로 한 문화 프로그램을 바탕으로 자연자원 보전과 공동체 정체성 회복을 동시에 이루며, 생태문화 기반의 사회혁신 가능성을 실천하고 있다.

확실히 생태적 전환은 감각의 재구성에서 출발한다. 순환경제가 경제적 구조 전환의 틀이라면, 생태문화는 그러한 구조를 실천할 수 있는 감성적 기반이다. 이 두 가지가 결합될 때 비로소 우리는 경제, 문화, 사회가 분리되지 않고 통합된 형태로 재구성되는 전환 모델을 구현할 수 있다.

2) 로컬 자원의 창조적 활용

지속가능한 사회를 구축하기 위한 노력 가운데 로컬 자원의 활용은 핵심적인 개념이자 실천 전략이다. 이들은 각각의 영역에 국한되지 않고, 상호 연계되며 보다 넓은 사회문화적 전환의 토대로 작용하고 있다. 로컬 자원의 창조적 활용은 지역 기반 지속가능성의 문화적 조건으로까지 인식되고 있다.

지속가능한 사회문화 시스템에서 로컬 자원의 활용은 구체적으로 어떻게 이뤄지는가? 여기서는 특히 지역 내에서 생산되고 유통되는 자원, 전통 지식, 자연환경, 공동체 관계망을 바탕으로 지속가능성을 설계한다. 이는 글로벌 자본의 흐름에 휘둘리지 않고, 지역 고유의 문화적 맥락과 생태적 여건에 맞는 맞춤형 모델을 형성할 수 있다는 점에서 중요하다.

예를 들면, 영국의 토트네스(Totnes)는 전환도시 운동(Transition Town Movement) 시범도시다. 여기서는 에너지 자립과 지역경제 활성화를 목표로 지역통화(Totnes Pound), 지역 식량자급 시스템, 공동 에너지 설비 구축을 실현했다. 이 모델은 전 세계 50개국 이상으로 확산됐고, 지역 내 자원을 기반으로 한 공동체 주도 지속가능성이 가능함을 실증했다. 제주도의 '오름마을 프로젝트'도 지역 생태자원인 오름(기생화산)을 중심으로 생태관광, 지역 전통 건축 복원, 마을공동체 기반 콘텐츠 개발을 통합한 문화생태 모델이다. 이는 지역 자원의 존중, 주민참여, 지속가능한 콘텐츠 생산이라는 점에서 우수한 생태문화 실천으로 평가받고 있다. 도쿠시마현 가미야마 지역은 젊은 예술가와 디자이너들이 농촌 지역에 정착하여 지역 산림자원과 전통 기술을 바탕으로 현대적 목공예·섬유 브랜드를 창출하고 있다. 동시에 공동 작업장, 교육 프로그램, 커뮤니티 행사를 바탕으로 지역 인구 유입과 문화경제의 선순환 구조를 형성하고 있어 좋은 사례로 주목받는다. 이 같은 로컬 자원의 창조적 활용은 단순한 '자급경제'가 아니라 자원과 문화, 공동체 감각이 융합된 지속가능한 생태 시스템을 실현하는 핵심 활동으로 평가받고 있다.

이러한 로컬 자원을 창조적으로 활용하는 정책에서 자연스럽게 함께 추진되는 것이 바로 자원 흐름의 전환을 통한 폐기물 없는 시스템 설계이다. 예를 들면, 유럽연합(EU)은 순환경제 패키지(Circular Economy Package)를 채택(2015)하여 재료의 설계 단계에서부터 수명 주기 전체를 고려한 자원 사용을 권장하고 있다. 독일은 자원 효율성 프로그램(ProgRess)을 바탕으로 산업별 자원 사용을 체계적으로 분석하고 감축 방안을 제도화하고 있다. 일본은 「순환형 사회기본법」을 바탕으로 재사용과 재제조 산업의 육성에 힘을 실어왔다. 민간에서는 파나소닉, 미쓰비시가 전자제품의 부품 회수·재활용 시스템을 정착시켜 전체 생산 과정에 자원순환형 설계를 도입하고 있다. 또한 이를 효율적으로 추진하기 위해 친자연환경적인 디자인정책을 병행하고 있다. 이는 지역 전체의 시스템적 맥락 속에서 물질과 에너지의 흐름을 재구성하는 전략적 기획이다. 또한, 이탈리아의 산업디자이너 에치오 만치니(Ezio Manzini)는 지속가능한 디자인 실천의 핵심으로 '사회적 혁신으로서의 디자인'을 제안하여 기술과 환경, 사회적 사용자를 통합한 시스템 디자인 개념을 강조했다. 그의 주장은 지역문화와의 통합으로 확장되었다. 그리고 스웨덴의 이케아(IKEA)는 목재 공급망 전반에 걸쳐 FSC(산림관리협의회) 인증을 받은 자재만 사용하고, 제품 포장을 최소화하며, 고객이 제품을 재조립·재활용할 수 있도록 설계하여 주목받고 있다. 미국의 파타고니아(Patagonia)도 의류 제작에서 리사이클 섬유, 유기농 면, 무독성 염료를 사용하며, 제품 수명을 연장하기 위한 리페어 서비스도 체계화하고 있다. 건축에서도 친환경 디자인은 활발히 실천되고 있다. 독일 프라이부르크시는 도시지역 전체를 대상으로 에너지 소비를 최소화한 건축 기준을 도입했으며, 건물 외벽에 태양광 패널을 설치하고, 자연채광과 단열 기술을 통합하는 건축 설계 방식이 정착되어 있다. 이러한 건축 모델은 환경적 성과뿐 아니라 지역주민의 건강과 삶의 질까지 고려한 정책으로 간주된다.

3) 생태 균형

최근 기후변화와 환경위기만큼 국제사회를 괴롭히는 복합적인 과제는 없다. 환경 문제는 오래전부터 인간의 감각, 상상력, 윤리의식, 공동체적 행동 같은 문화적 차원과 광범위하고 밀접하게 연관되어왔다. 바로 이 때문에 생태 균형을 위한 예술과 기술의 융합적 실천이 주목을 받는다. 예술은 감정을 자극하고 상상력을 촉진하며, 기술은 문제해결의 도구를 제공한다. 예술과 기술이 협력하여 기후변화 대응, 환경보호, 생태적 균형을 모색하는 것이 구체적인 문화정책으로 나타난 것이다.

덴마크-아이슬란드 출신의 예술가 올라퍼 엘리아슨(Olafur Eliasson)과 지질학자 미니크 로싱(Minik Rosing)은 코펜하겐에서 열린 유엔 기후총회(COP21)를 계기로《아이스 워치(Ice Watch)》라는 환경예술 프로젝트를 공동 기획(2014)했다. 그들은 그린란드의 빙하에서 떨어져나온 거대한 빙하 조각들을 도시 광장에 설치하여 시민이 직접 얼음을 보고, 만지고, 녹아가는 과정을 체험할 수 있도록 했다. 이 프로젝트는 그 뒤 파리, 런던 같은 유럽 여러 도시에서 반복되었으며, 물리적 체험과 감각적 공감을 바탕으로 기후변화와 환경파괴의 현실을 전달하고자 했다. 기술은 얼음의 보존과 이동, 안전성 확보를 가능케 했고, 예술은 그것을 기후감수성을 자극하는 문화적 장치로 전환했다. 이로써 예술과 과학이 함께 공적 담론의 형성과 시민참여의 장을 창조한 생태균형을 추구한다.

오션 클린업(The Ocean Cleanup)의 시각 캠페인은 디지털 예술과 기술의 결합으로 생태균형을 맞춘 교훈적 사례이다. 네덜란드의 환경엔지니어 보얀 슬랫(Boyan Slat)이 설립한 이 단체는 전 세계 해양에 떠다니는 플라스틱 쓰레기를 수거하기 위한 기술 기반 NGO다. 이 단체는 대중의 인식 전환을 위한 디지털 예술 프로젝트와 협업하여 균형을 갖춤으로써 주목을 받았다. 특히 해양 쓰레기를 시각화하는 3D 데이터 아트와 가상현실(VR)을 바탕으로 해양 오염의 규모와 구조를 체험할 수 있는 문화 콘텐츠를 제작했다(2021). 이 콘텐츠는 교육기관, 전시회, UN 회의에서 활용되어 기술적 수거 노력과 병행하여 문화적 공감대 형성과 지식 전달의 매개로 기능하고 있다. 여기서 예술은 과학적 메시지를 감각화하고, 기후위기와 인간 감정 간의 간극을 좁히며, 균형 있는 생태계를 구축하는 소통의 훌륭한 도구였다.

오스트리아의 바이오아티스트 발터 헤글러(Walter Hegler)가 주도한 《테라포밍(Terraforming)》 프로젝트는 오스트리아 빈과 슬로바키아 국경 지역에서 진행된 예술–생태 융합과 균형 실험이다. 바이오아트와 도시 생태 실험인 이 프로젝트는 미생물, 식물, 센서 기술을 활용해 도시의 폐허 지역에 자연 생태계를 복원하여 균형을 유지하도록 하는 생물학적 설치예술이다. 프로젝트 참가자들은 다양한 식물 종과 토양 미생물의 작용을 실시간 센서로 측정하면서 그 데이터를 사운드 아트와 빛, 영상으로 변환하여 시민과 공유했다. 기술은 생태계 균형의 복원을 추적하고 시각화하는 수단이 되었고, 예술은 그것을 도시 내 생명의 흐름으로 재구성했다. 이 작업은 기후와 생태의 변화를 예술적으로 체험하는 문화적 인터페이스로 기능하며, 도시재생과 생태 감수성 균형에 기여했다.

네덜란드 로테르담 항구에 설치된 플로팅 파크(Floating Park) 역시 로테르담의 리사이클링 생태 조경 프로젝트다. 이는 플라스틱 재활용을 통한 생태 건축과 공공예술의 균형을 도모한 것이다. 이 공원은 항만에 떠 있는 플라스틱 폐기물을 수거하여 이를 모듈화된 육각형 부유 구조물로 가공해 수면 위에 설치한 것이다. 이 구조물은 식물의 생육이 가능하도록 설계되어 조류, 어류, 수서 곤충의 서식처로 기능하며, 동시에 시민이 접근할 수 있는 균형 잡힌 문화공간으로 활용된다. 기술은 재활용 자원의 건축 가능성을 실현하는 기반이 되었고, 디자인과 설치는 예술가와 조경가가 협업하여 균형 있는 공공 공간으로 구현했다. 이 공원은 도시민이 환경 문제에 직접 접촉하고 행동할 수 있는 생태균형 플랫폼을 제공함으로써 생태적 균형과 사회적 참여를 동시에 유도하고 있다.

영국의 아트그룹 랜덤 인터내셔널(Random International)이 제작한 '레인 룸(Rain Room)'은 디지털 센서 기술과 설치예술이 결합된 프로젝트다. 이는 비가 끊임없이 내리는 공간 속에서도 관람자가 젖지 않고 걸을 수 있는 실내 환경을 구현했다. 센서가 인간의 움직임을 감지해 해당 위치에는 비를 멈추도록 하는 시스템으로, 기후에 대한 인간의 개입 가능성과 윤리를 탐색하는 방식으로 구성되었다. 이 작품은 전 세계 주요 미술관과 과학관에 전시되었으며, 관객은 자연 현상과 인간 테크놀로지의 관계를 직접 체험하면서 기후변화가 통제 가능한 것이 아니라 상호 연결된 생태균형의 문제임을 체감하게 된다. 기술은 인터랙티브 환경을 만들고, 예술은 그것을 기후 윤리의 문화적 질문으로 확장했다.

여기에서 예술적 표현은 기후위기를 사회적 상상력의 전환 지점으로 활용하고 있으며, 기술은 예술적 전달 방식의 정교한 도구였다. 예술은 기술적 해법에 의미를 부여하는 문화적 맥락으로 기능한다. 이러한 융합은 기후 문제를 보다 총체적으로 이해하고 대응할 수 있도록 만드는 문화 시스템적 사고의 기반이 된다. 생태균형과 환경 실천은 기술적·제도적 해결만이 아니라 문화적 감응과 공동체적 행동을 기반으로 한 새로운 형식의 생태예술 실천에서 나온다.

- 순환경제가 단순한 재활용 기술을 넘어서는 이유는 무엇이며, 이를 위해 사회구조나 시민의식은 어떻게 변해야 하는가?
- 생태문화가 일상생활 속에서 지속가능한 삶의 태도로 자리 잡기 위해 필요한 교육이나 문화 정책은 어떤 것이 있는가?
- 로컬 자원을 창의적으로 활용하는 사례들은 왜 지속가능성 측면에서 중요한가? 그 방식이 글로벌 자본 중심 시스템과 어떤 차이를 보이는가?
- 예술과 기술이 결합된 생태균형 실천 사례에서, 예술은 단지 '감성 자극' 이상으로 어떤 사회적 역할을 수행하고 있는가?
- "생태적 전환은 감각의 재구성에서 출발한다"는 말은 어떤 의미인가? 우리 사회는 이를 실현하기 위한 준비가 되어 있는가?

3. 협력 공진화로 지속가능

1) 공유와 협력

신자유주의 경제체제 아래에서 현란했던 경쟁 논리는 한때 세계적 실서의 핵심 원리로까지 자리 잡았다. 과거에는 경제성장률, GDP, 기술 특허 수, 무역량으로 국가 발전을 판단했다. 그러나 지금은 지속가능한 환경 기반의 붕괴, 극심한 양극화, 사회적 단절, 문화적 균열 같은 부작용으로 신음하고 있다.

이 과정에서 주목받는 새로운 논리가 바로 공유와 협력이다. 특히 팬데믹, 기후위기, 디지털 전환 같은 초국가적 위기 상황은 국가와 주체 간의 상호의존성을 드러냈으며, 경쟁이 아닌 공유협력 모델로의 전환이 전 지구적 요청임을 잘 보여줬다.

국제적인 협력체계를 바탕으로 하는 발전 모델은 유엔의 지속가능발전목표(SDGs, 2015)에 잘 나타나 있다. 여기에서는 빈곤, 교육, 환경, 성평등 같은 17개 분야에서 국가 간 협력을 통한 공동 과제 해결이 핵심이다. 또한 기후변화 대응을 위한 파리협정(2015) 역시 개별 국가의 독자적 기술개발 경쟁이 아닌 감축 목표와 기후재정, 기술 이전을 중심으로 한 글로벌 협력 구조를 제도화한 사례다. 기술의 이전과 공동 연구, 지속가능한 개발을 위한 국제기구 간 협업은 국제관계에서의 패러다임 전환을 상징하며, 협력 없이는 발전이 성립하지 않는 구조임을 잘 알려주고 있다.

이런 소중한 가치는 기업 간에도 공동 생태계 조성을 통한 협력으로 활발해지고 있다. 예를 들어, 자동차산업에서는 독일의 BMW와 도요타가 전기차 배터리 기술 개발과 수소차 연구를 공동으로 추진한 사례가 있다. 이로써 기술 개발의 리스크와 비용을 줄이고, 시장을 조율하는 협력적 경쟁 모델이 만들어진 것이다. 디지털산업에서도 애플과 구글, 아마존과 마이크로소프트 같은 글로벌 빅테크 기업들이 AI 윤리 기준, 개인정보보호, 데이터 상호운용성 분야에서 공동 선언이나 기술 표준을 마련했다. 또한, 협력적 거버넌스 구축에 참여하고 있으며, 이는 공유와 협력을 바탕으로 하는 디지털 생태계의 지속가능발전 모델이 되었다.

사회문화 영역에서도 공유와 협력은 다층적으로 나타나고 있다. 문화산업에서는 다국적 공동 협력적 제작, 언어 및 전통의 공유, 지역 간 문화 교류를 바탕으로 협력적 방식으로 진화하고 있다. 넷플릭스나 디즈니 같은 글로벌 콘텐츠 기업은 자국의 콘텐츠뿐만 아니라 지역 창작자들과의 공동 제작을 바탕으로 로컬성과 글로벌성을 동시에 추구하며 문화 발전의 중심에 다양성, 공존, 공유 가치를 배치하고 있다. 또한 사회혁신 분야에서도 지역 기반 공동체 활동, 도시 간 네트워크 형성, 사회적기업과 시민단체 간 협력 구조가 확대되고 있다. 이러한 공유와 협력은 문제해결과 공동의 가치창출을 바탕으로 공진화를 모색하는 전략이다. 예를 들어, 유럽의 'URBACT 프로그램'은 도시 간의 지속가능성, 문화재생, 청년 고용 같은 지역 이슈에 대해 도시 네트워크 간 상호 학습과 공동 프로젝트 추진을 지원하고 있으며, 이는 상호 학습과 공진화에 도움이 된 사례이다.

미래를 준비하는 지식, 교육, 연구 역시 협력으로 나아가고 있다. 유럽연합은 이미 2000년대 초반부터 '볼로냐 프로세스(Bologna Process)'를 바탕으로 고등교육의 상호 인정, 학점 교류, 공동연구를 위한 학술 협력체계를 정착시켰다. 그 결과 유럽 전체의 학술 생태계가 단일 네트워크로 통합되었다. 특히 유럽연구협의회(ERC)는 초국가적 협력 과제를 다루는 국제 연구 펀딩을 바탕으로 개별 국가 간 연구 경쟁을 줄이고 지식과 인재의 공동 활용 모델을 강화하고 있다.

기술 분야에서는 앞에서 보았듯이 오픈소스 프로젝트가 협력 중심 발전의 대표 사례로 꼽힌다. 리눅스 운영체제, 위키피디아, 아파치 서버, 파이썬 언어는 전 세계의 개발자와 연구자들이 자발적으로 협업하여 만들어낸 결과물이다. 이는 경쟁을 통한 소유권 확보가 아닌, 공유를 통한 발전이 기술 진보의 효과적인 방식임을 입증한다.

이제 공유와 협력은 단순히 협동을 미덕으로 삼기보다 복잡하게 얽힌 글로벌 시스템하에서의 생존 전략이자 구조적 필요로서 작동한다. 특히 글로벌 팬데믹, 기후위기, 인공지능 윤리 같은 문제는 단일 주체가 해결할 수 없는 문제여서 이에 대한 대응은 본질적으로 협력적일 수밖에 없다.

휘몰이 충격을 거친 우리가 지금 지향해야 할 정책 좌표는 협력을 통한 장기 지속성과 공동 번영이다. 그러려면 정책, 교육, 기업, 문화 전반에서 사고를 바꾸어 협력의 구조를 제도화하며, 공통된 윤리와 감각을 사회적으로 확산시켜야 한다.

2) 플랫폼 기반 협업 시스템

AI 전환 시대, 지속가능한 미래를 보장하는 것은 혁신과 신뢰의 균형이다. AI로 생긴 양극화가 '숙련편향적 AI'나 '보편적 AI' 어느 쪽에 놓여있더라도 신뢰를 위한 정부 정책의 역할이 여전히 중요하다. 특히 범용인공지능(AGI) 시대에 이르러 지속가능한 변화를 유지하기 위해 인간 수준의 창의성을 통합적으로 수행하려면 더욱 세심하게 관리해야 한다. 결국 인간지능(HI)과 인공지능(AI)이 결합한 'HAI의 공진화'로 나아가도록 신뢰 가능한 지능사회를 위해 투명하고 책임 있는 시스템으로 운영되어야 한다. 예를 들면 인지보조, 스마트홈, 웨어러블 같은 일상생활에서 HAI 통합이 이뤄질수록 신뢰는 더욱 절실해진다.

지속가능한 발전을 위해 디지털 플랫폼 기반의 협업 시스템(digital platform collaboration systems)은 지속가능사회 시스템 구축에 있어 핵심 요소가 아닐까? 지역사회는 사회적 관계망의 중심에 공동 대응을 위한 협력 구조를 두고 있다. 코로나19 팬데믹 충격 동안 우리나라, 독일, 대만에서는 지역 커뮤니티 단위의 정보 공유, 방역 협력, 취약계층 지원 활동이 민관 협업 구조로 실현되며 지속가능한 대응력을 높인 바 있다. 이는 거시적 정책보다 미시적 지역 기반의 유연성과 자율성이 지속가능성의 핵심임을 보여준 협력 시스템이다.

이런 움직임은 디지털 플랫폼 기반 협업 시스템에서 더 빛을 발휘했다. 분산형 협력의 기술적 토대인 디지털 플랫폼은 지리적·언어적·문화적 경계를 초월하여 다양한 주체가 지식, 자원, 기술을 공유하고 협력하는 새로운 사회 기반을 제공하고 있다. 특히 코로나19 이후 급속히 확대된 원격 협업 시스템, 온라인 공동 창작, 오픈소스 기반 프로젝트는 공간과 소속에 구애받지 않는 협력 공진화 모델의 현실적 가능성을 입증하고 있다. 예를 들어, 'UNDP 엑셀러레이터 랩스(UNDP Accelerator Labs)'는 100여 개국의 실험적 정책 혁신 사례를 디지털 플랫폼으로 연결하여 각국이 성공 사례와 실패 데이터를 실시간으로 공유하고 정책 개선에 반영하도록 한다. 이는 디지털 기술이 지속가능한 문제해결을 위한 집단지성의 실현 장치로 협력함을 보여준다. 또한 디지털 문화예술 플랫폼인 '아티바이브(Artivive)'는 전 세계 예술가들이 증강현실(AR)을 활용해 작품을 제작하고 공유하는 구조를 제공하며, 전통적 갤러리와 국가 중심 전시 구조를 넘어선 협력 기반 디지털 예술 생태계를 만들어내고 있다. 이러한 플랫폼은 기술과 예술, 지역과 세계를 연결하는 공진화 실천의 기반이 되었다. 그 밖에도 오픈소스 플랫폼 깃허브(GitHub), 학술 협업 플랫폼 리서치게이트(ResearchGate), 디자인 공유 플랫폼 비핸스(Behance)도 디지털 플랫폼 기반의 협업 시스템이 지식, 창의성, 문화 실천의 지속가능성을 촉진할 수 있다는 점을 입증하고 있다. 이런 것들이 분산형 거버넌스와 개방형 혁신의 본질을 반영한 공진화 발전 모델로 기능한다.

이제는 거버넌스의 새로운 전개가 필요하다. AI 시대를 맞아 거버넌스의 개념은 네트워크, 플랫폼, 참여형으로 바꾸고, 그 핵심을 '데이터 거버넌스'에 두고 전략을 체계화해야 한다. 이때 전략적인 리더십, 조직적 지원,

법 제도적 기반이 뒷받침되어야 하며, 윤리적 투명성을 확보하도록 전개해야 한다.

이러한 협업 시스템은 국가 간 문화 교류에서 협력적 문화생태계를 구성하는 데도 기여한다. 국가 간 문화 교류는 오늘날 지식과 정체성, 세계관의 상호 교환과 공동 형성의 과정으로 중요해졌다. 적어도 이제 문화 교류는 다자간 상호 생산과 감수성의 교차를 바탕으로 새로운 문화생태계를 형성하고 있다. 예를 들어 유럽연합(EU)의 '크리에이티브 유럽(Creative Europe)' 프로그램은 회원국 간의 공동 예술 프로젝트, 영화 공동 제작, 문화재 복원 협력을 바탕으로 국경을 넘어선 문화적 연대와 상호 이해의 공간을 제도화한 협력 공진화의 대표적 사례이다. 이는 문화산업의 경쟁적 성격을 완화하고, 문화 다양성과 협력을 기반으로 한 지속가능한 문화 발전을 지향하는 국제 모델이다. 또한 한-아세안 문화교류 프로그램, 독일-프랑스 간의 공동 방송 ARTE 설립, 남아공의 포스트 아파르트헤이트 문화예술 교류사업은 이를 중심으로 문화적 공존의 토대를 마련하는 데 기여해왔다.

플랫폼은 이처럼 협력 구조를 공간과 시간의 제약 없이 연결하는 기술적 기반을 제공한다. 다층적이고 분산적인 주체들이 각자의 문맥에서 창의적으로 참여하고, 상호 연결되며, 협력적으로 작동하는 구조를 가져와 공진화에 이르도록 한다. 지역에서 시작된 문화 실천이 글로벌 협력으로 확장되고, 디지털 기술이 그것을 실현할 수 있도록 연결할 때, 진정한 지속가능성의 조건이 형성된다.

3) 글로벌 문화 공진화 네트워크

K-컬처의 글로벌 확산은 글로벌 문화 네트워크의 축으로 자리 잡고 있다. 이는 다양한 국가나 지역 간 협업, 문화 간 융합, 공동 창작 생태계 형성을 중심으로 하는 발전 구조로 전환되고 있다. 이처럼 우리나라는 협력과 교류를 기반으로 하는 문화 공진화 파트너로서 네트워크의 중심이라는 위상을 갖춰가고 있다고 할 수 있다.

K-컬처의 초기 확산은 K-콘텐츠가 글로벌 콘텐츠 소비자의 참여형 문화 소비 패턴과 맞물리며, 협력 기반의 문화 생산 시스템으로 진화하는 계기가 되었다. 다시 말하면, 협력 기반 문화생태계로의 이행을 이루고 있다. 이러한 교류의 중심축은 보다 인터랙티브하고 글로벌한 협업 기반으로 확장되었다. 대표적으로 BTS는 미국의 빌보드, 유럽의 MTV, 남미의 라틴 음악시장 같은 다양한 문화 배경을 지닌 아티스트, 팬덤과의 협업을 바탕으로 글로벌 문화 공진화의 촉진자로 전환되었다. BTS의 팬덤 '아미(ARMY)'도 밈 생산, 사회적 메시지의 공유를 바탕으로 능동적인 문화 생산 주체로 기능하고 있다. 그리고 마침내 글로벌 수평적 문화 네트워크 구조를 형성했다. 그뿐만 아니라 문화 기반 외교 차원에서 지역의 정체성과 연계된 글로벌 문화 공진화의 장으로도 작동하고 있다. 부산국제영화제, 전주국제영화제, DMZ다큐멘터리영화제는 단순한 상영 행사를 넘어 동아시아, 동남아, 유럽, 남미 영화인들과의 공동 제작·연출·배급 네트워크를 확장하고 있다.

글로벌 문화 네트워크로서의 K-컬처는 문화적 상호작용과 교차 촉진, 공진화 역할을 수행하고 있다. 다국적 공동 창작 프로그램을 위해 JTBC와 일본 TV아사히가 공동 제작한 예능 「노머니 No Art」는 한국과 일본의 청년 예술가들이 제한된 자원으로 창의적 프로젝트를 수행하는 형식으로 구성되어 문화 생산과 교류를 동시에 달성하고 있다. 또한 K-웹툰, K-게임 등 콘텐츠 장르의 다변화 역시 공생 모델로 발전하고 있다. 웹툰 플랫폼 '네이버 웹툰'은 미국, 프랑스, 태국, 인도네시아 현지 창작자들과 파트너십을 맺고 지역 기반 콘텐츠를 공동 제작하며, 이를 다시 K-스토리텔링 방식과 융합하여 새로운 형식의 콘텐츠를 창출하고 있다. 이처럼 K-컬처는 글로벌 문화 네트워크를 형성하면서 현지 문화와의 공진화를 존중하고 콘텐츠 생태계를 재구성하는 공진화 네트워크다. 최근에는 K-콘텐츠의 기반이 되는 전통문화와 민속 요소를 글로벌 감각으로 해석하여 재창조하고 있다. 예를 들어, 넷플릭스 드라마들이 글로벌 대중문화 요소를 결합한 것이 대표적인 사례다. 이는 전통성과 현대성, 지역성과 세계성이 교차하는 공진화 창작 모델로서 세계 문화 네트워크 속에서 한국 문화의 위치를 재정의하는 실천적 시도였다.

K-컬처는 결국 글로벌 협력의 문화 인프라로 진화 중이고, 다자간 협력과 문화 공진화의 구조적 장으로 진화하고 있다. 이는 공진화적 문화생태계 구축의 현실적 사례이다. 이러한 구조에서는 콘텐츠 생산자, 기술 플랫폼, 소비자, 지역공동체가 글로벌 문화 네트워크의 중심 역할을 수행하며 상호작용하고, 결과적으로 문화다양성과 창의성을 동시에 보존하고 공진화하는 네트워크를 형성했다.

- 경쟁 중심 사회에서 협력 중심 사회로 전환하기 위해 어떠한 제도적 변화나 사회적 감각이 필요한가?
- 디지털 플랫폼 기반 협업이 지역사회와 글로벌 사회에서 지속가능한 문제 해결에 어떻게 기여할 수 있는가?
- 문화예술 분야에서 공유와 협력이 단순한 교류를 넘어 '공진화'로 이어지기 위해서는 어떤 조건이 필요할까?
- 공동체, 기업, 국가가 지속가능한 협력 구조를 만들기 위해 지켜야 할 '공통된 윤리'나 '사회적 약속'에는 어떤 것이 있을까?
- K-컬처의 글로벌 확산이 '문화 공진화 네트워크'로서 기능하기 위해 지역성과 세계성을 어떻게 조화시켜야 할까?

더 읽어볼 책

김병완 외(2021), 『지속가능발전 정책과 거버넌스형 문제해결』, 대영문화사.

김영순(2021), 『공유된 미래 만들기: 지속가능발전교육과 세계시민교육』, 한국문화사.

김지훈(2024), 『지속가능한 경제와 환경: 지속가능한 발전을 위한 경제와 환경의 조화』, 언바운더.

김호석 외(2020), 『지속가능발전 정책개발을 위한 기획연구』, 한국환경정책평가연구원.

문상석(2023), 「지속가능발전과 공동체, 네트워크, 플랫폼」, 지역사회학회, 『지역사회학』 24(1), 59-68쪽.

사회적책임경영품질원(2023), 『디지털 ESG 경영과 가치창출 전략』, 자유아카데미.

이두현·류주현(2024), 『지속가능한 도시의 성공 전략: 인구 소멸과 지역소멸의 해법 탐색』, 지식과감성.

제프리 삭스(2015), 홍성완 역, 『지속가능한 발전의 시대』, 21세기북스.

한상진(2020), 「탈성장 시대 '지속가능발전 목표'의 '정의로운 회복탄력성'으로의 전환」, 한국NGO학회, 『NGO연구』 15(1), 79-95쪽.

KOICA ODA 교육원(2022), 『국제개발협력: 입문편 더불어 사는 세상을 위한 소중한 첫걸음』, 아이스크림미디어.

ㄱ

ㅊ

문화와 사회의 공진화: 왜 지금 문화정책의 철학을 다시 세워야 하는가